贵州财经大学"人口、资源与环境经济学"重点学科资助

贵州经济、产业及城乡发展态势

蔡承智 等著

Guizhou Jingji Chanye Ji
Chengxiang Fazhan Taishi

中国社会科学出版社

图书在版编目（CIP）数据

贵州经济、产业及城乡发展态势/蔡承智等著． —北京：中国社会科学出版社，2020.7

ISBN 978 – 7 – 5203 – 6289 – 4

Ⅰ. ①贵… Ⅱ. ①蔡… Ⅲ. ①区域经济发展—产业发展—研究—贵州②城乡一体化—研究—贵州 Ⅳ. ①F269.277.3 ②F299.277.3

中国版本图书馆 CIP 数据核字（2020）第 059417 号

出 版 人	赵剑英
责任编辑	卢小生
责任校对	周晓东
责任印制	王　超

出　　版	中国社会科学出版社
社　　址	北京鼓楼西大街甲 158 号
邮　　编	100720
网　　址	http：//www.csspw.cn
发 行 部	010 – 84083685
门 市 部	010 – 84029450
经　　销	新华书店及其他书店
印　　刷	北京明恒达印务有限公司
装　　订	廊坊市广阳区广增装订厂
版　　次	2020 年 7 月第 1 版
印　　次	2020 年 7 月第 1 次印刷
开　　本	710×1000　1/16
印　　张	20
插　　页	2
字　　数	328 千字
定　　价	98.00 元

凡购买中国社会科学出版社图书，如有质量问题请与本社营销中心联系调换
电话：010 – 84083683
版权所有　侵权必究

目　录

第一章　绪论 ··· 1
　　第一节　研究背景、目的及意义 ····························· 1
　　第二节　国内外研究现状 ·································· 13

第二章　贵州省区域经济差异与协调发展 ······················ 45
　　第一节　区域经济发展现状及差异的时空演化特征 ············ 45
　　第二节　贵州省区域经济差异的影响因素分析 ················ 70
　　第三节　贵州省区域经济协调发展对策建议 ·················· 80

第三章　气候变化下的贵州省农业可持续发展 ·················· 87
　　第一节　贵州省气候对农业发展的影响 ······················ 87
　　第二节　气候变化影响下贵州省农业可持续发展对策建议 ····· 119

第四章　贵州省农业与旅游业融合发展 ······················· 127
　　第一节　贵州省农业与旅游业融合发展资源、现状及机制 ····· 127
　　第二节　贵州省农业与旅游业融合发展实证分析 ············· 145
　　第三节　贵州省农业与旅游业融合发展县域典型 ············· 152
　　第四节　贵州省农业与旅游业融合发展对策建议 ············· 162

第五章　贵州省生态文明建设与城市竞争力
　　　　——以遵义市为例 ··································· 167
　　第一节　遵义市城市竞争力模型和指标体系构建 ············· 167
　　第二节　遵义市城市竞争力与城市生态建设现状分析 ········· 171
　　第三节　遵义市城市竞争力评价和城市生态建设评价 ········· 178

第四节　遵义市城市竞争力与城市生态建设关系模型构建 …… 193
　　第五节　以城市生态建设提高遵义市城市竞争力的对策建议 … 200

第六章　贵州省新型城镇化与城乡居民收入差距 …………… 205
　　第一节　贵州省城乡居民收入差距现状与成因 ……………… 205
　　第二节　新型城镇化对贵州省城乡居民收入差距
　　　　　　影响实证分析 ………………………………………… 216
　　第三节　新型城镇化背景下缩小贵州省城乡居民
　　　　　　收入差距的政策建议 ………………………………… 231

第七章　基于产业支撑的贵州省城乡一体化 …………………… 237
　　第一节　贵州省城乡一体化进程评价 ………………………… 237
　　第二节　贵州省城乡综合关联度实证分析 …………………… 246
　　第三节　贵州省城乡产业发展与城乡一体化 ………………… 252
　　第四节　贵州省支撑城乡一体化的产业选择 ………………… 265
　　第五节　促进贵州省城乡一体化进程的建议 ………………… 275

第八章　贵州省经济、产业及城乡发展趋势 …………………… 278
　　第一节　经济发展趋势 ………………………………………… 278
　　第二节　产业发展趋势 ………………………………………… 285
　　第三节　城乡发展趋势 ………………………………………… 291
　　第四节　研究结论与建议 ……………………………………… 295

参考文献 …………………………………………………………… 298

致　　谢 …………………………………………………………… 317

第一章 绪论

第一节 研究背景、目的及意义

一 研究背景

(一) 区域经济差异与协调发展

区域经济差异是多年来阻碍全球各国经济平稳发展的一个重要因素。各国政府和相关组织长期致力于消除区域经济差异带来的贫富差距问题，改善地区间经济发展不平衡的现象，帮助贫困地区发展经济，从而提高国家的综合实力和国际地位，该问题也成为区域经济学家科研的重要内容。我国是世界上最大的发展中国家，国家整体的经济增长成为政府工作的重要目标，但是，我国也面临着严峻的区域发展差异的形势。经济发展的地域性带来的一系列社会问题和经济问题越来越严重地侵蚀着我国经济发展。区域经济差异近年来越来越频繁地出现在大众的视野，并且对社会生产和人民的生活产生了巨大的影响。

我国不仅东部、中部、西部地区的经济发展水平差异明显，而且在一省内部也存在巨大的差异，这种差异甚至高于我国三大地区间的差异，故而各省内部的经济发展均衡问题慢慢地开始成为区域经济研究的一个新领域。贵州省地处我国西南腹地，是西南地区的交通枢纽，也是我国经济欠发达的地区之一，省内不同地区经济发展水平差异明显。1978年以来，在党中央、国务院领导和政策的指引下，贵州省开始走上了非均衡发展、非均衡协调发展直至全省经济协调发展的道路，这些年虽然小有成效，但区域间的自然地域差异和脆弱的生态使城乡差距、省边缘和内部差异以及民族发展差异越来越大，严重阻碍了贵州经济的均衡发展。据统计，全国农村居民人均纯收入与城镇居民可支配收入的比例，2003

年为1∶3.23，2015年为1∶2.91；贵州省2003年为1∶4.2，2015年为1∶3.8。从数据可以看出，2003—2015年，贵州省的差异虽然有小幅度的下降，但是仍然超过国际公认的1∶3的界限。2015年，贵州省农村居民人均纯收入仅占城镇居民可支配收入的四成多。到2015年12月底，贵州省仍处于贫困状态的人口有493万，贫困依然是贵州省发展中要解决的首要问题。地区差距的不断扩大，会使市场经济的发展陷入困境，造成社会秩序的不稳定，不利于社会的和谐发展。所以，根据各地区的实际情况制定出符合各地经济发展需要的方针政策，让各地区充分发挥自身的优势地位，促进区域经济协调平稳发展，实现社会进步和共同富裕成为经济发展的当务之急。

（二）气候变化与农业可持续发展

气候，是指地球上某一地区长期的、稳定的天气变化状况。近年来，以气候变暖为主要表现形式的气候变化对生态、经济和人类生活的影响，已经成为科学界和公众高度重视的全球性问题。尽管各国科学家对温室气体浓度增加与全球气候变化的关系及其成因、气候变化历史演变的过程和未来气候变化的趋势，还存在很多争论，但气候变化已经深刻地影响到了世界各国社会经济的发展和人类的健康生活。1996年，日本代表在气候变化日内瓦会议上发布了他们对气候变化研究的相关结果，表示如果不及时采取遏制全球变暖的相关对策，全球气温在2010—2020年这十年间将升高0.2℃左右。2014年，政府气候变化专门委员会（IPCC）第五次评价报告指出，1880—2012年，全球年均气温升高了0.85℃；2003—2012年与1850—1900年相比，平均气温总升幅度为0.78℃；1901—2010年，因全球气候变暖，海水融化，海平面平均升高了19厘米。2015年12月14日，在法国巴黎《联合国气候变化框架公约》上近200个缔约方达成新的全球气候协定——《巴黎协定》。这项协定得到了参会各方的普遍认可，并将为2020年后全球应对气候变化行动做出安排，巴黎大会被认为是气候谈判的历史性转折点。同时也充分表明，全球气候变化已经成为无可争议的科学事实。这种变化已对自然生态系统和人类社会经济系统产生不可忽视的影响，成为全球可持续发展所面临的最严峻的挑战之一。

气候变化对中国的影响也是同步的。近年来，中国的气候也发生了明显的变化。据统计，1986—2006年连续出现了21个全国性暖冬，

2011—2015年是史上最暖的五年。1951—2010年的50年间，中国年平均增温速率为0.23℃—0.27℃/10年，相比年均最高气温的变化，年均最低气温表现出显著的增加趋势和高变化率。半个世纪以来，我国沿海海平面平均每年上升2.5厘米，预计到2100年，华南海平面的上升范围可达60—74厘米。年降水量空间变化特征表现为由西北向东南递增，南方大部分地区降雨日数将明显增加，特别是福建和江西西部。此外，暴雨、暴雪、冰雹等极端强降水事件的时间和空间分布也与之前有了明显的差异。贵州、四川和云南部分地区出现局地强降水时间可能增加。近百年，东部地区气候没有呈现明显的干湿变化趋势，而是呈现出旱涝交替态势。区域性干旱趋于严重，以北方干旱加重趋势最明显。全国大部分地区霜冻日数都有减少趋势。

气候变化对农业领域的影响是最直接、最显著的，同时还伴有很大的不确定性。在全球气候变化的背景下，极端气候事件的发生频率和强度都在加剧。国家统计局的数据表明，1950—2010年，我国农作物受旱灾的面积增长了1倍。另外，极端气候出现的范围也在逐渐扩大。以极端干旱事件为例，20世纪50年代，干旱主要出现在黄河中下游和长江中下游。目前，干旱事件的范围已经扩展到东北、西北内陆和西南地区。提高农业对气候变化的预防能力和适应能力已经成为实现农业可持续发展的重要组成部分，对保障农业的基础地位以及实现农业可持续发展至关重要。贵州作为全国典型的农业省份，更是如此。

（三）农业与旅游业融合发展

党的十九大报告中首次提出实施乡村振兴战略，强调农业、农村和农民的"三农"问题是关系到我国经济与人民生活的根本性问题。在2004年起至2017年的十四年内，中央发布的"中央一号文件"均以"三农"问题为主题内容，将处理好"三农"问题作为全党工作的核心任务。中国作为一个农业大国，中国经济的繁荣发展与社会的稳定和谐，必须同农村经济建设紧密结合，然而，我国农村经济发展整体存在供需结构性失调的情况，农业在科技人才培养、技术转换、推广服务平台等方面问题日益凸显。而旅游业凭借着高度关联性及带动性，成为保增长、扩内需、调结构、促进区域经济发展的有效切入点，在此背景下，推进农业与旅游业融合发展是农业转型升级的重要途径。

从国家相关政策的指导方向看，党中央、国务院、农村农业部以及国家旅游局对推进农业与旅游业融合发展十分重视，并提出相应的发展意见。2009年发布的《国务院关于加快发展旅游业的意见》中提出，要求推进旅游业与文化、农业、工业等其他相关产业融合发展；2015年"中央一号文件"提出，推进农业产业化发展与第一、第二、第三产业融合互动，是拓宽农民收入渠道、构建现代农业产业体系的重要手段；之后国家致力于拓展农业的多样化功能，探索产业融合发展；2016年发布的《全国农产品加工业与农村一、二、三产业融合发展规划（2016—2020年）》，要求推进农业与旅游、文教、康养等产业深度融合，开发观光、体验、创意农业等新型业态；2018年的"中央一号文件"提出，乡村振兴的重点是产业兴旺，需要突破传统农林牧渔第一产业的发展格局，注重向农产品精深加工的第二产业与推动农产品销售的第三产业进行延伸，最终实现第一、第二、第三产业融合发展的现代农业体系。因此，在国家政策支持与指导下，如何正确地认识农业与旅游业融合现象并推动产业的深度融合，实现高效持续的发展成为当前的热门研究方向。

党的十九大报告提出，我国社会主要矛盾已经转化为人民日益增长的美好生活需要和不平衡不充分发展之间的矛盾。随着经济的发展与科技的更新，传统的观光旅游对于消费者的吸引力已不如从前，更因为生活节奏加快，精神压力过大，人们更多地开始追求能够在短期、近距离的范围内达到身心放松与享受的目的，对旅游业层次丰富的发展方向提出了更多要求。同时，传统观光旅游主要是对我国的山川大河、名胜古迹等进行大规模开发，过多地影响了地区生态平衡，不仅限制了旅游业的再发展，景区承载力超负荷、自然资源被人为破坏等问题不断暴露，也使社会发展处于生态高度破坏阶段，环境、资源、人口与经济效益的可持续发展受到了挑战。

农业与旅游业融合发展能最大限度地给予农业发展的可能性，也能满足消费者原生态、低碳环保的旅游需求。一方面，在丰富旅游资源类型、拓宽旅游产品体系的同时，可以减轻旅游开发对环境资源造成的伤害，提高当地居民对生态环境保护的重视程度；另一方面，实现了农业向新型产业化模式转变，有效地提高当地农副产品的销量，增加农民收入。与此同时，通过对农业与旅游业资源的开发利用，不仅可以带动农村区域基础设施建设，还能促进当地加工业、服务业等相关产业的发展，有效地调节农村产业结构，转变经济增长方式。

（四）城市竞争力与生态建设

进入21世纪以来，城市化推动了城市经济、生态、社会以及文化的发展；同时，城市经济的发展完善了市内和周边的交通基础设施，提供了更多的就业机会，吸引了更多外来人口的加入。人口规模的扩大以及高度集中，加大了对能源和自然资源的需求。生态环境被破坏的同时，人类的居住环境和生活质量也受到了不同程度的影响。因此，对城市竞争力和生态建设方面的研究则显得尤为重要，一个城市的竞争力不仅关乎城市在经济、社会和文化等各个领域的协调发展，同时也与地区可持续发展的能力密切相关，一个健康发展的城市必定是人与自然和谐相处、经济发展与环境保护共同进行的模式。

近些年，国家的发展逐渐向国际化看齐，对城市竞争力指标体系的认识和衡量必将上升至国际战略的高度，一套完善的城市竞争力评价体系和评价方法能够使人民大众清晰地认识到我国当代城市的发展水平以及和全球其他发达城市之间的差距，在全球化的推进过程中，城市竞争力指标也得到不断扩充和完善。各类指标的完善为我国的城市竞争力衡量提供了一个更加科学合理的标尺，通过这一标尺的衡量，能够明晰自身经济发展的优劣，扬长避短，提升城市发展的整体素质，发挥国内城市竞争力强的优势，改进国内城市的短处，优化城市各类资源的利用效率，营造发展好、生活好、幸福感足的城市氛围，促进人地和谐，创造人与自然共生协调的发展循环模式。

我国自迈入21世纪以来，经济实现跨越式发展，城市化进程正在高速前进。国内大多数城市本着因地制宜、协调发展的理念在进入21世纪的十几年来不断探索和发现适合本地区的发展道路，开拓进取。"十三五"时期，中国城市的发展正在逐渐向国际化、一体化和特色化的方向迈进，虽然在发展的过程当中遇到了许多诸如能源、资金与技术的问题，但是，城市发展战略的转型是必需的。从当前我国的经济发展理念来看，中国坚持"五位一体"的发展模式，其中生态文明的发展在近十年来逐渐在各类发展中占据重要地位，是现阶段城市发展水平高低的标志。在这样一个大背景下，我国的城市化水平逐步与生态建设相协调。并渐渐融合成为生态文明城市的发展模式，城市的发展以经济的发展为原动力，经济的发展则需要环境的保护作为其续航的保障，因此，在现代文明的社会经济环境下，生态城市的发展模式不仅是城市竞争力衡量的时代指标，也是国内各个城市在未来发展道路上砥砺前行的最终目标。

2013年12月，在我国首批生态文明先行示范试验区中，贵州赫然在列。贵州被列入生态文明试验区第一批名单，一方面展现出了贵州省在全国生态环境保护方面所做的努力与成就，另一方面也体现出了贵州省在可持续发展道路上所具有的无限潜能和源源不断的动力。遵义市作为贵州省颇具代表性的几个大城市之一，其发展程度的重要性对于全省而言不言而喻，发展好遵义市的经济就等于为贵州省经济的发展做贡献。遵义市在2015年的中国GDP增长率百强名单中，以14.6%的增长速度夺魁，这表示遵义市在近几年的发展中经济提升了几个档次。不仅如此，经济蓬勃发展的同时带动了遵义市城市竞争力的提高，在经济总量增长的时期内，遵义市的基础设施建设、生态环境建设和人民生活水平等方面相比于以前都有了质的飞跃。在生态建设方面，遵义市政府以"发展与生态两条线"并行的发展理念，响应党中央的号召，坚持走人与自然和谐共生的可持续发展道路，在平时的工作中，重视生态建设在经济发展中的指导作用。在产业发面，加大投入和引进环保产业，减少重污染高排放产业的企业数量，将这些污染企业搬离市中心和居民生活区，以人为本规划工业布局，将重污染高消耗的大企业远离居民区和政治文化商业中心。在具体的措施方面，遵义市政府以思想开化与惩处制度相结合的方式并行处置污染企业。经济要发展，生态环境也需要保护，健康良好发展的城市应当是一个具有强有力并且高效的竞争力水平的城市，遵义市虽然历史上由于各种因素导致其经济发展水平低，城市竞争力差，但是，在党中央大力支持和贵州省政府的正确领导下，近些年来也取得了很大的成就，减轻了工业发展给城市环境带来的大量弊端。因此，将遵义市建设成经济发展水平高、生态环境好、人民生活幸福快乐的城市不仅对进一步提高遵义市城市竞争力有巨大的推动作用，而且能够促使整个城市将积累的生态发展转化为强大城市生态建设的基础。

（五）新型城镇化与城乡居民收入差距

我国改革开放以来经济得到了快速发展的同时城镇化率也迅速提高。到2016年，我国的城镇化率已经达到57.35%。40年来，随着城镇化的推进，提高了人民收入，物质生活和精神生活水平也得到了相应的提升。但城镇化进程中也存在一个严重的问题，城镇化的成果大多造福了城镇居民而造成了城乡之间差距的拉大，城乡居民收入差距成为一个急需解决的问题。城乡发展不协调的问题长期存在将引发更多的经济、社会问题，对我国国民经济长期稳定和持续的发展造成不利影响。

由于历史原因和自然环境因素，贵州省一直是我国欠发达地区的代表。虽然贵州省的城镇化水平也逐年提升，2017年达到44%的水平，但是，与全国57%的城镇化水平相比，存在较大差距。在大力推进城市化进程的同时，要关注到城镇化中存在的城乡发展不协调问题。贵州省的城乡居民收入差距始终较大，2016年，贵州省城乡收入的比值为3.31，相比于全国2.72的平均水平还存在明显的差距。推进城镇化进程，要改变思路，在城镇化率快速提高的同时，要重视农村和城镇的协调发展，提高农村居民收入，改变以往的收入分配方式，促进城乡和谐稳定发展。

针对城乡发展失衡的问题，党的十八大提出新型城镇化的发展理念，试图通过新的发展方式来解决城乡问题。新型城镇化打破了以往以人口转移为主的城镇化进程，更加注重转移人口的发展问题，新型城镇化更加强调质量的提升。为了实现均衡发展，就必须在城乡发展的过程中注重产业布局、基础设施和公共服务的一体化发展，把新型城镇化作为解决"三农"问题的重要载体，从而带动农村发展，促进城乡经济社会和谐发展。

社会发展最重要的就是人的发展，新型城镇化力求以一种新的发展模式使农村居民和城镇居民可以得到同等的发展条件和发展环境，使城乡居民得到同等条件的发展，不同生活环境的居民都可以得到物质上的平等分配，城乡之间可以统筹发展，农民收入会得到提高。收入是物质生活和精神生活提高的保障，是农民生活得到不断改善和社会物质文化生活不断丰富的前提条件。新型城镇化坚持只有城乡居民收入差距过大的问题得以解决，城乡协调发展的目标才算是真正实现。

（六）基于产业支撑的城乡一体化

当前摆在我国面前的一大难题就是如何缩小城乡发展差距，使城乡居民平等共享经济建设成果。就贵州而言，其城乡一体化发展的起点低，且起步晚。与此同时，我国的中东部地区，特别是沿海发达城市在国际工业进步和产业转移的影响下，城镇化建设飞速发展，因此，贵州的城镇化发展与我国平均水平还有差距。即使在贵州范围内，各市（州）的发展也不平衡，不同市（州）城市规模发展差异巨大，工业化发展不平衡，主导产业也有传统手工劳作与现代化之分。因此，如何消除城乡差异和缩小地区发展差异，促进贵州省整体经济发展和社会稳定，提高居民的生活水平，具有重要的现实意义。

事实上，城乡协调发展与产业结构演进有十分密切的联系，促进城乡一体化发展可以以此作为切入点之一。因此，深入讨论城乡三次产业与统筹城乡经济发展的具体联系，有助于因地制宜地构建贵州特定区域的城乡产业支撑体系，从而实现城乡经济一元化方向发展。

贵州的城乡一体化建设已经初具成果，形成了功能相对完善、结构相对合理的城镇体系，城乡居民收入差距也在逐渐缩小，乡村产业和投资规模也在不断上升。然而，从横向比较来看，贵州的城镇化水平还有所欠缺，且不同地区之间发展水平差异较大。主要不足体现在城市规模普遍较小，城镇的数量相对于贵州人口来说尚且不足（曾珊，2012），城乡关联程度低，城乡产业层次低，基础薄弱，城镇化水平与工业化水平不协调等。这些问题如果不解决，贵州省的经济可持续发展将陷入困境。面对这样的形势，我们更应该积极探讨如何利用产业支撑城乡一体化建设，使无论是城市居民还是农村居民都能够平等地共享经济发展的成果，实现真正的全面小康社会建设目标。

二　研究目的及意义

（一）区域经济差异与协调发展

研究目的在于以探究贵州省区域经济发展差异的现阶段特征以及历史的变化形态为出发点，深入剖析贵州省区域发展差异形成的具体原因，制定适合贵州省经济发展的策略，实现贵州全省各个地区的协调发展。

首先，有利于形成对贵州省经济发展现状的深刻认识。从科学的角度研究分析区域内部差异情况，摒弃传统的区域内部无差异的前提假设，真实了解区域变迁的现状。

其次，有利于加强对西部开发战略作用的认识。贵州省地处我国西部，该省的经济发展代表着我国相当一部分西部地区的发展真实情况，贵州的发展对西部开发战略的深入影响重大。学术界对贵州省区域内部差异的研究，显著少于东部沿海地区。笔者选取贵州省9个市（州）和88个县域作为研究对象，通过对贵州经济发展的深入研究和考察，以期推动国家西部开发的战略步伐。

再次，有利于全面建成小康社会目标的实现。党的十八大报告中第一次明确了全面建成小康社会的伟大奋斗目标,通过对贵州省区域经济发展差异性的研究,促进地区经济协调发展,提高人民的生活水平,实现民族团结和统一,以最终达到全面建成小康社会的奋斗目标。

最后,有利于贵州省各级政府统一进行地区管理和控制。以贵州的县域为基础单位进行实证区域经济发展差异的考察,结合理论经验和实际情况,为各地方政府开展区域经济协调发展工作提供理论依据,使地级政府的决策合理化、科学化。利用定量分析的方法,加强决策的严谨性,改变经验决策的传统思想,使决策真正地作用于各地方经济的发展,最终实现省内各地区的经济协调发展。

(二)气候变化与农业可持续发展

自20世纪80年代以来,气候变化已成为全球各界关注的焦点,特别是在由于全球气候异常而引起的洪涝、干旱等极端气候事件频繁发生的情况下。迄今为止,气候异常已经给人们的生活、生产带来不可忽视的影响,并且随着政治经济活动的日益活跃,这种影响也会随之加深。

气象因素是众多制约农业布局因素中的决定因素。农作物分布和布局基本上是由农业自然条件的地理差异决定的,而农业自然条件中最为重要的是气候因素,特别是光、温、水这三个大因素。因此,气候要素的变化必将对农业的生产发展产生广泛的影响。但是,气候变化带来的是不可逆的全球尺度的气候系统的变化,这种变化带来的是益处还是灾难现在还不能确定。目前,气候变化对中国农业的影响主要表现在:农业生产不稳定性增加,局部干旱高温危害严重,因气候变暖引起农作物发育期提前而加大早春冻害,草原产量和质量有所下降,霜冻、风暴、冰雹等气象灾害发生频率的增加而造成的农牧业损失增大,主要粮食作物如小麦、水稻和玉米等产量均可能下降,农业生产布局和种植结构将出现变化;土壤有机质分解加快,农作物病虫害的种类、发生的范围以及危害程度都可能扩大;草地潜在荒漠化趋势加剧,草原和森林火灾发生频率增加,家畜、禽类的免疫能力和繁殖能力可能受到影响并导致发生疫情的概率增加;等等。总的来说,气候变化对农业的影响大部分是负面的。

贵州省是全国唯一没有平原的省份,土地资源的62%是喀斯特地貌,而贵州又是一个传统农业省,农业人口比重大,农业在社会经济发展中起重要作用。人口多、耕地少的矛盾突出,因水土流失面积底数大对其治理的成效甚微，土地的石漠化也在不断侵蚀着耕地面积。低水平教育直接影响着从事农业生产人员的素质，外加贫困面广，农业可持续和农村经济发展都陷入重重困难的局面。在气候变化大背景下，贵州省的农业气候条件也将受到一定的影响。本书将主要针对气候因子对贵州农业生产的影响，探索气候变化背景下贵州省农业可持续发展的对策建议。

由于气候变化已经对我国的农业生态系统以及社会经济系统产生显著的影响，其中大部分是负面影响，并且其危害将会逐渐加深。气候是农作物生长发育的重要环境资源，且影响着农作物产量的高低。气候变化是人类发展面临的一个重大挑战，其中农业受冲击最直接、最大。因此，增强气候意识，顺应气候变化规律，适应和减缓气候变化对农业生产的影响，进一步合理利用并开发气候资源，保护农业生态环境，对实现农业可持续发展具有重要意义。

气候条件对农业生产的稳定发展至关重要，气候变化会对农作物的生长发育、气候生产潜力以及农作物产量都有影响。2015年，贵州省年均气温和日照时数都较往年增加10%左右，降水量反而减少约14.6%，这种气温高降水少的趋势加剧了干旱的严重程度，给贵州经济发展和农业生产条件均造成了很大的影响。分析研究贵州省的气候变化特征，对未来的变化趋势做好监测、预警，防患于未然，这对保证贵州经济健康发展和人民幸福生活具有十分重要的意义。特别是认清气候变化影响下的贵州农业生产态势，以及农业产值和农民收入受到的影响程度，对于农业技术措施的改进、适应气候变化、更合理地利用农业气候资源、促进贵州农业可持续发展，无疑具有重大意义。

（三）农业与旅游业的融合发展

从理论上看，我国关于农业与旅游业融合发展即"农旅融合"的研究尚不成熟，对贵州省农业与旅游业融合发展研究以定性研究为主，对两者的互动机制与关联性的研究较为少见。笔者基于产业融合理论、可持续发展理论及旅游地生命周期理论，对贵州农业与旅游业的资源概述、产业现状、发展机制的现状进行分析；同时，应用定性与定量相结合的方法对贵州省农业与旅游业的关联度与县域典型进行探索，根据分析对两者融合发展提出切合实际的理论指导，在一定范围内补充完善贵州省对农业与旅游业融合发展的研究。

从现实来看，农业与旅游业融合发展作为促进地方农业转型、实现地区经济增收的重要手段，是我国政策发布与执行的热门关注点之一，对其进行系统的理论研究，并提出具有可操作性的相应策略，具有实践指导意义。在我国2017年划分的14个集中连片特困地区中，贵州省有65个县分布在3个集中连片特困地区，成为中国脱贫攻坚任务最重的省份之一，同时贵州省山地和丘陵占地面积广，在农业方面，存在耕地质量差、科技支撑能力低、传统农业投入大且收益低等问题，而富集的旅游资源及得天独厚的生态环境是推动贵州省旅游业良性发展的原因。因此，贵州省农业与旅游业融合发展是农业产业升级与旅游业多元化发展的内在要求，正确认识农业与旅游业的融合机制及相互关系，是推动两种产业持续良性发展的关键。

（四）城市竞争力与城市生态建设

对大多数城市来说，城市生态建设是影响城市竞争力的一个关键因素（王琳，2008）。不同竞争力的城市，生态环境质量对其意义不同，因此，对城市竞争力与城市生态建设的研究就显得非常重要。笔者参阅了大量国内外城市竞争力与城市生态建设方面的文献，发现把城市竞争力与城市生态建设放在一起研究的文献并不多，对遵义市城市竞争力与城市生态建设进行研究的文献就更少。因此，对它的研究很有必要。

评价一个城市的竞争力水平，不能单看城市的GDP总量、财政总收入、人均收入水平等经济指标，还需要考虑社会、制度、文化、生态环境等方面。经济发展水平高，生态环境恶化的城市，它的发展将不会长久。只有生态环境良好，才能使城市实现可持续的发展。重发展、轻保护，先污染、再治理，是落后城市发展的突出特征。例如，我国的山西以及东北老工业基地。在发展经济的时候，过度开采资源，造成了诸如土地荒漠化、水土流失等一系列环境问题，使现在的发展落后于许多东部沿海地区。而城市竞争力水平高的城市通常会把生态建设考虑进去，政府在治理环境污染方面投入大量的资金以及人力、物力。致力于建设绿色生态型城市，把高质量的生态环境作为提升竞争力的手段（李红柳，2011）。竞争力尚不高的遵义，接下来的发展战略如何选择将是一个重要的问题。传统的经济发展模式虽然带来经济效益，但是造成了生态失衡；绿色健康产业虽说成长得相对较慢，没有那么多眼前利益，但是具有长远持久性。贵州工业化中生态建设在其中占有重要的地位，只有以生态作为贵州发展的主旋律，才能实现贵州的可持续发展（潘建，2012）。

(五) 新型城镇化与城乡居民收入差距

已有的对于城镇化研究的相关理论，通常只选取一些单一研究对象或者较少的因素分析，而忽视了城乡经济发展自身发展的特殊性和区域政策存在的差异性，本书在使用指标体系方面，考虑到贵州省新型城镇化所包含的全部内容建立相关的指标体系，利用熵权法对贵州省1980—2016年的新型城镇化水平进行综合测度，以期对贵州省新型城镇化水平有一个科学的评价，再通过实证分析找出各解释变量，对贵州省城乡居民收入差距作用因素的影响进行分析，并根据检验和分析的结论提出相关政策建议。

传统城镇化虽然推动了经济增长，但在收入分配上有失公允、过于偏向城镇居民，由此造成的城乡收入差距大，城乡发展之间不协调问题。笔者通过关注新型城镇化对以往的问题加以研究和改善，抓住此次契机改变以往的收入分配观念，使城乡居民之间的收入分配更加公平。通过新型城镇化理念的转变，既注重城镇化率的提高，也将城镇化的质量作为首要的目标。本书通过理论分析、现状分析、实证分析相结合的方法，具有针对性地找出原有城镇化进程当中存在的矛盾，通过提出新型城镇化的建设理念，解决在城镇化中存在的问题，提出政策建议，使贵州省城乡居民收入差距的现状可以得到有效的改善。

(六) 基于产业支撑的城乡一体化

"十三五"规划提出，我国经济发展的一个重要挑战就是城乡区域发展不平衡，是我国全面建成小康社会中的最大障碍和难题。基于此，本书在产业支撑方面寻找贵州城乡协调发展的有效且可行的方法和路径，为政府决策提供理论支持，逐渐消除城乡差异，最终实现全体社会、经济的协调发展。

我国学者经过对城乡一体化的多年研究形成了大量的研究成果。然而，大多数研究都是从农业工业化或是从政府角度出发提出补给农业的各种优惠政策以促进农业发展。无论哪一种，若是从单一角度考虑城乡协调发展问题，都是不可行的。城乡协调发展是一个多范畴问题，包括社会伦理、文化和经济各个方面。本书选取经济为主要研究视角，通过探讨贵州三次产业发展与城乡一体化水平提高之间的一般关系，从产业支撑角度为城乡一体化发展扩充理论内容。

第二节 国内外研究现状

一 国内研究现状

（一）区域经济差异与协调发展

国内学者对区域经济差异的研究主要是改革开放以后。在新中国成立之后改革开放之前这段时间，很多学者认为，虽然这段时间我国的区域差异有一定的缩小，但是以牺牲效率为代价。改革开放以后，区域发展理念、战略和政策发生了很大改变。实施了促进沿海地区优先发展的宏观区域战略，使综合国力大大增强，同时也导致东、中、西地带的区域差异相比改革开放以前急剧扩大。城乡差距、区域差异和社会阶层差异逐渐扩大，这些现象受到专业人士的重视，因此开始了大量针对区域经济差异的学术研究，全面分析了区域经济差异的现状、演变形势、原因和相应的解决措施。国内学者主要有杨开忠、林毅夫、魏后凯、陈利、王少剑、覃成林、贾秀丽等。

概括起来，我国区域经济差异研究包括如下几个方面：

对于区域经济发展差异的研究当务之急是要明确地域单元的划分范围。自1949年新中国成立以来，由于各时期经济发展目标的差异，我国的区域划分也有过多次变动。目前，国内外学术界在研究中国区域经济差异时，基本都采纳下列几类对我国区域经济的划分方式：①二分法，分为东部沿海地区和内陆地区；②三大地带划分法，分为东部、中部、西部三大经济地带；③六分法，分为华北、东北、华东、中南、西南、西北六个地区；④省行政单元划分法，分为省、自治区和直辖市；⑤采用地市级行政单元作为基本区域划分单位；⑥采用县级单位为基本区域划分单位，含有县、县级市、县级区和县级镇；⑦按发展程度划分，分为城市和农村两个基本区域划分单位。

从当前考察我国区域经济发展差异的文献资料来看，上述各种层次和级别的地域单元的划分都涉及了，较为普遍接受的是依据省、自治区和直辖市以及东部、中部、西部三大地带来划分。地域单元的划分方式直接作用于最终计算分析的结论。显而易见，地域单元划分的详细程度与分析结果的精确度成正比。在以省级地域单元为研究目标方面，陈利和朱喜刚（2014）、王少剑（2014）、曹芳东（2011）等曾以市级行政单元为基本研究单元分别研究云南省、广东省、江苏省区域差异问题。

改革开放以来，我国学者对于区域经济差异做了许多研究，现就指标的选取、时点的选择、差异测算的方法以及结论进行总结。杨开忠（1994）以全国各地区人均国民收入增速为依据，采用变异系数和加权变异系数的方法对我国各省份的经济差异进行了研究计算，分析发现各省份经济差异出现的拐点均出现在 1978 年，并且呈现出"U"形趋势，1978 年以前经济发展差异较小，而 1978—1990 年发展差距越来越大。1997 年，魏后凯利用地区经济增长的 β 收敛系数法，对 1952—1995 年的省际经济增长差异开展了分析研究，研究结论表明：1952—1965 年地域差异曾呈现缩小趋势，但在 1965—1978 年地域经济差异逐渐扩大，而在 1978 年之后地域经济差异不断变小。覃成林在 2002 年利用加权系数法对 1978—2000 年的区域人均国内生产总值进行了计算预测，分析结果显示，1978—2000 年，全国各地区的经济差距大体上呈现缩小趋势，但是，1993—1995 年出现差异变大的波动情形。2003 年，林毅夫结合全国 31 个省份的人均国内生产总值，用变异系数和基尼系数分析了 1978—1999 年的各项数据，分析发现 1990 年后各地区经济差异呈不断扩大趋势。任建军、阳国梁在 2010 年选取国内生产总值、人均国内生产总值和城乡居民收入水平为分析数据，探究了中国四大区域经济发展差异的状况，并指出，我国四大区域经济发展的差异正在不断加大。万道侠和杨冬梅（2014）选取人口、国内生产总值、人均国内生产总值数据运用极差率、变异系数、基尼系数和经济区位熵等方法，对我国 1978—2012 年各区域之间的经济差异及其变动特征进行分析，发现 1978—2012 年我国区域经济相对差异在总体上呈下降的趋势；2006—2012 年，我国东部、中部、西部区际差异存在下降的趋势，中西部差异明显缩小。陈利、朱喜刚在 2014 年以统计局 1985—2012 年云南省人均国内生产总值数据为依据，利用人口加权变异系数、锡尔系数和基尼系数的统计研究方式，定量分析了云南在近三十年区域内经济发展不协调的状况，并运用锡尔系数的分解，探讨了云南省区域经济差异的地域构成。发现云南省区域经济差异演变呈现倒"U"形特征，区域经济差异经历先扩大再缩小的过程，区域之间发展差异波动较大；一阶段锡尔系数分解显示，滇中地区锡尔系数远远大于其他地区，滇中内部之间经济发展二元结构突出，是全省区域经济差异产生的主要来源；二阶段锡尔系数分解表明，不同尺度地域单元下，经济发展呈现出地（市）内差异大于地（市）间差异、地（市）间差异大于地带间差异规律，地（市）内和地（市）间差异对整体差异的贡献率呈现波浪式变化，波动较地带间大，地（市）内的差异主导着全省区域经济差异走向。

地区经济差异的影响要素。2006 年，管卫华、林振山、顾朝林利用经验模态方式分析研究了 1953—2002 年我国区域经济发展的差异，研究结果指出，要素投入的差异导致区域发展的差异，区域发展的差异进一步导致了要素投入环境的差异，又反过来影响要素投入的差异，因此，区域决策的出台必须兼顾差距变动的长期性和短期性。2009 年，刘清春、王铮采用建模方式，从全国和三大经济发展地带的角度上详细解释了经济差异受地理环境的影响，将自然地理和人文环境因素、交通和区位因素、人力资源和科研因素定义为影响经济差异的三大地理要素。同年，陈修颖通过研究证明影响区域经济发展的因素实际具有多样性，历史积淀、CBD 的规模、自然环境与资源、市场的发展阶段、全球化程度、交通条件和区域发展规划战略等均对浙江沿海区域经济差异有不同程度的影响。通过多元回归分析各因素的影响程度，发现历史基础、市场发育程度、人口自然增长率、实际利用外资是浙江沿海经济差异的主要影响因素。李成悦、王腾和周勇（2014）以县域为单位，以人均国内生产总值、城镇居民可支配收入和农村家庭人均纯收入为标准，研究了 2000—2011 年湖北省区域经济时空格局差异。利用空间、时间的自相关性和地理探测器的方式，对影响湖北区域差异发展的原因进行了探究。结果表明：县域相互位置关系和经济结构因素是区域经济动态变化的主要影响因素，同时地形、人口密度和城市化率等自然社会因素也对其变化有一定影响。

（二）气候变化与农业可持续发展

农业部门的生产活动最容易受气候因素变化的影响，气候的变化在一定程度上制约着农业的可持续发展（谢立勇，2009）。如何应对气候变化带来的挑战已经成为我国农业经济发展生产的主要战略性任务之一（潘根兴，2011）。目前，全球气候变化的主要特征是气温升高、降水量时空分布差异和强度增大，致使极端天气事件发生频率及危害程度相应地增加和提升，各地区长期以来形成的平稳气候状态也将被打破。国内学者近年来在气候变化与农业可持续发展的研究可以分成理论综述和现状综述两个方向。

1. 理论综述

国内学者为中国农业可持续发展如何应对气候变化的不利影响提供了大量的建议和对策，其核心是在经济、社会和生态环境的协调发展基础上被动、消极地应对。为保持中国农业可持续发展的平稳态势，要充分利用气候变化产生的有利条件，减少或避免其不利因素的影响。2005年，林而达首先提出了气候危险水平的概念，并在此基础上提出了适应措施以推进区域可持续发展。杨笛等（2016）通过预测模型分析气候变化对非洲持续农业有不利影响，集中表现在干旱加剧和粮食减产，并提出了适应措施。马吉宏等（2015）讨论了气候变化对摩洛哥农业可持续的影响，提出光伏发电等适应性措施；这都为国内有相似地理环境的地区提供了借鉴。赵行姝等（2006）剖析气候变化与可持续发展的内在联系，主张气候变化的实质是发展的问题，只有将气候变化纳入可持续发展框架，才能获得"双赢"结果。

钱凤魁（2014）在分析气候变化对农业领域生产影响基础上，提出了一系列适应性建议。张新民（2011）从正反两个方面论述了气候变化对农业可持续发展的影响，指出农业不合理活动大量增加了二氧化碳的排放，加剧了全球变暖的速度。陈兆波和董文（2013）通过对气候变化在中国农业影响事实进行了具体分析，提出气候变化对农业发展带来机遇与挑战，中国开发和推广的预防和适应气候变化的新技术发挥巨大作用。金颖、韩正茂等（2014）梳理了国内气候变化对水资源影响研究的脉络，提出了目前研究的不足，同时还提出气候变化引起的水循环变化会导致水资源在时空的分布和总量发生变化，进而对农业的发展产生了重大影响。张卫健（2014）通过整理和分析气候对农业的影响，认为气候智慧型农业将成为农业发展的新方向。农业为应对气候变暖而持续发展要选择走都市农业的弹性发展之路（肖璇，2014）。宋建新（2016）针对治理气候变化下农业脆弱性的问题，认为调动农户和社区组织的模式更有利于农业的发展。许朗和刘金金（2013）从气候变化后农业气象的改变入手，分析气象因素改变对农业的影响，并提出相应措施。

除此之外，国内还有一部分学者也在探索小区域内气候变化对农业可持续发展的影响，并且已初显成效。早期有一部分学者对宁夏回族自治区、秦皇岛市、聊城市、上海市等的气候变化做过研究。蒋兆恒和陶国芳（2013）从吉林省通化市的农业自然条件、农业生产以及农业产业化现状入手，剖析气候变化对当地农业发展的影响，并为当地农业提出了相应的预防和适应气候变化的对策。强连红和贾东奇（2014）对1960—2009年50年间黑河市的气温、降水、自然灾害的变化进行了详细的分析，总结出气候变化对当地农业发展的有利和不利因素。李楠（2014）利用SPSS软件对太原市气温、降水和日照进行分析，研究气候变化对太原产生的影响，提出应对策略，为适应和降低气候变化对农业的影响提供科学依据。何艳（2014）以宜城市为研究对象，探索了宜城市农业应对气候变化影响的发展路径。张虹冕和赵今明（2015）分析安徽省农业领域应对气候变化的形势，提出安徽省农业领域应对气候变化科技发展的战略定位、发展目标和重点任务，构建了安徽省农业应对气候变化关键技术框架。

2. 现状综述

气温变暖是气候变化的主要特点，在气候变暖的趋势下，我国近50年年平均气温上升约1.1℃，增温趋势一直持续。农作物需要合适的温度才能健康生长，且对温度的要求很高。农作物因气温升高，生育期缩短，干物质累积减少，籽粒质量下降，造成10%—12%的减产（肖风劲等，2006）。气候变化对农作物种植制度有影响，20世纪90年代以来，东北地区水稻种植区域可以扩展到北面的伊春、嘉荫等原水稻禁区（矫江等，2008）；西北地区小麦等喜温作物种植范围增大，作物种植区界线向高纬度方向扩展；宝鸡市农业界线温度区间扩大，日照时数和积温增加，种植区界线北移，但春秋降水量减少趋势明显使干旱加剧，提高当地农业发展不稳定性（张向荣等，2016）。气候变暖通过帮助害虫越冬和繁殖而对作物生长造成危害。因为寒冬可以冻死害虫，降低其成活率，而暖冬恰恰相反。据统计，我国每年因病虫害造成粮食减产幅度占同期粮食生产的9%。未来气候变化将加重农业病虫害危害趋势（周曙东等，2010）。小麦蚜虫会因为气候趋暖而提前发生，虫害时间延长，危害加重。受气温升高影响华北地区蚜虫害严重（李超等，2016）。

尽管气候变化引起了热量空间格局的变化，可加以利用向北扩大种植界线和提高复种指数，但是，缺乏科学论证的引种已经给中国的粮食生产带来严重的危害。例如，发生在东北地区的水玉米事件就是由于种植玉米品种的生育期超过当地的无霜期所致。气候趋暖使全国降水量的空间分布更加不均,中国东北东部、华北中南部的黄淮平原和山东半岛、四川盆地以及青藏高原部分地区的年降水量呈下降趋势,其中山东半岛最为明显。同时,气候变化对水资源循环系统的影响与日俱增,我国六大江河的实测径流量呈下降趋势,北旱、南涝等极端水文事件频繁发生。张强、韩兰英等(2015)利用1961年以来中国农业干旱灾害的灾情资料和常规气象资料,系统地进行分析,发现在气候变化背景下,中国农业旱灾综合损失逐年增加,风险大大提升。郑盛华等(2015)利用松嫩平原53年历史气象数据,分析了干旱与气候因素间的关系,结果表明,干旱逐年加重,且加重的速度秋季大于春季。孔庆彪(2013)对近年来黑龙江省嫩江县的降水情况进行了研究,由于气候的影响嫩江县的降水分配已经有了明显的变化。2012年降水量为531.5毫米,比常年多49.1毫米,比2013年多200.6毫米。同时,降水量也有明显的季节变化,这些变化已经对当地的农业产生了一定的影响。在气候变化和人类活动共同作用下,我国1/3的耕地有水土流失的危险,每年约有数百万公顷的耕地受灾。北方农业生产主要受水供应不足影响粮食减产幅度很大(王丹,2009)。张玉娜和徐长春等(2014)分析了开都流域1960—2010年的气温、降水及流量指标。结果表明:该流域近50年的气温、降水、径流量分别增长率为0.27℃/年、0.863毫米/年和0.625立方米/年。这对该流域的农业发展产生了很大的影响。赵慧和潘志华等(2015)分析气候变化对武川县主要作物生产水足迹的影响,表明气候变化对小麦、马铃薯等作物生产水足迹影响显著。气候变化通过改变土壤条件而影响农田生态系统。另外,大风冰雹、低温冷害也威胁着我国的可持续发展,我国每年发生风暴多时可达2000多次;受气候变化的影响宁夏夏季时常出现冰雹、低温冻害等气象灾害(刘星等,2015)。因极端天气事件具有突发性、不确定性,且无规律可循,一旦发生会给农业发展生产带来巨大危害。总的来说,气候趋暖加大农业生产的不稳定性和风险性,危及粮食安全,直接影响农业的可持续发展(周广胜,2015)。

综上所述,国内学界已经对气候变化及农业发展做了大量的研究和实验。然而,对处于亚热带季风气候带的贵州高原山区来说,气候变化对农业可持续发展产生的影响,该如何应对,这方面的研究成果却鲜见文献研究。

(三) 农业与旅游业的融合发展

我国学者在产业融合领域的研究略晚于西方国家，但在信息化的背景下，其研究已广泛运用于计算机、旅游、能源、文化等多个领域，且取得较大进展和研究成果。我国学者对产业融合的研究以定性研究为主，包括产业融合的内涵、动因、发展模式等方面。

1997年，我国学者于刃刚指出第一、第二、第三产业之间出现融合现象，并针对融合现象的表现及实质进行研究；厉无畏（2002）提出，产业融合是在不同产业或同一产业的不同行业，通过相互渗透、相互交叉，最终融为一体，逐步形成新产业的动态发展过程；马健（2002）提出了一个更丰富的产业融合概念，他认为，产业融合是源于科技的发展与管理制度的放松，为了满足市场需求，技术通过在产业边界处的渗透与融合改变了原有产业的特征，导致产业之间各企业的竞合关系发生改变，最终导致产业边界模糊；张慈等学者（2009）指出，产业融合是不同产业或同一产业不同行业之间相互交叉、相互渗透的经济现象。

国内学者对产业融合的研究还集中在融合的动因、发展模式等方面。周振华（2003）在《信息化与产业融合》一书中以信息化为背景，阐述了产业融合的动因、过程及发展类型等，他认为，产业融合的内在推动力是信息技术扩散；于刃刚（2006）在《产业融合论》中总结了产业融合的动因，主要有技术革新、政府对经济管制放宽、企业并购、战略联盟等；马健（2006）分析了产业融合的动因、效应、融合度的测量方式，他认为，产业融合不仅能够改变产业的市场结构，还能改变国家的产业结构，同时提高经济效益；胡永佳（2008）分别从微观、中观和宏观三个层面分析产业融合后的影响，如提高资产利用率、节约成本、产生竞争合作关系等；程志宏和马健（2009）提出了产业融合的发展模式主要有互补型、替代型及从互补转变为替代型。

国内学者也逐渐从文化、运动、旅游等多领域视角对产业融合进行研究。江贤卿（2008）介绍了旅游业与房地产业相互融合发展后旅游房地产的典型模式。梁强（2010）基于产业融合背景下，探究我国电子游戏与竞技运动融合发展的动因、影响因素与发展路径。陈卓（2014）通过建立VAR模型，对我国工业化、城市化与农业现代化之间的关联度进行实证分析。叶宋忠（2017）通过对养老产业与体育产业的互动机制与融合过程的理论分析，认为两者仍处于融合发展的初级阶段，需要深入挖掘产业优势资源进行整合与创新，以期实现更深层次的融合发展。唐慧（2017）运用灰色关联分析法，分析新疆旅游产业与文化产业融合的影响因素，阐述不同模式下的融合条件、发展动因以及取得的成果。

随着信息化技术的全面普及，产业融合化成为现代产业发展的共同趋势，而农业在市场现实需求与国家政策扶持等背景下，与其他产业的融合是符合自身发展规律的，因此，农业产业融合问题开始引起我国学者的关注。

关于"农业产业融合"的概念，比较典型的有两个观点。一是突出融合的目的。何立胜（2005）提出，农业产业融合就是农业与其他产业的相互融合，主要是在技术、产品、服务、市场等方面进行融合，目的是创造一种新的价值产业链。二是强调融合范围。王昕坤（2007）认为，农业产业融合是同一农业内部的不同行业间的融合，或是指农业与其紧密相关产业的融合，是原本独立的产品或服务通过相同的技术及标准进行统一整合的过程。两种界定均值得参考。笔者认为，农业产业融合是以农业资源为基础，农村居民应是融合过程中的参与者及获益者，农业产业融合应包含农业自身不同行业的融合，也应包含农业与其他关联产业的融合。

一些学者从融合效应、融合度、融合路径等多个角度分析我国农业产业融合问题。席晓丽（2008）分析现代科技与农业融合程度，提出通过对农业产业链外延式及内涵式的优化，可以使农业产出前后的价值发展空间不断延伸。崔振东（2010）通过归纳总结日本农业六次产业化的特点、模式、途径，建议我国应选择以向外发展为开端，逐步转向为内外混合的可持续发展模式。梁伟军（2010）利用赫芬达尔指数，对农业与相关产业的技术、产品、业务和市场的融合度进行分析，得出中国农业与其他产业融合趋势最为明显的是生物技术产业。田晓霞、刘俊梅、闫敏（2013）借鉴自然生态系统的种群间作用关系模型（L—V），对新疆2006—2011年农业与旅游业融合进行了轨迹模拟，得出其融合趋势逐年递增。段海波（2014）从经济学分析入手，探讨农业与第二、第三产业及农业内部各产业之间的产业融合过程与发展模式。姜长云（2015）将农产品加工业、物流业、农业观光旅游业等产业进行融合，提高产业链价值，推进农业产业融合，为农村争取更多的经济效应及就业机会。孙光彩和田东林（2016）、王慧（2016）、陈俊红（2016）等国内学者采用灰色关联分析方法,对所研究区域的农业与相关产业融合关联度及影响因素进行定量分析。孟露露(2017)认为,第一、第二、第三产业融合突破了传统农业发展方式,要求现代农业具备产业融合性质,通过借鉴学习国外现代农业在产业融合背景下的发展经验,为我国的"接二连三"提供指导意见。谭明交(2016)以交易成本降低、提高经济效益为基本切入点,通过理论与实践的结合,理论上是对典型模式内涵、机制、质量等方面进行归纳,实践上则建立评价体系对产业发展质量进行综合评价,以期推动我国农业改革发展,促进第一、第二、第三产业融合。

我国农业与旅游业最初的融合形式是"农家乐",是传统农业与旅游业相结合而产生的一种旅游方式,后来发展为农业观光游、乡村体验游等多种旅游方式。近年来,国内学者关于农业与旅游业融合发展的研究成果主要如下:

关于农业与旅游业融合内涵与效应。农业旅游是以农业或农村资源为基础或载体,广义上可指乡村旅游、观光旅游等模式,是一种新兴旅游业(祁黄雄,1998;张永贵,1998);农业旅游是农业与旅游业相互融合后与现代服务业结合的产物(张文建等,2009);农旅融合的实质是城市与农村两者的互动及产业之间的互动融合(张文建,2011);农业旅游有助于培养农户对资源环境的保护意识(吴冬霞,2007;赵承华,2007);发展农业旅游是推动农村经济发展、优化农业产业结构、拓宽农民增收渠道和改善农村生态环境的有效途径(李涛等,2015);农业旅游目的地的开发与建设是推动城乡一体化的重要途径之一(李细归等,2014);现代农业与旅游业之间的融合可以实现"1+1>2"的效果,不仅扩展两者产业的发展空间,也能加强产业功能的革新与发展(赖欢,2016)。

关于农业与旅游业融合模式和融合度等方面研究。王世峰(2013)提出,生态旅游和农业生产融合发展模式,分析其意义,并进一步提出培养农业生态旅游消费观念、提炼文化及生态特质、提升旅游参与度及建设现代农业生产基地等相应的对策措施。童潼轩(2014)针对贵州铜仁市打造的现代高效农业园区,提出了"农旅融合、创新驱动"的战略。陈洁(2014)基于产业融合理论和共生理论,构建熵权层次分析评价体系,通过对实证对象验证分析发现,农旅融合度评价值与实际水平相符合。林茜(2015)基于产业融合的背景,从旅游资源、城乡统筹、市场需求等五个方面阐述农业与旅游业融合的机制问题。李蕾等（2015）认为，在休闲观光农业园区的规划布局时，应考虑将农业展示、休闲观光、生态旅游等集于一体。杨曦（2017）利用2007年四川省投入产出数据进行归类，通过对四川旅游业、农业的关联度计算，发现农业对旅游业的拉动作用大于支撑作用。林海丽等（2017）选取英国1990—2015年的农业与旅游业的相关数据，通过构建向量自回归模型，分析英国农业与旅游业的关联性及互动关系。

（四）城市竞争力与城市生态建设

1. 城市生态建设的概念

王如松（2001）从生态学的视角出发对城市环境污染、水资源短缺、能源过度消耗等问题进行了系统的分析，在分析基础上提出了城市生态建设的目标以及生态城市转型的方法。王祥荣（2004）在分析城市可持续性发展时，提出城市未来的发展要重视生态建设。认为生态建设要以城市的实际情况出发，结合生态学的理论，采用一系列科学的、全面的、系统性的措施，建立包含城市生态建设的合理的城市结构，以此来提高城市生态水平。人类生活、生产结构方式要与生态建设的过程相适应。这样，才能建立一个绿色、高效、和谐的生态城市。邹骥和杨宝路（2007）重新定义了生态城市。认为生态城市应该包含资源效率、循环生产以及低碳经济几个方面，进一步阐释丰富了生态城市的概念。通过对生态城市形成框架的研究，提出能源的过度浪费、环境的污染等应该是生态建设重点解决的问题。杨莉等（2007）通过对国内外城市生态建设文献进行收集、整理以及分析，总结出我国现阶段许多城市在城市生态建设方面存在的不足，针对这些情况，提出了一些建议和措施。司马宁和吴亚伟（2009）认为，城市生态建设水平的提高是实现生态城市的关键。认为在城市生态建设中历史文物的保护非常重要，文物记载着一个城市的发展历程，应该遵循和发扬优良的历史传统，生态建设也可以此作为参考。并且探讨了如何建设生态城市以及生态城市该如何发展。

2. 城市生态建设评价指标体系

马世骏（1983）认为，生态系统不是一个独立分割的部分，由多个与之相关的系统综合作用而成。各个系统的功能、构造以及作用都不同，都有其自身的发展规律。王宏哲（2003）认为，城市生态评价指标体系可以分成经济生态评价体系、社会生态评价体系以及自然生态评价体系三个部分。城市生态评价体系随时间变化而变化，具有阶段性特征。在经济增长和城市发展过程中，要注重对各项评价指标的完善。常克艺（2003）等把生态型城市指标分成一级指标和二级指标。一级指标包括活力、恢复力和组织力三个方面。在此基础上，把上述三个一级指标各自分成经济、社会和自然三个二级指标。这样的设计可以比较全面地评价生态型城市。通过对浦东新区以及佛山市区两个生态城市进行分析，得出结论：浦东新区要想提高城市生态能力，必须加大对环境的保护力度并且完善经济结构；而佛山市区的生态型城市建设只针对部分领域，太片面，下一步生态型城市的建设要综合考虑各个领域。唐晓慧（2004）运用 AHP 方法，建立了拥有 32 个评价因子的评价指标体系。该评价体系包含三个方面，分别是生态经济、社会发展以及生态环境。通过收集、整理吉林省生态建设相关数据对吉林省白山、四平、长春、通化、辽源、吉林、松原、延吉和白城 9 个主要城市的生态建设进行综合评价，最后提出未来吉林省生态建设的重点。蓝庆新和彭一然（2012）运用 AHP 原理，构建了包含 30 项指标的城市生态建设评价体系。张伟和张宏业（2014）认为，原有的生态城市建设评价指标体系不完善，没有考虑到地域之间的差异和生态城市建设的特点。因此，在考虑生态城市地域特点之后，以生态城市地域划分为依据，提出了一种叫组合式动态评价法的新的生态建设评价方法，并且以包头、苏州、宜宾等城市为例。通过分析这三个城市的生态建设情况来说明这种方法与常规的评价方法相比具有更多的优势。这种方法从三个城市的地理位置、个体的差异出发，结合城市自身实际情况，评价三个城市的生态建设水平。这种方法对数据有较高的要求，数据获取难、精度要求高都是它的不足。随着国家对生态城市建设的重视，这种方法可以为我国生态城市建设提供一些新的思路（张伟，2014）。张欢和成金华（2015）针对特大型城市的特点，建立了拥有 20 个指标的城市生态建设评价指标体系。该体系包含三个方面的内容，分别是生态环境满意度、市民宜居度以及资源环境消耗速度等。他们运用该指标体系对一些特大型城市的能源使用以及环境污染进行了分析研究。

3. 城市竞争力

王爱君（2004）首先论述了一些城市竞争力的理论，然后对波特和倪鹏飞关于城市竞争力所包含的内容进行分解。最后探讨了目前城市竞争力评价指标体系，发现目前国际上对城市竞争力的评价还没有一个统一成熟的指标体系。并且对我国城市竞争力的提高提出了一些建议。

4. 城市竞争力范围

倪鹏飞（2003）认为，城市竞争力包含诸多要素，这些要素处在不同的维度与层次上。通过复杂的方式构成城市竞争力。城市竞争力包括软力和硬力两个部分。于涛方和顾朝林（2004）认为，城市竞争力由三个因素决定，分别是资源、外部环境以及内部能力。这三个因素作用各不相同：资源影响城市活性，外部环境推动或滞缓城市发展，内部能力对城市发展起成长性激励作用。

5. 城市竞争力评价指标体系

宁越敏和唐礼智（2001）认为，城市竞争力包含产业竞争力、国民素质、科技能力、金融环境、企业竞争力、对内对外开放程度、基础设施以及环境质量这些因素。李娜和于涛方（2003）认为，城市竞争力受到全球化和地方化的影响，反过来，城市又通过竞争影响它们的形成过程。城市间的竞争可以影响全球城市体系的形成、城市集聚和产业集聚。与传统城市间的竞争不同，现在的城市竞争是在信息化、全球化基础上的合作与竞争。周德群、樊群、钟卫东（2005）根据淮海经济区的特点，建立了城市资源吸引力、城市处理和转换效率以及产品和服务输出能力三个方面作为一级指标的城市竞争力评价体系。最后作者采用主成分分析方法对淮海经济区中的徐州、枣庄、商丘、周口、淮北等20个地区的竞争力进行了评价和排序。翟冬平（2011）认为，城市竞争力包含基础设施建设、文化水平、对内对外开放程度、生态建设和城市经济发展程度五个方面。作者选取了这五个方面的31项指标，运用主成分分析法，对常州、无锡和苏州三个地方的城市竞争力进行评价和分析，最后提出了一些政策和建议。张超和李丁等（2015）在分析西北地区城市竞争力时，从西北地区的实际情况出发，建立了适合西北地区的城市竞争力评价指标体系。这个模型包含经济、社会、生态和科学教育四个方面。作者采用主成分分析法对西北地区20多个地级市的城市竞争力进行评价。

6. 城市生态建设与城市竞争力关系

北京国际城市发展研究院（IUD）以国际竞争力理论为基础，结合经济发展的现实情况认为，随着经济的发展，可利用的资源与能源越来越少，环境污染越来越严重。生态建设不再是独立的一部分，而是与经济、社会、文化的发展紧密联系在一起的，应该把生态建设放在城市竞争力影响因素的重要位置。从动力、潜力、控制力的形成过程来描述城市的比较优势和竞争优势。倪鹏飞（2005）把生态建设竞争力纳入城市竞争力中，并对其做了较为全面的研究，认为生态建设不只是对传统自然资源的改善，还包括一系列人工环境的建设。生态建设从两个方面影响城市竞争力。一个是直接影响，另一个是间接影响。直接影响包括对企业生产成本、企业发展和企业原材料的影响。这些影响会改变城市价值体系。间接影响是通过生态环境来影响科技力、资本力、制度、集聚程度以及开放水平进而改变城市价值体系。环境污染严重、资源过度浪费以及环境质量差等都会影响企业的产品质量和品牌形象，造成企业直接价值的流失，使城市竞争力中的产品竞争力下降。

喻金田和赵军等（2011）根据中部城市的现实情况，设计了符合这些地区的城市竞争力评价体系，该体系包括四个一级指标，分别是经济竞争力、文化竞争力、社会发展竞争力以及对外开放竞争力。二级指标有国内生产总值、人均第三产业增加值、科教投入、公交车辆、人均用电量以及进出口额等。根据这个指标体系，运用主成分分析法，计算出中部地区包含郑州、长沙、合肥、武汉以及南昌在内的46个城市的竞争力得分。最后进行排序和聚类分析。韩学键和元野等（2013）在研究资源型城市产业转型问题以及可持续发展时，结合资源型城市特点，建立了资源型城市的竞争力评价指标体系。该指标体系根据资源依赖性的特征构建。作者在该指标体系基础上使用数据包络分析模型对东北三省9个资源型城市进行评价。田美玲和方世明（2016）以汉江流域为背景区域，通过建立汉江流域中心城市竞争力评价指标体系，运用主成分分析法，对9个城市进行城市竞争力评价和排序。

综上所述，贵州城市尤其是遵义市城市生态建设及城市竞争力方面的研究成果鲜见报道。

（五）新型城镇化与城乡居民收入差距

1. 城乡居民收入差距的原因

我国众多学者通过对各个地区发展的特殊性进行研究，收集不同地区的相关数据进行横向分析，试图找出我国城乡发展不协调的原因。韩其恒（2011）运用世代交叠模型分析我国城乡二元经济结构，在这样的环境下，城乡的人力资本水平的差距会造成城乡居民收入差距始终不能得到解决，政府在城镇化过程中不加以调控，单纯依靠市场的力量来改变目前的状况是比较困难的。陈斌开（2013）通过对我国30个省际面板数据的分析发现，城市大多是资本密集型的部门，这些部门都会得到相应的政策倾斜。由于我国优先发展重工业的指导方针，使政府在制定相应的政策时必然会首先考虑到工业的发展，政策上就自然会向城镇的经济发展上倾斜。不合理的政策偏向，导致了政府的经费大多用于城市，不合理的税费制定和城乡居民间社会福利和社会保障的差距，都使城乡之间的差距迅速扩大，不合理的政策将城乡两个部门割裂开来，造成了城乡居民收入差距始终保持较高的水平。李伶俐（2013）的研究表明，城市化进程大多是在政府的财政政策的导向下发展的，在最初的发展进程中，财政偏向造成的正向效应有利于城乡收入差距的缩小，但这种城市偏向的财政政策一旦达到一个不合理的程度，城乡不均衡的发展就越为显著，差距也必将被随之拉大。胡宝娣（2011）选取城镇的国有企业职工为研究对象，利用协整估计的方法判断在1978年后的30年间，城乡经济之间由于政策水平不同，城乡对于同样政策吸收程度不同，社会保障可能对城乡收入差距产生怎样的影响。研究表明，城镇居民所获得的社会保障提高了城镇居民的生活水平，在一定程度上减少了他们在生活上的支出，城镇居民所获得的住房、医疗教育等保障，虽然没有直接体现在收入中，但对城镇居民的生活提供了保障，也应该计入收入的一部分作为考虑，这些社会保障大多数农村居民都未能拥有，这就进一步扩大了城乡居民收入差距。杨德才（2012）认为，城乡之间人力资本的差异，主要体现在对两者人力资本的投资和所带来的收益上。他分别从加大人力资本的投入对农村居民收入的影响和投资效率两方面进行了研究。结果表明，单方面增加对农村的人力资本投入会有效增加农村居民的收入。但同样的投入在城镇和农村的效率却相去甚远，由于城乡产业结构的差异，同样的投入在农村产生的效果与城市有巨大差异，虽然采用公平的城乡人力资本投入，但还是会产生城乡不能统一协调发展的现象。龙翠红（2012）研究表明，城乡居民收入差距和农村剩余劳动力的转移之间存在双向影响的关系。由于农村地区人多地少，导致了农村地区存在大量的剩余劳动力，受到城市生活和就业机会的吸引会向城市进行转移，城市在补充劳动力的过程中也会增加城市企业的原有产值，在一定程度上刺激了城市经济发展，而农村由于丧失了一部分的劳动力，在原有的基础上也不能使农村经济有所增长，农村原有的经济发展方式不变，仅依靠此方法并不对政策和制度来进行推动，并不能在根本上缩小城乡居民收入差距。马绰欣（2017）的研究表明，城乡在金融发展方面的不均衡会使城乡发展不均衡问题加重，但此时若其他因素使农村经济可以快速发展，经济增长使城乡经济差异得到缓解，金融产业会在农村得到发展的机会，此时金融产业对城乡收入水平造成的影响会相对减少。王丽娟（2015）认为，贵州的地理因素和人文因素、经济发展因素和社会人文发展因素相互影响，且相互都构成了贵州省长期城乡收入差距和经济发展差距过大的根本原因。我国众多学者经过多年探究认为，我国经济不平衡的二元化经济现象严重，政府为促进部分人民和经济首先发展起来的目标而制定的偏向城市重点优先发展城市的政策造成人力资本水平的差距，城市居民往往享受更加全面的基础设施保障，城市逐渐发展起来的经济金融行业也是造成城乡收入差距的重要原因。

2. 城镇化对城乡收入差距的影响

欧阳金琼（2014）通过对城乡发展进行的研究表明，我国不同时期随着城镇化不断推进，在不同的阶段存在不同的影响。城乡居民收入差距在城镇化发展初期比较明显，而后会有一定缓解，差距逐渐缩小，而当城镇化水平进一步推进，城镇与农村发展的差距将逐渐被拉大，城镇经济发展水平增长相当明显，城镇化发展不协调的矛盾会日益突出，城市经济增速将远远将农村置于身后，且差距不断拉大。随后在城镇化的方式和理念发生变化后会促使政府对农村地区资源投入加大，这一时期，农村由于政策补助水平提高，收入水平将会提高。在地区差异上，当一个地区的城镇化率达到较高的水平，该地区的经济也必定较为发达，这时农村居民将得到更多的发展机会，农村居民可以从更多的方面获得收入，收入增长速度加快追赶。城镇化率不高的地区，情况则相反，城镇化还处于快速发展阶段，城镇居民收入差距还将继续扩大。吕炜（2013）运用2001—2011年各省份的数据在系统广义矩阵中进行分析，研究结果表明，在城镇化中，城镇化率是一个非常重要的指标，城镇化率的提高可以表明城镇带动周边的农村得到了发展，可以有效地促进城乡和谐发展，农村居民收入也会因此得到提高。吴晓忠（2014）收集了我国各省份的数据综合研究发现，城镇化处在不同临界值所造成的影响有所不同，当一个地区的城镇化率超过 53.49%，城镇化的发展不能继续对缩小城乡居民收入差距产生促进作用。梁文凤（2013）利用改革开放后的数据在 VAR 模型中进行分析，结果表明，从短期来看，改革开放初期，我国城镇化处于发展的初期，在这一阶段，城镇化会带动经济发展速度的提高，城镇经济的发展会使周边地区拥有更多的发展机遇，由于城市的带动周边农民经济收入会得到明显的提高，此时，城乡收入差距缩小明显。从长期来看，城镇化的发展必然会导致城市的经济增速不断加大，远远超过农村的经济发展水平，农村经济的增长速度在一定时期内不会快速增长，这就造成了城乡收入差距拉大。葛雷（2015）认为，为了使城镇化率提高，城市经济得到快速的发展，政府必然采取偏向城市发展的财政政策，显著推动了城市经济的快速发展，城镇化的成果以及由于城镇化而带来的新的发展机遇将首先造福城镇居民，城镇化快速发展的阶段，经济发展的重点必然放在城市，城市的资源投入促进经济的增长比农村更有效率，长此以往，城乡之间经济发展的矛盾将日益尖锐，收入差距也将不断拉大。

3. 城乡收入差距的衡量

通过量化研究经济发展与人民收入之间的差距，可以从数据的变化局势上清晰地反映出不同阶段的城乡居民收入差距的变化情况，同时也是进行实证研究的基础。最直接的方法即城乡收入比。姚耀军（2005）认为，基尼系数使用收入分配曲线所构成的面积之比计算城乡收入比更能有效地反映出城乡收入差距水平。王少平、欧阳志刚（2007）认为，基尼系数没有考虑到人口结构的差异，因而其衡量的我国的城乡收入差距也不准确。泰尔指数利用城乡收入和总收入的比值和城乡人口和总人口的比值综合计算，作为标准更加合理。

4. 新型城镇化研究

在党的十八大提出新型城镇化的初步构想后，我国学者对其展开了广泛的研究。王发曾（2010）表示，新型城镇化应依靠"四化"协调发展为动力、发展更加注重质量的提升，这些都和传统城镇化的发展方式有明显的区别。马永欢（2013）认为，新型城镇化是在发展方式和理念上对传统城镇化的一种改变，在方式上改变了以城镇化率的快速增长为目标的模式，在农村人口转移的过程中更加注重人的发展，以人为本。

在发展的理念上更加强调城镇化质量和经济的可持续发展。王博宇（2013）认为，新型城镇化不再是一个单纯的人口转移的过程，而是一个系统发展的过程，注重城镇化发展过程中的各个方面，应从经济发展、人口发展、基础设施建设、生态环境几个方面建立综合评价体系，从而科学地反映出新型城镇化发展的水平。单卓然（2014）认为，新型城镇化应该更加注重城乡居民生活的同步提高，城镇化的发展的重点应该从速度转移到质量上，更加强调经济的可持续发展。通过一种全新的发展方式和路径使新型城镇化的六大核心目标得以顺利地实现。阐述了区域协调统筹、实现产业升级转型、坚持生态文明、推进制度改革和创新四项重要内容并提出针对四项内容的策略。从定义、目标、内容、策略和认识误区多个方面对新型城镇化进行了详细的分析和阐述。对于贵州省的新型城镇化，龙奋杰（2016）的研究表明，贵州是我国欠发达地区的代表，贵州是喀斯特地貌，全省大部分都是山地，对交通等基础设施的建设都提出了挑战，与发达省份相比，贵州省城镇化水平明显较低，经济发展水平不高，城乡差距较大。贵州省应在新型城镇化过程中，根据地形地貌、自然环境的特殊性和当地的特色农业以及矿产资源的比较优势，探索出一条适合自身发展的山地特色新型城镇化道路。

（六）基于产业支撑的城乡一体化

1. 国内城乡一体化建设研究

由于我国城乡差异巨大的基本国情，相对于国外研究来说，国内对城乡一体化的研究更为深入。在我国，城镇化的实质是指城乡一体化，而且许多学者也从不同的角度对其进行了补充和延伸，包括城乡一体化建设的意义及途径。贺建林（2009）认为，在当前的国内经济环境条件下，城乡一体化是中国扩大内需的必然选择。他在分析城乡一体化机制中发现，在城乡一体化发展中可以扩大生产和生活需求，需求规模的扩大也在根本上促进了三次产业的发展。陆益龙（2010）指出，我国农村经济增长唯一可行的就是推进城乡一元经济结构建设。一方面，农村剩余劳动力需要从农村走出来，向工业和服务业转化，增加农民收入来源，提高农村居民收入；另一方面，城乡一体化的推进可以缩小城乡发展差距，以工业反哺农业，实现农业现代化。干启明等（2008）指出，城乡一体化水平作为衡量一个国家或区域社会和经济发展水平的重要指标，如何又快又好地发展城乡一体化建设，是现阶段我国经济建设的工作重心。然而，城乡一体化建设并不仅仅是解决农村经济问题的关键，同时也是我国经济发展的重要力量，对中国城市的整体发展也起着不可小觑的作用。因此，现阶段的城乡一体化不仅仅限于通过对弱势地区的扶持来缩小城乡差异，而是我们能在更现实的层面理顺城乡之间的关系，确切地找到农村和城市发展之间的均衡点，以城镇主动驱动农村现代化建设。

2. 城乡一体化的动力机制研究

非纯工业动力论。褚素萍（2005）通过对我国城乡一体化的动力机制进行分析发现，城乡融合所需动力分为内在和外在两个方面，内在动力包括城镇经济的辐射，外在动力包括城乡基础设施和政府引导等。赵君、肖洪安等（2004）认为，城乡一体化最重要的内生动力机制就是提高生产力。蔡建明（1997）总结了推动城乡融合中的四大基础动力，即产业的空间集聚、产业的结构转换、城与乡、城与城之间的相互作用以及技术进步。张占仓（2014）认为，加快推进城乡体制机制一体化必须保持城乡建设规划的协调性和公平性，即建立统筹城乡建设的协调机制，保证地区产业有机、规范集聚，保证城乡生产要素流动合理、通畅，为农业发展时时保持耕地占补平衡，扩大农村投融资带动经济发展。彭明唱（2015）立足于新常态，结合我国基本国情，认为制度改革是动力源泉，是城乡一体化建设的必要条件，在制度层面，通过完善相应的法律法规和政策支持以及户籍体制改革，推进产城融合，推动城乡一元结构的形成。

工业核心动力论，即城乡一体化的根本动力是工业化。持这种意见的学者只是少数，他们认为，城乡一元结构的建设动力只有工业化，工业化是城乡逐渐实现相互融合的唯一动力来源。其中，赵煦（2008）在详细分析英国城市化历史的基础上总结出城市化的核心动力在于其工业的发展，工业革命带来了国家整体的经济复兴，居民收入的显著提高，工业化过程就是其城市化的过程。季任均等（2004）指出，工业化进程与城乡一体化进程是统一的，两者组成要素彼此相关、互相影响，因此，城乡融合发展的根本依靠力量就是工业化。钟秀明（2004）和姜爱林（2003）提出，农村经济现代化动力是内生的，由农村产业向现代工业化转变自发驱动，实现农村经济赶超城市。

笔者认为，城乡一体化的驱动仅仅依靠工业发展的观点太过于片面，将驱动因素总结为内生和外生两个方面的观点具有时代局限性。比较客观的观点是城乡一体化的发展在不同的阶段，其所依靠的动力是动态变化着的，观察国际和国内经验可以看出，推动城市初步形成的动力来源最初为农业的发展，农产品剩余促进了商品交换的产生，最初的商品交换集聚地就是城市的雏形。后来，工业革命带动大规模的城市化，然而，其间西方国家又出现了一段时间的"反城市化潮流"，后来服务业兴起和资源禀赋作用又推动了新一轮的城市化。贯穿城市化进程始终的还有文化影响、政府制度安排、市场机制等，受到这些因素的影响，城乡资源和人口的流动更加有序、规范，提高了城市化的效率，因此，这些都是城乡一元结构动力机制的有机组成部分。

二　国外研究现状

（一）区域经济差异与协调发展

国外对区域经济差异的研究主要集中在以下三个方面。

1. 地区差异的构成与分解

学术界有一部分专家采用较为新颖的区域经济差异研究策略以分析地区差异的组成部分和形成原因，从而发现造成地区差异变动的主要影响因素。包括：一是收入差别分解法，提出者是拉斯尼—费景汉等学者，这种方法依据收入来源的差异分解基尼系数；二是加权变异系数法，利用计量经济学知识分解地域差异的行业和部门；三是泰尔指数和广义熵指数，泰尔指数具有空间上的分解性，与广义熵指数相似，它们都是研究区域差异全局变化过程、区际差异以及区域内差异和分析区际、区域内差异对区域全局差异影响的有效工具。同时，在调研的过程中了解了许多政策性信息，从而进一步解析地域差异的地理构成。Scott Rozelle（1994）曾指出，中国东南沿海地区部分省份的地区化差异在1984—1989年迅速膨胀，通过对基尼系数的分析，发现是农村快速工业化造成了这种现象的出现。1999年，Long Gen Yong以人均国内生产总值为测量指标对泰尔指数分解后得出结论：中国地区区域经济发展差异在1978—1994年呈"U"形变化趋势，以1990年为分界线，在此之前，沿海与内陆差异不显著；在此之后，差异不断演变拉大。

2. 区域经济增长的收敛性

从1960年美国著名经济学家威廉姆逊首次提出区域收入趋同的假设，到20世纪80年代"在经济发展成熟及衰退阶段区域收入差异化增大"的假说被小阿莫斯提出，Color（1996）直言各国的专家学者走的基本都是以区域差异为出发点来研究区域收入趋向的路线。但是，近年来，有些专家开始创新性地利用新古典增长模型来分析区域收入的趋向。Chen 和 Fleisher（1996）采用索罗经济增长的模型研究发现：1978—1993 年，中国 31 个省份的人均国内生产总值增长的确存在条件性地趋于一致的形势，他们一直认为，我国实行改革开放后地域差异逐渐缩小。Tianhin Jian 在 1996 年分析了我国 1952—1993 年各省份人均国内生产总值的变化态势：1952—1965 年，中国各个省份的收入并未出现明显的趋于一致或者分散的趋势；1966—1976 年，各省份差异不断拉大；自 1978 年开始市场经济体制改革后，各省份真实收入差距逐渐缩小；1990 年起，虽然东南沿海地区仍然保持趋于一致的趋势，但是，沿海地区远超内陆地区，故而区域收入差异又呈现出分散的趋势。1992 年，Barror 和 Sala Marin（2004）对美国各州、日本各个县和欧盟的各个国家进行了收敛研究，结果表明，调研的这些地区中收敛速度均维持在 2% 附近。伊斯兰（Islam）在 1995 年发现，趋同率上升到 3.8%—9.1%，而 1996 年的研究，这一数据已经上升到 10%。收敛性主要有 σ 收敛、β 收敛和俱乐部收敛三种。Tsionas（2002）认为，α 收敛是区域人均收入水平指标慢慢变小的过程。β 收敛是不发达区域一些经济标准慢慢地临近发达地区水平的过程。依据起初假设条件的差异，β 收敛可以分为绝对的 β 收敛和相对的 β 收敛。绝对的 β 收敛是指在科学技术、各项制度、文化和人们的偏好等接近的区域拥有近似的经济稳定状态，起初的静态标准与其经济增速负相关；相对的 β 收敛是指将区域不同的各项条件纳入思考范围后，回归系数显著呈现为负数的一个过程。俱乐部收敛是原始经济发展高度相似的地区各自差异的经济体系之间，以类似的结构特征为前提趋于不断收敛的一个过程。

3. 利用新的经济增长理论深入剖析区域经济发展过程中存在的矛盾

新兴经济增长理论关注动态的分析，突出科技的发展和人力资源对经济发展的内生影响力，是区域经济发展实证探索的强有力工具。1999 年，朱勇指出，利用新经济增长理论有利于对区域经济增长的趋势和原因的研究。新兴经济增长理论提出，经济发展的主力是集聚力和分散力。集聚力广泛地存在于国家内部各地区之间和各个国家之间。新经济地理学认为，某个区域产业链的形成在很大程度上是由于在产业的集聚力和交通运输相联系使产业的分散力之间的良好平衡。一个地区经济的发展状况同地域人口基数、历史文化和资源的分布状况密切相关。新经济地理着重提出，长期经济发展情况与国家初期的发展和随着历史发展的演变情况依赖程度很高。

根据以上分析可以了解到：第一，国外专家学者研究区域差异的指标主要有基尼系数、泰尔指数、变异系数、加权变异系数和广义熵指数等，从不同的出发点分别研究了区域经济发展差异。第二，国外学者对区域经济研究重点主要在中国等发展中国家经济发展是否存在收敛的发展过程上，而研究结果具有显著的差异性。第三，不同学者对区域经济发展差异的成因研究出发点不同，但都重视新的经济发展理论的分析，提出技术进步和人力资源对经济发展有举足轻重的作用。这些研究给贵州区域经济差异的相关研究起到很好的借鉴和示范作用。

（二）气候变化与农业可持续发展

1. 气候变化对农业可持续发展的负面效应

气候变化已经引起了世界各国政府、社会和科学界的共同关注。国外众多学者开始投身于气候变化对农业可持续发展影响的研究中，最初的研究建立在较基础、较直观的假设上，如亚当·斯密认为，农业产出需要消耗气候要素，所以，农业产出一定受气候要素变化的影响。气候要素丰富的年月，供给充足，农业丰收；气候恶劣的年月，供给量不能满足农业生产的需要，农业歉收。发展到新古典主义时期，这一研究通过农业把触角延伸到对经济周期的影响上，最有代表性的理论是杰文斯的"太阳黑子说"。但实践表明，"太阳黑子说"具有前瞻性、预见性和极重要的学术价值。早些时候，由于人们对气候变化的研究不够深入，所以，主流思想是气候变化引起的都是负面效应。如现代学者塞茨（2005）与联合国粮农组织一致认为，全球变暖是农业经济可持续发展的难题，是农业增长的"瓶颈"。萨拉等（2000）通过研究中国华北和东北地区的土壤发现，当地气温的升高和干旱情况的恶化会加速土壤中有机质的分解和矿化，而土壤养分的流失不仅会降低土壤肥力，还会限制地力的发挥。M. J. Reinsborough 等（2003）认为，气候变化对农业耕作面积和农产品产量也有严重的负面影响，它会加速二氧化碳等温室气体的排放和降低土壤养分的蓄积。J. Schmidhuber 等（2007）认识到气候变化已经深刻地影响到人类社会的发展和人类的健康，提出气候对农业生产的影响，不仅关系到全球粮食生产，还关系到粮食安全供应。世界科学界对中国这个农业大国未来农业发展走向十分关注，特别是气候变化影响下的粮食生产能力将如何变化。H. Cline（2007）预测中国农业产量可能会因气候变化而有小幅度的提升。大部分推动农业、林业和渔业系统生产力的物理、化学和生物过程都会受到气候变化的每年、每月、每日分布差异所带来的影响（Mallar and C. A. Ezra，2016）。气候变化给农业部门带来的影响大多数都是负面的。例如，间歇性的干旱和洪水威胁着农民赖以生存的农业（V. Anbumozhi，2011）。短暂的台风等灾害可以摧毁农民的房屋、农用设备和灌溉设施。长此以往，这种影响将会对一国的粮食安全造成威胁。在柬埔寨，台风凯萨娜摧毁了 Teuk Krahom 社区的作物和灌溉系统（UNDP，2010）。在印度尼西亚，由气候变暖引起的灾害，如干旱、洪水和病虫害导致农作物歉收，定居点和农场受损，使瓦乔区的农民和渔民遭受严重的经济损失（R. Rolos et al.，2012）。泰国的农业也遭受过干旱的破坏。2001 年，泰国有 51 个省份受灾和 170 万莱（面积单位）的农田被毁；2005 年，有 71 个省份受到影响和 13.7 莱的农田被毁（B. Ketsomboon and K. von der Dellen，2013）。菲律宾的农业也经历过由于气候变化而带来的损失（Mallari and C. A. Ezra，2016）。

2. 气候变化与农业可持续发展的不确定性

随着研究的不断加深，部分学者发现，气候变化也会引起正面效应，但是，由于负面效应仍然存在，并且无法准确地测定两者的大小，导致支持气候变化对农业可持续发展的影响具有不确定性的观点深入人心。如美国学者哈里斯和肯尼迪（1999）对近 20 年来美国粮食产量进行了动态分析，其中对受人热议的全球变暖因素利用数学模型进行了深入探讨，发现全球气候变化对高纬度地区和中低纬度的农业粮食产量有不同的影响效果，高纬度地区的小麦等喜温，作物产量会增加，而中低纬度地区的粮食作物需要通过一定的科技手段，克服气候带来的一般性的不利因素来保持产量的稳定。相反，对于突发的、难以预测的、不确定性的一些极端性农业气候灾害，如特大干旱、龙卷风、暴雨、冰雹等恶劣灾害，仅仅依靠科技手段是远远不够的，农业大幅减产是必然的。综上所述，气候变化将会给可持续农业的发展带来什么样的后果，仍不确定。

二氧化碳与生物基础产业息息相关，作为一种温室气体它会间接地影响植物，作为光合作用的原料也会直接影响植物的生长。因此，准确地把握二氧化碳这种对农业系统的直接影响是非常重要的（M. Lieffering et al.，2016）。C. Rosenzweig 和 D. Hillel（1995）侧重关注气候变化对粮食产量的作用，发现气温升高会使农业生产季节提前到来，延后结束，种植带边界向高纬度方向延伸，初步判定气温生长有利于增加高纬度粮食区产量，而不利于中低纬度粮食的生产。对于各自的增减幅度未做更多说明，增加了粮食生产的不确定性系数。增加一定量的浓度可以同时提高光合速率和水分利用效率（L. Ringius and T. E. Downing，1996）。而浓度过高则会抑制农作物的呼吸作用，温度升高还会提高病虫害发生概率（C. Rosenzweig et al.，1995），影响作物的发育，对粮食产量带来负面影响。

目前，气候变化趋势将导致水循环系统运动更为激烈，降水总量增加的同时，其时空分布差异也会扩大，再加上人口增长与粮食需求之间、经济发展与水土资源恶化之间的矛盾，用水危机将会蔓延到全球（T. Oki 等，2006）。降水量的时空分布差异的扩大，加剧个别地区旱灾频生，特别是在作物生长时期农业灌溉用水短缺会使农作物减产或绝产（J. Seghieri et al.，2009）。土壤如长时期处在缺水状态，养分减少使作物的相对产量持续下降（E. W. Harmsen et al.，2009）。罗德里克和科恩（2002）等指出，日照下降使很多湿润地区的蒸发量明显下降，进而引发渍害或减缓干旱。可以看出，光照、水分、温度的不同组合会对不同地区干湿状况的作用不同，导致旱涝灾害的程度也不同，在制订防灾减灾计划时，要充分考虑当地水热资源配置状况，认识各种气象因素对当地农业灾害影响权重，以保证决策的科学性、有效性。E. Georgopoulou 等（2016）在研究希腊气候变化与农业适应性时提出，气候变化的影响是有利还是不利，取决于当地农业生产活动和农业环境。虽然很多适应性措施可以减轻不利影响，但那必须是建立在农业费用投入的基础上。另外，伊斯特林等（W. Easterling，2005）还分别对东南亚和南太平洋地区、美国、苏联的极端气候变化进行了研究。

（三）农业与旅游业的融合发展

关于产业融合的发展。20世纪70年代，西方部分发达国家在信息通信产业领域中开始出现产业融合现象，引起了各国学术界的关注。产业融合理论的提出是在 20 世纪 60 年代。美国学者罗森伯格（Rosenberg，1963）在对美国机械工具产业的发展历史研究中发现，有一项技术在不同产业中使用后出现了扩散现象，之后提出了技术融合的理论思想，指出技术融合是产业融合的重要组成部分。1978 年，美国麻省理工学院媒体实验室创办人 Nicholas Negroponte 利用三个重叠的圆圈构建了一个关于计算机、出版印刷和广播电视三大产业的技术融合模型，认为三个圆圈的外围代表产业技术的外缘线，相交处则代表技术的碰撞点，是发展最迅速、创新最大的领域。美国学者卡纳和格林斯坦（1997）根据通信业、广播业和出版业三个产业融合的情况提出，不同的产业在发展过程中，为适应市场需求会自发地做出改变，包括产业边缘化的模糊、产业边界的收缩或消失等变化，将这个变化称为产业融合；1997 年，欧洲委员会发表的"绿皮书"认为，产业融合不应局限于计算机、信息通信、广播电视和出版等产业，将产业融合定义为"是通过产业联盟与合并、技术平台、市场三个角度进行的融合"。时间推进至 21 世纪，产业融合的内涵虽有所局限且未形成完全统一的意见，但产业融合的概念已广泛地适用于各产业领域，Martha（2001）指出，产业融合给经济发展带来了新的机遇与挑战，对原有产业结构进行调整是抓住机遇必不可少的手段。关于产业融合类型，国外学者主要从市场、技术和产品三个角度进行分类。

斯蒂格利茨（2002）将产业融合分为技术融合和产品融合，其中包括技术类的替代融合与互补融合、产品类的替代融合与互补融合。从市场供需角度看，Penning 和 Puranam（2001）将产业融合分为供给融合和需求融合，即供给方技术融合和需求方产品融合。从技术角度看，斯蒂格利茨（2002）根据技术革命及对其产业渗透影响路径分析任务，将产业融合分为技术替代融合和技术整合融合。从产品角度看，格兰斯坦和卡纳（1997）基于产业产品之间的相互关联变化，将产业融合分为产品替换型和互补型融合。

关于产业融合动因。内在原因主要源于产业之间的关联性、产业自身发展及对经济效益最大化的追求；而关于产业融合的外在动因则主要是关于市场、技术、综合等因素的观点。Lei（2000）认为，产业融合现象的产生主要源于科学技术的创新，是技术的进步推动了产业的融合；2000 年，澳大利亚经济共同报告提出，产业融合的根本动因在于市场需求和消费者的意愿；而植草益（2001）则认为，产业融合最主要的推动力来源于技术手段的革新进步及市场管理制度的削弱。

关于产业融合路径。Gambardella、Torrisi（2004）提出，产业融合是通过产业间的技术、产品、业务等方面的融合，最终实现互融统一的市场；哈克林（2010）明确提出，已知的、累积性发展技术的融合可带来高突破性特征的创新；日本学者植草益（2001）认为，随着世界格局的改变，产业内部发展的需要，产业之间的壁垒通过技术革新与限制放宽会慢慢消失，最终达到各产业之间相互渗透、相互延伸的合作竞争关系。

关于农业产业融合的研究，其典型代表观点是于 20 世纪 90 年代，日本学者今村奈良臣（1996）为了解决日本农业发展过程中出现的价值差问题，首次提出的农业"六次产业"概念，可形象地理解为"六次产业 = 第一、第二、第三产业相加 = 1 + 2 + 3 = 6"，之后他又提出"第一、第二、第三产业相乘 = 1 × 2 × 3 = 6"，也可称为"六次产业"。其目的是鼓励农户进行多种形式的经营，延长农业产业链条，倡导农户在从事传统种养殖的同时，推动农产品加工业、农资制造业、农产品流通业等发展，并利用农业与旅游的发展带动当地经济，促进农业形成集农产品的生产、加工、销售、服务于一体的完整链条，推进日本农业的第一、第二、第三产业融合发展。韩国学者金泰坤和许珠宁（2011）认为，农村产业融合应包含生产制造、加工包装、服务等相关产业，要求各产业间形成有序的、相互的、全面的融合进程。

关于农业产业融合的实现机制。日本学者佐藤正之（2012）认为，通过对生产、运营、销售等板块的技术改革，可以促进产业之间的互动融合，如通过延长农业价值链，形成从生产、加工再到销售、服务的一条龙产业链，能够有效地提高农业产业化水平。韩国学者李炳午（2013）提出，专注于农村地区，以农业生产为中心，同时充分挖掘利用当地各种形态的资源，将农业种植、田园风光、农副产品加工、农耕文化、农家服务等产业内容进行整合与重组，形成新的复合经营体，创造更多的附加值及工作岗位。

农业旅游源于 20 世纪 60 年代初的西班牙，当地农场主将自己的农房经过装修改造后，成为可以接待来自城市的旅游观光者的家庭旅馆，进行经营获利，之后这样的旅游方式在部分西方发达国家兴起。戴维斯和吉尔伯特（1992）基于产业融合效应，指出农业与旅游业融合发展对英国农业产生积极作用，主要表现在旅游收入的提高及农业的结构升级；Graham Busby 和 Samantha Rendle（2000）指出，农业与旅游业融合发展是农业可持续发展与众多经营业态方式的一种。

国外关于农业与旅游业融合发展的研究成果主要如下：旅游业与农业的发展，通过合理设计，能够相互促进（D. Hermans，1981）；农区旅游业的发展，行业之间存在劳动力与土地资源的竞争，所以，需要实现融合发展（Hugh Latimer，1985）；农区旅游业的发展能够促进农产品生产多样化延长产业链，实现产品增值（C. Linda，M. Fox 和 R. L. Bowen，1995）；实现农业与旅游业的融合发展，需要寻找、消除两者融合的限制因子（Rebecca Torres，2003）；在南非沿海地区，旅游业与农业实现融合发展是改善食物供应链的关键（Manisha Pillay 等，2013）；（希腊）山地农业旅游的发展，能够促进人民生计改善，主要是当地农民受益（Alex Koutsouris 等，2014）；有机农业不使用化肥、农药及除草剂等化学品，在作物施肥、病虫害及杂草防治方面，需要较多的劳动力，城市居民在节假日到农场（村）参与农事活动，一方面体验农场（村）生活，另一方面在一定程度上缓解农忙季节农场（村）劳动力短缺矛盾，是农业与旅游业融合的一种模式（William Terry，2014）；基于农业与旅游业双重目标的土地景观培育，必须坚持"农业可持续、旅游适宜、环境美化、人民生活舒适"四位一体（Kaswanto，2015）；在农业与旅游业存在土地竞争情况下，前者往往由于效益较低让位于后者（Adrian Deville 等，2016）；等等。

（四）城市竞争力与城市生态建设

城市竞争力概念源于20世纪90年代，作为迈克尔波特（1990）价值链理论的范式提出。Paul Benneworth 和 Gert – Jan Hospers（2007）认为，在知识经济社会，大学如何规划对一个城市的竞争力至关重要。Tim Campbell（2009）认为，学习型城市的竞争力评价，需要两部分数据才能度量。一部分是来自政府部门的数据，这部分数据被叫作硬数据。另一部分数据来自社会网络，这部分数据被叫作软数据。软数据与硬数据结合起来才能度量学习型城市的竞争力水平。Sylvette Puissant 和 Claude Lacour（2011）认为，高技术工作的增长率是影响城市竞争力的重要因素。

巴克内尔大学彼得从 1980 年左右开始研究城市竞争力。彼得认为，在欧洲地区，随着经济全球化以及经济的快速发展，人们开始重点关注城市竞争力，认为它可以表示一个城市的综合水平。然而，亚太地区对城市竞争力的研究还有局限，主要研究如何评价城市竞争力，对城市竞争力竞争机制的研究还比较片面。

美国学者帕克（1992）从生态学以及社会学角度分析城市化与生态建设的关系。认为城市生态问题与城市社会空间结构以及土地使用有关，使生态学城市化成为主流。伯里（1994）在分析城市化对城市生态建设的影响时，运用因子分析法找到了城市化中对城市生态建设影响最大的几个因子。这种方法被命名为生态因子分析法。Fitter 和 Jovet（1995）从生态规划的角度出发，通过对伦敦和巴黎城市化以及生态建设相关数据的收集、整理和分析，来研究这两个城市的过度城市化问题和生态建设演替关系问题。I - Kharabsheh 和 Deosthal（1997）等采用 GIS 与数值模拟方法对环境污染中的水污染问题进行长期研究。

格罗斯曼和克鲁格曼（2005）通过收集、整理 42 个发达国家的数据，运用定量分析法，分析城市经济水平与城市生态建设之间的关系。结果显示，两者之间呈现倒"U"形变化规律。在人均收入水平为 4000—7000 美元之前，水污染和空气污染随着收入水平的上升而上升，并且增速逐渐递增。在 4000—7000 美元之后，随着人均收入的上升，增速开始减慢，环境质量开始好转。

（五）新型城镇化与城乡居民收入差距

国外学者对城镇化和城乡居民收入差距的研究主要集中在以下三个方面。

1. 收入分配问题

库兹涅茨（1955）提出倒"U"形曲线假说，解释了在经济发展的不同阶段，收入分配会呈现出怎样的状态。他提出：社会、经济结构都会随着经济发展发生变化，从而影响收入分配。刘易斯先后收集和比较了 18 个国家的经济增长与收入分配的相关数据，并对其进行了实证分析，结果都表明，从长期来看，18 个国家的收入分配状况在经济发展初期都出现了不公平的现象，随着国家经济的发展，收入分配也会逐渐趋向公平。对发展中国家经济增长和收入分配的相关数据分析，并进行比较可以发现，与发达国家相比，发展中国家在经济发展的过程中收入分配不公的现象更加明显。

2. 城乡收入差距理论

国外学者普遍认为，城乡二元经济结构和在城镇化建设中政府采取的城市偏向政策，是造成城乡收入差异的重要原因。刘易斯最先提出了二元经济结构理论，他认为，在城镇化进程的初期，城市的集聚效应造成更多的资源向城市集聚，造成了工业的劳动生产率要明显高于农业的劳动生产率，要想打破这种状态，就必须从城市经济发展入手，城市经济的率先发展会拉动整个地区的经济快速发展，从而对农村地区的经济发展起到推动作用。把有限的资源合理配置在工业和农业部门，使两部门之间协调可持续发展，加快农业发展，提高农业效率，促进工业进步和剩余劳动力转移。美国经济学家乔根森（1961）提出了乔根森模型，主要强调农业经济和市场体制对瓦解二元经济的作用。托达罗（1996）持有和乔根森相似的观点，他认为，单纯依靠城市的发展来带动农村就业及劳动力转移问题并不能从根本上解决农村发展落后的问题，单纯依靠一部分人收入水平的提高并不能真正带动农村经济发展，只有依靠农村自身的经济繁荣，才能够带动农村居民生活水平改善，从而实现城乡收入差距的平衡。只有这样，才能真正从源头上瓦解城乡二元经济结构。迈克尔·利普顿（1971）提出了城市偏向理论，他认为，在经济发展初期，政府为完成政绩的要求和追求经济的快速增长肯定会制定城市偏向的政策，为城市提供更加有利的发展条件来促进城市经济率先发展，并寄希望于城市经济的快速增长来拉动整个地区的经济增长。

3. 城镇化和城乡居民收入差距之间的关系

第一，城镇化缩小城乡收入差距。亨德森（1995）的研究表明，城镇化发展初期，城市经济的发展使城镇提供了更多的就业机会，城镇不断增长的经济与物质供给吸引农村劳动力向城市转移，当这一部分人经济生活水平和收入提高，增加了收入，在某种程度上也对缩小城乡收入差距做出了贡献。卢卡顿（2004）针对发展中国家经济及人文的特殊情况，提出利用人力资源模型进行实证分析，认为城镇化使农村居民向城市转移使城乡二元结构从土地密集型转型为人力资本密集型，城市更多的就业机会吸引更多来自农村的劳动力得到了实现，提供把农村劳动力向城市转移的途径，使劳动力可以在城乡之间合理分配。

第二，Tsui（1991）在研究中发现，城镇化过度推动城市的发展，城镇化扩大城乡收入差距，使城镇居民收入大幅提高，而在此期间，农村的经济发展却被城镇远远地甩在了后面，由于农村经济和城镇经济差距越来越大，在收入上必然也会拉开差距。他通过对中国1978—1993年的数据进行固定模式的面板抽样分析，实证结果显示，沿海地区的商业规模与经济产值增速远远高于内陆地区使区域之间的发展不均衡，城乡收入差距扩大。阿尔布雷克特（2009）专门研究中国收入分配问题，改革开放以来，中国城市化进程加快，国内经济快速发展的同时收入分配不公平现象十分显著，其原因是城市能够得到更多的来自政策和经济等多方面的资源，并且能够快速吸收和使用这些资源，使城市的居民收入远远高于农村人口的收入。

第三，城乡居民收入差距伴随着城镇化的进程呈现阶段性的变化。罗宾逊（1976）通过公式推导，认为城乡收入差距先升后降，城镇化率存在一个50%的临界点，城市在达到50%的城镇化率的情况下可以实现缩小城乡收入差距的目标。斯蒂文·波尔赫克（2011）提出，城镇化过程可以分为两类：被迫的城镇化是由政府主导，为完成城镇化的目标来推动经济的增长，政府自然会将所有资源的分配都偏向于城市，从而造成了城市的迅速发展，城乡居民的收入增长由此发生了不平衡的现象，通过被迫的城镇化无法改善城乡居民收入差距的现状。社会经济的发展所自然发生的城镇化才是真正符合发展需要的。自然城镇化必须要求城乡之间实现均衡发展，在这样的情况下，必然不会造成城乡收入不均等、社会资源分配不公的现象，社会城镇化通过主动提高农村居民收入，才能解决城乡发展不协调的问题。

由上可见，国外学者认为，以城市经济的发展带动农村经济和发展农村经济并行而不是单单发展城市经济才是城乡一体化实现的关键。一个地区在城镇化初期会实现城镇化带动具有偏向性的城市发展规划，在这个过程中，为实现这一目标的必然代价是牺牲农村发展的机会，农村得不到应有的经济发展机会，两地的居民生活水平的差距必然将会拉大，此时新型城镇化才是可持续发展的必然选择。只有在新型城镇化过程中吸取和总结以往发展方式上存在的弊端并进行改进，以一种新的城镇化发展理念，才能缩小城乡居民收入差距。

（六）基于产业支撑的城乡一体化

1. 地域分工理论

地域分工理论指出了城乡分化的根源。梁琦、黄利春（2009）认为，在经济发展的初级阶段，由于各个地区自然条件的差别，人类的生产和生活方式也逐渐分化。随着工业科技的发展，人类逐渐摆脱了地域限制，然而，由于初级阶段经济发展差异，地域分工仍然存在，且有逐渐扩大之势。城乡分离就是地域分工的现实反映，城市是工业和商业等第二、第三产业集聚地，农村是农、林、牧、渔等第一产业集聚地，城镇和农村是对立统一的存在，即使随着经济发展，城乡分离也是永恒存在的，只是分工的具体内容会随之改变。

2. 城乡一体化理论

最早提出"城乡一体化"的是马克思和恩格斯。19世纪中期，资本主义社会城乡二元结构矛盾重重，如此环境下，马克思和恩格斯运用辩证法分析了城乡由分离、对立到融合、统一是社会经济发展的必要过程和必然结果。他们指出，城乡集聚要素既相互对立又相互联系，城乡分离破坏了人和土地之间的物质交换，即破坏了自然平衡，因此，城乡二元结构发展到一定阶段，城乡必定重新趋于融合。霍华德（1919）提出了一种"田园城市"的理想规划，即结合城市和乡村两者的优点，对城市总体布局和城市有机体进行合理规划，它是"现代城市规划的开端"。他的规划目标是建设一个适宜居住又适宜产业发展的"田园城市"，发展城乡融合、不分彼此的新的社会形态，逐渐消除城乡分离，在此基础上解决由于城市膨胀而出现的各类问题。总的来说，田园城市理论是一种社会改革理论，并没有进行详细的规划。

赖特（1935）提出的"广亩城"实质上是一种理想中的城乡一体化的居住区，即一种极度分散的城市，住户自然分布在城市中，每户约占一英亩土地，每户生产蔬菜粮食，供自己消费；每户之间以超级公路连接，沿着公路周围建设有加油站、公共设施。然而，这仅仅是一种理想化的设想，实现的可能几乎为零，但这一设想却闪耀着"城乡融合"的火花，为后来城乡发展提供了方向。

芒福德（1961）提出"区域统一体"的设想：把城市和乡村的特征要素融合在这个区域统一体中，形成多个城市中心，使每个居民都能享受到城市的高质量生活。将这个"区域统一体"理念套用在越来越多的社区中，最终就会实现城乡的协调发展。

3. 推进城乡一体化的动力理论

法国的佩鲁（1950）以工业发展为核心提出了增长极理论。他认为，在推动地区工业现代化和整体经济发展，可以选择区域某一空间作为增长极的，以带动整体社会经济发展。然而，增长极理论在实际应用中则往往事与愿违，增长中心在经济快速增长之后，不仅对周围地区缺乏辐射能力，反而扩大了增长极与周围地区间的发展差距，因此，增长极理论的有效性受到了广泛的质疑。刘易斯（施炜等译，1989）在增长极理论基础上指出，在发展中国家，想要促进经济的可持续发展，就需要逐渐消除二元经济结构，将农业人口向工业部门转移。

加拿大经济学家麦基（1987）提出了"Desakota"概念，即"城乡一体化区域"概念。西方发达国家的城市化主要依靠工业化来促进整体经济发展和居民收入的提高，拉动内需扩大，从而形成内生动力，自上而下推动城市化。而亚洲大多数发展中国家则不其然，麦基认为，在亚洲发展中国家，城乡差距相对于西方国家来说较为明显，城乡一体化进程需要借助外力推动，促进非农人口和非农经济活动在城镇集中，城市化显现出明显的自下而上的特征。

4. 产业集聚与城市化关系

韦伯（1909）首先提出了工业集聚思想，他也被称为工业区位论的鼻祖。李刚剑等（1997）的工业集聚思想主要从产业角度来解释工业选区集中的现象，虽然没有直接提及其与城乡一体化之间的联系，但是，通过他阐述其中缘由恰恰得出企业规模效益和区位经济利益决定了农业人口和产业最终会趋于向某一点集中，即城镇化的内涵。

美国地理经济学家斯科特（1985）在韦伯的基础上，首次将工业集聚与城市化联系起来，提出工业—城市区位论。宁越敏（1995）首先从动态变化角度和企业内部角度分析产业区域集聚的特点，由于劳动力是生产要素之一，产业发展对劳动力也存在依赖性，随着产业集聚和产业园区规模的扩大，基础设施不断完善、劳动力市场也逐渐发展壮大，形成都市。但是，斯科特忽视了纵向一体化也可以形成大都市这一现实，产业集聚利益只存在于没有功能联系的企业。埃德温和布鲁斯（1994）提出了城市形成模型。高汝熹、罗明义（1998）明确指出了产业集聚与城市化的内在联系。他们认为，工业集聚就是城市形成的主要驱动力。

企业为了寻求规模效应带来的利润而选择集聚，企业中相关工作人员也会为了节省通勤成本就近而居，人口和产业的集聚过程就是城市的形成过程。因此，埃德温和布鲁斯认为，城市化的主要推动力是规模经济效益。

第二章 贵州省区域经济差异与协调发展

第一节 区域经济发展现状及差异的时空演化特征

一 区域经济总体发展现状

(一) 地区生产总值

2015年,贵州省提前实现"十二五"预设产值(8400亿元),年度地区总产值(GDP)达10502.6亿元,同比增长10.7%。"十二五"期间,贵州省以年均1180.1亿元产值逐年攀升,年均涨幅达12.5%。随着"十三五"规划的实施,贵州省地区生产总值占全国国内生产总值比值提升了0.5个百分点。2015年贵州省地区生产总值构成,第一产业增加值为1640.6亿元,同比增长6.5%,占地区生产总值15.6%;第二产业增加值为4146.9亿元,同比增长11.4%,占地区生产总值39.5%;第三产业增加值为4715.0亿元,同比增长11.1%,占地区总产值44.9%。贵州省人均地区生产总值为29847元,较上年涨幅达10.3%(见表2-1)(贵州省统计局,2016)。

表2-1 2011—2015年贵州地区生产总值　　单位:亿元、%

指标	2011年	2012年	2013年	2014年	2015年	比上年增
地区生产总值(GDP)	5701.8	6852.2	8086.9	9266.4	10502.6	10.7
第一产业增加值	726.2	891.9	998.5	1280.5	1640.6	6.5
第二产业增加值	2194.3	2677.5	3276.2	3857.4	4146.9	11.4
工业	1829.2	2217.1	2686.5	3140.9	3315.6	9.8
建筑业	365.1	460.9	590.7	717.7	832.6	18.3

续表

指标	2011年	2012年	2013年	2014年	2015年	比上年增
第三产业增加值	2781.3	3282.8	3812.2	4128.5	4715.0	11.1
批发和零售业	448.8	514.5	582.1	624.2	671.4	8.4
交通运输、仓储和邮政业	590.9	687.5	772.4	828.7	920.4	9.4
住宿和餐饮业	224.4	266.6	294.9	322.7	360.4	9.7
金融业	297.3	365.9	444.5	491.7	607.1	19.2
房地产业	160.3	176.8	202.9	220.5	232.1	6.6
营利性服务业	398.1	467.6	546.1	591.4	687.4	11.9
非营利性服务业	661.6	804.0	935.0	1012.7	1163.1	11.5
人均地区生产总值（元）	16413	19710	23151	26437	29847	10.3

资料来源：贵州省统计局。

（二）农业

2015年，贵州省农林牧渔业生产总值提高1712.7亿元，同比增长6.4%。种植业产值提高1096.5亿元，同比增长7.8%；林业产值调高92.9亿元，同比增长7.9%；畜牧业产值提高415.9亿元，同比增长1.2%；渔业产值提高35.3亿元，同比增长17.1%。其中，农林牧渔业附加产值提高72.0亿元，同比增长4.6%（见表2-2）（贵州省统计局，2016）。

表2-2　　　　2011—2015年贵州省农林牧渔业增加值　　　　单位：亿元、%

指标	2011年	2012年	2013年	2014年	2015年	比上年增
农林牧渔业增加值	726.2	891.9	1031.7	1316.1	1712.7	6.4
种植业	430.8	561.3	646.1	851.9	1096.5	7.8
林业	32.0	37.0	47.7	68.2	92.9	7.9
畜牧业	223.2	245.7	280.7	331.2	415.9	1.2
渔业	12.8	17.8	24.0	29.3	35.3	17.1
农林牧渔服务业附加产值	27.4	30.0	33.2	35.6	72.0	4.6

资料来源：贵州省统计局。

(三) 工业和建筑业

2015年，贵州省规模以上工业产值提高3550.1亿元，同比增长9.9%（见图2-1）。其中，轻工业产值提高1374.2亿元，同比增长8.3%；重工业产值提高10.9%。"十二五"期间，贵州省规模以上工业产值每年以14.3%的涨幅逐年攀升（贵州省统计局，2016）。

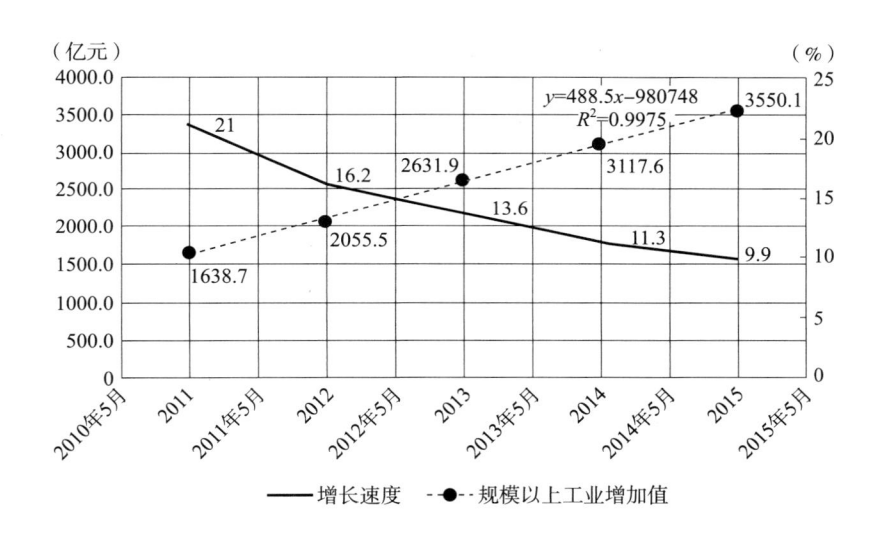

图2-1 2011—2015年贵州省规模以上工业增加值

资料来源：贵州省统计局。

到2015年，贵州省登记在册的具有资质的承包企业达892户，同比增长6.1%。2015年，建筑业产值达1947.7亿元，同比增长18.7%。建筑业企业创收达1815.4亿元，同比增长19.0%；利润总额39.1亿元，同比增长11.4%；税金总额75.2亿元，同比增长19.1%（贵州省统计局，2016）。

(四) 固定资产投资

2015年，贵州省投入资金10676.7亿元，同比增长21.6%（见图2-2）。"十二五"期间，以年均129.5%的速度增加投资，至2015年年末，总投资达36098.3亿元。2015年，基础设施投资总额达4137.4亿元，同比增长22.3%，占全省固定资产投资的38.8%（见表2-3），工业投资达2746.2亿元，同比增长17.5%，占全省固定资产投资的

25.7%。制造业投资总额 1795.7 亿元，同比增长 18.4%。用于房地产开发投资总额 2205.1 亿元，同比增长 0.8%，占全省固定资产投资的 20.7%。房地产建筑面积达 20877.7 万平方米，同比增长 2.5%。其中，包括住宅建筑面积 13592.7 万平方米，较同期下跌 1.5%；建筑规划面积 601.2 万平方米，较同期下跌 35.8%。商品房预售面积达 3559.8 万平方米，同比增长 12.0%；商品房销售额达 1571.7 亿元，同比增长 14.7%（贵州省统计局，2016）。

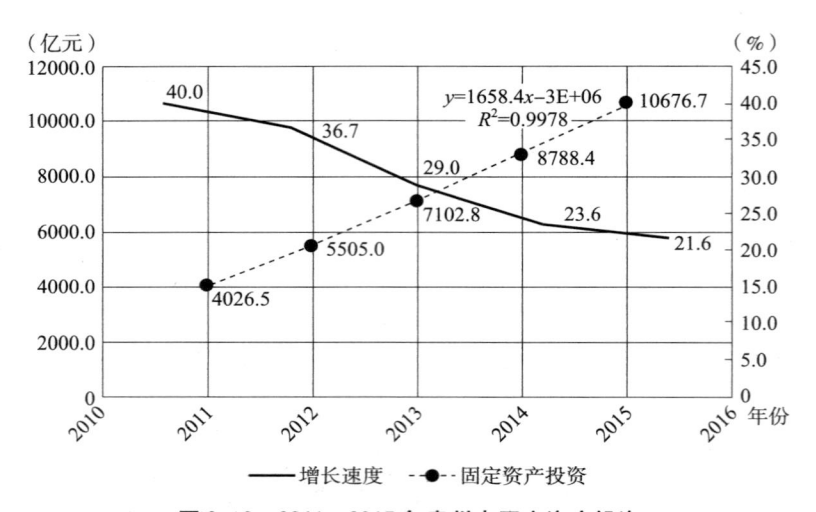

图 2-2 2011—2015 年贵州省固定资产投资

数据来源：贵州省统计局。

表 2-3 2011—2015 年贵州省三大领域投资占固定资产投资比重

年份	基础设施投资 绝对数（亿元）	占固定资产投资比重（%）	工业投资 绝对数（亿元）	占固定资产投资比重（%）	房地产开发投资 绝对数（亿元）	占固定资产投资比重（%）
2011	1530.6	38.0	1332.8	33.1	873.5	21.7
2012	1969.4	35.8	1614.0	29.3	1467.6	26.7
2013	2587.6	36.4	1950.1	27.5	1942.5	27.3
2014	3382.2	38.5	2337.8	26.6	2187.7	24.9
2015	4137.4	38.8	2746.2	25.7	2205.1	20.7

资料来源：贵州省统计局。

（五）交通运输、邮电和旅游等

截至2015年年底，贵州省公路通车里程达183812千米，同比增长2.6%；高速公路通车里程达5128千米，新增出境公路线4条。铁路里程3037千米，高速铁路运营里程增至701千米，新增出境铁路线3条。航空运营航线新增56条，贵阳机场通航城市达81个。内河航道里程达3661千米，其中高等级航道里程690千米。2015年，贵州省邮电业创收514.9亿元，同比增长34.9%。其中，邮政业务产值为33.8亿元，同比增长21.7%；快递业务成交量7034.3万件，同比增长20.7%；快递业务产值13.2亿元，同比增长34.9%。电信业务产值481.1亿元，同比增长35.9%。至2015年年底，电话用户量增至3484.9万，移动用户量增至3172.3万，人均电话持有率突破100%；互联网用户量达391.3万，铺设光缆长度达60万千米，宽带入网端口增至916.7万个；无线基站达16.3万个。2015年，旅游人次接待量接近3.8亿，同比增长17.1%（见表2-4）。国内旅游人次3.8亿，同比增长17.1%，入境旅游人次94.1万，同比增长10.0%。旅游业创收达3512.8亿元，同比增长21.3%（贵州省统计局，2016）。

表2-4　　　　　　2011—2015年全省旅游业总人数、总收入

指标	2011年	2012年	2013年	2014年	2015年
旅游总人数（万人次）	17019.4	21401.2	26761.3	32134.9	37630.0
旅游总人数比上年增长（%）	31.8	25.7	25.0	20.1	17.1
旅游总收入（亿元）	1429.5	1860.2	2370.7	2896.0	3512.8
旅游总收入比上年增长（%）	34.7	30.1	27.4	22.2	21.3

资料来源：贵州省统计局。

经济现状的其他方面，由于缺乏系统性数据没有详细分析。

二　区域经济差异时序演化及分解

（一）数据来源及选取

区域经济差异具有空间尺度效应，因此，在对区域经济差异进行研究时，需要选择不同的空间单位，这样，研究的结果才会更加全面和完善。一般认为，基于较小的空间单元更能反映研究区域经济差异的实际情况。鉴于此，本书选取两个尺度空间单元，即市（州）域和县域。市

(州)域单元依据贵州省现行的行政单元,包括 6 个地级市和 3 个自治州,县域单元自 2000 年以后的变动不是很大,有两点变动:一是汇川区是 2004 年经国务院批准新成立的一个区域,因此,将汇川区和红花岗区合并为遵义新区;二是现在的碧江区和七星关区分别是于 2011 年由原来的铜仁市和毕节市更名而来,其数据延续原来的铜仁市和毕节市,最终县域空间单位有 87 个县(市、区)。区域经济差异是随着时间的推移不断变化的,理应选择较长时间段进行研究,更能准确地反映贵州区域经济差异的时空变化特征。但是,由于 2000 年以前贵州县域单位存在不小的变动以及贵阳市辖区的相关数据获得比较困难,同时考虑数据的量纲问题,选取 2000—2014 年共 15 年的数据作为研究的时段。考虑到数据的可信度和准确度,数据来源于《贵州统计年鉴》(2001—2015)。

(二)差异测度和指标分解方法

我国对于区域经济差异的测度经历了从定性研究向定量研究的转变,在定量研究方面,测度区域经济差异方面的方法很多。如统计指标测度区域经济差异方法,这一方法是国内区域经济差异研究比较普遍的方法,其包括变量偏离参照值绝对额的绝对差异指数和变量偏离参照值相对额的相对差异指数,前者主要代表有标准差和极差,后者代表有变异系数、基尼系数、泰尔指数、库兹涅茨比率、广义熵指数、集中指数等。笔者选择较为常用的标准差绝对指数,以及加权变异系数、泰尔指数及其地域的分解、基尼系数及其产业的分解的相对指数。两者具有相互补充的作用,可以更全面地反映贵州地区的经济差异情况。

1. 区域经济差异的时序测度指标

(1)标准差。标准差是指用于衡量区域经济差异的绝对误差指标,其计算公式为:

$$S = \sqrt{\frac{1}{n}\sum_{i=1}^{n}(y_i - \bar{y})^2} \qquad (2-1)$$

式中,S 为标准差指数;y_i 为 i 地区人均 GDP;$\bar{y}$ 为 n 个地区人均 GDP 的平均值。

(2)人口加权变异指数。Kanbur 和 Venables(2005)、Akita 和 Miyata(2010)提出人口加权变异指数(Cwv),人口加权变异指数的优势在于它能最大限度地规避因人口规模变异系数的影响,导致人口规模与区域差异不符的现象,同时增强信息的实效性。它是衡量区域相对差异的指标，其计算公式为：

$$C_{WV} = \frac{1}{\bar{y}}\sqrt{\sum_{i=1}^{n}\left[(y_i - \bar{y})^2 \frac{P_i}{P}\right]} \qquad (2-2)$$

式中，C_{WV} 为人口加权变异系数；n 为研究区域的个数；P_i 为 i 地区人口数；P 为研究区域的总人口数。其他变量同上。

（3）泰尔指数。又称为锡尔系数和锡尔熵，有两种计算方法。其一，以收入比重加权计算的泰尔系数（T）；其二，以人口比重加权计算的泰尔系数（L）。基于数据收集的简单性，笔者使用人口比重加权计算泰尔指数，其计算公式为：

$$L = \sum_{i=1}^{n} P_i \log\left(\frac{P_i}{Y_i}\right) \qquad (2-3)$$

式中，L 表示泰尔指数；P_i 为 i 地区人口占研究区域人口总数的比率；Y_i 表示 i 地区生产总值（GDP）占整个研究区域的比例，其他同上。

（4）基尼系数（Gini coffieient）。它是经济学领域用于综合评估区域居民收入分配差异的指标。基尼系数与区域间经济发展差异呈正相关。通过对世界各地区基尼系数的评定得出，目前多数国家或地区基尼系数介于 0.2—0.6，因此根据基尼系数的差异做出如下界定：当 $G<0.2$ 时，表明区域居民收入分配高度平均；当 $0.2 \leq G < 0.3$ 时，表明收入分配相对平均；当 $0.3 \leq G < 0.4$ 时，表明收入分配差距大致合理；当 $0.4 \leq G < 0.6$ 时，表明收入分配差距较大；当 $G \geq 0.6$ 时，表明收入分配严重失衡。其计算公式为：

$$G = 1 + \frac{1}{N} - \frac{1}{N^2 \bar{y}}(y_1 + 2y_2 + 3y_3 + \cdots + ny_n) \qquad (2-4)$$

式中，G 表示基尼系数；N 表示地区的个数；$y_1 \geq y_2 \geq y_3 \geq \cdots \geq y_n$。其他变量同上。

2. 差异构成地域分解：基于泰尔指数的分解

对于区域经济差异构成在地域上的分解，与回归方法相比较，统计指标的分解具有技术上更好和较强的分析实用性。目前，对于地域的分解使用频率比较高的方法是泰尔指数分解法。泰尔指数的优点在于它可以将区域间的差异分为组间差异与组内差异两个板块，从而可以观察和分析组间差异与组内差异对总差异的贡献以及各自的变化幅度。因此，将贵州省 87 个县（市、区）之间的总差异利用泰尔指数进行分解，分解为9个市（州）之间的差异和它们各自内部的差异两部分：

$$L_d = \sum_{i=1}^{n_1} \sum_{j=1}^{n_2} \left(\frac{P_{ij}}{P}\right) \log\left(\frac{P_{ij}/P}{y_{ij}/Y}\right)$$

定义 $L_{di} = \sum_{j=1}^{n_2} \left[\left(\frac{P_{ij}}{P_i}\right) \log\left(\frac{P_{ij}/P_i}{y_{ij}/Y_i}\right)\right]$，

$L_b r = \sum_{i=1}^{n_2} \left(\frac{P_i}{P}\right) \log\left(\frac{P_i/P}{y_i/Y}\right)$，则有： (2-5)

$$L_d = \sum_{i=1}^{n_1} \left[\left(\frac{P_i}{P}\right) L_{di}\right] + \sum_{i=1}^{n_2} \left(\frac{P_i}{P}\right) \log\left(\frac{P_i/P}{y_i/Y}\right)$$

$$= L_{wr} + L_{br}$$

式中，$L_{wr} = \sum_{i=1}^{n_1} \left[\left(\frac{p_i}{p}\right) L_{d_i}\right]$ 表示9个市（州）之内县域之间的差；$L_{br} = \sum_{i=1}^{n_i} \left(\frac{P_i}{P}\right) \log\left(\frac{P_i/P}{y_i/Y}\right)$ 表示市（州）之间的差异。Y 表示贵州省人均地区生产总值；Y_i、P_i 分别为 i 市（州）的人均地区生产总值、总人口；P 为贵州省总人口，y_i/Y 表示 i 市（州）人均地区生产总值占全省人均地区生产总值的比重；p_i/p 表示 i 市（州）人口总数占全省人口总数的比重；y_{ij}、P_{ij} 分别为 i 市（州）j 县（区、市）域人均地区生产总值和人口总数；Y_i、P_i 分别为 i 市（州）人均地区生产总值和人口总数；i 表示区域（$i=1, 2, 3, \cdots, 9$ 分别表示贵阳市、六盘水市、遵义市、安顺市、毕节市、铜仁市、黔西南州、黔东南州、黔南州）；j 表示各市（州）所包含的县（区、市）域的序数。

3. 差异构成产业分解：基于基尼系数的分解

基尼系数可以对产业进行分解，其基本思路如下：

首先，将贵州省按市（州）进行分组，即可以分成9个组，其分组数据的基尼系数计算按照上述总体基尼系数计算公式进行计算：

$$G_j = 1 + \frac{1}{N} - \frac{1}{N^2 \overline{y_j}} = (y_{j1} + 2y_{j2} + 3y_{j3} + \cdots + ny_{jn})$$

式中，G_j 表示第 j 产业的基尼系数；y_{jn} 表示第 n 市（州）域第 j 产业人均产业增加值；$\overline{y_j}$ 表示第 j 产业增加值的平均值。$0 \leq G_j \leq 1$，当 $G_j = 0$ 时，表明产业总产值分配绝对平均；当 $G_j = 1$ 时，表明产业总产值绝对不平均。由此可知，基尼系数与区域经济差异呈正相关关系。

其次，对研究区域进行产业分解，即：

$$G = \sum_{j=1}^{3} \alpha_j G_j$$

式中，G 表示总基尼系数，α_j 表示贵州省第 j 产业增加值占全省地区生产总值的比重，G_j 表示第 j 产业对总基尼系数的贡献度。

最后，针对贵州省区域经济差异变化的产业构成进行分解，分解为综合效应、集中效应与结构效应三类，进而分析引发区域经济差异变化的成因。笔者借鉴敖荣军（2007）的研究方法来进行分解。假设相邻两年的基尼系数的变化率为：

$$\triangle G = \sum_{j=1}^{3} \alpha_{j_{t+1}} G_{j_{t+1}} - \sum_{j=1}^{3} \alpha_{j_t} G_{j_t} = \sum_{j=1}^{3} (\alpha_{j_{t+1}} G_{j_{t+1}} - \alpha_{j_t} G_{j_t}) \qquad (2-6)$$

整理得：

$$\triangle G = \sum_{j=1}^{3} \triangle \alpha_j G_{j_t} + \sum_{j=1}^{3} \triangle G_j \alpha_{j_t} + \sum_{j=1}^{3} \triangle \alpha_j G_j$$

式中，$\triangle \alpha_j = \alpha_{j_{t+1}} - \alpha_{j_t}$，$\triangle G = G_{j_{t+1}} - G_{j_t}$，依次为结构变化、集中程度。因而由结构产业变化所引起的总基尼系数的变化 $\sum_{j=1}^{3} \triangle \alpha_j G_{j_t}$ 称为"结构效应"；由产业集中度所引起的总基尼系数的变化 $\sum_{j=1}^{3} \triangle G_j \alpha_{j_t}$ 称为"集中效应"；由结构变化与集中变化综合作用所引起的总基尼系数的变化 $\sum_{j=1}^{3} \triangle \alpha_j G_j$ 称为"综合效应"。因为综合效应对总基尼系数贡献比较低，通常不做考虑。

（三）总体差异时序演变趋势

根据前面所述的标准差、人口加权变异系数的计算公式和原理分别计算表征贵州省总体经济差异的标准差、人口加权变异系数。为了方便比较和直观地反映贵州省区域经济总体差异趋势和特征，分别对标准差和人口加权变异系数做了折线图，如图 2-3 和图 2-4 所示。

从图 2-3 中可以发现，标准差在 2000—2014 年总体处于扩大趋势，除了 2013 年有一个明显的回落，其余都是不断增加的。其中 2000—2009 年是一个稳步上升阶段；2010—2014 年是快速上升阶段，在短短的四年时间里，标准差就翻了一番，说明贵州省区域经济的绝对差异总体处于扩大趋势，尤其是近几年，随着经济的快速发展，也伴随着区域经济绝对差异的快速扩大。

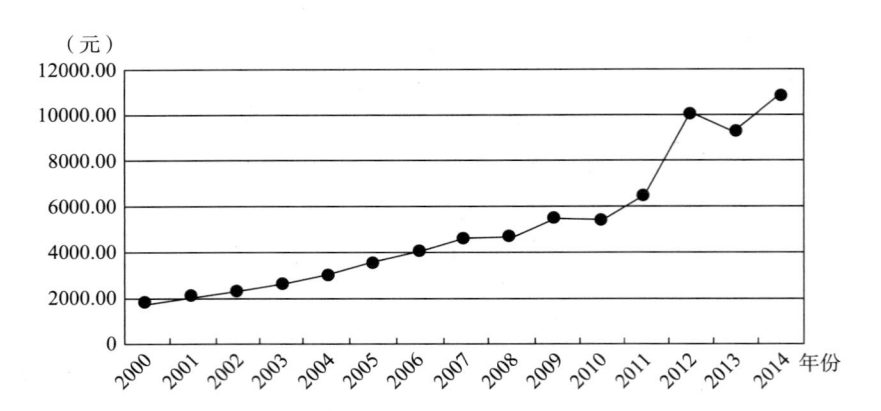

图 2-3 贵州省 2000—2014 年区域经济差异人均 GDP 的标准差趋势

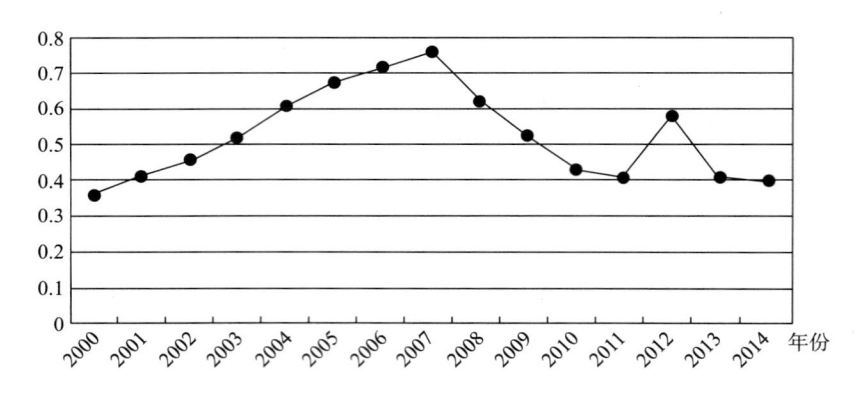

图 2-4 贵州省 2000—2014 年区域经济差异人均 GDP 的人口加权变异系数趋势

从图 2-4 人口加权变异系数趋势来看，贵州省的区域经济相对差异总体是倒"U"形趋势。根据趋势图的特点，可分为四个阶段：2000—2007 年人口加权变异系数逐渐上升阶段；2007—2011 年处于快速下降的阶段；2011—2013 年经历了一个快速上升和快速下降的阶段；2013—2014 年又回归平稳阶段。由此可见，贵州省区域经济差异的标准差处于不断扩大的趋势，但相对差异的人口加权变异系数总体是缩小的。标准差和人口加权变异系数这两个指标出现这种情况并不矛盾，单从两者的计算公式和原理看，标准差是表征的各地区人均生产总值的离散程度，而变异系数不仅考虑人口规模因素,与经济增长速度是成反比的,这也能解释 2011—2012 年快速增加一个重要的原因就是该阶段的经济增长速度远快于标准差,而 2012—2013 年快速下降一个重要的原因就是该阶段经济增长速度远低于标准差。这表明区域间人均生产总值存在较大差异,是加权变异系数总体削减的表征。在加入人口规模因素后,贵州省区域间人均生产总值的离散度扩大速度得以调控,相对差异总体有显著改善。

(四)差异地域构成分解结果

根据前述的泰尔指数及其地域构成分解的计算公式和原理,可以计算出 2000—2014 年贵州省总泰尔指数、各市(州)之间泰尔指数和各市(州)内县域间泰尔指数(见表 2-5),为了直观地反映贵州省泰尔指数的趋势,做了该指数的趋势图(见图 2-5)。

表 2-5　　　　　　　　2000—2014 年贵州省泰尔指数

年份	总泰尔指数	各市(州)之间泰尔指数	各市(州)内县域间泰尔指数
2000	0.08700	0.03841	0.04859
2001	0.09112	0.04232	0.04880
2002	0.08565	0.03786	0.04779
2003	0.11551	0.04245	0.07306
2004	0.09403	0.03991	0.05412
2005	0.11464	0.07627	0.03837
2006	0.14307	0.08820	0.05487
2007	0.18107	0.11365	0.06742
2008	0.13727	0.09902	0.03825
2009	0.13036	0.06984	0.06052
2010	0.08367	0.02629	0.05738
2011	0.05580	0.02878	0.02702
2012	0.03532	0.01458	0.02074
2013	0.03414	0.01495	0.01919
2014	0.03352	0.01903	0.01449

资料来源:根据 2001—2015 年《贵州统计年鉴》的原始数据计算整理而得。

56 | 贵州经济、产业及城乡发展态势

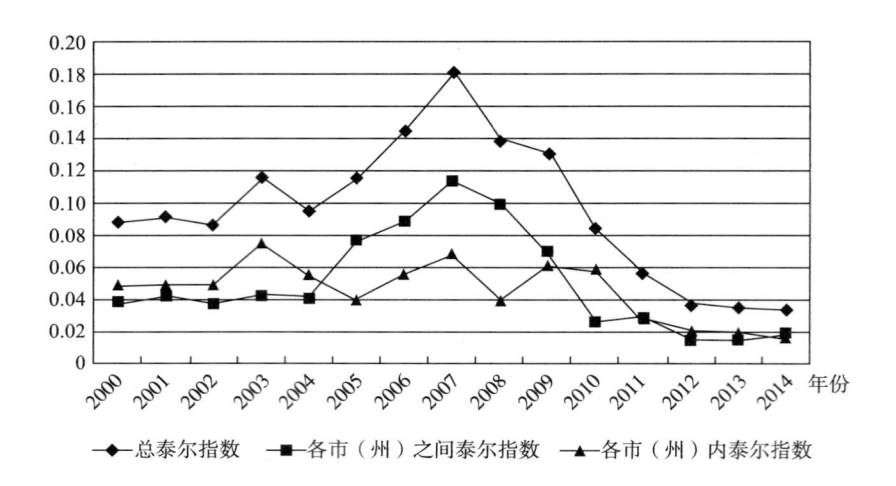

图 2-5 2000—2014 年贵州省泰尔指数趋势

从图 2-5 可以看出，贵州省总泰尔指数在 2000—2014 年的变化趋势近似符合威廉姆森（1965）提出的倒"U"形假说，由泰尔指数反映的区域经济差异是先扩大再缩小。对于总泰尔指数，2000—2002 年的变化比较平稳，之后有一个上升，尤其是从 2004 年开始有一个快速上升阶段，2007 年是一个分水岭，之后转入下降阶段直到 2012 年有所缓和，并维持一个平稳变化。根据贵州省 9 个市（州）对总泰尔指数进行分解，其分解为市（州）之间泰尔指数和市（州）内的县域经济泰尔指数。从其分解结果可以看出，贵州省 9 个市（州）之间泰尔指数的走势与总泰尔指数相似，2000—2004 年走势比较平稳，保持在 0.04 附近，但是，从 2004 年开始有一个很明显的上升走势，直到 2007 年走势转化，转入下降阶段，在 2012 年下降结束，重新进入比较平稳的走势。而 9 个市（州）内县域经济的泰尔指数总体波动比较温和，2000—2010 年十年间维持在 0.4—0.8 波动，之后进入温和的下降阶段。通过对市（州）之间泰尔指数和市（州）内县域经济差异的泰尔指数比较，不难看出，2000—2004 年五年间市（州）内的泰尔指数大于市（州）之间的泰尔指数，2004—2009 年市（州）之间的泰尔指数大于市（州）内的泰尔指数。

需要指出的是，在图 2-5 中，从 2002 年开始有一个明显的上升走势，这得益于西部大开发战略的实施。党的十五届五中全会正式将西部

大开发战略提上议程,同时确立了西部大开发的战略意义,会议强调:"实施西部大开发战略,统筹区域发展,加快推进中西部地区经济建设,是促进民族团结、社会安定,实现中华民族伟大复兴的重要举措。"西部大开发战略的顺利实施,为西部地区经济发展创造了绝佳的环境,但同时,也伴随着西部地区内部差异的扩大,作为西部地区之一的贵州省,也出现了这样的情况。

表2-6是2000—2014年贵阳市、六盘水市、遵义市、安顺市、毕节市、铜仁市、黔西南自治州、黔东南自治州和黔南自治州区域间泰尔指数对于总泰尔指数的贡献率和各区域内的县域经济差异泰尔指数对总泰尔指数的贡献率。从表2-6中不难看出,2000—2004年,六盘水和黔东南的泰尔指数接近10,之后逐渐下降,在5附近平稳波动。

表2-6　　　　2000—2014年贵州省各市(州)之间及其内部泰尔指数贡献率　　　单位:%

年份	市(州)之间	贵阳	六盘水	遵义	安顺	毕节	铜仁	黔西南	黔东南	黔南
2000	44.15	8.01	11.24	5.25	3.09	1.57	8.24	6.03	8.65	3.77
2001	46.45	6.78	11.03	2.50	2.82	2.00	7.44	4.16	10.84	5.97
2002	44.20	6.16	12.91	2.42	2.33	2.11	7.79	4.33	12.95	4.80
2003	36.75	4.29	9.01	0.18	1.72	10.85	0.96	26.57	7.47	2.19
2004	42.45	5.37	10.81	13.71	1.90	2.07	7.66	3.75	9.43	2.86
2005	66.53	6.09	3.53	18.29	2.69	0.91	0.55	1.13	0.15	0.13
2006	61.65	4.99	2.45	16.54	8.33	1.87	1.63	0.02	1.18	1.33
2007	62.77	3.85	1.75	15.75	6.81	1.49	2.87	0.98	1.55	2.19
2008	72.14	1.20	3.13	18.22	0.48	0.87	1.71	0.64	0.17	1.44
2009	53.58	4.38	1.60	23.96	9.11	0.03	2.77	0.18	1.98	2.42
2010	31.43	3.13	2.21	47.28	2.33	8.06	2.31	0.24	1.53	1.47
2011	51.57	1.49	3.82	7.76	10.25	10.63	3.74	3.49	3.04	4.20
2012	41.29	2.51	5.64	12.49	5.79	13.08	5.36	4.70	5.31	3.85
2013	43.80	4.24	5.47	14.33	8.53	9.40	3.80	3.19	3.31	3.92
2014	56.76	1.84	2.19	16.24	3.67	6.23	3.17	2.96	3.90	3.03

(五) 差异产业效应分解结果

1. 贵州省区域经济差异产业分解计算及结果分析

根据前面研究方法中提出的有关计算产业基尼系数和总的基尼系数的方法分别计算贵州省市（州）域经济第一、第二、第三产业基尼系数和总基尼系数（表2-7），以及第一、第二、第三产业基尼系数对总基尼系数的贡献率（表2-8）。第一、第二、第三产业对于区域经济总体差异的贡献不仅与各产业增加值比重有关，还受各产业区域差距的影响。第一产业的区域差距相对于第二产业和第三产业而言，其基尼系数比较大，2000—2007年的基尼系数已经超过了0.5，之后其基尼系数有一个缓慢的下降；第一产业增加值占GDP比重比较低，并且在逐年快速下降，2000—2014年其所占比重由27.3%下降到13.8%，下降了13.5个百分点。在这两方面原因的共同作用下，第一产业对贵州省区域经济差异的贡献率由34.35%快速下降到12.51%，下降了21.84个百分点。

表2-7　2000—2014年贵州省市（州）域第一、第二、第三产业人均产值均值及结构变化

年份	各产业人均产值均值（元）			各产业结构比重（%）		
	第一产业	第二产业	第三产业	第一产业	第二产业	第三产业
2000	771.50	1136.63	1046.69	27.3	39.0	33.7
2001	784.75	1236.82	1202.07	25.3	38.7	36.0
2002	800.29	1389.06	1356.97	23.7	40.1	36.2
2003	858.33	1581.56	1556.78	22.0	42.7	35.3
2004	972.32	1902.79	1825.51	21.0	44.9	34.1
2005	1054.04	2263.98	2107.08	18.4	40.9	40.7
2006	1120.53	2734.46	2409.23	16.3	41.4	42.3
2007	1287.48	3233.78	2842.33	15.5	39.0	45.5
2008	1515.43	4078.33	3352.43	15.1	38.5	46.4
2009	1556.15	4341.94	4701.55	14.1	37.7	48.2
2010	1963.36	5414.97	5730.50	13.6	39.1	47.3
2011	2133.28	6970.73	7030.78	12.7	38.5	48.8
2012	2582.48	8368.59	9028.70	13.0	39.1	47.9
2013	2972.63	9729.36	10743.49	12.3	40.5	47.2
2014	4095.52	11767.27	13601.30	13.8	41.6	44.6

资料来源：2001—2015年《贵州统计年鉴》。

表 2-8　　2000—2014 年贵州省市（州）域经济差异产业分解

年份	贵州基尼系数	各产业基尼系数			各产业基尼系数贡献率		
		第一产业	第二产业	第三产业	第一产业（%）	第二产业（%）	第三产业（%）
2000	0.4035	0.5077	0.3494	0.3816	34.35	33.78	31.87
2001	0.4014	0.5095	0.3484	0.3824	32.12	33.59	34.29
2002	0.4010	0.5083	0.3534	0.3834	30.04	35.34	34.61
2003	0.3997	0.5070	0.3595	0.3815	27.90	38.41	33.69
2004	0.3940	0.5014	0.3522	0.3829	26.72	40.14	33.14
2005	0.3961	0.5027	0.3572	0.3870	23.35	36.89	39.76
2006	0.3950	0.5022	0.3593	0.3887	20.72	37.65	41.62
2007	0.4004	0.5032	0.3732	0.3886	19.48	36.36	44.16
2008	0.4122	0.4922	0.3856	0.4083	18.03	36.01	45.96
2009	0.3766	0.4970	0.3933	0.3284	18.61	39.37	42.03
2010	0.4095	0.4787	0.4160	0.3842	15.90	39.72	44.38
2011	0.4261	0.4793	0.4186	0.4181	14.29	37.82	47.89
2012	0.4659	0.4816	0.4235	0.4962	13.44	35.54	51.02
2013	0.4446	0.4904	0.4246	0.4497	13.57	38.68	47.75
2014	0.5268	0.4774	0.4320	0.6305	12.51	34.12	53.38

资料来源：运用 Excel 软件计算整理而得。

2000—2014 年，由于第二产值所占比重和区位分异比较大，在贵州省区域经济差异中，第二产业起到重要的导向作用，这十五年间，其对贵州省区域差异的贡献率平均达到 36.89%，其间也出现了一些波动，2000—2004 年，其贡献率由 34.35% 上升到 40.14%，之后一个微弱的回落。从产业比重来看，第二产业所占的比重平均达到 40.11%，同时波动很小，说明贵州省已经开始慢慢迈向工业化初期阶段。从地理分异来看，第二产业的区域分异是逐年增加的，基尼系数由 2000 年的 0.3494 上升到 2014 年的 0.4320，其走势像倒 "U" 形的左半部分。这也从一个侧面反映了全省区域差异走势，但拐点还没有到来。

2000—2014 年，由于贵州省旅游资源丰富，第三产业区域分析比较大，同时在全省区域经济差异中起关键性的作用。其基尼系数由 2000 年的 0.3816 上升到 2014 年的 0.6305，其增幅惊人，走势也呈现出倒 "U"

形的左半部分,但拐点还没有到来。此外,十五年来,贵州省的产业结构不断优化,其所占比重平均达到42%,尤其在2011年达到48.8%,接近一半的GDP。因此,贵州省的区域差异受到第三产业的影响逐年扩大。

通过上面横向和纵向的比较分析,表明贵州省处于工业化初始阶段,同时产业结构不断升级,第三产业不断升高,成为GDP主要贡献者,从而导致了区域经济差异不断加大。2000年以来,贵州省的非农业产值得到快速提高,非农产业布局非常不平衡,地域聚集程度不断攀高,构成了贵州省区域经济差异的关键性因素。

2. 贵州省区域经济差异产业效应计算及结果分析

针对贵州省区域经济差异这一现象,可将产业效应分解为结构效应、集中效应和综合效应三类。研究表明(见表2-9),结构效应与集中效应是诱导基尼系数波动的关键因素,而产业综合效应的影响比较低。2000—2014年,贵州省9个区域的结构效应大多为负,说明产业结构效应对各地区区域差异的加大产生了抑制作用,即各地区间的产业所占比重越均衡,其总基尼系数越小,9个区域间的差异就相应越小,但是,这种抑制作用在逐年减小。其中,2010—2011年的抑制作用最强,其值达到了-0.001042。而集中效应恰恰与结构效应相反,大多数年份的值都为正数,即地区间产业集中程度高,其对总基尼系数的贡献大,对9个区域差异的加大起到促进作用。综合效应的计算结果就相对更加复杂,但不管是正值还是负值,其值都很小,因此它的影响可以忽略不计。

表2-9 贵州省区域经济差异变动的产业效应构成及贡献度

年份	基尼系数的变动	基尼系数变动的产业效应组成			产业效应对基尼系数变动的贡献度(%)		
		结构效应	集中效应	综合效应	结构效应	集中效应	综合效应
2000—2001	-0.002078	-0.002424	0.000364	-0.000018	116.69	-2078.50	0.84
2001—2002	-0.000457	-0.002510	0.001961	0.000091	548.88	2150.88	-19.94
2002—2003	-0.001244	-0.002904	0.001461	0.000200	233.47	731.72	-16.05
2003—2004	-0.005712	-0.001738	-0.00385	-0.000123	30.43	3143.39	2.15
2004—2005	0.002085	-0.001851	0.003902	0.000033	-88.80	11725.26	1.60
2005—2006	-0.001044	-0.002578	0.001487	0.000048	247.04	3129.19	-4.55
2006—2007	0.005323	-0.000201	0.005872	-0.000349	-3.78	-1684.13	-6.55

续表

年份	基尼系数的变动	基尼系数变动的产业效应组成			产业效应对基尼系数变动的贡献度（%）		
		结构效应	集中效应	综合效应	结构效应	集中效应	综合效应
2007—2008	0.011878	-0.000382	0.012100	0.000161	-3.22	7532.22	1.35
2008—2009	-0.035620	-0.000656	-0.03341	-0.001549	1.84	2156.97	4.35
2009—2010	0.032839	0.000066	0.032866	-0.000093	0.20	-35370.62	-0.28
2010—2011	0.016623	-0.001042	0.017176	0.000489	-6.27	3511.53	2.94
2011—2012	0.039797	0.000186	0.040277	-0.000666	0.47	-6044.03	-1.67
2012—2013	-0.021317	-0.000916	-0.02068	0.000281	4.30	-7369.47	-1.32
2013—2014	0.082256	0.000333	0.086736	-0.004813	0.41	-1802.12	-5.85

资料来源：运用 Excel 软件计算整理而得。

从产业效应对基尼系数的贡献度的角度分析，结构效应与集中效应是引发基尼系数波动的关键因素，而集中效应又对其起主导作用，无论是抑制作用还是促进作用都是相当大的。2004—2005 年产业的集中效应对区域经济差异的加大的贡献度一度达到 11725.26%，起到强烈的促进作用；而 2009—2010 年其产业集中效应对区域经济差异的缩小的贡献度为 -35370.62%，起到强烈的抑制作用。而产业结构效应对基尼系数的变动的贡献就相对小很多，并且这种贡献逐年减少。

通过对贵州省三次产业的产业效应分解可知自 2000—2014 年第一、第二、第三次产业的产业效应对贵州省区域经济差异变化的影响及作用（见表 2-10）。

第一产业结构效应在历年研究中均为负值，这一现象多归结于贵州省的战略调整。作为重要农业省，为增加农业产值，极力推进农业产业结构调整，完善农业产业规划体系，着重发展省级示范性品牌，集中凸显产业优势，使农产品品种结构得以优化，产品附加值逐步提升，有效地削减了县域经济差异，而这一举措直接导致全省第一产业比重持续下跌。第一产业的集中效应变化较为复杂，对区域经济影响好坏参半，因为农业生产对自然环境的要求甚为苛刻，这就导致一些对自然环境依存度较高的农业产区，在生产要素的回流与扩散上存在不均衡现象，加之政府在此领域投入力度较小，难以弥补农业产区抗性弱的缺陷，一旦其所

表 2-10　贵州省区域经济差异变化的产业效应分解

年份	第三产业 综合效应	第三产业 集中效应	第三产业 结构效应	第二产业 综合效应	第二产业 集中效应	第二产业 结构效应	第一产业 综合效应	第一产业 集中效应	第一产业 结构效应
2000—2001	0.000017	0.000246	-0.008778	0.000003	-0.000391	-0.001048	-0.000037	0.000509	-0.010154
2001—2002	0.000002	0.000372	-0.000765	0.000069	0.001907	0.004878	0.000020	-0.000318	-0.008153
2002—2003	0.000017	-0.000689	-0.003451	0.000160	0.002465	0.009188	0.000023	-0.000316	-0.008641
2003—2004	-0.000017	0.000502	0.004578	-0.000161	-0.003128	0.007909	0.000056	-0.001225	-0.005070
2004—2005	0.000267	0.001381	-0.025273	-0.000201	0.002254	-0.014088	-0.000033	0.000268	-0.013036
2005—2006	0.000028	0.000719	-0.006191	0.000010	0.000847	0.001786	0.000009	-0.000078	-0.010556
2006—2007	0.000005	0.000073	-0.012439	-0.000335	0.005782	-0.008623	-0.000008	0.000163	-0.004018
2007—2008	0.000178	0.009002	-0.003497	-0.000062	0.004813	-0.001866	0.000044	-0.001716	-0.002013
2008—2009	-0.001439	-0.037106	-0.007350	-0.000062	0.002967	-0.003085	-0.000048	0.000725	-0.004922
2009—2010	-0.000502	0.026886	0.002955	0.000318	0.008556	0.005506	0.000091	-0.002576	-0.002485
2010—2011	0.000510	0.016077	-0.005762	-0.000016	0.001023	-0.002496	-0.000005	0.000076	-0.004308
2011—2012	-0.000703	0.038102	-0.003763	0.000029	0.001874	0.002512	0.000007	0.000301	0.001438
2012—2013	0.000325	0.022270	-0.003474	0.000016	0.000454	0.005929	-0.000061	0.001134	-0.003371
2013—2014	0.004700	0.085327	-0.011693	0.000082	0.003002	0.004671	-0.000194	-0.001593	0.007355

处自然环境发生变化,势必会加剧第一产业集中效应的变化。综合效应是集聚结构效应与集中效应统筹作用而引发的,综合效应贡献度较低,通常不会引起县域间的差异。

第二产业的结构效应的影响比较复杂,在2000—2014年15年间有6年第二产业结构效应抑制了区域经济差异的扩大,而有9年促进区域经济差异的扩大,但其绝对值比较高,说明不管是促进作用还是抑制作用其影响力比较强,这主要是由于第二产业比重持续上升。第二产业的集中效应除2000—2001年和2003—2004年是负值外,其余都是正值,由此促进区域经济差异的扩大。第二产业的综合效应的变化与集中效应极其相似,之所以产生这种效应,是由于第二产业的产业结构变化与产业集聚度变化不均衡,使结构效应变化不足以削弱集中效应的影响,致使综合效应呈现出与集中效应一致的特性。综上所述,即便贵州省整体工业水平得以提升,但在市场经济的调控下,极化现象过于明显,已超过了政府宏观调控的范畴,致使一些经济欠发达县域资本要素集聚不足,阻碍了县域经济发展,且政府制定的政策无法契合地区的发展现状,政策落实不到位,执行力度差,难以构建集聚度高、协同性强、特色鲜明、市场竞争力强的产业集群,加剧了区域间差异。

第三产业结构效应从2000—2017年仅两年为正值,这表明第三产业结构效应对贵州省区域经济差异的扩大有较强的抑制性。相比之下,集中效应则仅在2002—2003年和2008—2009年呈现负值,这表明第三产业集中效应促进了贵州省区域经济差异的扩大。由此说明,贵州省9个区域加强第一、第二产业与服务业的融合战略已初见成效,三者的统筹协同,在抑制县域经济差异扩大方面起到至关重要的作用;然而,在生产要素的优化上,政府制定的决策难以开展,致使服务业集聚度在各区域间产生较大差异,进而加剧了第三产业集中效应的复杂性。

三 县域经济差异空间格局演变特征分析

(一) 研究方法与数据来源

研究区域经济差异空间格局一般采用空间探索性数据分析,也称为空间自相关分析,该分析反映相邻空间地区区域的观测值是否具有相关性,体现数据的空间异质性和空间依赖性等特点。自相关分析分为判定某一区域总体极化程度和分布格局的全局自相关与反映局部空间相关性的显著性水平的局部自相关。本节选择贵州省87个县(市、区)的人均

GDP,研究的时间段是 2000—2014 年,其数据来源于《贵州统计年鉴》(2001—2015)。

1. 全局自相关

常用分析指标是英兰指数,其计算公式如下:

$$I = \frac{n}{\sum_{i=1}^{n}\sum_{j=1}^{n}W_{ij}} \frac{\sum_{j=1}^{n}W_{ij}(x_i - \bar{x})(x_j - \bar{x})}{\sum_{i=1}^{n}(x_i - \bar{x})^2} \qquad (2-7)$$

式中,n 表示样本的总数;x_i 和 x_j 分别表示区域所在地 i 和 j 的观测值;W_{ij} 表示研究范围内相邻研究区 i 与 j 的空间权重矩阵。英兰指数(Moran's I)在 [0,1] 之间表示在给定的显著性水平下呈正相关关系,在 [-1,0] 之间呈负相关关系,其值越大表示空间相关性越大,空间上呈现聚集分布现象;反之则越小,呈现随机分布。在计算该指数之前,也需要进行相关检验,一般使用 Z 统计检验。

2. 局部相关

常用分析指标是局部英兰指数(Local Moran's I),其计算公式如下:

$$I_{i,t} = \frac{(x_{i,t} - \mu_t)}{m_0} \sum_i W_{ij}(x_{j,t} - \mu_t)$$

$$m_0 = \frac{\sum_j (x_{i,t} - \mu_i)^2}{n} \qquad (2-8)$$

式中,$I_{i,t}$ 表示第 t 年 i 地区的观测值;μ_t 为第 t 年研究的所有地区的均值;$I_{i,t}$ 在 [0,1] 之间表示在给定的显著性水平下呈正相关关系,在 [-1,0] 之间呈负相关关系。通过相关软件做出莫兰散点图和 LISA 图,并把它们结合起来,绘制显著相关性地图。

(二)县域经济差异的空间相关性

运用 OpenGeoDa 软件计算 2000—2014 年 15 年间贵州省 87 个县(市、区)域人均 GDP 的全局莫兰指数,且计算结果全部为正,通过计算 Z 值,其值大于 5% 置信水平下的临界值,表现显著。这表明所研究的区域存在比较强的全局相关性,经济发达的地区倾向于聚集在一起,经济落后的地区倾向于聚到一起。为了直观地反映莫兰指数的变化趋势,绘制了莫兰指数变化趋势图(见图 2-6),其变化大概可以分为三个阶段:2000—2004 年缓慢波动上升作为第一个阶段,2000 年和 2001 年的莫兰指数保持在 0.53 附近，之后波动上升，到 2004 年其值达到最高 0.57，在这一段时间表明，省内各县域经济空间表现高度相关；2004—2011 年作为第二个阶段，该阶段莫兰指数先是缓慢下降，到了 2007 年之后急剧下降，2011 年莫兰指数下降到 0.41 附近；2011—2014 年作为第三阶段，其莫兰指数有一个回升。从贵州省县域人均 GDP 的全局相关的莫兰指数的研读，莫兰指数的变化趋势说明贵州省区域的空间差异呈先缩小后扩大再缩小的趋势，但总体空间差异还是有所扩大。

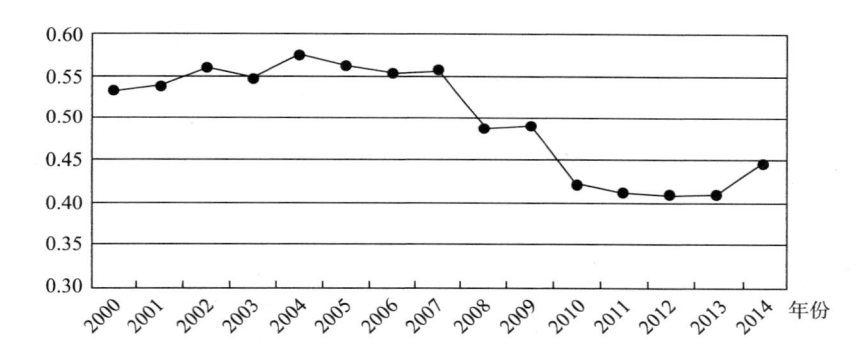

图 2-6　2000—2014 年贵州省县域人均 GDP 的莫兰指数的变化趋势

资料来源：运用 OpenGeoDa 软件计算整理而得。

同上节计算的加权变异系数相比，2000—2004 年莫兰指数和加权变异系数走势基本一致。2004—2007 年，加权变异系数继续上升而莫兰指数略微下降，但是降幅不大。从 2007 年开始，莫兰指数和加权变异系数急剧下降，到了 2011 年有一个略微的回升，总体来说，贵州省总体差异在缩小，县域空间差异也在缩小。由于加权变异系数是反映数据之间的离散程度，与地理位置无关；而莫兰指数反映的是经济在空间上的聚集程度，与位置有关。所以，在同一时间段加权变异系数的增加表示经济差在扩大，而莫兰指数的减小表示总体的空间差异在缩小，由此，空间差异与空间集聚程度的变化有可能不一致。通过比较两者的变化表明贵州省县域经济发展水平相当的地区在空间上逐渐聚集，呈现出不完全随机分布现象。因此，总体经济差异在缩小，同时经济发展水平相当的地区内部差异在逐渐缩小，而经济发达的地区与经济相对落后的地区间的差异在逐渐扩大，从而表现出两极分化。

(三) 县域经济差异空间格局演变

1. 莫兰散点图

根据对总体空间相关性进行的时序分析，选取 2000 年、2005 年、2010 年、2014 年为研究时点，对各年份的散点图数量进行统计，利用 GeoDa 软件计算得到贵州省各县域人均 GDP 的莫兰散点图（见图 2-7）。贵州省这四年的经济的聚集特征表现如下：①2000—2014 年，贵州省落入第Ⅰ象限的区域比例分别为 13.6%、27.2%，呈不断增加趋势，落入第Ⅲ象限的区域数量的比例分别为 70.5%、51.1%，在不断减少。在第Ⅰ象限的区域数量从 2000 年的 12 个增加到 2014 年的 24 个，增幅达 50%，在第Ⅲ象限的区域数量从 2000 年的 62 个减少到 2014 年的 45 个，说明在这期间贵州各县域经济得到了较快的发展，区域经济发展由欠发达地区空间集聚逐步向发展水平较高地区空间集聚。然而，从 2014 年在第Ⅰ象限的数量来看，经济发展水平较高地区只有 24 个，占全省区域数量还不到 30%，说明贵州省区域经济发展比较落后，还有很大的提升空间。②2000 年的莫兰散点图相对集中，大部分都在回归线附近，而经过十来年的发展，莫兰散点图呈现出向四周发散的趋势，到 2014 年散点图相对分散。说明在 2000 年时人均 GDP 的空间关联具有较高的显著性，经

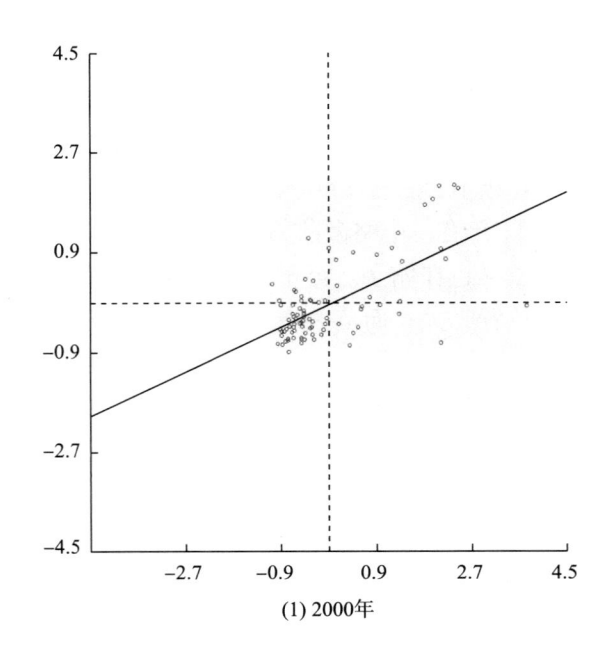

(1) 2000年

(2) 2005年

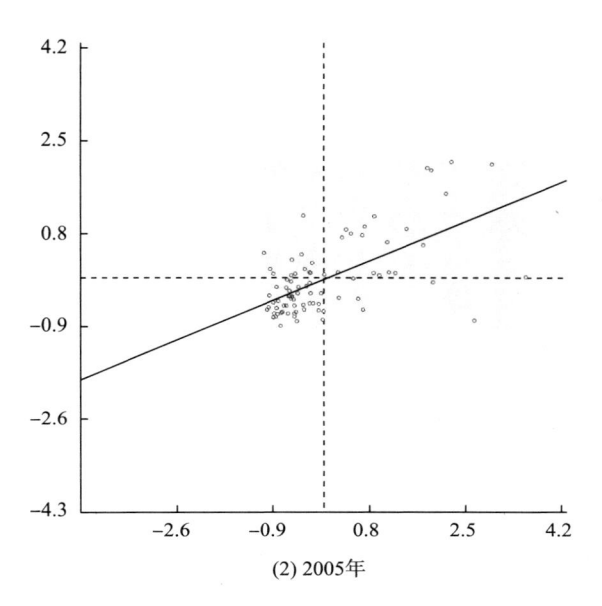

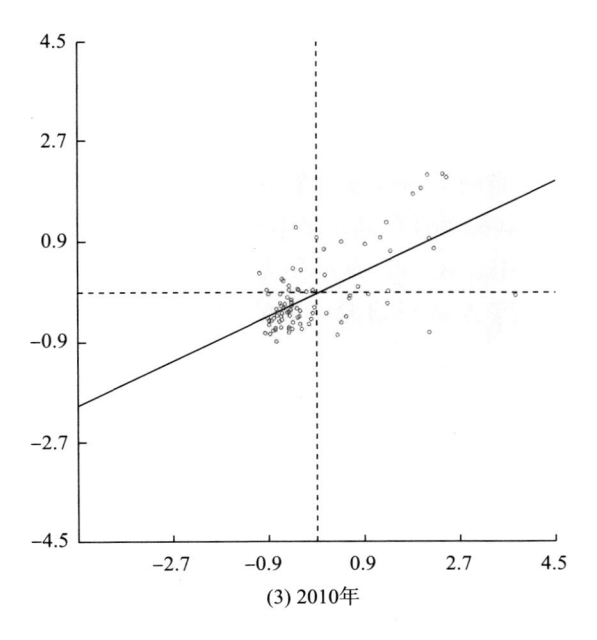

(3) 2010年

(4) 2014年

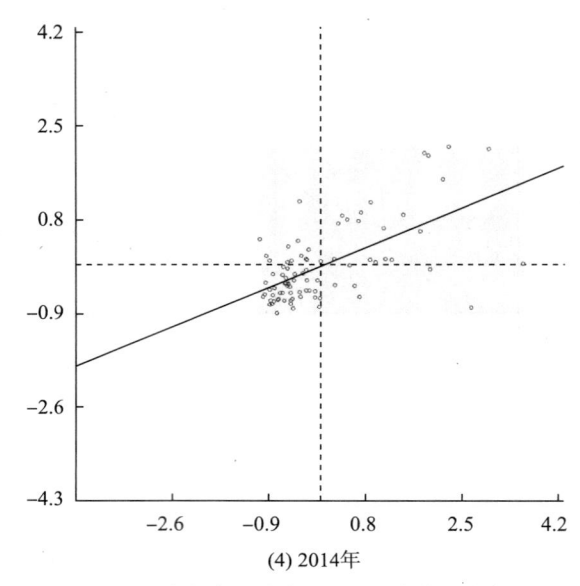

图 2-7 贵州省县域人均 GDP 的莫兰散点图

资料来源：运用 OpenGeoDa 软件计算整理而得。

济发展水平相近的地区都趋于邻近，而经过十多年的发展，由于交通等因素限制减弱，各区域与其不相邻地区联系更加密切，使集聚的显著性逐渐减弱，即经济发展水平相近的地区集聚性相对不明显。

2. LISA 集聚图

LISA 是空间联系的局部指标，是衡量研究单元属性与其周边地区的相近或相异程度及其显著性的指标。利用 OpenGeoDa 软件和 ArcGis 软件对区域各年份县（市、区）人均 GDP 的 LISA 值进行计算，利用 Z 值在为 5% 的显著性水平下进行检验，并绘制 2000 年、2005 年、2010 年、2014 年的 LISA 集聚图（见图 2-8）。2000 年，显著的"高—高"有修文县、白云区、乌当区、云岩区、南明区、小河区和花溪区，说明这 7 个地区的经济集聚性较强，与周边地区的经济联系较为紧密；显著的"低—低"类型地区有印江县、剑河县、锦屏县、黎平县、榕江县、荔波县、晴隆县、关岭县、六枝特区、贞丰县、望谟县和罗甸县 12 个区、县，这些区、县处于全省相对落后的山区，自身经济发展较为落后而且与周边经济联系较少，交通相对闭塞。因此，这些地区经济集聚性较弱。其余的 69 个区县都表现为不显著。2005 年显著的"高—高"与 2000 年

第二章　贵州省区域经济差异与协调发展 | 69

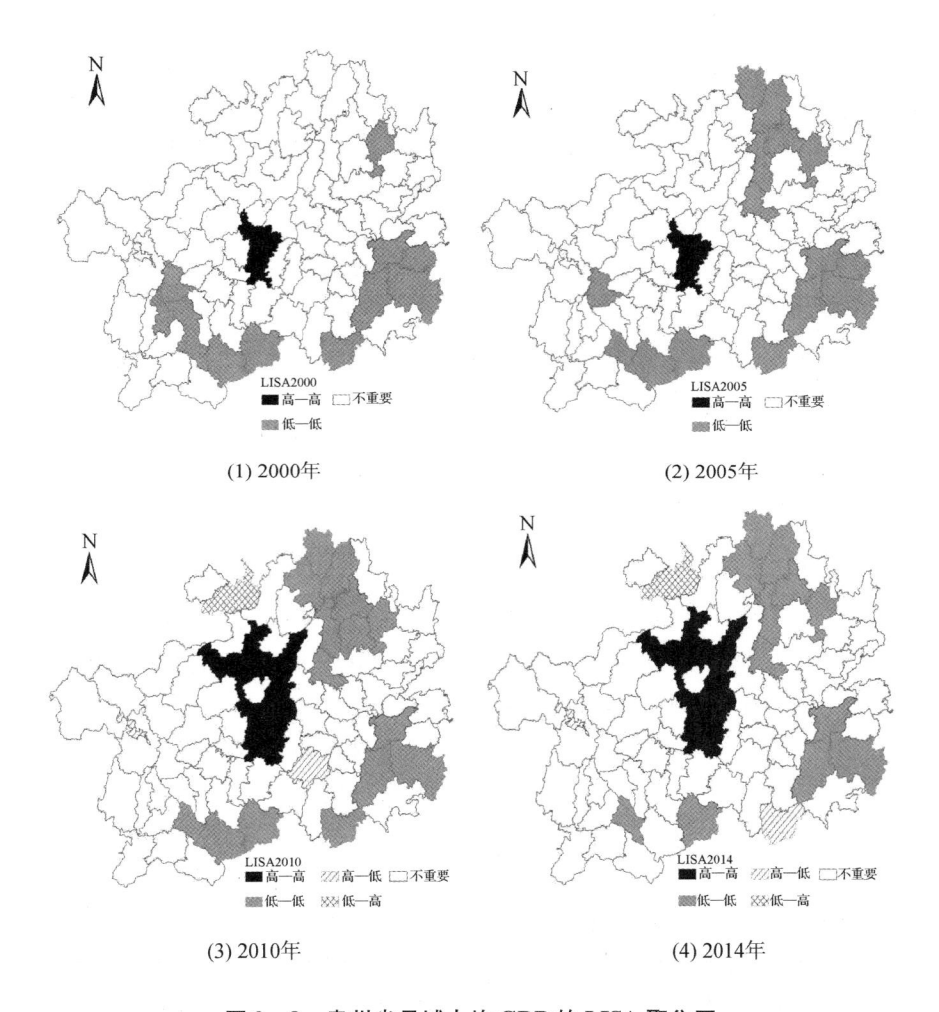

(1) 2000年

(2) 2005年

(3) 2010年

(4) 2014年

图 2 - 8　贵州省县域人均 GDP 的 LISA 聚集图

资料来源：运用 OpenGeoDa 和 ArcGis 软件计算整理而得。

一样，还是那 7 个地区，而显著的"低—低"类型地区增加了同仁地区的道真县、务川县和德江县这三个县，同时晴隆县和关岭县被凤冈县和余庆县取代，其他和 2000 年一样。其余 66 个区县表现不显著，说明在这几年的发展中，贵州的落后集聚地区的增多，主要表现在同仁地区。到 2010 年，显著的"高—高"类型的地区增加了开阳县、遵义县、金沙县和龙里县 4 个县，增幅为 57.1%，说明经济发达的集聚地区发生了辐射作用，带动周边地区发展。而显著的"低—低"类型地区的个数相对于

2005年没有变，还是15个，锦屏县和六枝特区被正安县和思南县取代。同时在2005年出现了"低—高"类型的地区只有习水县，表明习水县的经济与周边地区具有紧密联系，但是，经济发展速度比周边地区慢一些。还出现了"高—低"类型的地区主要是都匀县和钟山区，说明这两个地区经济发展速度和水平比较高，周边地区的经济发展相对缓慢，其余各县不显著。2014年，显著的"高—高"与2010年一样，而显著的"低—低"类型地区的个数减少4个，相对于2010年降幅为30%，"高—低"类型的地区由2010年的都匀县和钟山区变为荔波县、钟山区，"低—高"类型的地区不变还是习水县，其余各县不显著。

第二节　贵州省区域经济差异的影响因素分析

通过上述对贵州省区域经济差异走势进行分析，发现总体走势表现为倒"U"形走势，但就贵州的实际情况，省内区域经济差异还处于扩大趋势，换句话说，倒"U"形走势的最高点还没有到，到底最高点什么时候能到暂时无法定量，那什么时候可以对贵州省的区域经济差异进行调节和控制呢？有一点是肯定的，就是需要把对贵州省区域经济差异的影响因素分析清楚，这些因素是如何变动的？这些变动又如何对贵州区域经济差异进行影响？这些问题的解答对于研究影响区域经济差异的因素十分重要。因此，本节首先对贵州省区域天然要素禀赋、区域城市等级和城市数量、城市体系空间结构与区域、产业结构、资本要素、区域发展政策和人力资本七个区域经济差异的影响因素进行定性分析；其次对这些因素进行定量分析以期能够确定相关影响因素对区域经济差异是存在正面影响还是负面影响，以便为缩小区域经济差异提供有力的政策依据。

一　区域经济差异的影响因素的定性分析
（一）区域天然要素禀赋与区域经济差异

区域天然要素禀赋是一个地区经济发展基础和重要初始条件，其主要包括地理区位和天然资源。天然资源具有一个非流动的特殊性质，由此它导致的各区域间经济差异具有不可逆转性和永久性。地理区位主要表现为两个方面：一是所处位置的气候状况、水文条件等先天因素；二是所处位置交通便利是国家经济发展重要战略位置或者各地区战略发展要地的后天优势。贵州省区域经济产生差异甚至扩大的趋势一个最直接的原因就是自然条件和地理区位存在质的差异，安顺市和遵义市的经济发展较好，主要是这些地区农业条件和旅游资源都具有相对优势，六盘水地区所处位置基础设施良好具有资源优势利于工业发展。地理区位因素还会通过交通因素来影响企业运输成本、企业利润从而导致贵州交通不便的部分区域经济发展相对落后，因此，与其他区域形成鲜明的对比，产生差异，贵州的铜仁地区和黔西南地区由于远离中心城市而交通不便，发展较为缓慢。

（二）产业格局与区域经济差异

从上一节的产业分解可以看出，第一、第二、第三产业所占的比重和对基尼系数的贡献率都存在很大的差异，同时每个产业的结构效应、集中效应和综合效应对于基尼系数的变动的贡献率也存在很大的差异，这从一个侧面反映了区域产业格局对区域经济差异产生影响。产业格局的转变会带动资源配置的转变，从而对区域经济的转化产生影响，主要表现为影响其转化速度。区域产业结构是否具有优势取决于其是否具有增长部门，拥有增长部门则具有速度优势；反之则不具有速度优势。通常情况下，经济效益的大小按照这几种方式排列：轻工业高于重工业、工业高于农业、制造业高于原料采掘业。由此可见，工业在经济分工中占据主导地位，区域的轻工业程度高，就越容易获得较高的经济收益，获得较快的经济增长。贵州省目前的产业结构呈现出第三产业占主导地位的现象，十个中有八个区域经济都呈现第三产业发展速度最快的现象，这也成为六盘水、遵义和贵阳经济普遍高于其他区域的原因。尤其是贵阳，通过旅游业的高速发展，实现了贵阳经济的飞速增长。因此，对于贵州省来说，产业结构的差异是造成区域经济发展差异的主要原因之一。

（三）资本要素与区域经济差异

这里提到的资本指的是固定资产投资，目前固定资产投资成为主要的经济推动力量，在社会投资中表现出持续增长的趋势。近些年来，随着市场条件的改善，管理机制的更新，经济增长的动力也发生了改变，由原来的供给方转变为需求方，这个过程中资本发挥着重要的中间作用，成为带动消费和经济增长的中心力量。由此可见，资本投资的差异性是造成区域间资本差异的主要原因之一。从2014年的数据可以发现，贵阳和遵义接受的固定资产投资量是最高的，分别达到总量的27.12%和15.76%，人均固定资产投资分别为2336.06万元和1365.27万元，但贵阳和黔西南的人均固定投资达到51274元和24743.88元，贵州省的其他地区，如安顺、黔东南、毕节、铜仁等地区的投资量就很低，人均固定资产分别是18513元、14985元、17256元、19177元。

（四）区域发展政策与区域经济差异

不管是宏观区域性政策、区域性政策或宏观政策，它们的共同点都是通过外在的控制力量对区域经济产生促进或抑制的转化作用，这种转化的表现形式通常是相应政策的效用，通过影响或改变经济主体的决策观念或行为，对经济主体的经济利益产生影响。每一种经济政策，尤其是具有差异性的经济政策，对不同区域所带来的机遇和造成的经济效益都是不同的，甚至差异性较大。这也是导致区域之间经济差异化的主要原因，具体表现为以下三个方面。

（1）我国的经济发展战略发生变化，在提高经济效率的目标下，由传统的区域均衡发展转变为区域非均衡发展，发展区域也逐渐转移至经济基础雄厚、具有较强竞争力的东南沿海地区。在这一大经济环境中，贵州省适时地对发展战略做出了调整，把投资主要集中到贵阳，为其提供有利的政策环境。相对于在"三线"时期得到大量资金或政策支持建立起来的城市（遵义、安顺、六盘水、都匀），在发展战略发生改变以后，发展都逐渐放缓，甚至出现了倒退的现象。

（2）贵阳市是贵州省第一个由国务院在1992年7月实行沿海开放政策的地区，也是贵州省开放时间最长、力度最大的城市。贵阳市不断地吸引外来投资、引进先进的科学技术，同时加强对外贸易，使经济得到了迅速发展，相对而言，贵州的其他8个市（州），开放时间较晚，力度也远远不够。

（3）价格"剪刀差"。在1978年改革开放以前，我国对于工业品和农业品实行价格"剪刀差"，使城乡经济呈现出农村支持城市的局面。贵阳市、遵义市、六盘水、安顺市等地区在工业方面具有先天的优势，因此，在与其他地区进行竞争时，能抢占先机，率先步入经济快速发展的道路。

（五）人力资本与区域经济差异

人口的急速增长将会带来大量的生活消费支出与非生产性的建设投

资的增长，这些增长将会减少生产性建设资金，从而对经济增长产生不良影响。贵州省的贵阳市具备较高的经济水平，社会福利在农村地区落实得较好，基本建立起救济金、社会保险和养老金等基本基础保障体系，这对于人们的生育观念有很大的改善，而人口自然增长率较低且经济水平落后的铜仁、毕节、黔东南等地区由于经济水平较低的限制，生育观念也非常落后，"养儿防老"根深蒂固，使人们陷入了"越穷越生，越生越穷"的恶性循环之中。人口的膨胀使毕节、遵义、铜仁等地需要花费大量的资金和资源用于满足人们基本的生活需要，大大降低了资本的利用率，同时降低本地区的经济发展水平，使各区域间的经济发展差距不断扩大。

纵观经济增长理论的历史发展过程。不管是古典理论、新古典理论或者是现代增长理论，都把资本作为影响经济增长的关键因素，都把资本累积作为促进经济增长的主要推动力量。但是，这些理论也存在不同点，在经济增长的影响因素、假定增长条件方面，不同的理论有不同的观点，对于资本的解释也存在差异。对资本的认识经历了一个长期的变化过程，在新经济理论产生之前，资本的范围仅限于物质形态存在的东西，如厂房、设备和原材料等。一直到人力资本概念的产生和新经济增长理论的建立，资本被分为物质和非物质两种形态，其中，非物质资本又被细分为人力资本和知识资本，扩大了资本的含义，同时更加增强了资本在经济增长中的作用。在人类社会呈阶梯状不断上升时期，对于物质资本和人力资本的反映表现也不同。在经济落后时期，经济增长主要依赖于物质资本的增长，形成物质资本依赖型的经济增长，物质资本成为主导性的因素。在经济发达时期，经济增长主要依赖于人力资本，人力资本的增加是经济增长的主要影响因素，在经济发展中发挥着最重要的作用。社会经济的发展，在发达国家的产品与服务的变化中可以体现，经历了从劳动密集型到资本密集型再到人力资本密集型的变化，为经济增长的变化提供了依据。在发达国家，人力资本和物质资本的增速存在差异性，一般来说，人力资本快于物质资本的增速。现代的经济增长主要依赖于技术创新与进步，对人力资本与物质资本的互补弹性具有很高的要求。在这种经济环境下，人力资本将会发挥更加重要的作用。根据2014 年贵州省的相关统计数据，我们将会把教育程度作为衡量人力资本的变量，贵阳市、遵义市的人力资本程度较高，因而其经济增长速度也较快。截至 2014 年,贵阳市的人均受教育年限为 10.8 年,毕节为 8.5 年,全省平均水平为 8.75 年,这表明人力资本越充足,经济增长速度就越快。由此可见,人力资本的差异性也是造成贵州省各区域经济增长出现差异的影响因素之一。生产要素的差异性,如人才、资金、技术、信息和资源等的差异性,也会导致经济发展的不平衡。

二 区域经济差异的影响因素的定量分析

(一) 变量选择与数据来源

区域经济差异是一种受众多因素影响而客观存在的经济现象,上一节已经从区域天然要素禀赋、区域城市等级和城市数量、城市体系空间结构等方面进行了定性分析,本节将对其进行定量分析。从历史角度看,影响区域经济差异的因素主要可以划分两类:一类是发展经济的基础因素,另一类是经济增长所需要素的供给因素。由此可以总结为先天基础影响因素和后天经济增长影响因素。对于有些先天基础影响因素难以量化,只能进行定性分析,上一节已经做了研究,而经济增长因素大多是可以量化的,为了弄清楚经济增长因素怎样影响经济增长,从而导致区域经济存在巨大差异。出于数据的可获得性以及指标的可量化性,本节将选择投资因素、制度因素、工业因素等影响经济增长的因素作为自变量(见图 2-9),从多方面考虑贵州省区域经济差异的影响因素,并对其进行实证分析。

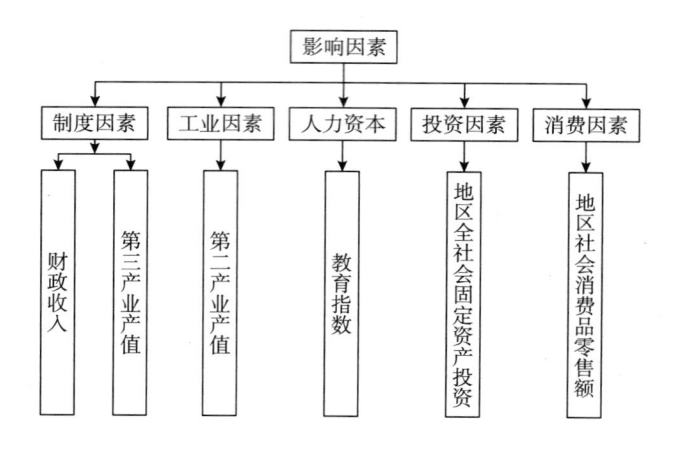

图 2-9 贵州省区域经济差异影响因素量化指标体系

从图 2-9 可以看出，制度因素方面主要选择财政收入和第三产业产值，财政收入是衡量 GNP 的初次分配情况，主要考察分配制度状况；第三产业产值考察产业结构因素和市场经济发展活力；工业因素选择第二产业产值来衡量地区工业发展水平；人力资本通过教育指数来衡量；投资因素和消费因素分别通过地区全社会固定资产投资和社会消费品零售额来衡量地区资本数量和消费活跃度。为了消除地区人口因素的影响了都取人均值。

出于考虑数据的连续性和可获得性，本节选择 2000—2014 年的数据进行分析，其数据主要来源于 2001—2015 年《贵州统计年鉴》。

（二）面板数据模型构建

面板数据模型，考虑了时间序列数据和截面数据，是一种考虑时间因素的地域空间上的分析或者时间序列分析考虑了时间因素的二维结构的数据分析。面板数据模型不仅能反映个体数据的规律，还能具体表现每个时间变化的规律性，把时间序列和截面数据的优点相结合，快速有效地解决了遗漏变量和个体异质性的问题，提供了更有效的数据信息、更多的变量选择、更大的自由度，减少了线性问题，提高了估计效率。

考虑到面板数据模型的很多优势，本节将贵州 9 个市（州）的人均 GDP（agdp）作为被解释变量，解释变量包括各地区的人均财政收入（afin）、人均第三产业产值（aindu3）、人均第二产业产值（aindu2）、人力资本（aedu）、人均地区全社会固定资产投资（acap）和人均地区社会消费品零售额（acon），构造面板数据模型，模型的回归方程为：

$$agdp_{it} = \alpha_{it} + \beta_1 afin_{it} + \beta_2 aindu2_{it} + \beta_3 aindu3_{it} + \beta_4 aedu_{it} + \beta_5 afix_{it} + \beta_6 acon_{it} + \beta_7 acap_{it} + \mu_{it} \quad (2-9)$$

式中，i 代表贵州省各市（州），t 表示年份，随机误差项 u_{it} 满足零均值、同方差的相互独立分布。

本节采用面板数据模型，其中包含指标因素、时间因素和个体，对于指标因素需要进行相关分析，同时为了设定正确的模型，需要进行冗余固定效应检验，即 F 检验：

$$F = \frac{(S_1 - S_2)/(N-1)}{S_2/(NT - N - K)} \sim F(N-1, NT - N - K) \quad (2-10)$$

式中，S_1、S_2 分别表示混合模型和固定效应模型的残差平方和；N 为截面数据个数；K 为解释变量个数；T 为时期数。如果 F 大于临界值，则应选择固定效应模型；反之则选择混合模型。固定效应模型又分为个体效应模型和个体随机模型，因此，还需进行豪斯曼检验（Hausman），其统计量为：

$$H = \frac{\hat{\beta} - \tilde{\beta}}{S_{\hat{\beta}}^2 - S_{\tilde{\beta}}^2} \sim \chi^2(k) \qquad (2-11)$$

式中，$\hat{\beta}$ 和 $S_{\hat{\beta}}$ 分别表示个体固定效应模型的估计系数和标准差，$\tilde{\beta}$ 和 $S_{\tilde{\beta}}$ 分别表示个体随机效应模型的估计系数和标准差。若 H 值在临界值之上，表明应选择个体固定效应模型；反之则选择随机效应模型。

（三）结果与分析

由于贵州省地区间差异比较大，由此将贵州省划分为黔中、黔南、黔北和黔西四大区域进行分析，黔中包括贵阳市和安顺市，黔南包括黔南州、黔西南州和黔东南州，黔北包括遵义市和铜仁市，黔西包括毕节市和六盘水市，鉴于贵州省实际情况，可能这样划分和地理区位有一点出入，但不影响分析。

本节在进行分析时，首先对变量进行了相关性分析，通过对变量进行皮尔逊相关性分析，结果如表 2-11 所示。从表中可以看出，在 10% 的显著性水平下，大多数变量之间的相关系数大于 0.2，且在 10% 的显著性水平下显著，说明变量之间存在较明显的相关关系。其次，对回归模型进行冗余检验和豪斯曼检验，其结果见表 2-12。从表中 F 检验结果可以发现，P 值均小于 10% 的显著性水平，说明拒绝了原假设，贵州省、黔中、黔南、黔北和黔西的面板数据回归模型不能使用混合效应模型，在对模型进行豪斯曼检验，从 P 值可以发现，贵州省、黔中、黔南、黔北和黔西的面板数据回归模型的 P 值大于 5%，拒绝原假设，说明使用随机效应模型更加合适。由此，选择随机固定效应模型进行回归分析，其结果见表 2-13。

表 2-11　　　　　　　　皮尔逊相关性检验结果

变量	agdp	aindt2	aindt3	aedu	acon	acap	afin
agdp	1						
aindt2	0.9262*	1					
aindt3	0.9424*	0.9118*	1				
aedu	0.9260*	0.9374*	0.9677*	1			

续表

变量	agdp	aindt2	aindt3	aedu	acon	acap	afin
acon	0.9169*	0.9051*	0.9748*	0.9462*	1		
acap	0.0701	0.0673	0.0184	0.036	0.018	1	
afin	0.9099*	0.9209*	0.9633*	0.9747*	0.9321*	0.0574	1

注：*表示<0.10。

资料来源：运用Stata 12.0软件计算整理而得。

表2-13　　　　　　　冗余检验和豪斯曼检验结果

检验方法	F检验		豪斯曼检验		结论
	F值	P值	卡方值	P值	
全省	1.75	0.0425	8.92	0.0632	固定效应
黔中	2.69	0.0349	2.75	0.6012	固定效应
黔北	4.06	0.0046	0.05	0.9996	固定效应
黔南	4.90	0.0075	1.78	0.4103	固定效应
黔西	4.07	0.0042	2.15	0.7074	固定效应

资料来源：运用Stata 12.0软件计算整理而得。

根据面板数据回归结果（见表2-13），分别对各个变量对贵州省整体、黔中、黔北、黔南以及黔西各地区经济增长的影响进行对比分析。

综观贵州全省，制度、工业化、投资、消费、基础设施、教育程度等因素都对贵州省、黔中、前辈、黔南和黔西的经济增长有较大的说服力。

第三产业对贵州全省、黔中、黔北、黔南和黔西都具有显著的正效应，第三产业对各区域经济增长的促进作用的大小排序是黔中>黔北>全省>黔南>黔西，说明黔中和黔北市场经济充满活力，其金融、仓储等新兴第三产业的发展产生了一定的效果。而黔南和黔西虽然具有正效应，但其影响力还是存在不足，其第三产业的发展主要依靠自然资源和民俗风情来带动，第三产业的结构不合理，数量可观、质量堪忧。

第二产业对于全省、黔南和黔西经济发展具有显著的正效应，而对于黔中和黔北具有正效应但不显著，反映贵州省区域经济发展中第二产业起关键性作用。就影响系数来看,第二产业对于贵州省整体的影响最大,黔南和黔西依次降低,说明黔西的第二产业发展对于该地区经济发展的促进作用相对较小。产生这种结果的原因主要是第二产业中的现代工业、重工业要产生规模效应对于地区的基础设施要求比较高。黔中和黔北由于第二产业所占比重相对于第三产业较少,因此,第二产业的发展虽然对经济发展有促进作用,但这种作用被其他经济体的发展所掩盖,表现不明显。

表 2-13 贵州省区域经济差异影响因素的分析结果

区域	全省	黔中	黔北	黔南	黔西
变量	agdp	agdp	agdp	agdp	agdp
aindt2	0.789***	1.117	0.421	0.697***	0.142**
	(6.58)	(1.23)	(0.25)	(8.28)	(0.13)
aindt3	1.822***	3.164***	2.102**	0.814***	0.550*
	(6.37)	(3.62)	(2.28)	(1.52)	(2.71)
aedu	0.239***	0.290**	0.532**	0.248*	0.576**
	(3.25)	(2.09)	(1.24)	(1.86)	(0.67)
acon	0.560*	0.767**	0.364	0.570*	0.346
	(1.79)	(2.34)	(0.14)	(1.74)	(0.11)
afin	2214.1	-546.6***	1285.9	2472.8***	600.4**
	(1.28)	(0.06)	(0.26)	(-3.49)	(0.16)
acap	0.283**	-2.611**	0.445**	0.247***	0.498**
	(2.41)	(4.93)	(2.23)	(4.05)	(2.18)
常数项	-1231.2	1037.4	2200.5	2911.1***	-981.7
	(-0.60)	(0.11)	(0.41)	(3.52)	(-0.22)
样本数	135	30	30	45	30

注:括弧中为 t 统计量,*表示 $p<0.10$,**表示 $p<0.05$,***表示 $p<0.01$。
资料来源:运用 Stata 12.0 软件计算整理而得。

人力资本对于全省、黔中、黔北、黔南和黔西地区经济增长具有正向显著作用,各地区的劳动力每增长1个百分点,全省、黔中、黔北、黔南和黔北人均国内生产总值增加 0.239 个、0.290 个、0.532 个、0.248 个、0.576 个百分点,这表明提高教育水平,或者增强就业人员的文化和知识水平对于各地区经济发展具有促进作用。黔中和黔南劳动产出弹性相对较小，由此可以看出，这两个地区人力资本对于地区经济发展的带动作用相对小些。

社会消费品零售额对于全省、黔中和黔南地区的经济发展具有正向带动作用，其各地区的消费品零售额每增加1%，全省、黔中和黔南地区的人均GDP就会分别增加0.560个、0.767个、0.570个百分点，这反映了居民消费水平的提高能够促进区域经济发展。而社会消费品零售额对黔北和黔西地区具有正向带动作用，但并不显著，表明在这两个地区居民消费因素不是它们的主要影响因素，消费因素还没有达到可以显著影响经济发展的水平。

财政收入对全省和黔北没有显著性，而对于黔南和黔西地区经济发展具有显著的正效应，对于黔中地区造成显著的负效应。造成这种差距的主要原因是黔南和黔西两地区的经济发展相对比较落后，对于政府投入依存度高，尤其是在通信、基建等公共品上，从而也反映该地区缺乏民间资本的投入，同时黔南和黔西地区经济发展得益于物质资本的推动，即其财政收入越丰厚，公共品的供给越充分，对经济发展的推动作用就更加显著。财政收入对于黔中经济发展具有一定的负效应，说明此时经济发展削弱了分配上的公平性，在国民收入初次分配中，政府的分配比例过高会挫败其他经济体积极参与经济建设，从而抑制区域经济的发展和增长。

地区全社会固定资产投资对于全省、黔北、黔南和黔西地区的经济增长具有显著的促进作用，但是，这种促进作用在黔北地区表现得并不十分明显。其中，黔西地区对于社会固定资产投资的弹性需求最高，具体表现为每增加1个固定资产投资，地区经济将提升0.498个百分点，黔北、黔南的弹性依次减少。各区域经济发展水平不同才造成了上述的差异，黔北、黔南和黔西地区经济的发展对于物质资本的投入的依赖度高，仍然处于物质资本投入为主要推动阶段。黔中地区的基础设施配备得较为完善，具备较为成熟的物质资本，已经迈向科技进步转变的道路。因此，增加社会的固定投资对于贵州经济发展有一定的促进作用，但效果并不明显。

第三节　贵州省区域经济协调发展对策建议

一　发挥各市（州）比较优势，凸显特色经济

贵州省各市（州）在发展经济的进程中，应该发挥区域比较优势，凸显特色经济，坚持以因地制宜、合理分工、取长补短、共同进步为指导原则，加强经济开发力度，打造具有特色的发展方式，充分运用各个地区的资源、技术优势，实现区域共同发展，减小各地区之间的经济差异。

贵阳市在今后的发展中要结合各地实际和比较优势，对产品项目进行明确的分工并集中，把握行业发展的中心，加强产业的空间集聚能力，重点建设区域特色，避免与同类型产品同质化，创造具有特色、分工明确、有中心方向的产业集聚格局。一方面，加大新型工业化发展力度，培育和引进新材料、互联网产业、大数据产业以及电子信息产品等的高新技术产业；充分利用铝、磷、能源等优势资源，打造生态经济型、绿色环保型的经济增长，把电和铝相结合，开展集群化资源发展，深度发掘两种资源的经济增长优势；利用贵阳龙洞堡国际机场的优势区位，形成与龙里的临空经济规划联动发展格局，充分发挥空港本身独特的集聚、辐射和流通功能，把产业建设重点投入在航空领域，在航空领域实现服务、物流、电商、旅游等的产业扩展，推动高新技术业与现代服务业的结合，推动产业群的建设，使其具有临空优势，同时加快贵州城、龙洞堡的产业园建设，致力于把临空经济区打造为贵州省的对外开放模范区、经济转型首发地、与世界桥头堡相连接的空港城；利用生物资源、苗药、中药等的药材优势，以及国家对烟草行业发展的支持政策，打造具有烟草、中药特色的产业；抓住近年来世界各地制造商向我国转移的有利机遇，以及我国汽车制造行业迅速发展的机会，全面提高我国的装备升级以及汽车零部件的制造水平。另一方面，贵州省要加强服务行业的建设，增强其综合实力。充分发挥贵州省在区位、生态、气候、矿产资源等方面的优势，结合历史文化底蕴，创造具有喀斯特文化、阳明文化、民族风特色的旅游业；充分利用贵阳作为西南地区交通要道以及西部地区向东盟南下重要通道的区位优势，发展现代化的物流产业。

安顺市在未来的发展进程中必须秉承新型工业化与现代化旅游的理念。第一，致力于发展以航空、机械为主的制造行业。发挥军工公司在技能、设施及其他方面的长处，做好大型成套设施零件、石材加工设施、精密轴承、装置制造行业、医用器械、石油钻井机器等一些具有竞争力的设备；加快汽车零件制造公司的升级，建立自己的产品，形成汽车生产场所；把航空城与贵航集团作为研制、飞机制造、培训的基地，私用飞机和航空零部件的生产场所，进行高新复合材料、环保建筑全新型材质、铁路及其机车零配件等有关项目的研制。第二，坚持以原材料资源和化工为主的产品主导作用。努力调整煤炭领域的生产架构，把大中型煤炭行业当作工作的中心，形成一个关键矿井，推动能源企业朝集约化方向发展，建立建成煤炭与电共同发展的局面；促进与电力接轨企业的有序化发展，形成新兴镁加工、钡盐化工、煤化工与铝加工等连接型行业；推动以工业硅、铁合金与电解铝为主导的冶金行业的技术进步；促进新兴节能资源为主导的产业发展。第三，把握好旅游资源的关键作用，发展现代旅游业，在不断完善"吃、住、行、游、购、娱"六要素的同时，积极拓展"商、养、学、闲、情、奇"旅游新要素，丰富旅游业态，主要利用辣椒、肉、山药的调味作用，建立独特的旅游食品生产基地；寻找民间技艺，加大对脸谱、石刻、刺绣、航空模具、古生物仿制等旅游产品的研制，争取变为国内主要的旅游产品生产市场。

在毕节，主要以能源为主，并围绕科技进步、制度创新及其市场导向展开，提升以"两烟"为主的陈旧企业，把煤电企业做好，着重发挥特色加工行业的主导作用。发扬旅游行业的带领作用，把织金溶洞、百里杜鹃花林带和草海湿地打造成为具备竞争效应的名牌产品，推动洪家渡、九洞天等旅游景点的发展。利用旅游促发展的理念，加大推动红色旅游、乡镇旅游建设的力度。紧紧围绕着油菜籽、马铃薯的产品加工，改进产品质量，提升产品价值。并将大蒜、苦荞、刺梨、辣椒、竹荪、核桃作为原材料，促进绿色食品的发展。

六盘水市具有资源、地势与大公司的优势，应加大经济结构转变的步伐，完善经济发展形式，着重开展能源、化工主导型产品，坚持持续发展，走节能环保型道路；并且加快发展果林、蔬菜、茶叶等主导产业。

黔西南州要利用好在能源方面的优势，做大水、火互助的电力产业；加快煤炭企业架构转变的步伐，提高能源利用效率，将煤炭企业做好；

积极推进以苗药为主的产品，促进中药当代化的发展，推动保健品的研制，发展具有知识产权的民族药制品与保健品，充分利用好以金银花、小花青风藤、倒提壶、板蓝根、半夏、石斛、桅子等为生产原材料的主要中药材生产场所。着重把握花卉、茶叶、甘蔗、干鲜果、优质稻米、蔬菜、烤烟及其油桐与油茶、中药材等独特农产品，掌握以茶、糖、酒、烟为关键的陈旧产品，制定旅游品牌规划，将民族文化旅游、生态旅游以及休闲度假与乡村旅游等作为特色旅游业发展对象，把盘江大桥、马岭河峡谷、双乳峰、云湖山、万峰林、三岔河、招堤、万峰湖、放马坪等打造为环保型旅游景点。挖掘历史文化旅游与红色旅游资源，构建起以历史文化、民族文化与喀斯特生态环境相联系的多元化的独特旅游产品运营机制。

铜仁地区主要依赖于交通基础设施，并对冶金化工业进行深加工，促进生态畜牧业发展，推进农产品发展，把梵净山作为重点开发基地，并努力取得新的进展。

遵义位于四川、贵州、重庆三省的交接地带，无论是语言文化还是风土气息上都略有相似，从古至今，三省在经济文化的发展中都是紧密相连的。正因为如此，遵义遵循的发展理念为：打开城墙，加入成渝经济商圈，在经济层面，接受成渝经济圈的指引作用。现阶段重庆市有大多数公司到遵义投资，并且遵义市政府已经在重庆开设监事组织。西部最知名的成渝经济商圈正在凭借其强有力的手段，带领西部地区经济的高速发展。西部的主要工业化场地之一就是重庆，直辖十几年来，已打造成制造、化工、能源以及医疗产业的主导基地。成都作为西南地区独有的平原地，纵横交错，沃野千里，向来具有"天府之国"称号，与此同时，它还是工业集聚化和新型产业的集中场所。成渝两个地区的经济总量占据西部12个省会经济总额的25%，工业产值在西南地区的占比较大。突破行政地区的界限，加入富含生机的成渝经济商圈。除此之外，遵义到重庆的客车载货量向来很大，之前游客一般乘坐火车，大概每天的载客量是2700人；直到西南大海道运营开始，游客对公路的需求激增，一天载客量达到5000人。这对运输行业来说，一定会变成一个新的经济增长值。

黔东南地区发展比较落后，但那里的民族风情淳厚、环境好，具备优良的发展态势。秉承"生态立州"的发展理念应该是黔东南地区立足当前的生态环境以及经济基础提出的，围绕人和自然和谐相处，将旅游行业打造为经济主导产业的发展对象。坚持环境第一，妥善解决好经济发展和生态环境保护的关系，依法执行相应的政策措施，发扬生态环境的优势作用，致力于建立生态资源行业；推动资源的合理配置及其带动各方的生产积极性，一起创建工业集聚区域与循环经济发展区，致力于推动优势产业促进工业化发展的步伐；从农副业与旅游业共同促进工业的发展角度，发展独特产业经济；选用扶强措施，更新当前工业、提升滞后产业，关键在于提升引导性强的产品，做大做强现有实体经济。

二 扩大各市（州）固定资产投资规模，拉动经济增长

固定资产投资是指确保部分社会再生产与经济增长的物质技能滞后的条件。固定资产投资是确保社会再生产正常执行的关键因素，同时也是促进部分经济增长的主要渠道。总的来说，部分地区经济要想得到一定程度的提高，固定资产投资就必须做到实时或者较快的增速，所以，要注意以下四点。

首先，加大固定资产投资力度。积极获取中央对贵州省的资金、技术支持；力争得到国际、省际的支持，推动不同地区间的合作；充分利用好当地政府供应的资金，制订合适的投资方案与形式，提升财政资金的使用效率；努力争取社会资金的支持，进一步提高城镇、公司与个体资金的投资力度。

其次，选取合适的投资方案，这是确保经济平稳增长并且持续发展的关键环节，根据贵州省的现实情况，选取合适的投资方案将涉及以下四个方面：第一，投资必须有助于节约能源与生态环境保护，拒绝一些打破生态平衡与危害环境的产业；第二，最大限度地选择劳动密集型企业，特别是可以带领大多数人民走向富裕的产业，促进贵州省的剩余劳动力得到充分利用；第三，主要投资制约贵州省经济发展的基本产业，发挥重要产品以及产品的特色，从而推动贵州产业架构的完善；第四，完善好投资乘数效应，合理应用投资的连带作用，促进经济的发展。

再次，对于如何改善贵州城镇居民的消费结构，根据不同的消费对象，选择不同的消费行为。一方面，完善居民的消费水平，提高中高收入人群的消费水准。提高中高档收入人群在住房、教育、车等方面的消费能力。另一方面，改善低收入人群的就业状况，提高低消费人群的收入水平，确保和促进社会总体的消费水平。针对乡镇居民要采用多予少取的理念与降负的政策。对城镇失业人群与低收入人群，要贯彻好三条收入保证线，提高就业培训频率，为居民增加尽可能多的就业岗位，促进城镇居民的整体消费水平。

最后，努力倡导与刺激信用贷款消费力度，信用贷款消费对提高中等收入人群的消费有关键的影响，即使中等收入人群的一般消费问题得到解决，但是，提升整体的消费能力还是存在实际的困难。因此，倡导与刺激中等收入人群进行信用贷款消费是十分重要的。

三 优化升级产业结构，增强区域发展后劲

自然资源的地区差异与分布的不均衡性导致了在研发与环保过程中，需要依靠政府来引导，科学规划，根据不同地区、不同时间，来调整各地之间的联系。与此同时，在区域范围内也由于自然资源的不同而形成不同的特性，应该遵循资源利用率最大化与有效配置，调整产业架构，改善各地区之间的经济关系，提高整个地区的竞争水平。基本的想法是：根据当地资源的类别、属性与数量等具体情况，选用最正确的方法、渠道与措施，从而充分利用当地的自然资源。然后了解当地自然资源的优点，把它当作首要前提来确定与当地具体情况相符合的产品，建立具有特色的、专有的经济开发区，最大限度地实现其对地区经济发展的引导作用。

贵州省每个地方第一产业结构的改善方向应该是根据当地实际情况，选用合适的办法，经营多种产品，支持特有产业的发展。首先，改善种植业结构，形成优质、高产量、高效率的特有农产品。把原来的种植方式改变为以粮食作物、饲料作物与经济作物为主的三元结构。其次，促进林业生态效益与经济效益的有机统一。将发展林业与林业旅游相结合，共同推动城镇园林绿化的发展。发展养殖业，培养优良的物种，转变传统的养殖形式，增大养殖的规模。最后，根据当地的实际情况，发展渔业，提高对水产品的培养与养殖。

贵州省第二产业在当地经济发展过程中发挥着重要的影响，应该努力发展循环型经济。首先，发展以电力为主的能源企业。促进水力与电力相互扶持的能源工业。其次，提高贵州省烟酒产业的主导作用。历年来，烟酒就是贵州省的主导产业，现阶段仍在国民经济与社会发展进程中起着不可替代的作用，必须要进一步提高烟酒的比重。再次，加大对原材料加工业的发展力度。最后，努力培养与发展特有产业，形成一些更具特点的优良企业。

贵州省第三产业在未来一段时间内应该重点发展下述产业：（1）积极发展以"大数据"为指引的信息技术产业，因为这有利于贵州省产业结构升级，同时，也是推动其迈向现代化的重要环节；（2）促进商业贸易的发展，促进第一产业与第二产业协同发展；（3）努力发展旅游行业，将旅游产业当作经济发展的主导产业与经济增长点；（4）加大对房地产业与物业监管，从而带领相关产业的发展，加大城镇化发展的步伐，推动贵州省经济的发展水平。

四 加大各地区基础建设，改善经济发展的硬条件

基础设施建设在每个地区的经济发展进程中都占据着重要地位，起到重要的作用，而交通和信息是基础建设中两个拥有主导地位的因素。

首先，交通基础建设是经济发展的基础和动脉。由于贵州是典型的喀斯特地貌，便利的交通对于贵州经济的发展至关重要。主要体现在三个方面：第一，交通是每个行业间生产与流通的首要因素，不管是第一产业、第二产业还是第三产业的发展以及原材料、产品的买卖，特别是在当代物流业的促使下，交通运输行业的关键作用越来越凸显。第二，交通在推动贵州省的经济发展方面起重要的作用，贵州省有50%左右的人口总数是农民，大部分都居住在交通欠发达的山区，如果要带动大部分农村人口走向富裕，就要加大发展农村交通等基础设施建设的力度。第三，交通是贵州省与外面接轨的重要渠道，有很多形形色色的人来来往往，因此要有发达的交通运输网络体制作为担保，保证物流体制的正常运行，这样，才可以确保"引进来、走出去"的对外开放局面得到最大限度的拓展。

其次，信息基础设施建设是促进经济发展的一个重要因素。贵州省是中国经济滞后发展的地区之一，要赶上其他地区的发展水平，就要加大信息化建设的力度，提高信息通信的基础建设。交通基础设施建设是为了处理贵州省经济发展过程中人流量与物流之间所出现的问题，假设将交通比作经济发展的要塞，那么就可以将信息当作经济发展的中枢体系。总的来说，第一，必须进一步加强信息基础设施建设。基础设施健全与改善应基于贵州省具体情况、公共资源、省级的经济数据库的对接服务信息中心，建立与改善全省的公共信息综合服务平台。健全与改善贵州省的公共信息网络体制的建设，提升信息的网络存储容量与传播速率，确保现阶段有线电视覆盖率、互联网覆盖率、计算机与网络应用贵州省电话覆盖率都有大幅度提升。第二，组织建立电子信息技术的推动平台，加大信息技术的普遍传播与使用。促进信息技术在整个贵州省各个层面的普遍推广应用，推动信息技术与信息产业在各个产业部门的运用，增强信息技术对信息产业的支撑。第三，加大信息技术培训力度，选取多种方式的培训，提升全民信息化水准。

五　精准扶持落后地区，促进区域发展全面、协调、可持续

政策倾斜的差异是导致不同地区经济发展水平不同的一个关键要素。因此，必须对国民的收入实行再次划分。根据资金空间转变支付渠道，用于协调各地区之间的经济发展，鼓励落后的地区发展经济。鉴于贵州省的经济基础较为薄弱，应该通过拿出一定的国民收入再次分配的方式，为了能够充分实现转移支付在平衡区域经济的关键作用，就必须设定一个科学的系统转移支付体系，实际在转移支付范围、参考方面必须要与当地实际情况相协调，确保得到精确扶持，确保转移支付可以在现实中用于提高落后地区的发展上，从而改善落后地区的经济状况。

在微观经济支持策略上，主要对象是实体经济。实体经济的增长有利于促进区域经济的发展，所以，颁发有关的税收优惠条例，对落后地区来说是很重要的，特别是当地政府要综合考虑税收收入水平与支持当地实体经济发展两者间的联系。为落后地区经济实体减轻税收负担，从而激励民营中小企业的发展。在信用贷款资金支援上，政府应设定专门的贷款担保额度与贷款补给资金，用于促进经济实体的进步，特别是支援中小企业的发展。通过财政补贴利息等方式，激励金融部门为实体经济提供优质、高效服务，从而实现以实体经济增长，促进区域经济发展的目标。

第三章　气候变化下的贵州省农业可持续发展

第一节　贵州省气候对农业发展的影响

一　贵州省气候与农业概况

（一）贵州省气候

贵州省地处云贵高原，位于低纬度亚热带季风气候区，介于四川盆地和广西丘陵之间，整体海拔较高，离南海较近，加之地势中部高起、边缘低的特殊性，贵州省东部地区整年湿润而西部地区全年总体上保持着干湿平衡状态。贵州省境内多山脉峡谷，山谷河流等水系发达，水资源丰富的同时也给开发带来难度。如此发达的水资源系统和甚为复杂的地貌特征相结合，形成了复杂多变的气候条件。贵州省大部分地区全年在温和湿润的气候环境掌控下，部分山区高地、谷地却有明显的垂直气候变化特点。冬季冷空气南下受山体阻挡绕行，致使在省内西部和中部形成准静止锋。因静止锋缘故，咸宁、盘县以西位于锋前晴天多，以东位于锋后多阴雨。夏季在副热带高压的控制下，东部干旱少雨，西部降雨连连；副热带高压带向北移动时，省内的干旱、洪涝位置交替，灾情加剧。

贵州省属中国亚热带高原季风湿润气候，气候条件具体表现为光照条件较差，降雨日数较多，相对湿度较大。贵州省大部分地区年日照时数在1200—1600小时，还不到青藏高原和柴达木盆地的一半，比同纬度的我国东部地区少1/3以上，是全国日照最少的地区之一。贵州省相对湿度全年变化幅度很小，可以达到82%，比同纬度国内其他省份的数值要高很多。受副热带高压控制的原因，全年气候温和，气温季节变化幅度小，干湿季节分明，冬季最长。年平均气温在14℃—16℃，高原气候或温热气候只限于海拔较高或低洼河谷的少数地区。贵州省降雨量充沛，但时间、空间分布不均匀。贵州省各地多年平均年降水量大部分地区在1100—1300毫米，年降水量的地区分布趋势是南部多于北部，东部多于西部。对贵州省绝大部分地区而言，多数年份的雨量是充沛的。从降水的季节分布来看，一年中的大多数雨量集中在夏季，但下半年降水量的年际变率大，常有干旱发生。贵州省纬度低，境内又多山地、高地，地势高差相对悬殊，东西走向长595千米，海拔高度差就有250米以上，东部地势略低，随着地势向西逐渐增加，气候要素的分配和组成也在不断变化，造成气候垂直差异显著。如西部的威宁较中部的贵阳海拔增高，年太阳辐射较贵阳多，年平均气温低、绝对湿度小，故威宁气候高寒，贵阳则气候温和。在水平距离不大但坡度较陡的地区，立体气候特征更明显，群众中广为流传的"一山有四季，十里不同天"的说法，充分说明了贵州山区垂直气候的差异性。总之，贵州的气候资源丰富，总的气候特点是：四季分明、春暖风和、冬无严寒、夏无酷暑，雨量充沛、雨热同期，多云少照、温度中高，降雨日数多、季风气候明显，无霜期长、垂直差异较大，立体气候明显。

（二）贵州省农业生态条件

贵州省地处西南腹地，自然条件复杂等独特的地理环境也造就了贵州农业的特色，多民族的人口构成特点客观上也对这个以山地为主的省份产生了一定的影响。贵州省农业生态条件主要有以下特点。

（1）以山为主，区域层次分明。贵州省以山地、丘陵为主，平地少。山地和丘陵面积分别占全省土地总面积的61.7%和30.8%，平坝地区面积占全省土地总面积的7.5%。总体的地貌特征就是"八山、一水、一分田"，这种山地也很有特色，属于喀斯特地貌。因此，山地是贵州省农业生态条件中最大的特点之一。由于贵州80%以上的土地都是山地，导致贵州的一些自然条件，如气候、土壤、水系、植物等都受到了这种地貌的影响和限制。此外，与之相关的如农业结构、土地的利用方式、农业生产特点等受到的影响也很大。贵州省地处云贵高原，地势西高东低，中部隆起向东、南、北三个方向依次递减；地形也比较复杂，既有高山、丘陵，又有盆地、谷底、平坝和湖泊。正是因为这么大的地势起伏导致气温的垂直变化十分明显，"一山有四季，十里不同天"的气候差异十分普遍，形成了气候的复杂性和多样性，也为发展立体农业提供了优良的环境。

（2）气候条件复杂，生物多样性突出。贵州省位于我国亚热带西部，境内有南亚热带、中亚热带、北亚热带和暖温热带四个类型。由于该省地处云贵高原的斜坡上，同时具有高原气候和季风气候特征。西部低纬度地区，海拔高。中部地势凸出，河流蜿蜒流过、山脉纵横交错，形成了气候的多样性和复杂性。虽然省内大部分地区的气温都是温暖湿润的，但是在个别地方，如山地和河谷，气候的垂直变化极其明显。贵州省地势高差相对悬殊，东西走向长595千米，海拔高度差就有250米以上，东部地势略低，随着地势向西逐渐增加，气候要素的分配和组成也在不断地变化，造成立体气候差异显著。要开发利用好这种独特的地形和气候资源发展农业，需要因地制宜地，平衡好各方面优劣势。

（3）贵州省复杂多样的生态环境，蕴藏着极为丰富的生物资源，贵州物种非常丰富，同时又具有明显的过渡性和复杂性，有不少东亚、中国、贵州的特有物种，是我国天然的物种保护基地。众多珍贵物种都生长在贵州，足以说明贵州生态环境优良的自然状态。适宜的土壤、水源、气候三要素和较少的工业污染为贵州发展生态畜牧业、蔬菜、茶叶、水果、马铃薯、中药材等特色产业创造条件，贵州正在逐步形成全国重要的"菜篮子"生产基地之一。

（4）贵州省年积温充足，可以满足大部分作物的需要，年积温稳定保持在3600℃—4800℃，加之雨热资源调配适当，为农作物的生长提供稳定的环境。大部分农产区实行一年两熟的种植制度，品种多为小麦套种玉米、大豆或烤烟等，水田实行两年三熟的"油菜—水稻—油菜"等模式。

（5）水资源丰富，利用率较低，开发难度大。贵州水资源总量非常之丰富，甚至超过东部沿海部分省份，地表水资源占全国水资源总量的4%左右，居第九位。河流由西、中部向北、东、南部呈扇状放射，多数河流发源于省境内，流向省外，并以中部苗岭为分水岭，以北属长江流域，以南属珠江流域。水田大体上沿水系分布，通过改造常年流淌的小溪为水利设施，在正常情况下，差不多可以满足周围比较分散、面积不大的农田灌溉需要。但是，对于水流量较大河流的开发和利用比较有限，因为大河多穿行于峡谷险地，工程设施难以进入，改造难度大。但因河道自身高度差大，对开发水能资源十分有利。

（三）贵州省农业生产特点

贵州省地处低纬度山区，土地总面积的90%以上都是山地和丘陵，这种特殊的地势及地貌特征使贵州省的农业生产具有一定特点。

1. 立体农业，地域性特征明显

贵州省位于云贵高原东部，地处亚热带湿润季风气候区，境内地貌多样，高低悬殊，河流纵横，雨量充沛，立体气候明显。在发展立体农业的同时，也要结合当地的气候类型，因地制宜。因此，贵州省发展立体农业主要有两个特点：山地立体利用和山区农业综合发展。贵州立体农业区域配置为：以西部的威宁、水城为代表的温带气候旱地区，作物一年一熟制，水稻种植上限可达到1800米；以毕节、纳雍为代表的暖温带，是旱地两熟水田一熟，主要种植小麦、马铃薯等；以遵义、福泉为代表的北亚热带，是旱地水田一熟和旱地套作旱三熟区，主要种植水稻、玉米等；东部以江口、天柱为代表的中亚热带，是旱地水田两熟和旱地套作三熟区，主要种植烤烟、油茶等经济作物；南部的罗甸、三都、榕江一线以南和赤水为南亚热带区，适宜发展柑橘类，可种植双季稻。由于贵州大部分地区是山区，机械化条件落后，种植形式往往采用比较单一的单作模式，一般为玉米、水稻。少量地块也实行马铃薯混玉米、红薯混玉米的混作形式。立体气候明显的贵州，适宜于动植物的生长繁衍、引种驯化和种植，孕育了贵州丰富的生物资源，地域性优势明显。同时，"立体农业"也凸显出地区间的差异很大。

2. 资源丰富，但利用率不高

贵州省具有发展农业的强大优势，气候优越，水热资源丰富，生物资源富足。温带、暖温带、亚热带的气候类型都有，适合种植各种品种的农作物，同时也可以发展各类经济作物。贵州省的植物种类仅次于云南、四川、广东，居国内前列。尤其是中药材资源丰富，共有4394种。然而，资源的利用率还很低。以水资源为例，2012年地下水资源量为253.32亿立方米，但由于对地下水的开发尚未引起足够的重视，开发技术难度大，导致地下水的开发利用率低，并且供水覆盖面很小。

季节性和周期性。贵州省位于云贵高原东部，农业生产特点具有明显的季节性和周期性。大部分农产区实行一年两熟的种植制度，品种多为小麦套种玉米、大豆或烤烟等，水田实行两年三熟的"油菜—水稻—油菜"的模式。由于在投出产出比例上的突出优势，大多数农户选择水

稻或玉米的连作方式。同时，由于贵州大部分地区是山区，机械化条件落后，种植形式往往采用比较单一的作物单作模式，一般为玉米、水稻。少量地块也实行马铃薯混玉米、红薯混玉米的混作形式。

（四）贵州省农村经济状况

1. 多民族，传统农耕，农业生产不稳定

贵州省是一个拥有48个民族聚居的省份，世世代代都居住在这里的少数民族就有17种，少数民族人口占全省总人口的1/3以上。少数民族在自身的生产生活过程中总结出了一些宝贵的传统农耕知识，如苗族医药知识体系和山地复合农耕系统等都是人类宝贵的财富。地貌地质条件限制了贵州省农业的发展，再加上土地贫瘠、水土流失、石漠化、灾害频发，使本来就脆弱的农业自然环境更加恶化。近几十年来，由于迫于生存的压力，部分山区的农民毁林造田，进一步加剧了农业生态环境的破坏，农业生产体系处于极不稳定状态。

2. 农业整体发展水平低，贫困面积大

近几年来，贵州省农业结构调整初见成效，农村经济增长的格局正在逐步得到改善；农作物结构、品种结构和区域布局结构调整取得一定进展。但是，由于贵州省农业整体发展水平较低，虽然从整体上全省实现农村人口粮食基本自给，但有相当一部分农民还只是初步解决温饱。贫困面积覆盖广，不仅制约了农业发展的速度，而且给当地人民带来了生活上的困苦。

贵州省是国家重点扶贫地区，2014年年底，贵州省农村贫困人口623万，共有88个县，贫困人口数量排在全国第一位，占全国的8.9%，农村贫困发生率为18%，具体情况如表3-1所示。这些贫困县大多分布在自然环境较为复杂的生态脆弱地区，如武陵山、乌蒙山、滇桂黔交界等地。这三个地区都属于我国划分的14个连片特困区，并且在这三个特困区中就包括贵州的65个县，以及全省的大部分人口。先天不足的地理环境以及后天闭塞的道路交通阻碍了农业的可持续发展。由于该地区贫困面积大、贫困人口多、贫困程度深、脱贫困难，造成了该地区把农业发展目标放在了解决温饱问题上，对粮食质量的要求大大降低。教育落后，科学知识没有普及到位，部分人追求短期的经济利益，过度损耗土地等自然资源，使生态严重失衡，限制了农业的可持续发展。

表 3-1　　　　　　　2014 年贵州省贫困人口分布情况

市（州）	贫困人口数（万）	贫困发生率（%）	占全省比例（%）	贫困县（个）
贵阳市	3.40	1.37	0.55	10
六盘水市	50.99	19.55	8.18	4
遵义市	72.98	10.80	11.71	14
安顺市	43.83	17.72	7.04	6
毕节市	138.99	19.75	22.31	8
铜仁市	77.54	20.61	12.45	10
黔西南州	58.29	18.48	9.36	8
黔东南州	103.38	26.58	16.59	16
黔南州	73.60	20.70	11.81	12
全省合计	623	18.00	100	88

资料来源：2015 年《贵州统计年鉴》。

（五）贵州省农业脆弱性

贵州省是一个农业大省，农业人口占总人口的 50% 左右，农业从业人员占人口总数的 1/3 以上。近年来，贵州省加快农业产业结构调整步伐，积极发展特色农业，虽取得了一定的成就，但长期以来，由于一系列的非持续发展因素的影响，贵州省农业的发展仍具有脆弱性。

1. 生态脆弱性

贵州省农业的可持续发展最令人担忧的便是耕地的严重制约。农业最基本的生产资料就是耕地，但是，随着人口的不断增长，工业化、城市化进程的不断加快，使本来就紧缺的耕地不断减少。与此同时，贵州省是典型的喀斯特地貌，全省 80% 以上的农业人口都分布在喀斯特地区。农业劳动者因地质地貌的特殊性向周围环境过度索取，给生态环境带来压力并使之日渐脆弱。具体表现在：农地多斜坡且坡度陡；土层浅薄不适宜耕种；土地肥力低，农作物生长缓慢；农业洪涝灾害频繁；水土流失严重，石漠化范围扩大，使可利用的土地资源不断减少。另外，长期以来，农业人口受传统思想的影响，重眼前轻长远，不重视对土地的保护，使水土流失更为严重，耕地质量下降，这从根本上威胁到人民赖以生存的基础和农业的可持续发展。贵州省水资源较丰富，但是利用率低，地区上分布不平均,并且开发难度大,这是制约农业可持续发展的又一重要因素。2012 年,全省地表水资源量 974.03 亿立方米,约占全国水资源总量的 3.82%,地下水资源量为 253.32 亿立方米。省内河流上游和下游的流量差异很大,并且年内变化量也大。大多数地区受喀斯特地质和枯水期的影响,可利用的水量非常有限。同时,大中河流多位于山谷之中,河道落差大,要作为农业用水,因其扬程较高,引水渠道较长,难度非常大。另外,在耕地集中区,农业用水较大,中小河流满足不了农业生产的大量用水,并且工业和城市居民排放的污水及农药化肥对水质的污染,遇到旱情用水矛盾更为突出,这在一定程度上制约着农业的可持续发展。

除此之外,由于环境的破坏,特别是过去对森林植被过度砍伐,导致物种锐减。贵州省对于森林的管理较为粗放,注重砍伐和利用,而不注重保护的现象比较普遍。虽然贵州省的退耕还林已经初见成效,但仍然无法抵消掉过去年月里对森木植被破坏所造成的一系列恶性连锁反应,如水土流失、水资源恶化、土地石漠化严重、水情旱灾频率增加、山体滑坡及泥石流危害增多、农作物病虫害升级、生物多样性遭到破坏、二氧化碳排放加剧等,整个农业的生态系统都处在一个非常脆弱的环境中,农业生产抵御自然灾害的能力下降,生态平衡遭到破坏。

与此同时,农村的水资源、土壤和空气也受到了工业和城市排放的废水、废气的污染。农业生产过程中使用的农药、化肥也给土壤带来了破坏。农村恶劣的生态环境诱使农业自然灾害的发生越来越频繁,并且周期也不断缩短,农业生产的恢复也受到了阻碍,灾情愈加严重。以干旱、洪涝、各类地质灾害较频繁。在 2001—2013 年的 13 年中,贵州发生了 2001 年的夏旱、2004 年的西部春旱、2005 年的夏旱、2006 年的西部春旱和黔北特大夏旱、2009 年 7 月至 2010 年 5 月的夏秋连旱叠加冬春连旱的罕见特大干旱、2011 年的特大夏秋连旱和 2013 年的夏旱。其中,2011 年最严重,造成 595.26 万人饮水困难,干旱受灾面积 172 万公顷,成灾面积 77.38 万公顷,绝收面积 46 万公顷,贵州省也为此付出了巨额的经济代价。再加上山区河流坡陡湍急,强暴雨多会带来洪水,并且经常伴有泥石流、山体滑坡等灾害,2014 年洪涝灾害造成 82 人死亡失踪;2002 年和 2014 年还分别发生了纳雍山体大滑坡和关岭县特大山体滑坡。以上数据都表明,贵州省农村地区由于生态环境的破坏和污染诱发严重的自然灾害，已经成为贵州省农业可持续发展的巨大阻碍。

2. 经济脆弱性

贵州省的农业经济发展整体就比较落后，不仅缺乏资金，也缺乏人才的投入，这同样制约着贵州农业的可持续发展。一方面，农业的可持续发展要求发展农业的同时，要不断地提高农民的收入。而较低的农业效益造成了农业生产者和经营者的收入增长极其缓慢的局面，这又影响了其对农业的再投入，使贵州省农业陷入了一个"投入低—收益低—投入更低—收入更低"的恶性循环。另一方面，由于贵州人均农业自然资源十分紧张，生产经营的模式相对简单原始，少数偏远地区仍采用刀耕火种的原始耕作方式，这也是导致农业产出经济效益低下的另一个原因。

此外，贵州省财政对农业的投入有限，农业基础设施薄弱。近年来，贵州省财政用于农业生产的投入在数量上有很大的增加，已经从2003年的145.07亿元增加到2015年的534.26亿元，但是，财政支援农业生产的投入占地方财政总支出的比例仍然比较低，有些年份甚至少于上一年（见表3-2）。相比于贵州省农业生产的实际需要，目前对于农业的资金、技术等各方面都显得十分薄弱，不利于贵州可持续农业的发展。

表3-2　　　　　　　2011—2015年贵州省农业收支情况

指标	2011年	2012年	2013年	2014年	2015年
财政支出（亿元）	2249.40	2755.68	3082.66	3542.80	3939.50
财政支援农业生产的投入（亿元）	278.47	361.87	400.31	447.19	534.26
农业支出占总支出（%）	12.38	13.13	12.99	12.62	13.56

资料来源：《贵州统计年鉴》（2010—2016）。

3. 社会脆弱性

首先，人口普遍受教育程度不高，难以适应农业发展的新观念和新技术，制约着贵州省农业的可持续发展。据统计，贵州省具有大学文化人口约占0.53%；具有高中文化的人口约占总人口的7.3%；具有初中文化的人口约占2.9%；具有小学文化的人口比例约为3.9%；15岁以上人口的文盲率约为8.74%；除文盲率外，其余指标都远远低于全国平均水平。除此之外，在农村由于地区偏远，教育水平就更落后，农村地区的落后程度很严重。相反，现在的农业发展越来越多地依靠技术创新，光有"蛮劲"已经适应不了农业可持续发展的步伐。在自然条件和教育发展都相对落后的贵州地区，农民对先进的知识和技术接受能力都比较弱，缺失足够的农业生产技术来保证农业的可持续发展。

其次，人口增长也给农业的可持续发展带来了压力。贵州省的农村居民约占全省人口总数的50%，并且每年保持着较高的人口自然增长率。贵州是一个拥有48个民族的多民族省份，约40%的人口是少数民族，他们多数在经济落后且偏远的山区，不仅交通不便利，而且信息传达也不畅通，再加上思想相对保守，久而久之形成了贵州省人口"越穷越生，越生越穷"的恶性循环。如此的人口压力给农业的可持续发展带来了双重挑战，人口承载力和地区粮食安全的问题。贵州省的耕地特点就是面积小且质量不高，70%以上是坡地，其中20%的耕地是25°以上的陡坡，这也是造成贵州省人容量低、人口承载压力大的一个原因。虽然近些年政府做出了许多的努力，但是，贵州省的农村地区，尤其是喀斯特山区的人口密度还是大大超过其人口承载能力的界限。与此同时，随着社会经济的发展和人类的进步，部分人开始追求的是食物的营养价值，这对食物提出了更高的要求。在这种情况下，农业人口为了解决自给的粮食自给问题必定会盲目地对环境进行破坏，导致土地回报率越变越低，环境恶化的恶劣结果，这也延缓和遏制了贵州农业的可持续发展。

再次，农业的可持续发展需要科技支撑，科技需要人才，但是，贵州对农业的科技投入远远低于其他省份。贵州省经济社会发展整体比较落后，人力资源开发规划还没有被广泛重视，还处在一种由少数有意识的农民自发进行的状态，不能针对当地居民的实际情况，结合农民的实际需要，开展相关科技活动。少部分人仍不能正确地认识科技对农业生产的推动作用，人才得不到应有的重视，导致农业科技人员大量流失，农村科技队伍不健全、不稳定，不能很好地为农业可持续发展做出应有的贡献。

最后，贫困也是影响农业可持续发展的社会问题。贫困面积覆盖广，不仅制约了农业发展的速度，更给当地人民带来了生活上的困苦。贵州省是国家重点扶贫地区，2015年年底，贵州省农村贫困人口为493万，贫困人口数量排在全国第一位，占全国的8.77%，农村贫困发生率14%。2015年，贵州省共有66个贫困县、190个贫困乡、9000个贫困村。这些贫困县大多分布在自然环境较为复杂的生态脆弱地区，先天不足的地理环境阻碍了农业的可持续发展。由于该地区贫困面积大、贫困人口多、贫困程度深、脱贫困难，造成了该地区的农业发展目标放在了解决温饱问题上，对粮食质量的要求大大降低，这也限制了农业的可持续发展。

二 贵州气候变化

贵州省1961—2015年的气候变化是在北半球和全国气候变化的大背景下发生的，既有北半球和全国的共同点，也有其不同点。本节主要分析贵州省1961—2015年55年来气温变化和降水变化的主要特征。

（一）数据收集方法

为了分析、研究贵州省气候变化的特征，分别在贵州省的9个行政区域内选取27个能基本代表贵州省气候变化特征的气象观测站点，每个区域分布约3个代表站点。这27个代表站点在省内分布相对均匀，尽可能每个市（州）都有代表站，资料年代长，站址变动小，观测资料的代表性和准确性都比较好。表3-3列出了这27个代表站点的基本情况。

表3-3　　　　　　　　贵州省27个代表站点的基本情况

区域	站名	区站号	北纬度	东经度	观测场海拔高度（米）
毕节市	威宁	56691	104°17′	26°52′	2237.5
	毕节	57707	105°17′	27°18′	1510.6
	织金	57805	105°46′	26°41′	1319.3
六盘水	盘县	56793	104°28′	25°43′	1800.0
	六枝	57807	105°28′	26°12′	1361.9
兴义市	兴义	57907	104°54′	25°05′	1299.6
	安龙	57908	105°29′	25°07′	1394.5
	贞丰	57905	105°38′	25°56′	1142.0
安顺市	安顺	57806	105°54′	26°15′	1431.1
	紫云	57910	106°05′	25°46′	1197.6
	关岭	57903	105°36′	25°56′	1378.5
都匀市	荔波	57926	107°53′	25°25′	258.7
	都匀	57827	107°32′	26°19′	969.1
	罗甸	57916	106°46′	26°38′	1104.0

续表

区域	站名	区站号	北纬度	东经度	观测场海拔高度（米）
贵阳市	贵阳	57816	106°44′	26°35′	1223.8
	花溪	57914	106°4′	26°25′	1149.0
	开阳	57719	106°58′	27°04′	1275.61
凯里市	凯里	57825	107°59′	26°36′	720.3
	从江	57936	108°55′	25°45′	258.1
	锦屏	57844	109°11′	26°41′	343.0
铜仁市	铜仁	57741	109°11′	27°43′	282.7
	石阡	57734	108°14′	27°34′	467.5
	印江	57732	108°24′	28°01′	456.5
遵义市	遵义县	57717	106°5′	27°32′	974.1
	凤冈	57723	107°43′	27°59′	416.8
	仁怀	57710	106°24′	27°48′	890.3
	道真	57623	107°36′	28°53′	685.6

资料来源：贵州省气象局。

这 27 个代表站点的气温和降水资料都很完整，下面利用这些完整的基础资料来分析、研究贵州省 1961—2015 年 55 年来气温变化和降水变化。

（二）近 55 年气温变化

1. 年平均气温

根据贵州省 27 个代表站点 1961—2015 年 55 年来的气温资料，绘制了 27 个代表站点即 1961—2015 年年平均气温变化曲线。为了消除高频振动干扰和便于观看趋势走向，分别绘制了上述 27 个代表站点 1961—2015 年年均气温 5 年滑动变化曲线和线性趋势。通过观察分析，可以把贵州省 55 年年均气温的变化归纳为以下几种类型。

（1）上升型有锦屏（见图 3-1）、贞丰、安顺、六枝、紫云、关岭、罗甸、道真、石阡、（原）遵义、荔波、凯里、威宁 13 个代表站点。年平均气温从 20 世纪 60 年代末一直在波动中不断上升，90 年代末到 21 世纪的头十年温度最高。

（2）波动型有凤冈（见图 3-2）、兴义、安龙、花溪、印江、毕节、金织 7 个代表站点。从 20 世纪 60 年代开始，年均气温都在平均值附近上下摇摆，没有明显的上升，也没有明显的下降；从线性趋势线上看，呈略有上升趋势。

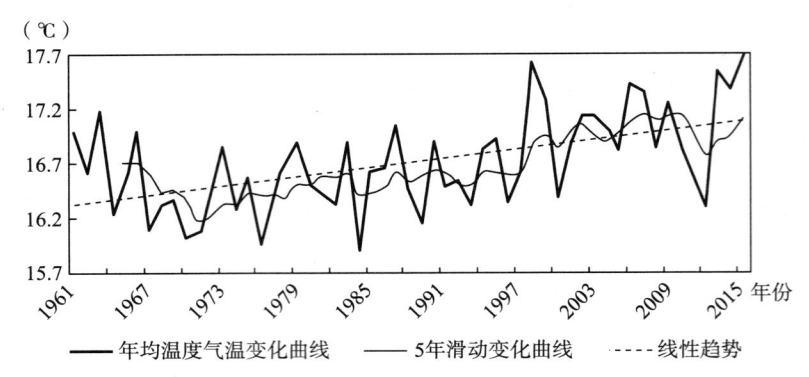

图 3-1　锦屏站 1961—2015 年年平均气温变化曲线

资料来源：贵州省气象局。

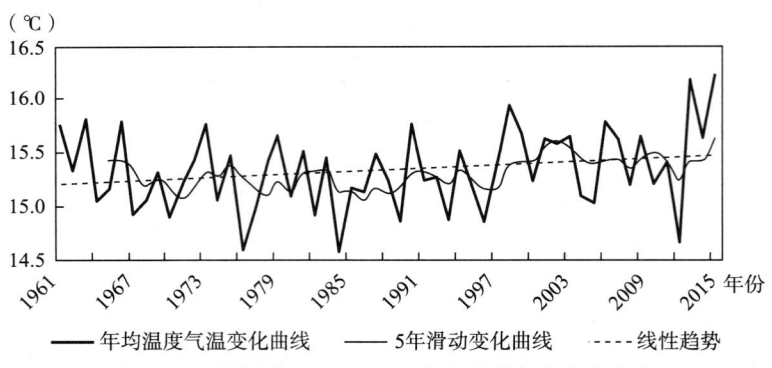

图 3-2　凤冈站 1961—2015 年年平均气温变化曲线

资料来源：贵州省气象局。

（3）下降型有贵阳（见图 3-3）、盘县、仁怀、都匀、从江、铜仁、开阳 7 个代表站点。年平均气温特点整体呈下降趋势，中间部分年份略有上升，如 20 世纪 70—90 年代的气温都有不同程度的上升，形成 3 个代表站点气温值的小高峰；进入 2000 年后，气温有明显的下降，并且一直持续到 2015 年。

为了便于观察 55 年来贵州省气温的变化幅度，采用倾向率来定量分析选取的 27 个代表站点 1961—2015 年的气温数据，其单位为℃/十年，代表平均气温每十年的变化量，正值表示增量，负值表示减量，结果如表 3-4 所示。

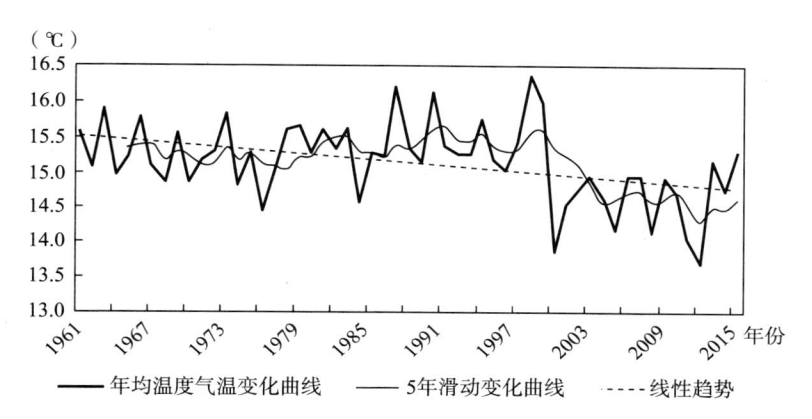

图 3-3　贵阳站 1961—2015 年年平均气温变化曲线

资料来源：贵州省气象局。

表 3-4　　　　　贵州省 27 个气象站 1961—2015 年
年均气温变化倾向率（℃/十年）

站名	威宁	毕节	织金	盘县	六枝	兴义	安龙	贞丰	安顺
倾向率	0.21	0.15	0.18	-0.09	0.14	0.03	0.14	0.08	0.10
站名	紫云	关岭	荔波	都匀	罗甸	贵阳	花溪	开阳	凯里
倾向率	0.13	0.09	0.13	0.04	0.11	0.14	0.12	0.14	0.11
站名	从江	锦屏	铜仁	石阡	印江	遵义县	凤冈	仁怀	道真
倾向率	0.03	0.14	0.17	0.11	0.06	0.18	0.05	-0.18	0.13

资料来源：贵州省气象局。

从表 3-4 中可以看出，1961—2015 年，贵州省内只有盘县和仁怀两个站点的年均气温倾向率为负值，余下 25 个代表站点均为正值，威宁的年均气温倾向率最高为 0.21℃/十年。总体上看，贵州省 1961—2015 年 55 年来年均气温是逐年升高的。

为了研究气温的异常状态，采用国际通用的世界气象组织（WMO）对气候给出的判断标准，即距平与标准差比值的绝对值，说明气温达到异常状态，如距平为正则属于高温异常；反之为低温异常。通过计算得出 1961—2015 年贵州省 27 个代表站点的年均气温出现异常次数共 59 次，占总年数（1485次）的3.97%，其中，高温异常36次，低温异常23次。通过上述统计分析说明贵州省气温异常概率较小，气温变化比较平稳。

2. 贵州省气温变化

通过对27个代表站点原始气温资料进行几年的加权平均处理后，得到贵州省1961—2015年55年来的年平均气温序列值。然后绘制了贵州省范围1961—2015年年平均气温变化曲线图（见图3-4），为了消除高频振动干扰和便于观看趋势走向，还标出了1965—2015年年均气温5年滑动变化曲线和线性趋势。可以看出，贵州省55年来的年平均气温变化趋势是平稳上升的，年均最低气温出现在1976年和1984年，1963年、1987年、1998年和2015年的年均气温最高。

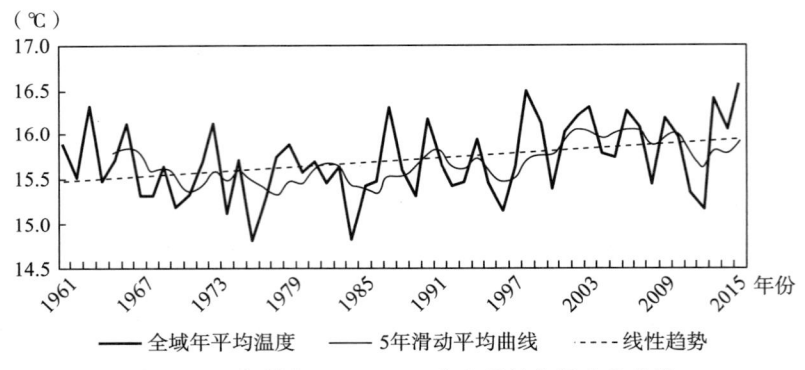

图3-4 贵州省1961—2015年年平均气温变化曲线

资料来源：贵州省气象局。

计算出来的贵州省55年来年均气温的倾向率为0.085℃/十年，同样说明贵州省年均气温55年来呈上升趋势。根据气温异常的判断标准1976年、1984年、2015年都出现了年均气温异常，1976年和1984年属于低温异常年份，2015年属于高温异常年份。

（三）近55年降水变化

1. 年降水量

根据贵州省27个代表站点1961—2015年的降水资料，绘制了27个代表站点1961—2015年年平均降水量变化曲线、5年滑动变化曲线和线性趋势。通过观察，贵州省55年年均降水量都呈下降趋势，但又各具特点，可以把它们归纳为以下几种类型。

（1）波动型：呈波动型变化的站点有遵义县（见图3-5）、威宁、花溪、凯里、从江、锦屏、石阡、罗甸 8 个代表站点。从 20 世纪 60 年代开始,年均降水量都在平均值附近上下摇摆,没有明显的上升,也没有明显的下降;从线性趋势线上看,呈略有下降趋势。

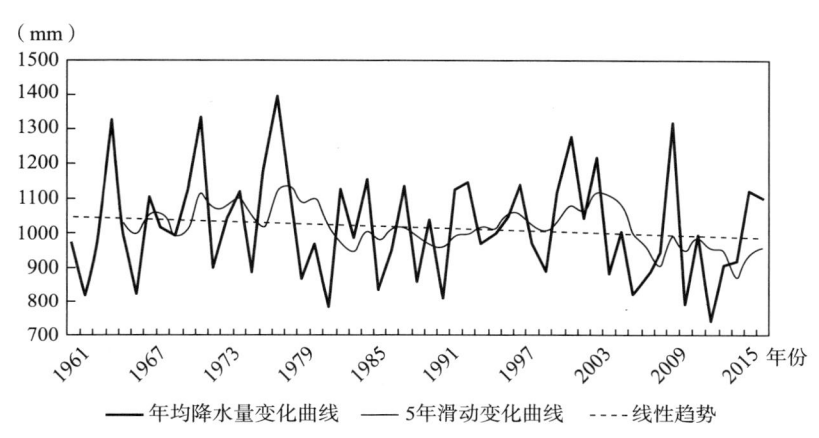

图 3-5 遵义县站 1961—2015 年年平均降水量变化曲线

资料来源:贵州省气象局。

(2)两高两低型:属于这种变化类型的站点(见图 3-6)有开阳、荔波、金织、兴义、关岭、都云、贵阳、铜仁 8 个代表站点。此种变化类型的站点年均降水量曲线都呈现出两个高峰两个低谷,第一个高峰出现在 20 世纪 70 年代,第二个高峰出现在 2000 年左右;第一个低谷出现在 20 世纪 90 年代初,第二个低谷出现在 2012 年左右。

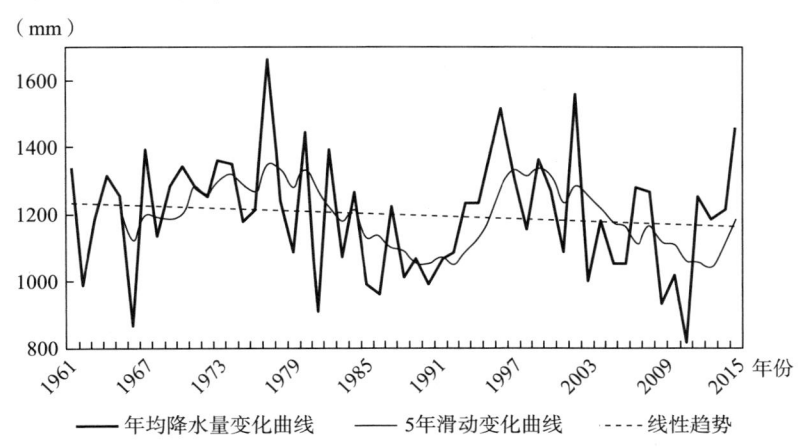

图 3-6 开阳站 1961—2015 年年平均降水量变化曲线

资料来源:贵州省气象局。

（3）三低两高型：属于这种变化类型的站点（见图3-7）有安顺、六枝、贞丰、毕节、仁怀5个代表站点。此种变化类型的站点年均降水量曲线都呈现出三个低谷两个高峰的趋势，第一个低谷出现在1970年左右，第二个低谷出现在1990年左右，第三个低谷出现在2006—2015年；第一个高峰出现在1980年左右，第二个高峰出现在1995—2000年。

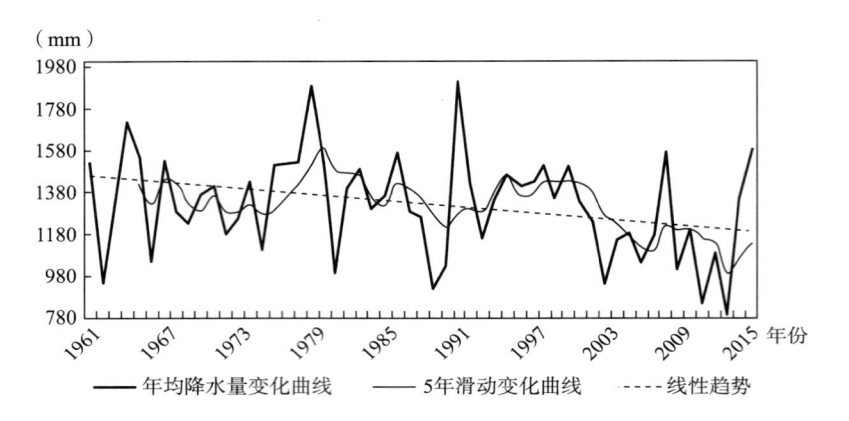

图3-7 安顺站1961—2015年年平均降水量变化曲线

资料来源：贵州省气象局。

（4）三高三低型：属于这种变化类型的站点（见图3-8）有印江、

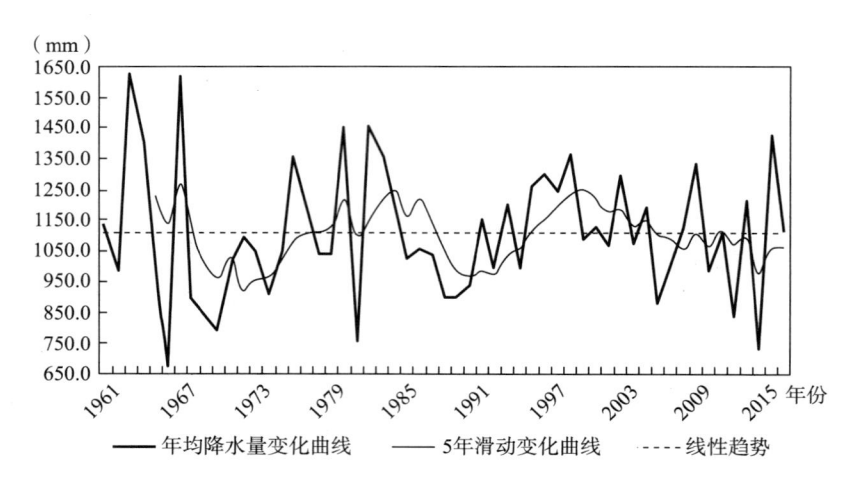

图3-8 印江站1961—2015年年平均降水量变化曲线

资料来源：贵州省气象局。

盘县、安龙、紫云、凤冈、道真 6 个代表站点。此种变化类型的站点年均降水量曲线都呈现出三个高峰三个低谷的走势，第一个高峰出现在 1967 年左右，第二个高峰出现在 1984 年前后，第三个高峰出现在 2000 年左右；第一个低谷出现在 1972 年前后，第二个低谷出现在 1900 年前后，第三个低谷出现在 2013 年。

此外，根据计算气温倾向率的方法得到贵州省 27 个代表站点 1961—2015 年年均降水量的倾向率（见表 3 - 5），单位为毫米/十年。

表 3 - 5　　　　贵州省 27 个代表站点 1961—2015 年
年均降雨量变化倾向率　　　　单位：毫米/十年

站名	威宁	毕节	织金	盘县	六枝	兴义	安龙	贞丰	安顺
倾向率	-21.80	-14.20	-21.41	-42.18	-39.14	-23.17	-24.82	-30.19	-40.48
站名	紫云	关岭	荔波	都匀	罗甸	贵阳	花溪	开阳	凯里
倾向率	-25.63	-17.29	-33.84	-5.47	-10.36	-8.04	3.22	-13.58	-13.64
站名	从江	锦屏	铜仁	石阡	印江	遵义县	凤冈	仁怀	道真
倾向率	1.70	-69.66	-11.40	-0.89	-0.54	-11.28	-21.25	5.49	-9.99

资料来源：贵州省气象局。

观察表 3 - 5 得出，1961—2015 年 55 年时间，贵州省内只有花溪、从江和仁怀 3 个代表站点的年均降水量倾向率为正值，且数值都较小；余下的 24 个代表站点倾向率均为负值，且数值大，绝对值介于 21.25—25.63 毫米/十年和 30.19—69.66 毫米/十年之间的数值各有 6 个代表站点，锦屏的年均降水量倾向率值最低为 - 69.66 毫米/十年。由此说明，贵州省 1961—2015 年 55 年来年均降水量是逐年减少，其趋势和幅度较大。

同样，根据国际标准计算出贵州省 1961—2015 年 55 年来的年均降水量异常次数，年均降水量距平与标准差比值的绝对值 M≥2，表示出现异常；1.5≤M≤2，表示接近异常。统计结果显示，贵州省 27 个代表站点 55 年中，除去 89 个代表站点站次年均降水量异常，占总年数（1485 次）的 6%，其中，降水量减少异常 25 次，降水量增加异常 38 次。另外，还有 111 个代表站点站次出现降水量接近异常，占代表站点总站次年数的 7.5%。

2. 贵州省降水变化

通过对 27 个代表站点原始降水资料进行了逐年的加权平均处理后，得到贵州省 1961—2015 年的年平均降水量序列值。然后绘制了贵州省范围 1961—2015 年年平均降水量变化曲线图（见图 3-9），并标出 1961—2015 年年均气温 5 年滑动变化曲线和线性趋势。

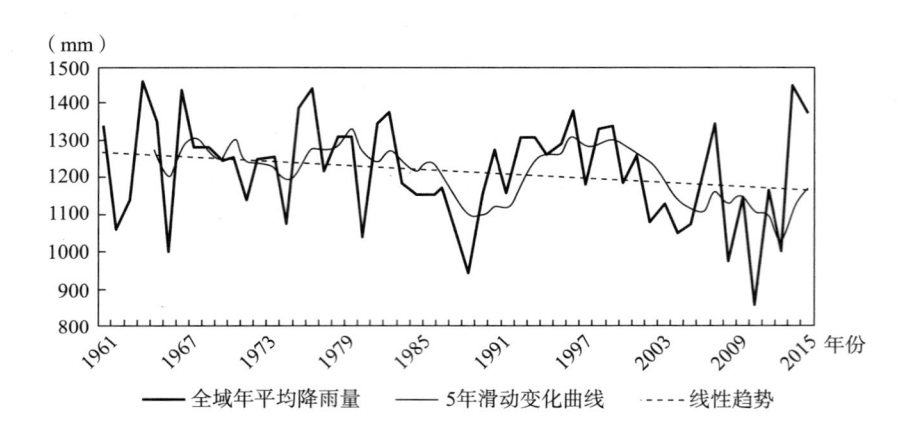

图 3-9 贵州省 1961—2015 年年平均降水量变化曲线

资料来源：贵州省气象局。

从图 3-9 中可以看出，贵州省 1961—2015 年 55 年来的年平均降水量变化总体趋势是减少的，年均降水量最少出现在 2011 年，其次是 1989 年和 1966 年；1964 年、1977 年、1998 年和 2014 年的年均降水量较多。算出贵州省 1961—2015 年 55 年来年均降水量的倾向率为 -18.5 毫米/十年，同样呈现了贵州省年均降水量 55 年来逐渐减少的趋势。贵州省 55 年内仅 2011 年降水量出现了降水量减少异常，年均降水量为 351.06 毫米。年均降水量最多的年份是 1964 年，比 2011 年多 591.85 毫米。此外，还有 8 个年份年均降水量接近异常状态，正向接近和负向接近各 4 次。

（四）雨热资源配置变化

贵州省总的气候特点是：四季分明、气温年温差小，冬无严寒、夏无酷暑，雨量充沛、雨热同期，夏季多雨、冬季少雨。农业生产对于降水和气温都有很高的要求，雨热资源的配置，直接影响着农作物的生长发育，与粮食产量的多少有很大关系。

图 3-10 绘制了贵州省范围内 1965—2015 年年均气温和降水的 5 年滑动平均曲线。从图 3-10 中可以看出，气温的变化轨迹是：1965—1971 年有所下降；1972—1996 年气温一直在上下波动，没有明显的上升或下降；1997—2002 年，气温有一个明显的上升过程；2003—2015 年气温呈小幅下降趋势，最低值出现在 2013 年。降水的变化轨迹是：1965—1975 年降水是在小幅度上下波动；1975—1980 年有一个小幅度的上升过程；1980 年之后的十年降水开始大幅度减少，1990 年达到最低之后雨量开始回升，到了 2000 年又开始下降，2012 年达到有史以来最低值。进一步观察会发现，20 世纪 60 年代中期属于高温多雨期；60 年代末到 80 年代末期属于低温多雨期；80 年代末 90 年代初气温升高，雨量也大大减少，属于高温少雨期，20 世纪 90 年代中后期温度渐渐降低，雨量变大，属于低温多雨期；从 21 世纪开始到 2015 年都属于高温少雨期，并且雨量减少幅度比较大。图 3-10 中反映的变化趋势与实际情况也相符，如 20 世纪七八十年代西南地区受强冷空气影响，以及 2000 年后贵州省发生的几次干旱，特别是 2011 年特大干旱。

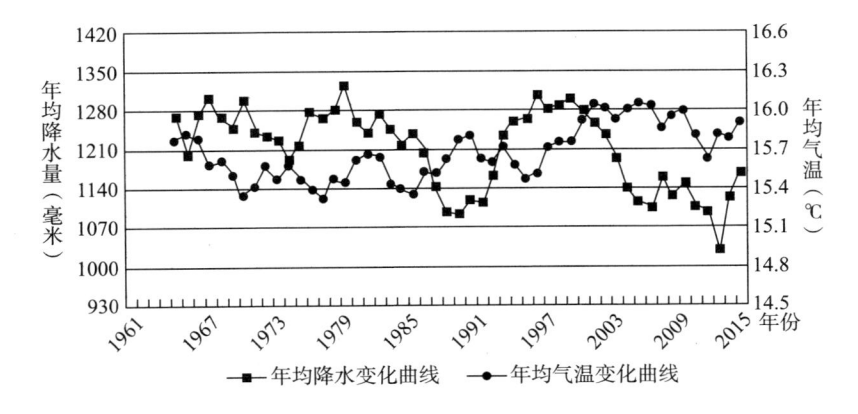

图 3-10　贵州省 1961—2015 年年平均气温、降水量滑动曲线

资料来源：贵州省气象局。

三　气候变化对贵州省粮食生产影响的实证分析

由于受自然地理条件和社会经济条件的制约，很多国家农业的可持续发展都面临着挑战。气温、降水、日照都是制约农业可持续发展重要因素，特别是因农作物的生长发育期对气温条件比较敏感，尤其在灌浆期遇到高温会影响灌浆的速度，减少干物质的积累，因此，气候变化对农业的影响直接体现在农作物产量和质量上。粮食生产的产量可持续性和质量的可持续性就成为农业可持续发展最重要的部分。因此，本节以粮食产量为切入点来研究气候变化对贵州农业可持续发展的影响。

很多学者在构建粮食产量影响因素的经济模型时，通常会注重社会、经济等方面的因素而忽略气候变量对粮食作物产量的重要影响。而实际情况是，粮食产量是受社会经济因素和气候因素的共同作用。因此，在气候变化的背景下，研究粮食产量的影响因素时要把当地的气候变化情况考虑在内。

（一）实证模型的构建

柯布—道格拉斯生产函数模型在描述粮食投入产出过程中曾被广泛应用，它可以和经济指标相连，进行经济学分析。但是，它也具有拟合历史数据精度不高的局限，其原因在于考察对象的影响因素不仅包括物质投入，还包括自然等其他方面的因素。在此基础上，经济学家索洛证明可以把需要讨论的更多因子引入模型，这为改进模型提供了可能性。

在影响粮食产量的诸多因素中，气象因素往往被忽略，如果气象因子能够纳入，模型就会更加完善，更加客观地反映粮食的投入产出关系。将各种重要的因素都纳入模型，构建经济—气候新模型（C—D—C 模型），重点研究气候变化对粮食产量的影响。表达式为：

$$\ln Y_i = b_1 \ln X_1 + b_2 \ln X_2 + b_3 \ln X_3 + r \ln C + \varepsilon \qquad (3-1)$$

式中，X_1、X_2、X_3 分别代表劳动力、播种面积、化肥投入量，b_1、b_2、b_3 分别代表各自的产出弹性，C 代表气候因素的投入，r 是气候因素的产出弹性，ε 代表误差项。

以 C—D—C 模型为基础，参考周文魁（2005）的方法，在模型中加入气候变量，构建实证模型。把粮食产量当作被解释变量，选取年平均气温、平均降水量、粮食作物种植面积、劳动力投入、化肥投入量、农业机械总动力当作解释变量，建立模型：

$$\ln Y = C + b_1 \ln(TP) + b_2 \ln(RF) + b_3 \ln(AC) + b_4 \ln(LB) + b_5 \ln(FT) + b_6 \ln(AM) + \varepsilon \qquad (3-2)$$

式中，Y 表示粮食作物的产量，TP 表示年平均温度，RF 表示年均降雨量，AC 表示粮食作物的种植面积，LB 表示从事粮食作物生产的劳动力人数，FT 表示粮食作物的化肥投入量，AM 表示粮食作物生产的农业机械总动力。在气候变化对贵州粮食产量影响的研究中,对气候变化因子的投入所带来的影响进行重点分析。

(二) 变量和指标的选取

粮食作物的生长依赖自然条件和社会物质投入,粮食的产量受气候因素和社会经济因素的共同影响。本节模型选取粮食作物产量作为因变量;自变量包括气候和物质投入变量,气候变量选用贵州省年平均气温和年平均降水量,物质投入变量包括粮食作物的播种面积、劳动力人数、化肥投入量、农业机械总动力等。

1. 贵州省粮食总产量(Y)(单位:万吨)

粮食总产出有三个指标可以代替,分别是粮食总产值、粮食总产量和粮食利润。由于本节研究的是气候变化对贵州粮食产量的影响,所以选用粮食总产量来代表总产出。

2. 贵州省年平均气温(TP)(单位:℃)

本书的目标对象是贵州省粮食总产量,粮食包括谷类、薯类等作物,它们的生长发育期不尽相同,为了很好地覆盖各类粮食作物的生长周期,选用贵州省全年平均气温这一变量比较合适。贵州省年平均温度是根据省内各地区共 27 个代表站点的观测值加权平均计算得出。

3. 贵州省年平均降水量(RF)(单位:毫米)

选用贵州省年平均降水量作为模型中的另一个气候变量,根据省内各地区共 27 个代表站点的观测值加权平均计算而得。

4. 贵州省粮食作物播种面积(AC)(单位:千公顷)

粮食作物种植面积是每年贵州省实际的粮食作物种植面积。

5. 劳动力投入量(LB)(单位:万人)

模型中的劳动力投入量是指贵州省在粮食生产过程中投入的劳动力总人数,这个数值没有办法直接获得,所以,用贵州省农林牧渔业从业人员数量替代。

6. 化肥投入量(FT)(单位:万吨)

化肥投入量可以用农用化肥施用折纯量来表示。

7. 农业机械投入量(AM)(单位:万千瓦)

农业机械投入量有三个指标可以代替,分别是农业机械总动力、农业机械固定资产原值和农业机械固定资产净产值。本节参照国内大多数研究做法,用贵州省农业机械总动力代表贵州省农业机械投入。

模型中物质投入变量数据通过查询贵州省 1978—2015 年的粮食作物播种面积、农林牧渔业从业人员数、化肥施用折纯量、农业机械总动力指标数据得来；气象投入变量是通过对 27 个代表站点历年原始气温、降水量数据计算而来（国家统计局、贵州省统计局网站和贵州省气象局）。

（三）研究方法和步骤

通过对原始数据进行一系列的处理后，得到了贵州省 1978—2015 年粮食总产量（Y）、年平均气温（TP）、年平均降水量（RF）、粮食作物播种面积（AC）、劳动力投入量（LB）、化肥投入量（FT）、农业机械投入量（AM）7 个变量的时间序列数据。利用 Eviews 软件对变量进行操作分析。

时间序列平稳性检验（ADF 检验）。因为模型用到的所有变量都是时间序列数据，为了防止回归分析中出现伪回归，要对每一个时间序列的变量进行 ADF 检验，查看是不是平稳序列，即没有随机趋势或确定趋势。如果变量都是平稳性的，可以直接进行回归分析；反之则要做进一步处理。为了消除异方差，先对所有变量取对数处理，再做 ADF 平稳性检验。

经 Eviews 软件检验后，发现有一部分变量是非平稳时间序列。各变量一阶差分检验结果（见表 3-6）显示，各变量都通过了在 1% 的显著性水平下 T 检验，并且 P 值显著，说明所有变量的时间序列一阶差分后都是平稳的，具有相同的单整阶数。对于同阶单整的几组序列需要做约翰森协整检验，确定其协整关系。

表 3-6　　　　　　　　ADF 平稳性检验结果

变量	1% 的显著性水平	T 统计值	P 值
DlnY	-3.626784	-8.890029	0.0000
DlnTP	-3.639407	-6.741587	0.0000
DlnRF	-3.626784	-10.77728	0.0000
DlnAC	-3.626784	-4.293116	0.0017
DlnLB	-3.626784	-4.659147	0.0006
DlnFT	-3.626784	-6.877454	0.0000
DlnAM	-3.626784	-5.130699	0.0002

约翰森协整检验。这种检验方法是基于 VAR 模型的一种检验方法，适用于对变量间的协整检验。约翰森协整检验结果如表 3-7 所示，第一

列是对原假设检验的结果，依次有 6 个检验的原假设结果，并用"＊"号表示 95％ 的显著性水平下显著。第二列是特征值，第三列为 5％ 的显著性水平下的临界值。本次协整检验结果：第一行 Trace Statistic ＝206.7833 和 150.5585，即在 95％ 的显著性水平下拒绝了原假设（拒绝了不存在协整关系的假设），说明这 7 个变量之间存在协整方程；第二行 Trace Statistic ＝119.9290 和 117.7082，即在 95％ 的显著性水平下拒绝了原假设（最多存在一个协整关系）。以上都说明了 7 个变量之间存在协整关系，且可解释为变量之间具有长期稳定的均衡关系。

表 3 – 7　　　　　　　　　Johanson 协整检验结果

原假设	特征值	迹统计量	5％ 的显著性水平	P 值＊＊
有 0＊	0.910420	206.7833	150.5585	0.0000
至少有 1 个协整向量＊	0.674669	119.9290	117.7082	0.0359
至少有 2 个协整向量	0.626693	79.50425	88.80380	0.1941
至少有 3 个协整向量	0.399329	44.03148	63.87610	0.6911
至少有 4 个协整向量	0.298808	25.68197	42.91525	0.7545
至少有 5 个协整向量	0.176781	12.90293	25.87211	0.7457
至少有 6 个协整向量	0.151158	5.899754	12.51798	0.4732

注：＊表示显著性水平为 95％，＊＊表示显著性水平为 99％。

基于 OLS 的模型估计，运用最小二乘法对变量进行回归分析，结果为：

$$\ln Y = -4.492163 - 0.310382\ln(TP) + 0.371616\ln(RF) + \\ 0.824795\ln(AC) + 0.308826\ln(LB) + 0.103559\ln(FT) + \\ 0.059567\ln(AM) \quad (3-3)$$

对应的 T 统计量为：（ －2.503678）、（ －0.655075）、（3.629023）、（4.278337）、（2.761377）、（0.934089）和（1.268345）。

$R^2 = 0.939037$，$F = 79.58408$，$DW = 1.565615$。

因为 $R^2 = 0.939037$，F 检验值 79.58408 大于临界值，说明所选取的自变量与因变量（贵州省粮食产量）的关系显著。但是，ln(TP)、ln(FT) 和 ln(AM) 没有通过 T 检验，说明变量之间可能存在多重共线性。为验证这一推测，利用 Eviews 软件对各自变量进行相关性检验，检验结果见表 3 – 8。

表 3 – 8 中显示，化肥投入量 ln(FT) 和农业机械投入量 ln(AM) 的

相关系数为 0.94，说明两者之间存在多重共线性。为了排除干扰，需要通过逐步回归法对方程进行调整。

表 3-8　　　　　　　　　　各变量相关系数

	lnTP	lnRF	lnAC	lnLB	lnFT	lnAM
lnTP	1.000000					
lnRF	-0.017759	1.000000				
lnAC	0.399696	0.019541	1.000000			
lnLB	0.297968	-0.130948	0.620698	1.000000		
lnFT	0.349619	-0.093429	0.869480	0.700990	1.000000	
lnAM	0.376634	-0.169578	0.804117	0.535181	0.946677	1.000000

当各变量与粮食产量进行一元回归时，发现年平均气温 ln(TP) 的一元方程拟合度不高。在逐步往方程里引入变量的过程中，发现农业机械投入量 ln(AM) 被引入后方程拟合度提升，但是，没有通过 T 检验。剔除年平均气温和农业机械投入量这两个变量后，得到较合理的回归模型（见表3-9）。表 3-9 显示，$R^2 = 0.935682$，拟合优度较高；各变量的 P 值也都比较显著，并且通过 T 检验。

表 3-9　　　　　　　　　逐步回归法调整后的方程

变量	变量系数	标准差	T 统计量	P 值
C	-4.198654	1.465633	-2.864737	0.0072
lnRF	0.325267	0.095030	3.422774	0.0017
lnAC	0.785581	0.186712	4.207440	0.0002
lnLB	0.217826	0.086442	2.519922	0.0168
lnFT	0.231376	0.046728	4.951535	0.0000
R^2	0.935682	DW 值		1.450296
F 统计量	120.0187			

序列相关性检验和异方差性检验。调整后的回归方程：

$$\ln Y = -4.198654 + 0.325267\ln(RF) + 0.785581\ln(AC) + 0.217826\ln(LB) + 0.231367\ln(FT) \quad (3-4)$$

第三章 气候变化下的贵州省农业可持续发展

对应的 T 统计量为：（-2.864737）、（3.422774）、（4.207440）、（2.519922）、（4.951535）。

$R^2 = 0.935682$，$F = 120.0187$，$DW = 1.450296$。经 LM 检验，方程在（$a = 0.1$）的显著性水平下，拒绝原假设，故方程不存在一阶自相关性。采取怀特检验（White test）对模型进行异方差检验，检验结果见表 3-10。

表 3-10　　　　　　　　怀特检验估计值

变量	变量系数	标准差	T 统计量	P 值
C	-0.001014	0.001252	-0.809709	0.4241
lnY	0.000155	0.000133	1.167546	0.2516
lnRF	-0.000104	8.45E-05	-1.231640	0.2271
lnAC	0.000140	0.000177	0.788881	0.4360
lnLB	1.87E-05	7.21E-05	0.259135	0.7972
lnFT	-0.000126	4.72E-05	-2.681002	0.0115
R^2	0.203098	DW 值		1.497962
F 统计量	1.631102			

由表 3-10 可知，在 0.05 的显著性水平下，$R^2 = 7.7177 < X_{0.05}^2 < 9.4900$，方程不存在异方差。因此，得到贵州省粮食产量影响因素的最终拟合回归方程：

$$\ln Y = -4.198654 + 0.325267\ln(RF) + 0.785581\ln(AC) + \\ 0.217826\ln(LB) + 0.231367(FT) \quad (3-5)$$

（四）模型结果分析

由于本节重点研究气候变化对贵州省粮食产量的影响，所以，对模型结果的分析把气象因子作为重点。通过约翰森协整检验，确定了各变量之间的协整关系，再用最小二乘法对模型进行估计；通过逐步回归法排除多重共线性对模型的干扰，剔除不显著变量和关系变量；最后经过相关性检验和异方差性检验，确定了回归模型，该模型可以充分说明各变量对粮食产量的影响关系。

1. 降水量对粮食产量的影响

从模型可以看出，贵州省年均降水量对粮食产量存在正向影响。降水量系数为 0.325267，说明当降雨量相对于年平均降水量每上升 1% 时，粮食产量增加 0.325267%，这也同贵州省的实际情况比较吻合。贵州省虽然水资源丰富，但是分布不平均，并且由于水资源多分布在省内较特殊的地域，如省内大、中河流多穿行于深山峡谷中，工农业用水都因扬程较高，饮水渠道较长，造成水资源开发困难较大，利用率较低。降水量增加会增加农田的有效灌溉面积，为粮食作物的生长补充了水分，提高了粮食作物的产量。对于贵州省来说，即便年降水量有增加的趋势，也要降低农业对天然降雨的依赖程度，这有利于减少粮食产量年份间的波动，保证粮食作物产量稳定。

2. 粮食作物播种面积对产量的影响

从模型中可以看出，粮食种植面积是影响贵州省粮食产量的一个重大因素，粮食作物种植面积系数为0.785581，说明粮食作物种植面积每增加1%，粮食产量就会增加0.785581%。贵州省是人均耕地占有量最少的省份，耕地面积少、土质差，这极大地制约了粮食产量的增加和农业的可持续发展。虽然贵州省耕地人均占有量少，但据资料显示，贵州省的耕地还有减少的趋势。耕地逐渐成为稀缺资源，因此一定要保护耕地，确保粮食作物的种植面积。

3. 劳动力投入量对粮食产量的影响

模型中劳动力的系数为正，说明贵州省农业劳动力的增加有助于提高粮食的产量。贵州省是全国经济最不发达的省份之一，农业的发展程度还处在比较低的阶段。再加上省内特殊的地质地貌条件，都限制了农业大型机械化生产，造成机械化水平不高，因此，人力资源的投入会促进粮食生产与发展。目前看来，想要提高粮食作物产量还需适当增加劳动力的投入。

4. 化肥投入量对粮食产量的影响

化肥投入对贵州粮食产量有正向影响。对原始数据和实际情况的分析，贵州省化肥施用量对贵州省粮食产量具有很大的促进作用。但受边际效益递减影响，如果化肥的施用量一直增加下去，势必会造成资源浪费、环境的污染以及土地肥力的下降等一系列阻碍农业可持续发展的障碍。所以，目前应该更加注重化肥的使用效率的提高。

因重点研究的是气候变量对贵州省粮食产量的影响情况，但在实际操作的过程中，气温因子的投入对贵州省粮食产量的影响并不显著，这可能是因为1961—2015年贵州省的年平均气温仅仅上升1.73℃，变化的幅度很小。但不得不提高警惕的是，贵州省年平均气温升高的趋势和近

55 年来气温异常次数的频率变化。即使目前气温对粮食生产的影响还没有显现出来，但气温对农业发展其他方面的影响已经越来越强，希望气温的变化能得到充分的重视。

四 气候变化对贵州省农业自然灾害的影响

农业气象灾害在造成粮食作物大幅度减产甚至绝产的同时，也影响着粮食质量的提升，从而不能满足人民日益增长的相对高层次需求，这在很大程度上阻碍农业健康长久的可持续发展。贵州省位于云贵高原的东侧，是各类气象灾害、地质灾害以及作物病虫害等自然灾害频发的省份，其农业的可持续发展也承受着各种自然灾害的侵袭。气象灾害给贵州省农业造成的损失占各类自然灾害的 80% 以上，可见其危害程度。省内最为常见、危害也最严重的农业自然灾害有两旱（春旱、夏旱）、两寒（倒春寒、秋风）、冰雹、暴雨洪涝和病虫害等。

（一）干旱

干旱是一种灾害性天气现象，对农业的影响极为严重，往往会导致农作物减产，工农业用水短缺，人畜饮水困难，经济损失严重。贵州省处于东亚季风气候区，受季风变化的影响，每年省内降水的变率也比较大，再加上贵州省独特的喀斯特地貌，降雨容易下渗、地表的蓄水能力较弱，即使每年降水量不少也极易造成了地表的干旱。干旱缺水造成农业生产的各方面都得不到应有的、持续的、有效的水源补给，是制约农业可持续发展的重要因素。

贵州省受季风气候制约，冬季降水相对较少，多晴天，日照充足，冬季如不能引水灌溉农田会影响农作物的生长。春旱是贵州省最常发生的气候灾害，春末夏初正是大多数农作物播种、栽培的时间，所以，有些年份雨季的迟到对早春作物的生长影响很大。还有些年份是春、夏连旱或夏、秋连旱，这种情况造成的损失更为惨重。除此之外，贵州省的年降雨量也分布不均，总体分布是南多北少、东多西少；多雨区和少雨区各三个，西南、东南和东北雨量较大，咸宁、赫章和毕节一带，道真、正安和桐梓一带，施秉、镇远一带，年降水量相对较少。从降水的季节分布看，一年中的大多数雨量集中在夏季，但下半年降水量的年份间变率大，常有干旱发生，黔西部、西南部、六盘水、黔西南和毕节地区是干旱多发区。

最近 60 多年，贵州省干旱的总趋势是越来越严重，对农业的持续性发展的危害也越来越大。尤其进入21世纪以后，贵州省的年均降水量大幅度减少。在2001—2015年15年中，贵州省发生了2001年的夏旱、2004年的西部春旱、2005年的夏旱、2006年的西部春旱和黔北特大夏旱、2009年7月至2010年5月的夏秋连旱叠加冬春连旱的罕见特大干旱、2011年的特大夏秋连旱和2013年的夏旱，其他年份还发生了不同程度的局部小旱。以2010年、2011年、2013年为例，农业作物受灾面积分别为12713平方千米、18225平方千米、12660平方千米，作物绝收面积占受灾面积的比例分别为42.78%、26.73%、18.47%。尤其是2013年的夏旱，贵州省有83个县都受到不同程度的灾情影响，其中43个县灾情程度为特旱，25个县为重旱，11个县为中旱，4个县为轻旱。另外，旱灾还造成1667.25万人口受灾，经济损失达90.46亿元。由此可见，气候变化引起的干旱频率增加和危害程度加深给贵州省农业的持续发展制造了极大的障碍。

值得注意的是，未来气温升高的趋势还将持续，在这样的条件下，干旱发生的频率和严重程度会更加严重。这对于贵州有些旱情多发、频发，而降水却少，同时还是省内粮食的主产区无疑是雪上加霜。因此，针对干旱对贵州省农业的影响，特别是对粮食可持续生产的影响，应更加注重对农业生态环境的保护和抗旱工程的修建，以及灾害预警系统的完善。

（二）洪涝

根据历史资料统计，在贵州省受灾面积中，洪涝灾害所造成的受灾面积占总受灾面积的23%，仅次于干旱，居第二位。贵州省属于高原山地地貌，受此影响气候变化复杂，同时降水的时空分布不均，造成了降雨集中且强度大。加之人类对环境的破坏，使洪涝灾害时有发生。这不仅会淹没农田、冲毁水利设施，消耗大量资金，同时也损毁了大量的贵州省农业可以继续发展的根本——土地，对贵州省农业的可持续发展造成严重影响。

洪涝灾害对农业发展的影响主要表现在冲毁农田和淹没农作物，致使农田毁坏、农作物减产或者绝产。由于贵州省多强暴雨，河流湍急，省内山势起伏大，洪水流速快、冲刷力强，破坏力大，洪水突发时多伴随着山洪和泥石流，大大加深了洪涝灾害对农业发展的危险程度，造成严重的农业经济损失。与此同时，暴雨过后会出现长时间的阴雨天气，农作物不能够得到所需的充足的日照，影响作物的生长发育，进而直接影响作物的产量和质量。此外，洪涝灾害也会影响畜牧业的良性生产，冲走或淹死牲畜，还会引起疾病的传播。

贵州省由于特殊的地理位置和气候，导致洪涝灾害发生频率成为全国洪涝灾害发生频率较高的省份之一。洪涝灾害以山洪为主，降雨破坏性大。据统计，2011—2014年，贵州省洪涝灾害造成的损失就占自然灾害造成的损失的70%，并且因洪涝灾害死亡的人数也是最多的。以2011年6月望谟县发生的特大暴雨洪涝灾害为例，全县受灾人数次达13.91万人次，有52人死亡，4.45万人得到了紧急转移，直接经济损失多达20.65亿元。贵州省的洪涝灾害还具有重复性，北盘江、南盘江、乌江、红水河、锦江等9条河流几乎每年都要发生洪涝灾害。这些洪涝灾害频发的地区多为贵州省粮食产区，严重阻碍了贵州省粮食持续生产和发展。洪涝灾害与人类的不正当活动也有密切的关系，人类如果不能合理地开发利用森林、土地，将会引发水土流失，助长洪水泛滥。

未来贵州省的降水量仍有减少的趋势，但贵州省降雨量空间分布的不平均状态不一定会好转，这并不意味着洪涝灾害就会减轻；相反，洪涝灾害的发生频率就会增加。在洪涝灾害增加趋势下，要想维持贵州省农业健康持续地发展下去，除了要兴建水利工程，防洪蓄水，还要开发农业节水技术和提升对洪涝灾害的预警能力。

（三）病虫害

贵州省地貌多样，高低悬殊，河流纵横，雨量充沛，立体气候明显。复杂多样的生态环境造就了丰富的生物资源，贵州省物种非常丰富，并具有明显的过渡性和复杂性，且有不少东亚特有物种、中国特有种和贵州省特有种，因而在我国具有很重要的地位。与此同时，贵州省境内的有害生物种类也比较多。据不完全统计，除局部地区的病虫害外，还有贵州省分布的病虫害120多种。影响病虫害发生的两个气候因素是气温和降水量，一般情况下，高温低湿条件有利于螟虫等病虫越冬，降水偏少不利于小麦的生长发育，致使其抵抗害虫的能力降低；而降水多又会利于水稻"两迁"、粘虫的入侵，致使病虫害流行。

在全球气候变暖的背景下，贵州省的农作物病虫害呈重发趋势，贵州省每年因病虫害致灾的农田就有13.3万公顷。1979年，黔西北、黔北等地的玉米遭受玉米黑穗病；1981—1983年，稻纵卷叶螟为害猖獗。以1995年白背飞虱大发生为例，仅黔南州受灾面就高达10.58万公顷，其中绝收的农田有0.13万公顷,粮食生产遭到很大的损失。随着近些年来气候变暖趋势明显,异常天气情况发生频繁也促使病虫害对农业造成的创伤也日趋严重。

未来贵州省气温仍会继续升高,病虫害发生的概率和范围也会有扩大趋势,受病虫害影响的农业地区和面积将继续扩大,这将对全省农业安全稳定的生产造成严重威胁。对此政府在加强抗灾新品种推广的同时也应鼓励农业保险的投保,使受害的农民能够得到及时的经济补偿,安抚农民的同时也会增加他们继续投入农业生产的信心。减少农村有效劳动力的流失,有效地保证农业劳动力供给,保障贵州省农业的可持续发展。

(四) 低温冷冻害

温度是影响农业生产的重要因素。贵州省地处云贵高原的东坡,一般气温较低的年份农业作物会减产;相反,气温高的年份作物则会增产。低温冷冻害也是造成贵州省损失严重的又一气候灾害。在贵州霜冻是灾害性天气之一,它的发生会让很多农民遭到损失。特别是一些喜热的作物对低温很敏感,一旦遇到霜冻等低温冻害会造成减产或者绝收,给农户造成严重的经济损失。位于贵州省低热谷地带的黔东南地区的农作物遭到初霜冻危害相对较大。当地盛产的辣椒、番茄等经济作物,如果在其生长的月份中出现霜冻,会对这些经济作物造成极大的损害。农作物春播、小麦拔节、油菜开花的时节会出现晚霜,晚霜不仅会影响幼苗的生长,也会给果树带来危害。2007—2009年,冬季贵州省各地都出现了不同程度的低温冷冻害。以2007年5月的西部高寒地区威宁霜冻为例,由于辐射冷却降温而导致霜冻的形成,玉米、豆类等粮食作物和部分经济作物受到了不同程度的损害。据统计,这次霜冻造成36477千公顷农作物受灾,10182千公顷农作物绝收,造成直接经济损失2266万元。

贵州省的霜冻、低温灾害,很多都是由冷空气所引起的。由于冷空气入侵的路径不同,因此,受灾地区和灾情也不尽相同。未来贵州省的霜冻和低温灾害程度会由于气温升高的趋势而有所减轻,有利于农作物的增产,但是,随之加重的病虫害给贵州省农业持续发展带来的负面影响又会使这种有利影响的不确定性增加。基于上述情况,在发展农业的道路上,除了要提高农业防灾抗灾能力,更重要的是,根据气候变化,适时调整农业结构及种植制度,充分利用气候资源,科学合理地扩大种植面积，提高农作物产量来保证贵州省农业持续发展的能力。

五 气候变化对贵州省农业系统的影响

（一）种植制度和作物布局

根据贵州省农业气象资料，贵州省大部分地区实行一年两熟的种植制度，但也有部分地区由于雨热条件较好而实行一年三熟的种植制度。气候变暖的趋势有利于贵州省积温的增加，扩大一年三熟制的种植面积，并且也可以提高复种指数。除此之外，气温的升高会为选用中晚熟的作物品种提供了可能，中晚熟的作物的品种与早熟品种相比，更能提高单位面积产量和质量。高海拔地区作物的全年生长期也会被拉长，亚热带的作物将会向北移动，在种植高度增加的同时也扩大了种植面积，有助于多熟制的推广。20世纪80年代初，贵州省进行了以麦—玉—苕为主的"旱地分带轮作多熟制"的研究与推广，使省内大多数的一熟区实现了两熟，两熟区实现了三熟或两年五熟，提高了粮食生产和农业发展水平。到了20世纪80年代中后期，又推广了以麦—稻—稻、油—稻—稻、油—瓜—稻等为主的稻田多熟制。由于贵州省农业生产水平的不断提高，农作物的单位面积产量也大幅度提高。随着近些年的气候变暖，贵州省冬季农业也逐渐开展，并推动着贵州省农业平稳发展。

近年来，贵州省为应对气候变化，努力调整农作物种植结构和作物布局方式。在城郊地区，大力发展双千田土，粮—粮型组合模式减少而粮经模式、粮菜模式、粮饲模式增加。加大了像马铃薯等高产作物的种植面积，搭配小麦和油菜，提高了作物产量，同时也提高了经济效益。因此，有一部分稻区麦—稻、油—稻逐步让位于苕—稻和菜—苕—稻模式。而在高寒贫困地区，马铃薯又是群众解决温饱的主要粮食，麦—苞面积减少而苕—苞面积增加。在旱地，粮食作物的种植面积逐步减少，增加了豆类的种植面积，同样也使农民得到了实惠。

但是，由于未来气候的冷暖，干湿变率可能会增大，特别是降雨量变化呈下降趋势，会制约部分地区的作物种植制度的调整和发展。只有在各方面条件都良好的情况下，种植制度的调整才能达到应有的目的，提高农作物产量，增加农民收入，促进农业可持续发展。

（二）农业自然资源永续利用

农业自然资源是指自然界可被利用于农业生产的物质和能量来源，包括各种气象要素和水、土地等自然物。自然界的水很大一部分是来自大气降水，如果一个地区长期少雨，会直接影响该地农业生产发展，因此也谈不上农业可持续发展。气候的变化不应该单单认为是某一种气候要素的改变，因为它不仅改变了区域的降雨量、蒸发格局，也对水循环系统造成了一定的影响。这种改变也是不均衡的，有些地区的雨量可能加大，而有的地区则可能会减少，但是，即使降雨量的增加也不能保证该地区一定不会出现干旱，因为蒸发量也可能改变。自20世纪80年代以来，贵州省的气温逐渐升高而降水则逐渐减少，使可利用的水资源逐渐减少。尤其是贵州省的碳酸盐岩出露面积占土地总面积的73%，地表蓄水能不弱，雨水很快下渗，干旱发生后又会过度开发水资源，使土地盐碱化。

虽然贵州省降水量充足，但是，降水时空分布不平衡。在少雨的季节里，农田主要依靠灌溉的地区蒸发量大，由于生长期的农作物需水量多，会导致水资源不足。农业、工业、居民生活的用水量也会因气温升高而增加。有资料表明，气温每升高1℃，人均日生活用水就会增加2.48升。未来贵州省气温升高，水资源也会变得紧缺。

土地是不可再生资源，农用土地更是珍贵。土地资源不是取之不尽、用之不竭的，在利用土地资源的同时更要注重保护，如果一味地向土地索取，就会使大量的土地退化。气候变化可能会使贵州省农业土地资源利用的局势更为紧张。尤其是最近十年，贵州干旱频发，农业损失惨重。随着气候变暖，有些地区高温少雨，蒸发量增大，地表干燥，加速土地风蚀沙化和荒漠化的速度。除此之外，降水的变化则可能加快土地侵蚀速度，水土流失，肥力下降。2010年，贵州省水土流失面积55269.4公顷，占土地总面积的1/3。仅治理水土流失这一项，就需要投入巨大的人力、物力、财力，减缓了农业可持续发展的速度。未来贵州省气温升高的趋势会加快土壤板结，这就需要投入更多的化肥才能保证作物产量的稳定；冬季气温的升高还会帮助病虫过冬，农药用量加大，这反而加速了土地的板结，形成了一个恶性循环，阻碍了土地的永续利用。另外，干旱的加剧需要更多的水利设施来保证农业用水安全，应鼓励改良灌溉方式，并提高水的利用率。

（三）农业生产费用

在气候变化的前提下，不管贵州省气温、降雨量、日照等气象因素如何改变，农业系统的生产环境都会变化。为了克服这种变化对贵州省农业的不利影响，必定需要投入更多的人力、物力等来帮助农业保持持久稳定的发展，如灌溉农田、改良土壤、保持水土、防御治理病虫害以及兴修农用水利工程等都要更多的投入。事实上，贵州省水土流失重点防治区面积就有132485.1公顷，占贵州省总面积的75%。其中，包括其中水土流失重点预防区面积37718.9公顷，占贵州省总面积的20%；水土流失重点治理区面积94766公顷，占贵州省总面积的50%，仅治理水土流失这一项工程就要投入一大笔资金。再加上整治改良土壤、病虫害防治和杂草控制等各方面费用的增加，都会相应地提高农业生产的费用。

与此同时，人类的生存与发展离不开气候，并且人类已经适应了当前的气候状态，如果气候状态发生显著的变化，人类现在的生活、工作、学习以及社会经济的运作都会受到不同程度的影响。为了适应新的气候环境，人本的生活成本必定增加。当前气候呈变暖趋势，贵州省出现一系列农业自然灾害的频率会增多，这些都会导致农业费用的增加。

气候变化的影响不是局限于一个地区或几种农作物上，它的影响具有广泛性和系统性。因此，考虑其影响的利弊也要从整体出发，不能只看到某种作物的产量提高，就确定气候变化是有利的结论。农业同样是一个复杂的系统，农业的发展要求各方面都均衡发展，在保证产量的基础上还要看到质量，在保证质量的同时还要保证效率。从长期稳定和永续利用的角度来看，气候变化在长期稳定和永续利用资源的方面是不利于农业发展的。贵州省处在季风区，气候的特点就是变率大，这会使粮食产量有很大的波动，从而增加农业的不稳定性，打破农产品供应原本稳定的状态。这种不确定性长期阻碍着贵州省农业可持续发展进程。此外，这种不确定性还会引起局部地区水资源、土地资源的永续利用难以保证。农业生产费用也会随之提高。可以说，气候变化对贵州省农业可持续发展还是有一定的不利影响。为此，各方面都要加大对农业的各项投入，减轻不利因素的制约，使农业达到永续发展。

第二节　气候变化影响下贵州省农业可持续发展对策建议

气候变化对贵州省农业可持续发展的影响是两面的，既有利又有弊。今后相当长时间内，全球气候变化可能引起干旱和石漠化的范围及程度进一步加深，各种农业自然灾害发生的频率加快，相对脆弱的农业部门首当其冲。面对气候变化，只有应尽早采取措施，增强农业适应气候变化的能力，预防可能出现的问题，才能减轻不利影响，确保贵州省农业的可持续健康发展。下面从预防性和适应性两方面进行对策分析。

一 预防性对策

（一）保护农业生态环境

气候变化是自然发展和人类活动共同作用的结果。过去的几十年，人类不合理地利用自然资源加快了气候变化的步伐。为了确保农业的可持续发展，乃至整个人类社会的可持续发展，必须注重保护土地资源，并对其进行合理的开发利用，保护农业的生态环境。完善各项利用自然资源的法律，坚决打击过度开垦和乱砍滥伐现象，保护森林草原，提高绿化面积，逐渐改善目前的生态环境，提高对气候异常的适应能力。

植树造林，加强农业区的生态建设。实验证明，在中国，干旱区的防护林体系削减50%的风速，有助于土地涵养水源的能力提高一倍，地表相对湿度增加4%—10%。一方面，草甸具有良好保持水土的能力，减少干旱、洪涝的自然灾害发生的频率，降低农业生产费用的支出，提高农业的生产效益；另一方面，还可以利用草甸发展畜牧业，促进农林牧协调发展，增加农民的经济收入，提高农民对农业生产的积极性，减少农村劳动力的流失，保证农业可持续发展。

在气候变化的大前提下，面对当前贵州省耕地减少、土壤肥力下降、水土流失严重、环境污染严重、植被破坏严重等对发展农业很不利的局面，要全面加快综合治理水土流失的步伐，植树造林，增强保持水土的能力，搞好小流域治理，制定预防农业自然灾害的有效措施，建设是农业生态区试点。政府还要大力向居民宣传保护环境的危害性和具体做法，提高人们保护环境的意识，以发展生态农业为重点，推进农业的可持续发展。

（二）提高农业灾害预警能力

由于气候变化的复杂性和不稳定性，其发生规律也存在诸多不确定性，这不仅影响到农业相关政策的制定，也影响了农业生产和整个国民经济的可持续发展。为了更为深入地研究气候变化的成因以减少其不确定性，必须提高气候变化的预测和对气候变化影响的评估以提高农业灾害的预警、预报能力，为农业部门制订计划和决策提供科学依据。

在全球气候变化的影响下，气象突发极端事件发生频率增多，人类在面对类似突发事件时总是显得很脆弱。农业气象灾害造成的农业损失是众多不利影响所造成损失中最主要的、最大的一部分。它不仅打断了农业周期性、季节性的生产节奏，还会对下一个或者几个周期农业的继续生产造成阻碍，有时甚至导致永久生产能力的丧失。这对农业的持续发展的影响是显而易见的。减轻农业气象灾害的重要手段就是根据准确的气象预警情报信息，提前做好防御准备。由于农业的特殊性，灾害来临时必定会影响农业的持续发展，并且人类或多或少都会付出一定的代价。但是，对于这种不可抗力的破坏，可以通过提前预测、做好必要的防护准备等方法来减少或避免农业受到的伤害。因此，要进一步完善农业气象综合监测体系，发展应用卫星、雷达等先进科技的综合探测网络，获得更为精确的气象信息，提高农业自身对气象灾害的长期预报、预警能力。根据贵州省特殊的地理环境，针对不同地区、不同县市自然环境和农业灾害发生的各自规律，制订有针对性的防灾减灾预案，有效地防洪抗旱、抵御寒潮等灾害，最大限度地减少由于气候变化引起的极端天气事件或其他灾害的发生给农业系统带来的损失。

此外，针对贵州省近些年来农业自然资源的变化情况，加强对气候变化后土壤肥力、农作物抗灾能力、粮食产量等指标进行影响评估分析，提高贵州省农业对气候变化的适应能力，保持农业可持续发展。

(三) 选育农作物抗灾品种

全球气候变化的主要特点是气温升高、大气中二氧化碳比例增加、紫外线辐射加强，其后果会给农业生产和发展带来很多的不利因素，如农业病虫草害的发生规律变化和危害强度的增强。更重要的是，一些病原体、杂草、害虫以及其天敌种群等也会受到相应的影响，甚至破坏其食物链的稳定。此外，畜牧业的流行性疾病也将进一步升级。因此，在建立长期检测网络，确保分析病、虫、草害发生规律的正确性，采取相应措施的同时，还要把选育抗灾性强的新品种作为重点。

贵州省农业灾害的发生频率高、灾害种类多，最常见的气象灾害有干旱、洪涝、低温霜冻等，同时全国最常见的病虫草害贵州省几乎都有。因此，在选育作物新品种的时候，要考虑到贵州省灾害的实际情况，选育那些耐低温、耐干旱、抗虫草害的品种，增强贵州省农业应对气候变化引起的灾害的能力。另外，针对气候变暖后种植界线向北移的情况，可以选育那些光合作用能力较强和呼吸消耗较低的品种，既高产优质又能减短生育期，这样，就不会因为日照时数不足而导致农作物减产。配合相应的病虫害、杂草等防治技术，逐步加强作物的抗灾能力，保证贵州省农业的可持续发展。

（四）完善防洪抗旱工程

研究表明，气候变化会使干旱和洪涝灾害的震荡越来越激烈，平均气温每升高 1.5℃，我国境内干旱区或半干旱区的干旱面积就会相应地扩大 18.8%。贵州属于季风气候，有明显的干、湿季，干旱和洪涝灾害的发生根本上都是受季风气候的影响。全球气候的变化也会改变季风气候的发生规律，气温升高会使某些季风变得特别活跃，从而扰乱原季风区的气候常态。可以说，贵州省未来气温的升高也会给当地的气候带来更多的不确定性和复杂性。因此，要高度地重视防洪抗旱工程和农田水利设施的建设，提高各地区抗旱、排洪的能力，保证农业得以持续稳定的发展。

贵州省水利设施工程相对少，有效灌溉面积小，目前还有一部分人畜的饮水问题没有解决。夏季降水量大而集中，很容易造成水土流失。应当在山区修建小型的水库用来储存降雨，供旱季灌溉农田。在兴修水利的同时，也要发展农业节水技术，改进农业灌溉技术，提高抗旱效率。淤积的河道是洪灾频发的地段，再加上堤岸年久失修，灾害的危害就会成倍增加，要想从根本上防御洪灾，最重要的就是治理河流。贵州省大小河流成千上万条，兴修水利既可防洪，又可抗旱，一举两得。此外，从长远来看，也是节约农业生产费用的一个有效途径。所以，贵州省要重点修建水利工程，减少旱涝给农业带来的损失。

二 适应性对策

（一）调整农业结构及种植制度

根据贵州省发生旱灾的规律，合理地调整农业结构及种植制度。未来贵州省气温有升高的趋势，降雨有减少的趋势，水热资源配置的矛盾将进一步突出。根据多年抗旱经验，贵州省干旱发生的地理区域和时间分布都具有一定的规律可循。降水时空分布不均是贵州省降雨的基本特征，夏秋季节出现旱灾的情况比较普遍。但从全省范围来看，贵州省每个季节都可能出现旱情。因此，要根据各个地区旱灾发生的时间以及危害程度等规律，选择适合该地区的种植结构和品种，并且要鼓励支持节水型农业的发展。

降雨量较少的地区尽量避免种植水稻等耗水量多的作物，应多种植旱作粮食作物和经济作物。干旱的山区要尽量避免种植作物，可以尝试发展林业和牧业，也可以两者兼顾。在灌溉条件较差的地区，推广种植粮食作物或经济作物，避免种植大面积的稻类作物。夏旱高发区域也要少种植稻类等耗水量多的作物，可以适当推广抗旱能力强的作物。春天可适当调整播种日期，帮助作物躲过旱期。这些都是实用性强、节省成本、效果好的躲避灾情的方法。

此外，还可以通过掌握气温高低规律，科学安排生产时间，充分利用气候等自然资源，达到稳定增产的效果。根据土地状况、气温状况，合理配置不同熟制的品种，科学高效地安排种植制度和作物布局，发展高效农业。

(二) 保护耕地生产力

随着贵州省社会经济的发展、城市建设用地逐年增加和生态环境的破坏，贵州省耕地面积也逐渐减少。在耕地日趋减少和气候变化的背景下，要保持贵州省农业平稳、健康、可持续发展，必须要加大力度保护，提升耕地的生产力。这不仅要求保证耕地面积，而且要求保护好耕地土壤成分不被破坏和污染。水稻是贵州省重要的粮食作物，保护水稻播种面积不减少对粮食增产有至关重要的作用。但是，近年来，水稻的种植面积逐渐减少，长此以往，后果不堪设想。贵州省耕地少，却有很多荒山尚未被开发和利用。在保护现有耕地的同时，也可以逐渐开发荒山荒地，增加农用耕地面积，提高耕地供应量。

此外，由于农业科技落后以及农户文化水平较低，不懂得保护耕地地力，不能科学合理地使用化肥，无视土地的承载能力，使有些地方的耕地地力已经下降。为了贵州省农业的持续健康发展，急需采取相应的措施来恢复耕地的生产能力。改传统浅耕方法为深耕，有利于疏松土壤，增加有机肥，提高雨水渗透性，提高耕地质量。通过平整土地来控制水土流失、减小径流，有助于保护水土，提高土壤蓄水能力。在气候变化的情况下，这些措施将在耕地、涵养水源等方面发挥更为突出的作用，确保粮食产量的平稳增长。

(三) 合理利用气候资源

贵州省多山地、丘陵，特殊的地貌特征造就了贵州省独特的气候。

贵州省气候多样，且气候变率大。不同的地区都会有属于本地的小气候，气候的多样性为当地的农林牧渔业的发展提供便宜的条件。但如此丰富的气候却远没被很好很充分地利用。包括光、热、水、气在内的气候资源是农业生产不可缺少的基础和保障。气候资源的缺少会直接导致农业产品质量和产量的下降，影响整个农业生产的发展。因此，贵州省农业生产一定要适应气候的变化，因地制宜，趋利避害，农业才能获得更好的效果。

任何事物都可以一分为二地看，二氧化碳虽然会引起气候变化，但其低浓度的增加也是有利的新型气候资源，它可以提高农作物的光合效率，配合种植生育期较长的作物品种，是产量和质量的双重保证。另外，还可以培育或引进一些以前种植不了、温度要求高但经济效益也较高的经济作物，逐渐适应气候变化，获得经济效益。在农业结构调整方面，可以利用贵州省气候多样性的优势，发展药材、茶树、水果和反季节蔬菜等特色农业。贵州省耕地多斜坡，海拔高，可以利用坡度、坡向等优势，开发农业立体气候资源，发展多层次的立体农业；在某些温度较低的山区，发展林业和畜牧业；在一些缓坡地段，种植药材、果树等经济作物。在利用气候资源前，一定要充分认识和了解气候资源的发生规律，不能盲目地利用，否则不仅不能为我所用，反而会造成更严重的后果。

（四）开发农业节水技术

贵州省熔岩地貌突出，地理环境独特以及气候因素多变，致使季节性干旱和工程性缺水相当严重，干旱时有发生。2010年和2011年连续发生特大旱情，给贵州造成严重的经济损失。农业水资源的供给已经成为制约贵州省农业可持续发展的"瓶颈"。贵州省水资源的总量很充足，但是分布不平均，一年四季都有可能发生干旱。未来贵州省气温升高，降水量减少，蒸发量大大增加，干旱发生的频率和危害程度也会随之加重。

由于水资源开发难度大，致使贵州省现在水资源开发的总量仅为全省年均径流量的9%左右，而这9%的水资源中能用于支持农业生产发展的只有极小部分，导致耕地灌溉率低，抗旱能力差。贵州省没有专门用于灌溉的大型水库，中型的数量也很少，农田水利发展缓慢，水利工程设施不足，工程性缺水问题自然很突出。农业是用水大户，如果不能保证农业的用水，势必会对农业造成损失，这对于一个以农业为主的省份来说是非常危险的。

贵州省降水主要集中在每年的6—8月，提高降水的利用率，可以增强土壤的抗旱力。开发集雨节水技术，建设以池塘、山塘等小蓄水池为主的集雨工程设施。在适当的季节，截流蓄水、提高雨水的利用率，发展农业。针对不同地区、不同农田的需要，采取渠道防渗、低压管道输水灌溉、喷灌、滴灌等节水技术以满足农业用水需要，提高农业生产力。应用新的农业节水技术，如旱作物节水灌溉技术、管理节水技术等，推动灌溉区管理信息化进程，提高节水的科学性，有利于突破水资源对贵州省农业持续发展的制约，打破农业用水短缺的现状，为贵州省农业的可持续发展提供基础保障与支持。

（五）发展农业保险事业

贵州省农业气象灾种类多，发生频率高，且后果也比较严重。每年干旱、洪涝、低温、病虫害等灾害对贵州省农业的可持续发展造成重大的经济损失。2008年年初的特大冻灾中，贵州省就有138万公顷农作物受灾，另外还有228.94万头牲畜和禽类被冻死，经济损失达60亿元人民币。未来贵州省温度有继续升高趋势，降水也会继续减少，干旱、病虫害等农业自然灾害会加剧，给农民和国家带来的损失会更大。贵州省是一个欠发达的省份，农民的生活水平还很低，有些农民由于承担不起自然灾害带来的严重损失而不愿投入更多的精力和资金进行农业生产。较低的农业生产效益降低了农民生产的积极性，农村有效劳动力外出打工是农业持续发展不可忽视的问题。但投入决定产出，较低的投入必定换不回来高产出，这不利于当地农业稳定与发展。国家和地方对自然灾害的损失者也会有相应的补偿，但补偿的数额与损失相比甚微，因此，要把商业保险引入农业领域，在有效地分散农民由于自然灾害而造成的损失的同时，增加农民适应气候变化的影响的能力，确保有足够的劳动力从事农业生产来保证农业持续的发展生产。

当前，贵州省的农业保险事业发展还不够稳定和完善，还有一些制约农民保险发展的因素有待克服，如农民的收入较低，不愿意增加保险投入；农民对保险不了解，保险意识淡薄；农业保险的风险高，保险公司不愿进行承保等问题。在未来气候变化的影响下，这些矛盾可能会更加尖锐。对此，有关部门应当加大财政政策的支持，替农户分担部分保费；加强保险的宣传活动，增强农民的保险意识；同时还要加快建立以政府为主导的农业保险制度，制定相应的保险协议，满足双方要求，共同促进农业经济稳定发展。总之，积极做好应对气候变化的农业保险方案也更有利于贵州省可持续农业的发展。

第四章 贵州省农业与旅游业融合发展

第一节 贵州省农业与旅游业融合发展资源、现状及机制

一 农业与旅游业资源概述

（一）区位资源

在地理上，贵州省与重庆、湖南、四川、广西四省份相接，贵阳市为中国西南地区铁路枢纽，地域优势明显。以前贵州省给外界的第一印象是"天无三日晴，地无三里平"，交通的闭塞成为贵州省经济发展的阻碍因素，如今贵州省的经济飞速发展完全离不开贵州省全域化交通体系的构建完成。

在高铁方面，2014年年底，贵广高铁的开通标志着贵州省加入中国"四横四纵"的高铁网格格局，随着贵广高铁、沪昆高铁、渝黔高铁的建成，成贵铁路也即将完工，贵州省已成功地融入全国2—7小时主要经济圈。

在航空方面，贵州省已形成"一枢十三支"的机场布局，全省9个市（州）均实现支线机场通航，2017年旅客年吞吐量达到1874万人次。贵州省素有"八山一水一分田"之说，贵州省高原山地居多，修建更多的支线机场是既便捷又经济的选择，可以将高铁输入的旅客利用民航优势运输到贵州省各旅游地区。

在公路方面，贵州省成为全国西部地区第一个县县通高速的山地省，截至2017年年底，贵州省高速公路通车总里程达5833千米，是2012年的2.22倍，实现了省会贵阳市到其他8个市（州）双通道连接，通车总里程数在全国排名第九位，综合密度全国排名第三位。伴随着高铁时代

的来临与航空运输体系的完善，再加上县县通高速的便捷，立体化的交通优势为贵州省的农业旅游市场发展开拓局面，增加核心竞争力，让贵州省原生态、无添加的美惊艳于世人。

(二) 农业资源

贵州省特有的喀斯特地貌分布广泛，生态环境脆弱、人地矛盾尖锐、中低产田比重大等问题制约着贵州省农业的发展，然而，独特的地形地貌也孕育着丰富资源，四季温和、灌溉水质好、农田生态系统丰富等有利条件适宜动植物生长，为贵州省提供了繁荣多样的农业资源，不仅成为贵州省发展特色农业的先决条件，也为贵州省农业与旅游业融合发展奠定了优越的资源基础。以下将分别从林业、种植业和牧业三个方面简要介绍贵州省的农业资源。

1. 林业资源

贵州省作为我国南部集体林区的重要组成部分，林业资源十分丰富，且得益于贵州省大规模、高质量的"绿色贵州建设三年行动计划"的完成。2017年年底，贵州省森林面积达1.37亿亩，森林蓄积量超4.25亿立方米，贵州省森林覆盖率约为55%，全国排名上升至第八位，共拥有25个国家级森林公园、44个省级森林公园。良好的生态环境为林业与旅游业、康养业的融合发展提供了保障。同时，贵州省林业资源在2017年完成招商引资额达733亿元，也为贵州省林业的发展奠定了资金基础。

2. 种植业资源丰富

贵州省作为全国重要的动植物种源地，农作物与植物种类丰富。首先，贵州省栽培的粮食、油料、经济作物达30余种，其中，茶园、辣椒面积全国第一，马铃薯种植面积居全国第二位，薏仁米产量占全国总产量的80%以上。其次，全省培育水果品种400余种，其中火龙果与刺梨的生产规模并列全国第一，打造出了修文猕猴桃、阿栗杨梅、夜郎金刺梨等一系列具有地域特色的知名农产品。再次，贵州省也是中国四大中药材主产区之一，全省共拥有已知中药材品种4802种，居全国第二位，素有"天然药物宝库"之称，贵州省的石斛、珠子参、天麻、三颗针、黄连等28种药用植物属于国家重点保护对象，占全国重点保护药用植物总数的48.3%，药用动物有麝、穿山甲、灵猫等10种，占全国总数的58.8%。目前，贵州省的蔬菜、中药材和食用菌3个种植产业优势明显，产值产量明显提升，扶贫带动性强，已成为贵州省产业扶贫的优选产业。

3. 畜牧业资源

生态承载能力及耕地面积等因素制约着农业的持续发展，而贵州省饲草资源充沛，山地资源宽阔，实践证明，适度发展山地畜牧业是贵州省脱贫致富的有效手段。截至 2016 年年底，贵州省有各类草地 9674 万亩，天然草地可供饲用植物种类 1000 多种，足量的青草与饲料可以满足每年家畜的需要，是畜禽乐居之地。同时贵州地方畜禽品种资源丰富，根据不同的地理条件与生态环境培育出不同的畜禽优良品种，如贵州省跑山牛、从江香猪、黔北麻羊、松桃苗王湖野鸭蛋、赤水乌骨鸡等，这些优质特色畜禽产品均极具地方特色，通过开发可以培养成为蕴含旅游价值的农业产品，提高产品附加值。

（三）旅游业资源

1. 自然资源

高原山地是贵州省地貌的主要类型，占总面积的 92.5%，因此，贵州省的地貌景观旅游资源形态众多，类型多样，品位观赏性俱佳，形成了极具地域特色的自然资源，兴义万峰林、马岭河峡谷、黄果树瀑布等著名风景区均为喀斯特地貌的典型代表。同时，贵州省赤水拥有全国面积最大、发育最壮丽的丹霞地貌，其中峡谷、岩廊、瀑布、森林等相映成趣，也是具有极高的旅游价值。贵州省境内山脉众多，山峦连绵，磅礴壮美，王阳明先生曾赞言道："天下之上，萃于云贵；连亘万里，际天无极。"其中北部有大娄山，其主峰娄山关海拔 1444 米，是往来于四川省的重要关口，也是贵州省红色旅游的标志景区；位于中南部的苗岭山脉是长江水系与珠江水系的分水岭，其主峰雷公山是世界级森林旅游胜地，拥有众多原始珍稀的动植物资源；东北方向的武陵山脉主峰梵净山为我国十大避暑名山之一；贵州省西部主要山脉为乌蒙山，其主峰赫章县韭菜坪为省内最高峰，海拔 2900.6 米，也是世界最大的连片喀斯特地区。这些山脉使贵州省的旅游资源更具有美学欣赏价值。此外，贵州省凭借着凉爽的气候、宜人的湿度及近乎零污染的环境成为夏季热门旅游城市。全省大部分地区，7 月平均气温为 22—25℃，1 月平均气温为 4—6℃，2017 年第三届中国避暑旅游产业峰会上颁授的 5 个"最佳避暑旅游城市"中，贵州省贵阳、安顺两个城市榜上有名，其中，贵阳市连续三年摘得该称号。

2. 人文资源

贵州省是具有移民代表性的省份。2000年前，贵州省所在领域，成为百越、苗瑶和氐羌五大族系的集聚之地，他们在此定居与融合，悠久的历史积淀使贵州省聚集了各民族风格迥异的民俗风情，体现着贵州省对各民族文化的包容性。贵州省拥有许多少数民族原生态村寨，如岜沙苗寨、肇兴侗寨、丹寨卡拉苗寨等，这些村寨的居民在长期生产、生活中仍保留着原生态的民族文化及生活习俗，极具地方特色的建筑、服饰及艺术形式，很多都被列入贵州省85个国家非物质文化遗产之中，例如，反排木鼓舞、侗族大歌、苗族蜡染、水族马尾绣等都具有极强的民族区域特征，是历史文明在现代社会最直接的延伸表现。除了拥有丰富的民族特色与悠久的历史遗迹，贵州省近现代的革命文化历史也是贵州省人文旅游资源的特色之一。截至2017年，贵州省共拥有71处国家级文物保护单位与77处省级文物保护单位，四渡赤水战役遗迹遗址、桐梓县娄山关景区、遵义会议纪念馆等红色历史遗存与革命故事遍布全省各地。红色文化资源与旅游业的结合，有助于提升旅游产品层次，同时在修缮、保护"红色资源"遗址时，注重充分挖掘其特有的价值功能，促进该地区农业与红色旅游业的深度融合。

二 农业与旅游业产业融合现状

（一）农业发展现状

第一，贵州省第一产业占地区生产总值比重呈现出持续下降的趋势，近几年才略有回升，如图4-1所示。第一产业占地区生产总值比重从2000年的26.3%降至2016年的15.7%；第三产业增加值从2006年起超过第二产业增加值，成为贵州省产业结构中占比最高的产业，2011年达到48.7%的历史占比最高值，发展趋势良好。但是，产业结构比重的下降并不代表农业地位的下降，相反贵州省第一产业增加值保持较快增长的步伐，增速排名全国第一位。2017年，贵州省第一产业增加值达到2020.78亿元，同比增长6.7%。因此，应当转变发展观念，打破产业界限，延长农业产业链，加速第一产业与第三产业的互动融合，寻求新的发展方向，以推动农业的改革发展。

第二，贵州省农林牧渔业总产值保持着良好的增长态势。总产值由2007年的697.01亿元增长到2016年的3097.19亿元，年均增长率为18.02%。其中，种植业产值作为总产值中比重最大的行业，由2007年的

392.2亿元增长到2016年的1888.64亿元,年均增长率为19.08%;其次牧业产值由2007年的231.60亿元增长到2016年的797.21亿元,年均增长率为14.72%;林业与渔业的年均增长率分别为24.18%及25.28%,增长速度排名靠前。农林牧渔业总产值的稳定提高从一个侧面反映了贵州省农业的良性发展,为贵州省农业与旅游业融合发展奠定基础。

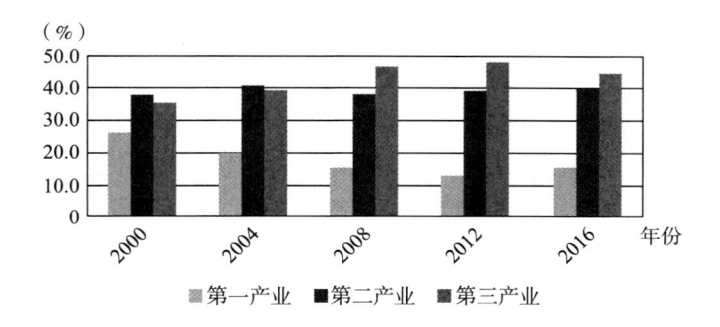

图4-1 贵州省2000—2017年产业结构比重变化

资料来源:贵州省统计局:《贵州统计年鉴(2017)》。

第三,农业产业结构不断优化。贵州省仅有7.5%的占地面积属于平坝地区,体现出了贵州省土地资源匮乏的现状,因此,对农业产业结构进行合理调节是贵州省农业发展的现实需求,有利于农业经济的可持续发展。基于实际情况与研究,可以对贵州省农业产业结构进行以下调整和规划:15℃以下的耕地用于种植蔬菜、食用菌、中草药等高效种植物;15℃—25℃的耕地主要用于茶叶与精品水果的种植;25℃以上的坡耕旱地要求退耕还林还草,主要发展林下经济。

根据图4-2可知,贵州省种植业在农业产业结构中处于首要地位,其产值比重总体呈现下降趋势,由1978年的79.1%下降至2016年的60.98%,表明贵州省已初步扭转了过分偏重种植业,尤其是以粮食生产为主的单一传统格局,开始向经济收益高的特色农业发展;其次畜牧业产值比重在整体农业产业结构中排第二名,产业比重总体呈现小幅波动上升趋势,整体比重变化趋势与种植业相反,反映了随着人均可支配收入的提高,消费者的健康饮食的观念不断加强,对优质畜牧产品的需求也在不断上升;在林业方面,产值比重从1978年的3.90%增长至1985年的7.65%后,呈现下降趋势,2012年降至3.77%,通过《贵州省林业产业三年倍增计划》的实施，2016 年产业比重回升至 6.30%，为贵州省林业发展奠定了良好的生态基础；同时，农林牧渔服务业与渔业产值比重也在稳步发展，均呈现上升趋势。

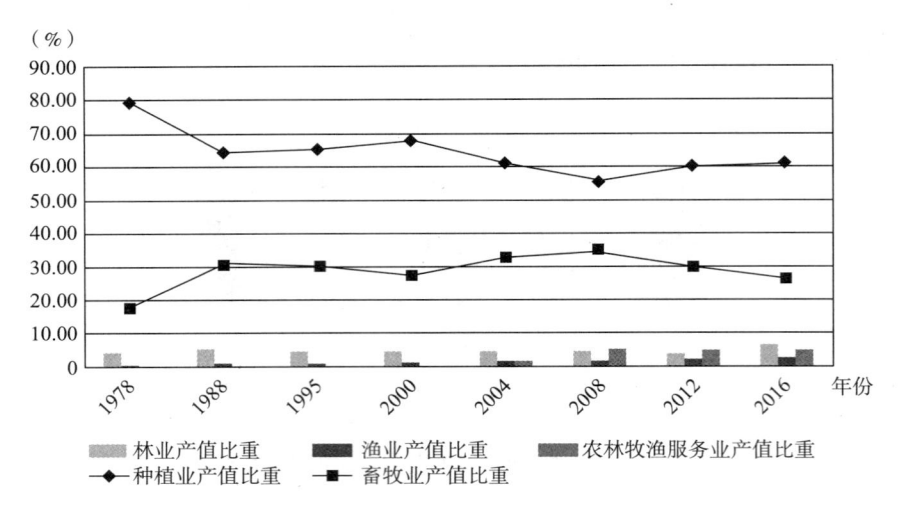

图 4-2　贵州省 1978—2016 年农业产业结构比重变化

资料来源：贵州省统计局：《贵州统计年鉴（2017）》。

第四，现代农业园区发展良好，产业带动能力加强。贵州省农业园区的转型升级速度不断提升，6 个国家现代农业示范园区，431 个省级农业园区成为农业发展重要突破口，全省以农业园区为载体，培育新型经营主体，带动农户增产增收。贵州省农业园区建设以精品蔬果、生态畜牧业、茶叶、中草药、食用菌等贵州优势特色产业为主，2017 年完成招商引资 1564 亿元，综合产值达 2298 亿元，实现销售收入 2030 亿元。截至 2017 年年底，贵州省省级龙头企业数量达 711 家，同比增长 22%；农户合作社达 5.7 万家，同比增长 21%。结合地区特色产业发展，扶持带动 83.5 万贫困人口成功脱贫，占全省脱贫人口 120 万人的 69.2%，脱贫效果明显，产业扶贫已成为贵州省脱贫攻坚的主导力量。

（二）旅游业发展现状

2014 年，习近平总书记在十二届全国人大二次会议贵州代表团审议时，基于贵州"好山、好水、好生态"的旅游资源，他说："要充分发挥贵州优势，把旅游业做大做强，使旅游业成为贵州省的重要支柱产业。"随后贵州省省委、省政府定下了发展目标，秉持"绿水青山就是金山银山"的理念,以生态与发展作为旅游业推进的最后底线,不盲目跟风,探索出符合贵州省实际资源情况的发展模式。2016 年,"山地公园省·多彩贵州风"的全球推广活动在韩国首尔启动,同时在其他地区同步开启了贵州旅游品牌宣传工作,形成了宣传推广叠加效应。同年,《纽约时报》评选出的世界上 52 个必去的旅游景点中,贵州省成功入选,更加引起了境外媒体的关注。截至 2017 年年底,贵州省"100 个旅游景区建设工程"累计建设项目 4140 个,实施的五年中不断完善旅游基础设施,提高服务水平,提升景区品质,推动了旅游业与农业、工业、文化等产业的深度融合。

同时,贵州省旅游业总收入不断突破新高,经济效益作用越发凸显。表4-1 显示,2016 年,贵州省入境游客首次突破百万人次,达到 110.19 万人次,同比增长 17.1%;2017 年,贵州省旅游接待总人次 7.44 亿,增长率为 40%;外省游客数量达 3.27 亿人次,增长 31.17%;旅游总收入达 7116.81 亿元,较 2016 年的 5027.54 亿元增长 41.6%。截至 2017 年,贵州省拥有景点中包括 5 个国家 5A 级旅游景区、95 个国家 4A 级旅游景区、18 个国家级风景名胜区。同时,贵州省累计新建或扩建旅游厕所 3345 座,近 600 座旅游厕所达到国家 A 级标准,实现了贵州 5A 级旅游景区的全面覆盖。从小处着眼,在提高消费者体验满意度的同时也提升了整体贵州旅游业的品质。

表4-1　贵州省 2008—2016 年旅游发展主要指标统计

年份	国内游客 (万人次)	入境游客 (万人次)	总游客 (万人次)	增长率 (%)	旅游总收入 (亿元)	增长率 (%)
2008	8150.69	39.54	8190.23	—	653.13	—
2009	10400.00	39.95	10439.95	27.47	805.23	23.29
2010	12863.01	50.01	12913.02	23.69	1061.23	31.79
2011	16960.85	58.51	17019.36	31.80	1429.48	34.70
2012	21330.68	70.50	21401.18	25.75	1860.16	30.13
2013	26683.58	77.70	26761.28	25.05	2370.65	27.44
2014	32049.44	85.50	32134.94	20.08	2895.98	22.16
2015	37535.92	94.09	37630.01	17.10	3512.82	21.30
2016	53038.23	110.19	53148.42	41.24	5027.54	43.12

资料来源:贵州省统计局:《贵州统计年鉴(2017)》。

在《贵州省发展旅游业助推脱贫攻坚三年行动方案》中，要求政府及相关部门在进行旅游资源开发时，优先考虑贵州省的贫困地区，将景区建设、旅游纪念品、农业观光游等工程作为产业扶贫的重要手段，充分发挥旅游业的带动作用。同时，借助旅游业的平台基础，通过农业与旅游业的融合发展，提高贫困地区生活水平，增加就业机会，带动贫困人口成功脱贫致富。

（三）"农旅"融合发展现状

关于贵州省的农业与旅游业的融合发展。早在 2002 年，贵州省委、省政府就将旅游发展作为推动扶贫和促进生态环境保护的重要措施，调节农村经济结构的重要途径。2007 年，贵州省委、省政府将乡村旅游作为统筹城乡发展与新农村建设的重要途径。贵州省农业与旅游业在两个产业发展过程中开始相互融合、渗透，出现了新的业态或发展方向，主要体现在以下三个方面。

第一，农业与旅游业融合离不开政府主导、组织以及扶持。为推进农旅融合的进一步发展，贵州省旅游局于 2007 年编制《2006—2020 年贵州省乡村旅游规划》，体现了贵州省对乡村旅游的高度重视；2014 年贵州省的《乡村旅游转型升级建设行动计划》提出，"十二五"期间，贵州省通过乡村旅游实现了 42 万贫困人口脱贫或致富。2017 年，贵州省积极推进农村第一、第二、第三产业融合发展，在思南、湄潭等地开展了 30 余个第一、第二、第三产业融合项目，累计投入资金约 25 亿元。2018 年 1 月就推进《贵州省农村第一、第二、第三产业融合发展制定实施意见》，该意见提出，要积极挖掘农业多种功能，基于贵州省山地特色，探索农业在休闲观光、体验、康养、创意等功能的融合模式，创建一批极具贵州省山地特色的休闲农业与乡村旅游示范点。

第二，贵州省农业资源各异，农业与旅游业融合后发展出了不同的农业旅游类型，主要包括农业观光型、休闲度假型、特色民俗型等。农业观光型是依托都市近郊的田园风光或民风民俗为旅游资源，通过充分发挥地区种、养殖特色，合理规划设计，提供观赏、采摘、购买等服务功能，实现了都市农业的产业升级和功能延伸，如凯里市云谷田园生态农业观光公园、锦屏县龙池多彩田园、盘县哒啦仙谷农旅融合休闲观光园等。休闲度假型是将农林牧渔生产与传统农家文化和生活综合于一体，提供休闲养生、体验农活的农业经营性场所，如开阳十里画廊、湄潭县生态茶园、兴义万峰林等。特色民俗型主要依托村域的原生态风光、历史遗迹、民俗活动、非物质文化遗产等资源，通过发展民俗旅游和农业旅游，使山区内的产业得到长足发展（董君等，2011），如播州区花茂村、惠水县好花红村、平塘县京舟村等特色民俗村。而农家乐型主要是依托景区的品牌效应优势，借助旅游业庞大的消费市场，建设富有地方特色的农家乐或客栈，为游客提供食宿等服务，让消费者更加直观地体验感受农家生活，如梵净山景区、镇远古镇周边的农家乐。

第三，贵州省针对农业与旅游业融合后开发了一系列节庆活动，均较好地结合农业与旅游业的优势，极具地方民俗特色。例如，冬季有黔东南州苗族人民最盛大最传统的"芦笙节"和黔南州的"荔波梅花节等"；春季有黔南州贵定县的"金海雪山"旅游文化节、福泉市的"金谷春雪"梨花节、镇宁县的"樱桃采摘旅游节"、兴义县的"万峰林油菜花节"等；夏季有都匀市的"都匀毛尖茶文化节"、安龙县的"荷花节"、龙里的"十里刺梨沟赏花节"等；秋季有贵州省农业嘉年华、赤水的"国际山地音乐节"等。这些节庆活动既有以休闲观光型为主的，在也有以品鉴体验型为主的，以自然美景和特色体验吸引游客来贵州省的同时，为宣传贵州省多彩的农业旅游资源做出了贡献。

三　农业与旅游业融合发展机制

下面遵循"起因—发展—结果"的思路逻辑，分析农业与旅游业融合发展过程中的动因、互动、过程及实现，并基于上述对贵州省资源及产业的分析内容及实际情况，构建贵州省农业与旅游业相互作用的机制框架，以期为贵州省农业与旅游业融合提供参考。

（一）农业与旅游业融合动力机制

产业融合理论认为，产业间相互协调发展是产业内部结构高度一致化后的必然趋势，也就是说，农业与旅游业融合现象的产生有其必然性，是两个产业内在动因和外在动因共同作用的结果。笔者在前人研究的基础上，试图从内在动力与外在动力两个方面来分析农业与旅游业的融合发展。

1. 内在动力

第一，产业自身发展需要。产业经济增长的实质是产业的发展，只有产业自身经过分工、分化、融合等一系列自然规律发展后，才能推动产业结构的优化升级，实现产业自身向更高级别的产业形态转变。推进农业现代化，转变农业自身的发展方式，是我国农业"十三五"期间的发展重心，无论是从纵向发展，延伸农业产业的整个产业链，还是横向发展，将农业的单一生产性功能向其他功能扩展，都需要农业与第二、第三产业融合发展。贵州省农业及农村经济一直呈现稳定上升的趋势，但农业成本增加、种植业结构不平衡、耕地面积减少等问题也不可忽视，迫切需要农业突破自身产业发展格局，优化产业结构，向其他第二、第三产业进行延伸互动，实现第一、第二、第三产业互动融合的局面。贵州省旅游业凭借着原生态的旅游风光，丰富的旅游资源种类，良好的生态环境，已逐步发展成为贵州省的支柱型产业，但也同样面临着配套设施、同质化、片面开发等问题，需调整自身产业结构，与其他优势产业融合，如农业、文化、运动等产业实现整合互补，最终达到产业转型升级的目的。因此，贵州省农业与旅游业的融合发展，一方面是通过资源整合，将农业资源赋予旅游功能，解决农民收入问题，带动贫困地区农业经济发展；另一方面以美丽乡村、特色农业为契机，提高农业资源的产品附加值，将景区建设与农村风貌、农业园区等相结合，形成互联互通的新格局。

第二，产业间的关联性。产业关联性是产业融合的基础，只有具备一定程度的关联性，产业之间才有产生融合现象的可能。根据生命周期理论可知，任何产业都会经历初期、成长、成熟、衰退的发展阶段，在产业进入衰退阶段后，需要重新定位开发或提出创新性元素，使产业进入复苏或全新的生命周期，但无论是发展初期还是成熟期，都要求产业具备一定的关联性与开放性，与其他产业的优质资源相结合，整合出符合市场需求的综合型产业。农业与旅游业都是国民经济发展中的重要支柱产业，具备高度产业关联性，对其他产业起到极强的带动作用。其关联性主要体现在：最初，农业主要是通过农副食品的供应与旅游业进行产品贸易，旅游业则通过旅游经济的增长拉动旅游地的餐饮经济，加大对农副产品的需求，间接拉动农业发展。之后，随着农业产业经济的转型升级与人类对生活品质要求的转变，传统的观光旅游已不能满足消费者需求，无雕琢的田园风光、淳朴的民风民俗与农活体验等农业资源逐步成为新的旅游吸引点，农业与旅游业的关联方向不再局限于传统农业的基础供给，扩大为空间、住宿、娱乐等更多物质基础提供及产业支撑，旅游业为农业提供市场平台，引导农业功能逐步向"观光、度假、体验、养生、科普"等方向多元化发展。农业与旅游业的关联从单一资源供给变为多渠道合作,产业关联的深度与广度不断加深,为产业融合发展提供了内部动力,推动了农业与旅游业的融合。

第三,追求经济效益最大化。市场竞争不断促进着产业自身进行改革,通过转变模式或科技创新等手段,满足消费者的需求,从而获取更多的经济效益。因此,农业与旅游业的融合发展,都是在市场竞争中,通过两者的优势互补,突破自身产业屏障,实现产业从交叉到渗透再到融合的过程,这是市场竞争与合作的推动结果,也是产业追求经济效益的手段。交易成本理论提出,寻求外来优质资源发展自身产业,从而实现减少交易成本的目的是一种促进自身发展的方式。农业与旅游业融合突破了产业屏障,使原本不属于农业产业范畴内的发展模式引入农业产业内,将产业与产业的交易转换为产业自身内部的交易,在尽可能地降低企业交易成本,获得更多优势资源的同时,也有利于实现经济效应的最大化。例如,贵州省开阳县三合村原本是一个依靠纯农业的村寨,人均耕地仅1.11亩,土地面积的85%属于喀斯特地貌,自然条件及地形的限制使整个村仅依靠核桃种植业与肉牛养殖等农业产业发展当地经济。为了提高地区经济效益,在县政府组织招商引资下,打造了白果塘生态农业园区,整个园区以农业为主,辅以旅游业,将旅游要素的"吃、住、行、游、购、娱"与农业资源结合起来,农副产品通过多重消费提升其附加值,同时带动了周边农家的收益,实现地区经济的持续发展,全村人均年收入从2001年的687元增长到2016年的21842元,远高于贵州省农村居民平均收入。三合村在政府的大力支持下,依托农业与旅游业的关联性,突破农业产业自身发展屏障,实现了农业与旅游业的融合互动,有效地优化农业资源配置,同时,提高地区经济效益,带动农户增收脱贫。

2. 外在动力

笔者采用PEST分析法分析农业与旅游融合的外在动力。PEST分析法是由英国学者杰里·约翰逊和凯文·肖尔斯(Jerry Johnson and Kevan Scholes)于1998年在《公司战略教程》中提出的,PEST分析法旨在通过对政治、经济、社会和技术四个宏观背景下的主要因素进行分析,实现对行业或企业发展的指导作用。

第一,政治动因。农业产业融合发展既需要产业自身的发展,也需要外部宏观环境的支撑。经济学理论认为，政府在经济发展过程中扮演着"看不见的手"的角色，其所掌握的资源远远高于社会中的其他组织力量，其能力对于一个产业的发展有巨大的影响效果。2008年"中央一号文件"明确指出，农业应不止具备食品保障的单一功能，而是应向原料供应、就业增收、生态保护、观光休闲、文化传承等多功能转变；2001年，推进农业旅游发展被国家旅游局列入全年工作重点；自2013年起，贵州省启动了《"美丽乡村"基础设施建设行动计划》，在全省重点旅游景区建设中，积极推进景区与农业示范园的融合互通发展；之后出台了《贵州省休闲农业与乡村旅游示范点管理办法（试行）》《贵州省人民政府办公厅关于推进农村一二三产业融合发展的实施意见》等一系列政策文件，越来越多的政策文件为贵州省农业与旅游融合发展提供了支持与引导。

第二，经济动因。马斯洛需求层次理论认为，人类的需求像阶梯一样是呈现由低向高的方向发展的，当社会经济发展水平到达一定高度，低层次的需要相对满足后，就会向高层次发展，最终达到自我实现的需求。农业主要是满足人类的生理需求，旅游业则是满足人类的心理需求，两者的融合发展是对产业经济效益和更高需求体验追求的结果，农业与旅游业融合发展必然需要经济基础作为强有力的支撑。贵州省生产总值保持稳定上升的状态，2014年突破了9000亿元，提前一年完成"十二五"规划的目标（8400亿元）；2015年，贵州省地区生产总值突破万亿元，经济增速位居全国前列；2017年，贵州省地区生产总值以10.2%的增速列全国第一位，总量达到1.35万亿元，人均3.8万元，为贵州省农业与旅游业的融合发展提供了经济支撑。2017年，贵州省全体居民人均可支配收入达16704元，比2016年增长10.5%，增速全国排名第二位。其中，城镇常住居民人均可支配收入为29080元，同比增长8.7%；农村常住居民人均可支配收入8869元，同比增长9.6%。稳步增长城乡居民收入水平使消费者完成生理基本需求，开始追求心理层次上的自我认同与体验，而农业与旅游业融合发展正迎合消费者从基本生活需求向品质追求的转变，居民收入及消费能力的提升，促使消费者对高质量、无添加的农副产品及多样化的旅游体验提出了更高需求，因此，经济水平提高对农业与旅游业融合发展起到推进作用。

第三，社会动因。主要源于市场需求和社会观念导向两方面。在市场方面，产业自身做出变革的根本原因源于市场需求的改变及如何在市场竞争中脱颖而出。传统的观光型旅游无法满足消费者的感知体验，与实际市场需求存在差距，而农业地区以其特有的田园风光及舒缓的生活节奏成为消费者强调体验性能的新选择，因此，农业与旅游业的融合发展是产业自身根据市场需求做出的改变。例如，被称为"水果皇后"的蓝莓盛产于贵州省麻江县，全县根据市场需求的转变，结合当地少数民族风情，建设蓝莓科普馆、蓝莓研究院和蓝莓酒庄城等设施，提供观光、科研、科普、销售等一系列服务，促进蓝莓种植业与观光旅游业互动融合，在满足了消费者基于农业资源活动体验的同时，为地方经济起到积极拉动作用。在社会观念导向方面，资源浪费、环境破坏等社会问题都在表明粗放型经济发展道路已不符合当前的社会发展，因此，近年来，我国提出的"两型社会"概念，旨在推进"资源节约型，环境友好型"社会的建立，在减少资源消耗和环境代价的条件下，满足人民日益增长的物质文化需求，寻求人类生产、消费与生态环境的平衡发展。2016年，贵州省立足于资源禀赋和良好的生态环境，入选首批国家生态文明试验区。同时贵州省着重培育特色优势农业产业，依靠农业示范园区为平台，大力发展现代山地高效农业，实现贵州省农业农村经济加速发展的目标。贵州省农业与旅游业融合发展，符合贵州省发展规划，是贵州省经济与生态和谐统一的必然趋势。

第四，科学动因。技术的不断升级与创新，以及技术应用范围的不断扩大都有利于加速产业之间壁垒的消失，促进产业间优质资源的融合发展。不同于通信产业或高新技术产业，技术创新因素在农业与旅游业融合过程中并非起决定性作用，而是起推动作用，新兴技术有助于推动农业与旅游业融合，提供技术指导。科技是第一生产力，因此，对于农业与旅游业融合后形成的新型业态、科学有效的管理机制及产业相关技术能力的提升都具备重要的推动作用。就贵州省而言，可以充分发挥贵州特色农业和大数据产业优势，积极探索"农业＋大数据＋旅游"的发展模式，延伸农业产业链，为农业在产业格局、资源配置、经营模式等方面带来创新和改变。例如，利用大数据记录分析消费者需求，根据需求及时提供相应服务；或者加强与各大电子商务平台的合作，共享农副产品的质量追溯数据，提高农特旅产品在线销售量；或者创建高科技农业生态园，在消费者提供观赏采摘的同时，还能起到农业科技示范作用。

此外，交通技术的成熟与突破，也使消费者出行更加快捷便利，提高了出行的满意度，加强了周末出行的动机；媒体技术的发展扩宽了消费者关于农旅融合信息的认知渠道，使消费者更为便捷地获取景区信息，提高目的地的知名度。

(二) 农业与旅游业融合互动机制

农业与旅游业均具备高度的关联性及与生俱来的耦合性，在实际发展进程中，农业与旅游业是相互依存、互融共生、互动促进的（见图4-3）。本书在构建贵州省农业与旅游业的互动机制过程中，认为农业对旅游业具有提升作用，且通过渗透效应丰富旅游产品内涵；而旅游业对农业主要具有引导作用，且通过扩散效应为农业提供更广阔的市场空间。

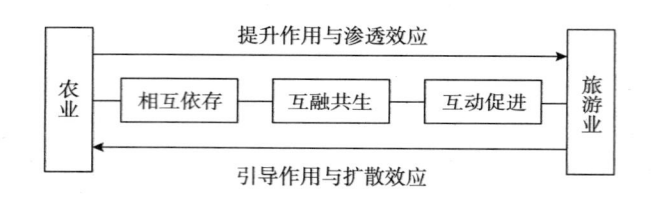

图4-3 农业与旅游业的互动机制

1. 旅游业对农业具有引导作用与扩散效应

旅游业对农业的引导作用体现在对农业的资源开发、利用与农业地区的环境建设、保护。随着城市化进程及旅游业发展的加速，旅游业出现了过度开发资源、产品同质化现象严重等问题，而农业资源富集且可塑性强，在一定程度上经过培育可以发展成为多元化的潜在旅游资源。在农业发展过程中，旅游业的介入，首先，有利于农业资源的充分利用，不仅针对单一的农副产品，也包括农业地区的景色、习俗、农耕工具等相关农业资源，提高农业资源的附加值；其次，塑造良好的乡村风貌，推动当地基础设施建设，促进各关联产业的发展，直接或间接地带动贵州省农业地区经济的发展；最后，对贵州省原有荒芜的山地、丘陵进行改造利用，改善区域整体生存环境，减轻了旅游开发对生态环境造成的伤害。因此，旅游业对农业资源的开发具有引导作用，通过与旅游业的结合，可以提高传统农业资源附加值，延长农业产业链，为农业环境的开发与保护提供经济支持。

旅游业对农业的扩散效应使农业的市场空间得到扩展。物质生活的丰富及支配收入的提高，带动了旅游次数及消费金额的持续增长，2017年，我国旅游总人数超50亿人次，全国旅游业对国内生产总值的综合贡献额度为9.13万亿元。且作为具备高度产业关联性的旅游业，众多文献资料及实践表明，旅游业对其相关产业的带动作用均大于相关产业对旅游业的贡献度。因此，当农业与旅游业出现产业融合现象时，农林牧渔等各产业均能借助旅游产业庞大的市场背景，扩展自身的市场空间，实现产业的跨越发展。

例如，位于贵阳市新堡乡的香纸沟水上乐园，因季节的局限及市场需求的转变，开始尝试将旅游业与农业进行融合。首先，在园中种植培育大量红枫树，使农业集中种植景区在非夏季游乐时间仍能为消费者提供观光娱乐；其次，在园中依托树林搭建吊桥、栈道、千秋等各种运动娱乐设施，供消费者探险挑战；同时开发的滑草项目，不仅使山地条件得以充分利用，还增加了园区的趣味性与参与性；利用种植技术精心布局打造的丛林迷宫，也成为园区的亮点，增强园区竞争力。旅游业通过引导作用，挖掘传统农业的观光、娱乐、探险等多种功能；同时通过扩散效应拓展农业发展空间，提供消费平台，实现农业的市场化与规模化，既满足消费者基于农业资源活动体验的心理需求，也唤起消费者对其他农业及其衍生产品的兴趣，从而促进农业的良性发展。

2. 农业对旅游业具有提升作用与渗透效应

农业对旅游业的提升作用体现在丰富了旅游产品的内涵与内容上。依托传统名胜古迹、山川等自然资源进行观光式旅游，是过去主要的旅游模式，该模式以直观感受或导游解说等方式进行游览，缺乏内涵底蕴或互动体验类项目，且不可再生，难以创新。依托贵州省农业地区历史积淀下的农耕文化、民俗文化及山地特色等资源优势，能有效地改变传统旅游模式静态呈现的状态，在提升文化内涵的同时丰富旅游产品内容，从而满足了消费者回归自然和精神层面的需求。因此，农业对旅游业起到提升作用，不仅延长了旅游产业链，充实了旅游产品种类，也为旅游产品赋予更深层次的农业内涵，推动旅游业优化升级，提升旅游业的核心竞争力。

农业对旅游业的渗透效应使旅游产品生态、社会效益得到提升。农业的产业优势是对生态环境破坏小，对自然资源利用率高，贵州省农业地区多样的生物、独特的地理地貌与优良的生态环境和以地区特有的田园风光、农耕文化及民族风俗，形成了最为吸引消费者的旅游资源。农业与旅游业融合避免了传统旅游业过度开发所造成的环境破坏，提高旅游业对生态环境的保护和重视，根据贵州省实际情况建立的立体、高效、生态的农业发展模式，能有效地维护生态区域系统平衡，提供更多的农业元素，丰盈旅游产品内涵。

同时，农业的介入不仅完善了贵州省传统旅游业"食、住、行、娱、购"等基本要素，还创新出"养、学、闲、情"等新兴农业旅游要素，给予消费者更丰富的农业旅游体验，促进产业的跨越发展。此外，农业与旅游业融合提供了创造就业平台，不仅解决了当地贫困人口的就业问题，还吸引了外出务工人员回乡创业，间接地起到维护农业地区社会、经济、文化等一系列社会问题平衡的作用。从农业角度来看，将农业资源与旅游业有效结合能够带动产业经济效益；从旅游业角度来看，在旅游产品中融合农业元素等于产业拥有一个新的发展空间。因此，贵州省农业与旅游业的融合是相互依存、相互促进的，两者通过越来越深入的互动融合，以期实现共同繁荣。

（三）农业与旅游业融合实现机制

在产业融合初期，农业与旅游业作为独立的个体，不同的特征、技术、产品等元素使产业拥有各自的边界，两者在各自的范围内满足消费者的不同需求，几乎不存在替代型的可能；然而，随着信息科技的发展与体验经济的兴起，在市场需求发生变化、国家经济政策管制放松等因素推动下，产业之间的边界开始出现渗透、延伸的趋势，通过技术、产品、市场等元素等不断融合，农业与旅游业之间的边界逐渐模糊，甚至消失，最终将实现两个产业由独立走向融合的整个过程。

基于产业价值链的角度，产业融合就是对原有产业链条进行分析、甄别并解构，进而整合、互补重组，最终实现新产业价值链的过程。在农业与旅游业融合过程中，前期是少数有意识超前的企业通过对产业自身链条结构的解析，辨明产业链中的主要价值活动及其优点与缺点；在中期，在经过前期的条件积累及内外因的共同作用下，农业与旅游业的产业边缘开始模糊，通过技术、产品、企业等元素的逐步融合，将产业链中的优势价值活动渗透或延伸至对方的产业领域进行互动融合；在后期，农业与旅游业的主要价值活动通过整合与重组，产业边界屏障不断被突破直至消失,最终形成新的产业价值链,实现了农业与旅游业的融合发展(见图4-4)。新的产业价值链不仅优化整合了农业与旅游业原有的价值链核心价值活动,还以消费者或潜在市场的需求为导向,通过优劣势互补形成了新的价值活动,提升融合产业链的核心竞争力,实现贵州省农业与旅游业融合发展。

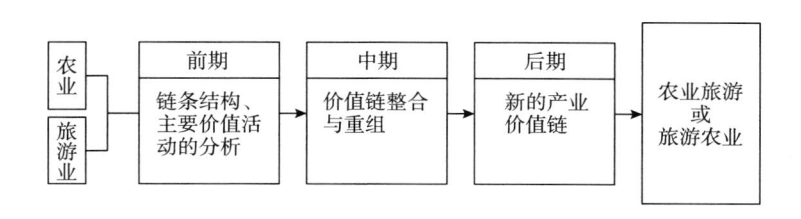

图4-4 农业与旅游业融合实现机制

(四)农业与旅游业融合的过程

根据上一节分析可知,农业与旅游业融合的实现机制主要分为前期、中期与后期三个阶段(见图4-5),本节主要侧重于阐明产业融合过程中的中期阶段。

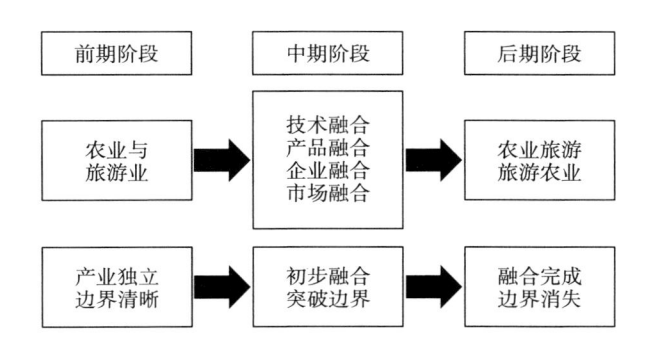

图4-5 农业与旅游业融合过程

根据前文分析可知,贵州省农业与旅游业拥有优先的资源基础,通过产业的不断发展,两者的产业边界开始模糊,具备了产业融合的动机,融合程度开始不断加深,以期通过在技术、产品、企业、市场等层面的逐步融合,最终实现贵州省农业与旅游业融合发展。

1. 技术融合是农业与旅游业融合的基础

产业融合是由技术变革引起的产业边界模糊和壁垒消除，技术融合为产业融合提供了最基础的条件。在产业初期阶段，作为独立产业意味着产业技术具有不可替代性，几乎不存在通用的技术基础，如旅游资源开发技术、旅游产品推广技术与农产品种植技术、畜牧业养殖技术等专业技术分别构成了旅游业与农业的技术边界。然而，随着技术手段不断创新与发展，新的技术在产业之间开始传播与扩散，使同一产业的不同行业或不同产业间的技术逐渐出现了交叉和重叠的部分，产业边界开始模糊甚至消失，最终形成了产业间技术融合。因此，技术融合促使农业与旅游业的技术壁垒得以消除，奠定了农业与旅游业的技术基础，有利于两者的深度融合发展。

2. 产品融合是农业与旅游业融合的标志

技术融合的实现，为进一步的产品融合提供了更多的可能，消费者需求的转变，是促使农业与旅游业相关产品融合的根本原因。消费者的旅游需求变化推动着旅游产品的多样化发展，当消费者对原野美景、农耕生活提出需求时，无论是蕴含浓郁农业元素的传统作物，还是积淀着质朴农耕文化的农业工具，均有潜质成为优质的旅游资源，是农业与旅游业融合发展的基础。因此，技术融合的基础通过对农业资源与旅游业资源的充分整合重组，从而形成了极具农业内涵与特色的农旅融合型产品，是农业与旅游业融合发展的标志。例如，贵州盛产的辣椒、茶叶等农产品，经过加工包装后成为辣椒酱、茶叶礼盒等旅游纪念品，不仅使农业资源得到高效利用，提高了其附加值，拓展了农业发展空间，还能使特产地成为新的旅游景点，扩展了旅游经营范围，迎合了消费者的需求，从而实现产业经济效益的增长。

3. 企业融合是农业与旅游业融合的载体

企业作为微观经济活动的主体，负责所有产业经济活动的执行与实施，包括技术融合与产品融合，因此，企业层面的融合是产业融合产生和发展的载体。在技术融合与产品融合情况下，企业之间的业务融合呈现多元化的表现。在产业融合之前，农业的相关企业及机构与旅游业的相关企业及机构分立在各自产业范围内，边界清晰，不存在业务上的重合；然而，随着市场需求的改变，农业企业与旅游企业在部分活动领域开始出现融合现象，逐步突破了原有的业务边界，如旅游纪念品、婚纱摄影、园林设计等蕴含农业与旅游业元素的企业；之后经过技术与产品融合，产业内部越来越多的企业突破双方的业务边界，为追求企业的经济效益，积极参与对方的活动领域，也促进了农业与旅游业企业间的融合发展。

4. 市场融合是农业与旅游业融合的动力

根据市场需求原理，产业自身做出变革的根本原因源于市场需求的改变及如何在市场竞争中脱颖而出，市场的融合是产业融合的根本动力及最终目的。贵州省农业与旅游业在市场层面的融合主要表现为：一是消费市场的交叉与渗透，农业资源不再局限于旅游活动中的餐饮供给，而是融合成为农业旅游产品进入旅游市场，不仅拓宽了农业发展领域，也丰富了旅游产品内涵，迎合了体验经济时代的消费新需求，使旅游业的市场规模不断扩大。二是营销方式的整合与创新。传统农业的营销手段主要是自产自销或以农贸市场、生鲜超市等为主要销售点，而旅游业则是以互联网媒体和线下旅行社为主要营销渠道，将农业与旅游业营销方式的整合，能有效地改变传统农业的营销模式，如通过贵州电子商务云平台，能够有效地汇总农业资源，助力黔货出山。三是市场运作的整合与统一。产业融合最终是为了满足市场需求，获得市场效益，通过对各自产业的优势资源、知名品牌进行有效整合，将两者进行统一运营管理，如"凯里酸汤""湄潭翠芽"这样的"知名旅游地 + 知名农产品"的组合模式，能够有效地提高市场占有率，形成品牌连锁经济效应，提升市场竞争力。

第二节　贵州省农业与旅游业融合发展实证分析

一　数据说明及处理

根据相关文献参考发现，一般情况以第一产业增加值或农林牧渔业总产值等作为衡量农业发展水平的主要指标，以旅游总收入或旅游人次等作为衡量旅游业发展水平的主要指标。考虑到数据的实际可获得性，本书选取2001—2016年贵州省统计局官方网站上公布的贵州省农林牧渔业总产值作为衡量农业发展水平的指标，采用贵州省旅游总收入作为衡量旅游业发展水平的指标，运用 Eviews 9.0 统计分析软件，进行单位根检验、协整分析、VAR 模型构建、格兰杰因果检验、脉冲响应函数分析、方差分解等分析，探究贵州省农业发展与旅游业的关联关系。由于两个变量的单位不同，且变量值较大，故对两个变量进行自然对数处理后进行分析，不仅不会改变变量之间的动态关系，也可以消除数据的异方差等负面影响。农林牧渔业总产值记为 lnY，旅游业总收入记为 lnX。

由表 4-2 变量描述统计结果可知，农林牧渔业总产值的标准差小于 1，表明贵州省历年农林牧渔业总产值变化差异较小；而旅游总收入的标准差大于 1，表明历年贵州省旅游总收入变化差异较大。同时，通过观察发现，贵州省农林牧渔业总产值及贵州省旅游总收入的 JB 统计量显著性概率均大于 0.05，接受服从正态分布的假设，表明农林牧渔业总产值与旅游总收入均服从正态分布。

表 4-2　　　　贵州省农业与旅游业融合关系变量描述统计

变量	lnY	lnX
均值	6.849045	6.502237
中间值	6.756184	6.586452
最大值	8.038251	8.522686
最小值	6.036940	4.400480
标准偏差	0.654439	1.330175
偏斜度	0.462368	-0.140588
峰度	1.993487	1.765352
JB 统计量	1.245469	1.068945
概率	0.536475	0.585978
总和	109.5847	104.0358
和的标准差	6.424353	26.54048
观察值	16	16

二　协整检验

（一）单位根检验

对于时间序列数据而言，数据的平稳性对于模型的构建十分重要，非平稳的时间序列数据可能会使自回归系数的参数估计向左偏向于 0，以至于传统 T 检验失效，还有可能会造成两个独立变量出现假的相关关系或回归关系，导致模型结果失真。因此，在进行协整分析之前，需要考虑其平稳性，首先对旅游总收入和农林牧渔业总产值进行平稳性检验，采用的是较为常见的 ADF 检验法对两个变量进行检验。

表 4-3　　贵州省农业与旅游业融合关系变量单位根检验结果

变量	ADF 统计量	临界值 1%	临界值 5%	临界值 10%	P 值	平稳性
lnY	3.522405	-4.057910	-3.119910	-2.701103	1.0000	非平稳
DlnY	-4.578027	-4.886426	-3.828975	-3.362984	0.0160	平稳
lnX	-1.628423	-4.121990	-3.144920	-2.713751	0.4391	非平稳
DlnX	-3.505855	-4.121990	-3.144920	-2.713751	0.0277	平稳

注：序列 DlnY 和 DlnX 分别表示序列 lnY 和 lnX 的一阶差分。

由表 4-3 变量单位根检验结果可知，农林牧渔业总产值的原始序列 ADF 统计量为 3.522405，对应的显著性概率 P 值为 1.0000，大于 0.1，表明农林牧渔业总产值原始序列没有通过单位根检验，即农林牧渔业总产值原始序列是非平稳的；而农林牧渔业总产值的一阶差分序列 ADF 统计量为 -4.578027，对应的显著性概率 P 值为 0.0160，在 5% 的显著性水平下通过单位根检验，表明农林牧渔业总产值一阶差分序列是平稳的。

旅游总收入的原始序列 ADF 统计量为 -1.628423，对应的显著性概率 P 值为 0.4391，大于 0.1，表明旅游总收入原始序列没有通过单位根检验，即旅游总收入原始序列是非平稳的；而旅游总收入的一阶差分序列 ADF 统计量为 -3.505855，对应的显著性概率 P 值为 0.0277，在 5% 的显著性水平下通过单位根检验，表明旅游总收入一阶差分序列是平稳的。综上所述，贵州省农林牧渔业总产值和旅游总收入均为一阶差分平稳序列，属于同阶单整，可以进一步进行协整检验。

贵州省农业与旅游业融合关系的回归结果如表 4-4 所示。

（二）协整分析

非平稳序列之间极有可能产生的伪回归情况，而进行协整检验，意义在于检验回归方程所描述的因果关系是否为伪回归及变量之间是否存在特定的均衡关系。通过单位根检验结果，得出贵州省旅游总收入和农林牧渔业总产值均为一阶差分平稳序列，可进行协整检验。目前，对于协整检验有基于回归残差和基于回归系数两种较为常用的方法，前者较为常用的是恩格尔—格兰杰（Engel - Granger）检验法即 E—G 两步检验法，而后者通常是采用约翰森检验法。由于本书研究的是单变量协整关系，因此，将采用 E—G 两步检验法，首先进行 OLS 回归分析，回归结果如表 4 – 5 所示。

表 4 – 4　　　　贵州省农业与旅游业融合关系的回归结果

变量	系数	标准误	t 统计量	概率
lnX	0.477760	0.031400	15.21522	0.0000
C	3.742533	0.208138	17.98101	0.0000
调整后的 R^2	0.942974	F 统计量		231.5029
R^2	0.938901	概率（F 统计量）		0.000000

表 4 – 5　　　贵州省农业与旅游业融合关系模型残差 ADF 平稳性检验

t 统计量	概率	1% 临界值	5% 临界值	10% 临界值
- 4.101477	0.0398	- 5.124875	- 3.933364	- 3.420030

由表 4 – 5 贵州省农业与旅游业融合关系模型残差 ADF 平稳性检验结果可知，残差 ADF 统计量为 - 4.101477，显著性概率为 0.0398，在 5% 的显著性水平下通过了单位根检验，表明残差序列拒绝原假设，是平稳序列，即农林牧渔业总产值与旅游总收入的协整关系成立。

由回归结果可知，模型调整后的拟合度为 0.938901，表明旅游总收入对农林牧渔业总产值具有 93.8901% 的解释度。F 检验统计量为 231.5029，显著性概率为 0.0000，在 1% 的显著性水平下通过了 F 检验，说明模型整体回归效果较好。

由此可得回归方程：lnY = 3.742533 + 0.477760lnX

贵州省农林牧渔业总产值与贵州省旅游总收入的回归系数为 1.973738，T 检验统计量为 15.21522，显著性概率为 0.0000，在 1% 显著性水平下通过了 T 检验，说明农林牧渔业总产值与旅游总收入为显著正相关关系。由此可知，贵州省农业与旅游业之间存在长期均衡且稳定的关系，即旅游总收入每正向变动1%，农林牧渔业总产值就正向变动0.47776%，应是源于贵州省旅游业井喷式的发展。根据消费者需求的转变，提供极具农业内涵的旅游产品，刺激游客在农业地区进行消费，因此，贵州省旅游业发展对农业发展具有显著的正向影响作用。

三 格兰杰因果分析

格兰杰因果检验常被用于探析变量之间的因果关系，因此，为进一步分析贵州省农业与旅游业之间的因果关系，以下对农林牧渔业总产值与旅游总收入进行格兰杰因果检验。

由格兰杰因果检验结果表4-6可知，旅游总收入不是农林牧渔业总产值的格兰杰原因，且农林牧渔业总产值也不是旅游总收入的格兰杰原因。表明贵州省旅游业发展不是农林牧渔业总产值变动的直接影响因素，而是通过间接作用对农林牧渔业总产值产生影响的，也说明贵州省农业与旅游业的融合发展仍处于较低水平的产业融合中期阶段，仍待通过各途径促进农业与旅游业的深度融合。

表4-6 贵州省农业与旅游业融合变量的格兰杰因果关系检验结果

虚假设	观察值	F统计量	概率	结论
lnX 不是 lnY 的格兰杰原因	15	2.37035	0.1496	接受
lnY 不是 lnX 的格兰杰原因	15	0.14533	0.7097	接受

四 向量自回归分析

向量自回归模型简称VAR模型，是基于数学统计性质建立的计量模型，由西姆斯于1980年提出，广泛运用于经济类别的动态性分析中。VAR模型通常用于预测相互联系的时间序列系统及进一步解释随机扰动与变量系统的动态关系，使用过程中不需要事先设定任何约束条件。

（一）确定最优滞后阶数

建立向量自回归模型前，首先需要确定最优滞后阶数，一般会通过阶数相对应的LR统计量、FPE预测误差、AIC、SC、HQ信息准则值进行比较分析。笔者选择采用AIC和SC最优准则进行判断，根据滞后阶数的结果，在滞后1期时，AIC和SC准则同时达到最优，因此，VAR模型的滞后阶数为1阶，VAR模型应该建立为VAR（1）模型。

150 | 贵州经济、产业及城乡发展态势

表4-7 贵州省农业与旅游业融合关系 VAR 模型最优滞后阶数的确定

滞后期	logL	LR	FPE	AIC	SC	HQ
0	-16.49125	NA	0.040362	2.465499	2.559906	2.464494
1	40.55992	91.28186*	3.46e-05*	-4.607989*	-4.324769*	-4.611006*

注：*号代表各评价标准下滞后阶数的选择。

（二）VAR 模型的滞后结构检验

通过对 VAR 模型所有根模倒数的确定，可以判断 VAR 模型是否稳定。若所有根模的倒数均小于 1，即都在单位圆内，则说明该模型稳定；反之则不稳定。如果被估计的模型是不稳定的，那么最终结果被认定为无效的。因此，首先对该模型进行滞后结构进行检验，如图 4-6 所示，内生变量有 2，滞后阶数为 1，故有两个特征根，而两个特征根均位于单位圆内，表明 VAR 模型是稳定的。

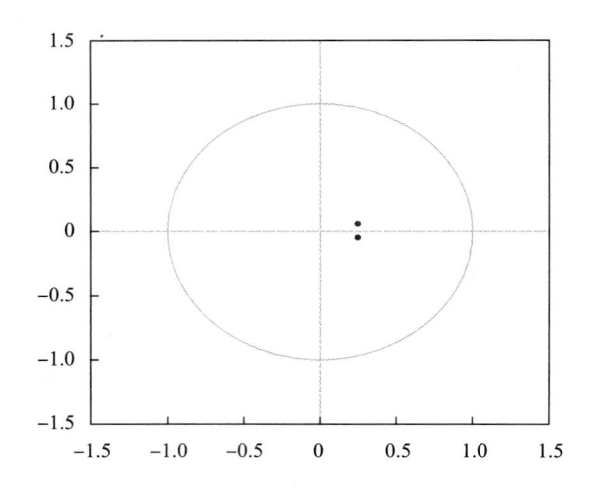

图4-6 贵州省农业与旅游业融合关系 VAR 模型稳定性检验

（三）脉冲响应函数分析

脉冲响应函数反映的是一个标准差大小的白噪声项的冲击对内生变量当期值和未来值的影响，能够较为全面地反映变量之间的动态影响。为此，我们对农林牧渔业总产值与旅游总收入进行脉冲响应分析，分析结果如图 4-7 所示。

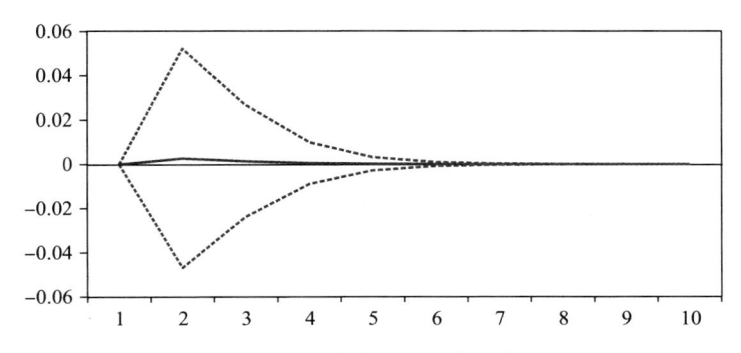

图 4-7　贵州省农业与旅游业融合关系的脉冲响应函数

从图 4-7 结果可知，对农林牧渔业总产值一个标准差信息冲击，旅游总收入对农林牧渔业总产值在第 1 期响应程度接近 0，第 2 期转变为正响应，且在第 2 期之后响应程度不断增强，基本保持正响应状态，到第 10 期，响应程度接近 0，表明贵州省旅游总收入对农林牧渔业总产值具有正影响作用，但仍需不断推动贵州省农旅互动融合，避免促进作用的消失。

（四）方差分解

方差分解是将所有内生变量的波动按照成因分解为与各内生变量关联的组成部分，即分析每个信息冲击对其变化的贡献度。通过对 lnY 和 lnX 进行方差分解，分析贵州省旅游总收入对贵州省农林牧渔业总产值的贡献程度，方差分解结果如表 4-8 所示。

表 4-8　贵州省农业与旅游业融合关系的方差分解结果

期数	标准误	DlnY	DlnX
1	0.067863	100.0000	0.000000
2	0.071675	98.84959	1.150412
3	0.072074	98.56822	1.431776
4	0.072112	98.52823	1.471768
5	0.072116	98.52387	1.476131
6	0.072116	98.52346	1.476536
7	0.072116	98.52343	1.476569
8	0.072116	98.52343	1.476572
9	0.072116	98.52343	1.476572
10	0.072116	98.52343	1.476572

由分解结果可知，贵州省农林牧渔业总产值的波动在第一期全部来源于自身，农林牧渔业总产值对自身的贡献率在第 1 期为 100%，而随着预测期的延长，农林牧渔业总产值对自身的贡献率逐渐降低，到第 10 期，贵州省农林牧渔业总产值对自身贡献率为 98.52% 左右；而贵州省旅游总收入对农林牧渔业总产值的贡献率在第 1 期为 0，之后随着农业与旅游业的融合发展，对农林牧渔业总产值的贡献率逐渐增加，到第 10 期，旅游总收入对农林牧渔业总产值的贡献率为 1.48% 左右。

五 实证结果分析

第一，贵州省农业与旅游业融合发展是市场需求的推动，也是产业自身发展的重要途径。

第二，通过协整检验证实，贵州省农业与旅游业之间存在长期均衡的稳定关系，旅游业总收入每增长 1%，农林牧渔业总产值也将增长约 0.48%。

第三，格兰杰因果检验表明，贵州省旅游总收入与农林牧渔业总产值并不存在显著的格兰杰因果关系，就目前贵州省旅游业是通过间接作用对农业产生影响，两者产业的互动融合有待增强。

第四，方差分解表明，农林牧渔业总产值的贡献率从 100% 源于自身波动到后期减少为 98.52%；而旅游总收入对农林牧渔业总产值的贡献率从 0% 到后期逐步增加至 1.48% 左右。综合所有结果表明：贵州省农业与旅游业的部分实证结果在数据体现上不太理想，但两者存在长期的稳定关系，根据贵州省农业与旅游业融合发展的机制研究，两者的融合发展已是一种必然趋势，已存在融合发展的动因及基础，通过技术、产品、企业等路径的逐步融合后，贵州省农业与旅游业将最终实现深度的融合互动。

第三节 贵州省农业与旅游业融合发展县域典型

贵州省地域广阔，旅游资源种类丰富，依据前文所述，农业与旅游业融合的根本是消费者需求的转变，而产品融合是农业与旅游业融合的标志，最直接的表现形式就是农业旅游资源。笔者将以贵州省农业生态文明建设分区图为参考依据，分别从黔东区、黔中区、黔北区、黔南区以及黔西区 5 个区域中选择典型地区作为研究区域，黔东区以铜仁市江口县为代表，黔中区以遵义市湄潭县为代表，黔北区以赤水市为代表，黔南区以兴义市为代表，黔西区以赫章县为代表。针对其融合发展模式进行分析，阐述不同典型县域模式的融合基础、动因以及效果，为贵州省其他县域的农业与旅游业融合发展提供借鉴经验。

一　江口县：生态环境依托型

江口县位于贵州省东北部，是联合国"人与生物保护圈"成员之一，以其优美的自然环境、多样性的物种资源、零污染的空气质量等优势，2007 年被列入国家重点生态功能区。江口模式主要是依托其良好的生态资源优势带动农业旅游的发展，同时以农业旅游推动当地环境的保护与农业的发展，达到经济与生态的和谐统一。

（一）江口模式发展的基础

第一，江口县拥有极其优秀的生态环境资源。凭借着森林覆盖率 69.46%、饮用水源水质达标率 100%、空气质量优良天数平均比例为 100% 等一系列优越数据，以及县域内无污染企业、碳排放量极低等优秀条件，江口县获得了"碳汇城市"这一生态名片。同时，江口县完成"绿色江口"三年行动计划，累计完成营造林 1.25 公顷，新增有林地面积 1.16 万公顷，成功地创建 6 个省级生态乡镇和 8 个省级生态村，良好的生态资源为江口县农旅融合提供有益基础。

第二，江口县的旅游资源十分优质。县域内拥有梵净山、亚木沟、云舍 3 个 4A 级景区及寨沙侗寨、鱼粮农业公园、提溪土司城等一批景区景点，其中，梵净山以其 95% 以上的森林覆盖率为大鲵、珙桐等众多珍稀濒危动植物提供优质的繁衍栖息之地，被称为"动植物基因库"，入选为中国十大生态旅游景区，同时位于梵净山东麓的云舍村荣获中国历史文化名村、中国最美村镇、中国少数民族特色村寨等五大品牌，村中随处可见的农耕农作、土家锦织、民俗庆典等活动成为新的农业旅游吸引点。

第三，现代农业发展势头良好。2016 年，江口县农业总产值为 23.42 亿元，年均增长 16.2%，全县共建成 11 个农业园区，其中，3 个省级农业园区、3 个市级农业园区，实现乡乡有园区的规划。县域内的重点农业资源是以茶叶与蔬果为主的种植业与以萝卜猪、冷水鱼为主的养殖业。2016 年，江口县还被评选为水产养殖重点县，其中县域内鱼良溪村的

"中华鲟鱼、娃娃鱼"养殖产业在贵州省内都极具影响力。

（二）江口模式发展的动因

江口模式发展的内在动因主要基于农业与旅游业的产业关联性。2005年，江口县被国家旅游局评选为"全国农业旅游示范点"，表明了江口县依托良好的生态环境发展农业旅游是可行的，且有良好的发展空间。因此，江口县把握生态资源丰富、森林覆盖率高、水能蕴藏量大等优势，在进行县域开发规划时，突出绿色生态的理念，摒弃单一景区建设的弊端，将农业发展与旅游发展并重，利用农业与旅游业的产业关联性进行融合互动，使"农村"变"景区"，既加强对传统村落与生态环境的保护，又带动农村就业与经济的可持续发展。

政府的推动是江口模式的外部动因之一。江口县作为传统的农业县城，县政府为激发农业与旅游业融合发展的活力，突出了政策引导能力，出台了若干相关支持、规范乡村旅游改革发展的文件，特别是近年来江口县遵循"政府引导、政策扶持、示范带动、典型引领"的原则，大力发展生态渔业特色产业，将生态资源转变为经济资源，帮助当地农户增收致富。

社会观念的转变是江口模式的外部动因之二。工业化与城市化进程的推动导致了人口的高密度集聚，生态环境的破坏，消费者对于旅游目的地生态环境质量优异且具备农业元素活动的需求不断提升，而江口县在拥有丰富旅游资源的同时，满足消费者对目的地生态环境与体验活动俱佳的高标准，兼顾了消费者休闲度假和返璞归真的多种需求。

（三）江口模式发展的效果

江口模式发展所带来的效果，主要体现在以下三个方面。

第一，生态环境得到更好的保护。江口县旅游业的发展离不开良好的生态环境与物种资源，近年来，江口县按照生态环境功能区要求，严格划定了生态环境质量"红线"，对生态环境的保护力度不断加强，如对畜禽动物的养殖区域进行划分，全面禁伐和闵孝河、太平河全面禁渔等办法，严守经济发展与生态保护两条底线，同时县域内环卫基础设施建设也不断加强，改善了农村人口的居住环境。

第二，提高农产品附加值。一方面，江口县引进高新技术企业推动农产品的加工与销售，将特色农产品如豆腐干、萝卜猪、茶叶等土特产，经过加工包装后成为高附加值的地标式"旅游商品"，使农户成为旅游商品的供应者与获益者；另一方面，旅游观光的游客数量的增加，依托农业产业示范园区为主要平台提供采摘、体验、销售等一系列的优质服务，延伸农业产业链，使农户真正得到增收。

第三，以景区发展带动县域发展。景区发展带动游客数量的不断增加，2017年上半年，江口县累计接待游客300万人次，休闲农业与乡村旅游综合收入达3.5亿元，除了通过旅游业带动了周边村寨从传统的农业种植转移到提供餐饮住宿或售卖工艺品等服务业，也通过对农业产业结构调整，招商引资，切实带动了农户增收脱贫与农村经济发展。

二 湄潭县：茶旅一体主导型

湄潭县位于贵州省北部，是我国西部典型的内陆山区农业县，境内地貌类型多样，山丘广布。在2014年年底发布的《中国特色农业现代化探索与实践——国家现代农业示范区发展报告》中，将现代农业示范区建设经验归纳为7种模式，其中，湄潭县以山区特色农业建设模式成功入选。

（一）湄潭模式发展的基础

第一，湄潭县生态环境良好，农产品资源丰富，是茶叶、烤烟及优质大米等农产品的主产县。湄潭县依托良好的农业发展基础，荣获"国家现代农业示范区""国家农业科技园区"的荣誉称号，进一步发展茶、米、蔬等优势产业，为农业与旅游业融合发展提供优质多样化的农产品资源。

第二，湄潭县位于黔北的核心区域，距遵义市区66千米、1.5小时车程，距省会贵阳市及周边重庆市仅需2.5小时车程，符合车程距离短、花费时间少的消费者需求。此外，机场与高铁的投入为湄潭县的交通系统注入了新的活力，再加上沿江渡港口的规划建设，湄潭县将形成水陆空并举的交通网络，良好的交通条件为湄潭县农业与旅游业融合发展提供了便利。

第三，湄潭县的茶产业品牌优势是湄潭模式发展的基础。2011年，湄潭翠芽被国家工商总局评为中国驰名商标；2015年，"湄潭翠芽"和"遵义红"荣获"百年世博中国名茶金奖"；2016年，"湄潭翠芽"区域品牌价值评估达102.17亿元，位列全国茶叶类品牌价值第9位，品牌效应的吸引力推动了湄潭县域各产业的发展，为农业与旅游业融合发展提供了客源市场。

(二) 湄潭模式发展的动因

湄潭县模式发展的内部动因主要是农业自身发展的需求及追求利益最大化。以茶产业为例,为了提高农业效益,湄潭县在茶产业种植基础上,延长产业链,一方面,结合茶产业特点,打造茶产品与茶文化为一体的茶旅特色旅游;另一方面,将乡村建设与旅游业发展相结合,通过将茶园打造为旅游景点、茶园内修建步行栈道、引导茶农改造民宿等手段,实现茶产业与旅游业融合互动,推进最美乡村建设。

政策支持是湄潭模式发展最主要的外部动因。湄潭县委、县政府从2005年形成"五在茶"的共识,将茶叶作为县域支柱产业来发展,连续五年湄潭县的一号文件都聚焦在茶产业发展上。湄潭县先后出台了《关于加快茶产业发展的决定》《关于进一步加快茶产业发展实现茶产业转型跨越的意见》等一系列政策文件,从茶叶基地建设、品牌创建、包装加工、市场推广、茶旅融合发展等方面给予资金扶持和政策引导,支持茶产业与旅游业融合发展。

(三) 湄潭模式发展的效果

第一,以茶促旅,延长产业链。"十二五"期间,茶园从30万亩增加到60万亩,人均1.2亩,成为全国茶叶面积第一大县。2016年,茶园为湄潭县带来88.5亿元的综合产值。湄潭县在大力发展茶产业的同时,加快茶文化旅游资源的开发和挖掘,推动"茶区变景区、茶园变公园"的可持续发展。一方面,湄潭县通过龙头企业技术创新,将单一的绿茶产品加工向其他茶品及茶叶精深加工延伸,开发出茶多酚、茶叶籽油、茶香酒等产品,包装升级为旅游纪念品进行销售;另一方面,在茶园规划时注重旅游基础设施的建设,如在茶园中修建便于观光的步行栈道、自行车道、无障碍通道等满足各类消费者需求,提供多样便捷的观光服务。茶产业与旅游业融合使产业链不断延长,附加值不断提升,提高了茶叶的综合利用率。

第二,以旅兴茶,充分挖掘了经济性。湄潭县少许茶园创新经营模式,推出了"私人定制"茶园服务,即消费者可以通过认筹成为一定面积的茶庄主,平时会有专业技术人员负责打理,消费者可以通过网络平台查阅、监督茶园信息,在每一年采茶时,节可获得区域范围内的"专属定制"茶叶,在茶园内提供采茶、制茶、品茶、包装等一系列服务。目前,集茶园、茶庄、客栈、农家乐、采茶制茶体验、农耕文化体验等于一体的茶旅融合不仅增加了当地茶农的收入，为茶农提供了更多就业机会，而且带动了湄潭县的整体经济的发展。2016 年，全县实现茶旅综合收入 16.18 亿元左右。

三 赤水市：高效农业休闲型

赤水市位于贵州省西北部，拥有"红""岩""瀑""竹""镇""林""山"七种特色资源，依托生态优势，赤水市主打山地高效特色农业，充分利用农业与旅游业的优势资源，大力发展休闲农业游。2017 年 10 月，赤水市成为贵州省第一个通过国家验收标准，正式批准退出的贫困县。

（一）赤水模式发展的基础

首先，赤水自然原始生态完整，旅游资源丰富。气候条件宜人，2015 年，全市森林覆盖率达 80.17%，优良的生态环境哺育了多样优质的物种，存在达氏鲟、中华鲟、桫椤和红豆杉等珍稀动植物。同时，赤水市还拥有 131 万亩全国规模最大的竹林与 1300 平方千米的丹霞地貌，结合当地特色红色文化、农耕文化，赤水市引进 13 家农业企业，规划建设以休闲、观光、度假为主的农旅一体化园区。

其次，高效农业是以发展生态农业为基础，合理开发、生产出品种丰富、品质优异的特色农副产品。赤水市以生态农业为基础，依托农家田园的美丽风光，规划建设 9 个现代高效农业示范园区，其中，张家湾石斛生态观光园评选为"全国休闲农业与乡村旅游示范点"，金钗石斛属于国家地理标志保护无公害农产品。同时，赤水市充分利用特色农业的种植特点，构建起"山上栽竹、石上种药、林下养鸡"的山地立体生态农业体系，实现经济、社会、生态效益的全面提升。

（二）赤水模式发展的动因

赤水农业资源丰富多样，其中不乏国家珍稀物种资源，而如何将这些优良的资源变成优质的资产是近年来赤水推进农旅融合发展的重点。对赤水而言，良好的生态不能满足农业资源价值最大化的目的，还需要与第二、第三产业相结合，实现第一、第二、第三产业良性互融。例如，赤水通过竹林种植业，满足当地工业企业的原料需求，在促进工业发展的同时，带动赤水竹农转型为工人，实现就业增收。此外，赤水市坚持"退耕还竹"政策，竹林种植不仅满足消费者对生态环境高标准的要求，也带动了关联的第三产业的同步发展。赤水市工业与旅游业的融合，有效地辅助赤水市农村劳动力资源就业、创业的现状问题，加速了乡村旅游和休闲农业观光的发展。

因此，产业自身发展的需求成为赤水农业与旅游业融合发展的主要动因。赤水模式发展也离不开政府的引导。主要表现在：一是赤水市在推动农业与旅游业融合、构建全域旅游板块时，政府结合农业资源与农耕文化特点，制定了详细的旅游规划，加大政策扶持和资金支持，不断突破乡村交通、环境、基础设施等"瓶颈"，成为赤水市高效农业与休闲旅游发展的有效助推力。二是为了保护生态环境，创建国家生态城市，赤水市编制了《赤水市国家级生态市创建规划》并严格执行，同时积极开展生态乡镇创建工作，坚持"三农"工作基础地位不动摇，保留住原生态的美景，为生态环境的可持续发展提供有效执行力，为农业与旅游业融合提供环境基础。

（三）赤水模式发展的效果

赤水模式发展所带来的效应主要体现在以下三个方面。

第一，助力地区成功脱贫。赤水市的乡村依托生态资源与农业资源，通过"山上栽竹、地里种果树、水里养鱼、山下发展农家乐"的模式，大力推广休闲农业旅游，为消费者提供了远离喧嚣、重返悠然田园的机会，在消费者体会积淀厚重的农耕文化和观赏淳朴自然的乡间美景时，也带来了价值提升效应及幸福指数效应，实现地区脱贫的目标。

第二，在景区周边规划土特产品销售、住宿餐饮服务、娱乐休闲等区域，不仅为贫困农户提供工作岗位，或创业机会，使全民直接或间接地参与到农业旅游产业中，同时提高了基础配套设施建设，舒适多样化的旅游体验有效地增长游客停留时间，创造了更多的经济收益。

第三，通过成功实现农业产值增收、农业产业链延长、农户居民收入提高，提高了农户的积极性和对生态环境的重视，减少旅游开发对环境资源的伤害程度，使农业与旅游业更好地融合发展。

四 兴义市：山地农业体验型

兴义市是我国扶贫开发工作重点县，气候类型多样，自然环境垂直差异明显，山地资源为农业与旅游业的融合发展提供了优势基础。1997年，兴义市明确了"三化一业"的发展目标，致力于通过"产、城、景"的互动融合，旨在推动兴义市的整体发展。

(一) 兴义模式发展的基础

首先,兴义市位于贵州省西南部,年平均温度在15℃—18℃,日照时间长,且雨量充沛,地处于最适宜人类居住的北纬25°黄金带上。兴义市境内喀斯特地貌发育良好,占区域面积的71.5%,其典型代表万峰林以其特有的锥状喀斯特地质景观被誉为"天下奇观",入选中国最美的五大峰林及全国工农业旅游示范点,万峰林独特的峰林地貌、便利的交通条件、浓郁的民族文化等都为兴义模式的融合提供了优势基础。

其次,兴义市有布依族、苗族等26个民族,少数民族依山就势、逐水而居,衍生了浓郁多彩的民族文化,布依八音、高台狮灯、查白歌节等被评为国家级非物质文化遗产,同时兴义市拥有悠久的历史文化,在兴义范围内发现了距今有两亿多年历史的"兴义飞鱼"和"贵州龙"等存在,丰富的三叠纪地质遗产与天然山地融合在一起,体现出人与自然和谐相处的原生态景观,为兴义模式的发展提供了良好的人文资源。在农业产业方面,兴义市凭借优厚的山地资源禀赋,以"两叶两果一业一园百花"的规划进行山地特色高效农业的合理布局,重点培育蔬菜、烤烟、精品水果、中药材、生态畜牧、花卉六大产业。依托农业园区建设,以美丽乡村建设为载体,将特色农业优势产业与山地旅游融合互动,构建现代山地特色产业发展体系,以期促进第一、第二、第三产业融合发展,农村经济稳步增长。

(二) 兴义模式发展的动因

兴义模式发展动因其一是产业自身发展。贵州省"八山一水一分田"的地貌特征给予了贵州山脉层叠、姿态各异的自然环境,但种植面积少,农业产能低等问题也成为限制贵州农业发展的主要因素。兴义市作为喀斯特地貌的杰出代表,拥有重峰万林,马岭河峡谷等山地资源,除了大力发展山地高效农业、休闲观光农业等特色产业,打造以田园观光、果蔬采摘、农业科普等为特色的农业观光休闲示范园区,更应该突破自身产业屏障,突出山地资源优势,与旅游业融合发展。山地农业与山地旅游业的融合互动,既保存了喀斯特地貌的完整性,又保证了山地农业的原生态,改善当地居民生活环境,同时还能满足消费者户外运动的多样化选择意向。

兴义模式的发展外部动因主要源于经济的发展与政府的支持。运动与经济存在内在联系,而山地农业与山地旅游业融合也体现了经济的良好发展。只有当消费者实现了生理上的基础需求，才会追求心理层次的认同和实现，经济的发展与市场需求的形成是推动山地与运动的融合的动因。同时，兴义市根据"国际化的标准、现代化的方向、山地的特色"等原则，统筹推进工业化、城镇化、农业现代化和山地旅游业的全面发展。2015年，兴义市更因成功举办"国际山地旅游暨户外运动大会"进一步推动了山地农业与山地旅游业的融合发展。

（三）兴义模式发展的效果

在兴义融合发展模式中，兴义市拥有独特的地形地貌、异域的民族风情和远古的自然遗迹等，但其模式发展中关键在于独一无二的山地资源，用高端的山地旅游带动山地农业发展，是提升山地旅游体验和提高山区农民收入的具体途径。

首先，建立品牌效应。兴义市提出了"户外胜地·百花兴义"的品牌定位，意欲打造出集自然景观、田园风光、民族风情、户外运动为一体的山地休闲农业游。"百花兴义"是将精品花卉种植业资源转变为旅游资源，延长产业链，打造特色花卉基地、鲜花庄园等农业旅游景区，实现赏花、售花、花产品深加工的一体化发展，特别是万峰林与油菜花农业景观的融合，是集中种植区与农区特色地形地貌融合的经典模式；"户外胜地"则是依托兴义市山地资源优势，打造适宜于徒步、骑行、露营、野钓、滑翔等多种户外运动景区平台，品牌定位明确了兴义市发展路线的方向，有利于在宣传推广中快速形成品牌效应。

其次，兴义模式促进了地方经济的发展。在农业方面，2017年，兴义市共建成省级现代高效园5个，农业增加值42亿元，较2016年增长6.2%；在旅游业方面，2017年，接待达2895万人次、旅游综合收入达219亿元，分别增长52%、30.1%。兴义模式对于经济发展起到了良好的带动作用，不仅增加了兴义市国民经济收入，也带动了周边农户的发展，农家乐带动了农户就业，增加了农户收入。同时，兴义通过招商引资，优化产业布局，突出功能分区，对于兴义市景区交通建设、古建筑修缮保护、山地保护、农户脱贫都起到了重要作用。

五　赫章县：农牧结合带动型

（一）赫章模式发展的基础

赫章县作为传统的农业省份，生态环境及气候等先天优势明显，种植种类十分丰富，有核桃、苦荞、樱桃、马铃薯等特色经济作物；森林及草地覆盖率高，作为贵州省中药材主产区之一的赫章县拥有何首乌、茯苓、龙胆草等上千种中药材品种；且赫章县作为贵州省畜牧业重点县份，宜人的气候及宽阔的草地为赫章县生态畜牧业提供了有利环境，成功地培育出"黑山羊""可乐猪"及"乌蒙黄牛"等地方特色畜禽品种，品牌效应逐渐显现，其中"可乐猪"因其养殖历史悠久、品质纯正，获得国家农业部认证的地理标志保护产品称号。

其次，赫章县域内山峦起伏，其中，小韭菜坪最高海拔为2900.6米，是贵州省最高峰，号称"贵州屋脊"；大韭菜坪则是世界上最大面积的野生韭菜花区域，均极具观赏价值，且韭菜坪景区夏季平均气温在17.8℃—22.4℃，被评选为"全国十大避暑名山"之一，是夏季避暑休闲的好去处。同时，赫章县人文历史底蕴深厚，各民族集聚也形成了多姿多彩的民族文化，在2017年举办的"阿西里西原生态民俗文化旅游节"上，白族、彝族、苗族等少数民族载歌载舞，欢庆一堂，超过20万的游客数量在旅游节期间来到赫章县进行近距离的观赏体验。值得一提的是，赫章县可乐遗址作为迄今发现保存较好、布局较完整的夜郎文化体系遗址公园，被誉为"贵州考古的圣地，夜郎青铜文化的殷墟"，这些都为赫章县农业与旅游业融合发展提供了优势基础。

（二）赫章模式发展的动因

赫章模式发展的动因主要由以下两部分构成。

第一，当地农业发展的迫切需要。赫章县作为传统的农业县城，通过减少玉米等传统低效作物，大力发展优势农特产品和养殖业，深入调整农业产业结构，将市场营销作为农业结构调整的重要手段，践行着"农产富县"的战略。因此，农业的发展需要借助旅游业的带动与传播，提高农产品知名度，延长农业产业链，带动农业及县域其他产业的发展。

第二，政府部门的大力支持。赫章县委、县政府把握全省旅游井喷式发展的良好契机，以特色农业为基础，以景区为依托，以民族文化为载体，将农业旅游与乡村建设充分结合，加大政策扶持和资金支持，将农业产品打造为旅游业产品，成为赫章模式发展的重要助推力。

（三）赫章模式发展的效果

赫章模式的发展所带来的效应主要体现在以下两个方面。

第一，对于赫章地区经济发展起到促进作用。农业与旅游业融合发展对于赫章经济水平的增长带动作用明显，2017年，赫章县累计接待游客 628.25 万人次，实现旅游收入 68.08 亿元；同时赫章模式扶贫效果明显。一方面，景区建设带动了农户就业，住宿、餐饮等需求也提供了农户创业机会；另一方面，农产品、畜牧产品、手工艺品等向旅游商品转化，大幅度提高旅游收入占农民收入的比重，让更多农户成为农旅融合发展的参与者以及经济效益的共享者。

第二，农业资源开发与营销并重，有效地延长农业产业链。赫章模式深入挖掘地方特色农副产品与民俗文化，将农业与旅游紧密结合，推进农业与其他相关产业的深度融合。例如，专注核桃、樱桃等特色经济果林产业，推出核桃乳、核桃糖、樱桃果酱等深加工产品；同时全力推进半夏、天麻、猪苓等山地原生态中药产业与以黑山羊、可乐猪、黄牛养殖为特色代表的草地生态畜牧业；在节庆体验方面，赫章县已成功举办樱桃节、苗族花山节、笙山苗寨踩月节等节会，充分体现农业地区的地方特色和文化内涵，推进农业与旅游业的深度融合。

第四节　贵州省农业与旅游业融合发展对策建议

基于前文分析，农业与旅游业融合的路径，主要表现在技术、产品、市场等方面，同时，政府在优惠政策、人才引进等方面的保障也是推动农业与旅游业融合发展的必备因素。因此，对于推动贵州省农业与旅游业融合发展的对策建议，主要有以下五个方面。

一　发挥政府主导作用，加强保障力度

（一）构建长效机制

贵州省农业与旅游业融合过程中涉及众多管理部门，其发展还存在一定的行业壁垒，在沟通与协作上，容易出现职能分化不清或重叠的情况。因此，推进农业与旅游业融合发展长效机制的构建，有利于为融合发展提供良好的政策与合作环境。在条件许可的情况下，建议成立协调农业与旅游业融合发展的工作组或行政部门，负责农旅融合相关项目的整体规划、资金安排、人员配置等具体事宜，确保农业与旅游业融合发展顺利推进和有序运营；同时，建立健全奖惩机制，将推进农业与旅游业融合的发展情况纳入基层干部与责任部门的绩效考评中，使项目的推进工作责任落实。

(二) 保障资金来源

贵州省农业与旅游业的发展不仅需要乡村领导的积极指引与农户的广泛参与，还需要政府和金融机构等的政策支持与资金投入。因此，政府作为经济发展的重要参与力量，将农旅融合发展纳入地方政府及主管部门的重要议程，加大对农业旅游开发的资金支持与政策扶持，以保证项目的顺利推进，在产业融合发展早期具有不可或缺的作用；在资金分配过程中，要充分考虑现实需求及资金回笼的效率，对新农村建设、基础设施建设、生态文明建设、易地扶贫搬迁等资金合理分配，统筹利用；在项目招商引资方面，引导相关产业龙头企业或其他社会力量积极参与农旅融合的开发与投资，拓宽融资渠道，在重点引资项目中给予优先安排与奖励支持，落实税收、贷款等经济优惠政策，为贵州省农业与旅游业融合提供物质保障与资金支持。

(三) 重视人才引进

农业旅游的根本是农业与旅游业通过渗透融合、优势互补后出现的产业融合结果，而作为新的产业形态，缺乏专业型人才和复合型人才是不可避免的问题，政府应引进或培养相关全方位人才，创建包括资源开发、产品设计、行政管理、市场推广等多方面的专业人才梯队。

首先，加大人才引进力度，健全人才引进、流动、评价的激励体系，在落户、住房、创业等方面，提供经费、政策支持，提供良好的人才发展环境，吸引更多的专业人才到农村就业发展。

其次，注重专业人才培养，根据市场需求与贵州省地区高等院校、科研所及相关企业等机构开展人才培养计划，并在当地的产业园区或龙头企业建立人才培训基地，通过学、研、产、培一体化的培养模式，探索出适应农旅融合发展的人才培养方案。

最后，对农旅融合项目地各部门的干部、乡镇领导、农户等人员进行分级、分类的针对性培训，并邀请专家学者到当地进行走访调研，提供专业的指导意见。

二 整合资源信息，科学规划与布局

在推进贵州省农业与旅游业融合融合发展过程中，首先需要明确理念、统筹规划、合理布局，以农业资源为主，依托旅游业的发展，将贵州省农业与旅游业的融合进行规划定位；同时还应该协调除农业、旅游业之外的其他关联产业的支持与配合，如工业、文化产业、服务业等，促进第一、第二、第三产业的协调发展。

第一，根据贵州省自然、文化、社会条件、交通区位等现状与发展趋势，坚持环境保护与资源开发的可持续发展理念，正确评估当地农业资源及农业或旅游业的主导地位。在农业资源丰富的区域，应参考当地地理地貌特征、种养殖面积等因素，结合原有农业生产结构，合理地进行产品开发，为旅游业赋予农业内涵以期提高旅游产品的品质与层次，如前文提到的茶旅一体主导型的湄潭模式或是农牧结合带动型的赫章模式；而在旅游产业主导的区域，应充分发挥旅游业的带动性与传播型，根据市场需求及资源情况，开发富有地方特色的农业资源，将农业产品赋予旅游价值，提高其附加值，从而促进农业产业的发展，如依托生态环境，以景区带动整个县域发展的江口模式。

第二，在整体布局时，建议应以休闲农业与乡村旅游示范点或农业旅游重点发展区域为中心，整合周边区域不同的资源优势及特点，建立风格迥异、各具特点的农业旅游产品，形成辐射带动效应。同时，在布局中以功能为单元进行空间分区，并考虑农业资源观赏时间与功能分区的配合，避免景区出现长时间的季节性空白，实现景区之间的资源与功能互补，提高贵州省农业与旅游融合的竞争优势。

第三，在基础配套设施方面，根据整体布局情况，引导餐饮、住宿、休闲娱乐、旅游商品中心等配套设施向农业旅游景区靠拢，为消费者提供便捷服务的同时，延长游玩时间，提高区域内农业与旅游业的经济收益。通过加快区域内道路、指示牌、停车场等设施建设，有效地改善了区域周边交通情况，减少了出行时间，实现了乡村与城市之间无障碍的通行，有利于吸引更多消费者的前来。

三　创新融合产品，打造品牌影响力

开展旅游活动的基础是优秀的资源条件，贵州省在农业与旅游业融合发展过程中，核心是根据区域内的特色资源，开发或培育富有地方特色的农业旅游产品。同时差异性本身也是促进消费者消费的动机之一，因此，在开发过程中，应基于地方特色，充分挖掘资源特点，减少同质化产品的出现，有效推动贵州省农业与旅游业的融合发展。

第一，挖掘资源融合度。农业旅游资源不仅包括农业地区的农业生产、田园风光，还包括民俗文化、农耕文化等一系列内容。传统的农业旅游以观赏性和浅尝辄止的体验性为主，为充分体现贵州省农业旅游资源特色，

应深度挖掘区域内农耕文化与民俗文化，其历史悠久且文化底蕴深厚，有利于丰富农业旅游产品的内涵。同时，通过创意策划将农业生产、景观与文化相结合，打造出富有艺术性、文化性、教育性、体验性强的农业旅游产品和项目，能进一步提高贵州省农旅融合的核心竞争力。

第二，加强产品创新度。通过产品组合的创新，挖掘新的农业旅游业态。除了贵州省现在较为普及的现代农业科技示范园与"景区+农家乐"的模式，还可以根据市场需求，推广出不同主题的农业旅游项目，如"农业+科普""农业+养生""农业+民俗文化"等模式，形成多元化、多层次的农业旅游产品体系；开发符合多彩贵州特色的农业旅游纪念商品，规划富有贵州省资源特色的景区与游览线路，致力于满足消费者关于农业观光、休闲度假、养生保健、民俗文化、科普教育、商业会议等多方面的需求。

第三，培养品牌吸引力。品牌的吸引力能体现出一个产业在市场竞争中的优劣性，贵州省应充分利用旅游业品牌优势，推动农业旅游景区与贵州省知名景区的联动合作，同时创立一批新的知名度与美誉度均佳的新的农业旅游知名品牌，增强影响力。此外，建议根据时节举办各类农业相关的节庆活动，让消费者更多地了解到贵州省农业旅游的特色精品线路；在旅游旺季，利用"爽爽的贵阳"的品牌优势开拓农旅市场，推进农业与旅游业的优质品牌整合利用，促进两者的互动融合发展。

四 加大科技运用，提高产品附加值

在科学技术日新月异的时代，科技的创新有效地促进了产业之间的融合。农业旅游的开发，也应重视高新技术的投入，不断地为产品注入新的科技元素，激发创新思维，不仅能够提高产品的附加值，还可以满足消费者与时俱进的需求，促进农业旅游功能的多元化。

在贵州省农业与旅游业融合发展过程中，首先，政府需要提供技术支持服务，为当地农户或区域内的领导干部提供专业知识和技术培训；其次，市场应扩大科技在融合领域的应用，全方位运用科学技术作为推动信息化和现代化的有效手段。在企业方面，应进行科学合理的保鲜与加工，提高农业旅游产品的科技含量，避免商品的重复性和易替代性，为消费者提供集科技、趣味、价值、体验的农业旅游产品；同时针对贵州省大数据优势，建设智能农业园区，带动周边农户生产方式从传统种植向现代农业转变，培育精品、特色农业，发挥其技术推广、科普教育等功能，探索新的农业与旅游业融合模式，实现农业与旅游业的深度融合。

五 转变消费理念，创造互融共赢局面

根据市场环境的需求，有意识地转变产业发展理念，引导消费者形成多元化的产品需求，是为了更深入地推动贵州省农业与旅游业的互动融合。

第一，引导消费理念的转变。贵州省农业与旅游业融合是为了满足消费者需求的转变，两个产业的融合能够实现其经济价值的最大化。"十三五"规划提出，"要引导消费朝着智能、绿色、健康、安全方向转变，以扩大服务消费为重点带动消费结构升级，发挥消费对增长的基础作用，着力扩大居民消费"。因此，农业与旅游业融合发展既满足了绿色生态的方向变化，又得到了带动消费结构升级的目的，在构建合理的产业融合消费市场前，需要转变消费者的消费理念。首先，需加强理念的宣传力度，扩大宣传渠道，多方位、渗透式地提高消费者对农业与旅游业融合产品的认知与接受能力；其次，运用专业的园林设计理念建设农村风貌，运用经营理念管理农业生产，将农村的生产方式、生活资料等转变为互动式的体验产品，保证一定差异化的同时有效地激发消费者的需求，使消费者从视觉、嗅觉、味觉、触觉等方面融入其中，满足消费者对乡愁寄托的需求。

第二，建立互促共赢、一体化发展的优势局面。贵州省农业与旅游业融合发展，倡导"以旅兴农、以农促旅"的"双赢"发展方向，在经济、社会、生态效益统一发展的同时，获取更高的目标价值。通过实证分析我们知道，贵州省农业与旅游业存在长期的协整关系，但要实现两者的深度融合，还需要从技术、产品、市场、组织等多维度进行长期有效的持久融合，借鉴国外经验，做好长期规划，减少区域内产品单一、趋同化等问题，在组织结构、管理体制等方面谋求创新，建立贵州省农业与旅游业融合一体化发展的优势局面。

第五章 贵州省生态文明建设与城市竞争力
——以遵义市为例

第一节 遵义市城市竞争力模型和指标体系构建

一 城市竞争力模型综述

作为城市竞争力评价依据以及城市竞争力指标体系构建基础的竞争力模型,已经成为国内外学者关注的重点。当前,对于城市竞争力的研究,只能确定其基本评价原则,具体的城市竞争力指标体系和评价模型还未形成系统的理论体系。城市竞争力评价模型主要是以产业竞争力理论和国际竞争力理论支撑。而且城市竞争力测评方法较少,主要是单一指标测评法和多指标综合测评法。由于单一指标测评法在研究中存在缺陷较多,所以,国内外学者大多采用多指标综合测评法研究城市竞争力(赵彦云,2003)。下面是四个应用较为广泛的城市竞争力模型。

(一)迈克尔·波特城市竞争力模型

通过对多个国家产业竞争力进行评价以及比较,迈克尔·波特认为,一国产业的国际竞争力主要由六个因素决定。首先是四个主要因素,分别是企业竞争方式、生产要素数量和种类、其他相关产业的情况以及长期经营战略。两个次要因素是政府行为和企业外部机遇(迈克尔·波特,2002)。这几个因素相互作用、相互影响,形成了一个激励创新的动态模型,即钻石理论模型。迈克尔·波特以该理论为基础,建立了城市竞争力指标体系。通过收集各地区城市竞争力相关指标的数据,并对这些数据进行标准化,运用因子分析法评价出各地区城市竞争力水平,最后进行城市竞争力排名。

（二）道格拉斯·韦伯斯特的城市竞争力模型

道格拉斯·韦伯斯特（Douglas Webster）认为，城市竞争力包括人力资源水平、区域禀赋、经济结构和制度环境四个要素（郭彬，2005）（见图 5-1）。人力资源水平代表劳动力质量，是指该劳动力的技能水平和成本情况。随着城市的发展，人力资源越来越依赖于其所在的环境，两者之间大体上呈正相关关系。环境状况好的地区人力资源水平普遍较高。区域禀赋是指专属于该地区并且不可复制的特征。主要包括其地理优势、资源状况、生态环境以及基础设施等。经济结构是决定城市竞争力水平高低的重要因素，包括产品结构、生产率、企业结构、产品附加值以及国内外投资。制度环境是指企业管理模式、政府政策等。

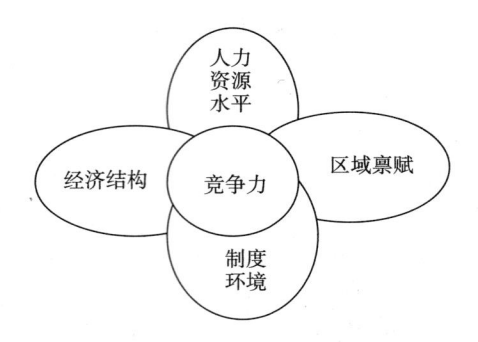

图 5-1　道格拉斯·韦伯斯特的城市竞争力模型

（三）雷加·林纳玛的城市竞争力模型

雷加·林纳玛（Rejia-Linnamaa）认为，城市是一个复杂的整体。政策制定的目标不能仅仅考虑就业，而应该综合考虑城市具体情况，制定出符合该城市的政策。重点是要寻找出城市的核心竞争优势并对其进行发展。他认为，城市竞争力包含六个因素，分别是人力资源水平、生活环境质量、制度和政策网络、网络中的人员、基础设施水平和企业数量（见图 5-2）。雷加·林纳玛认为，随着信息化程度的提高，网络管理水平在城市竞争力中开始占据重要的地位（赖惠彬，2007）。世界各城市在制定城市发展战略时，开始有意识地将其与城市网络基础联系起来。

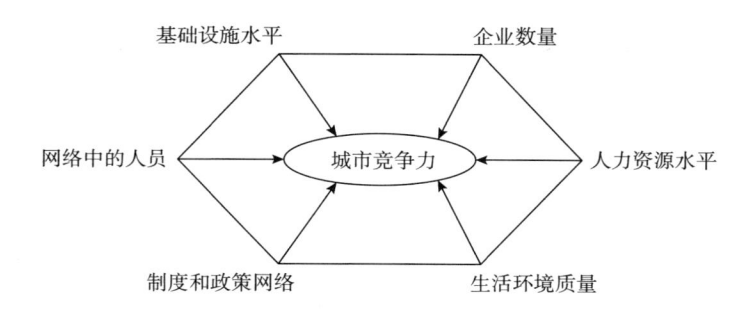

图 5-2 雷加·林纳玛的城市竞争力模型

（四）倪鹏飞城市竞争力模型

中国社会科学院倪鹏飞认为，城市竞争力系统非常复杂，由诸多要素构成。这些要素分布在不同的维度上，以不同的方式存在，相互作用、相互影响，构成了一个城市的竞争力水平，影响了城市的发展速度，倪鹏飞将城市竞争力构成框架称为弓弦箭模型（倪鹏飞，2001）。弓弦箭模型由硬力和软力两个方面构成。倪鹏飞将软力比作弦，软力包含文化竞争力、制度竞争力、政府管理竞争力、企业管理竞争力和开放竞争力。将硬力比作弓，包含区位竞争力、环境竞争力、设施竞争力、人力资本竞争力、资本竞争力、科技竞争力和结构竞争力。这两部分结合起来形成了城市综合竞争力。具体模型框架如图 5-3 所示。

二 指标体系构建原则

通过对上述四个城市竞争力评价理论模型进行综合，笔者认为，城市竞争力指标体系构建应具有以下三个原则。

（一）系统性原则

城市竞争力是一个系统的概念，它不仅包括城市经济发展水平，还包括社会、人力资源、生态环境、制度等诸多因素。这些因素相互作用，形成综合城市竞争力。如果在评价城市竞争力时只考虑一个或几个因素，将会使城市竞争力评价产生偏差，不能反映出城市发展水平和综合实力。因此，构建指标体系时，全面性是不可忽略的重要因素，只有将经济、社会、环境等各方面要素全部包括进来，才能使构建出来的指标体系更加科学与准确。

（二）动态性原则

城市竞争力评价模型中各要素总是不断变化的，一个地区每年的经

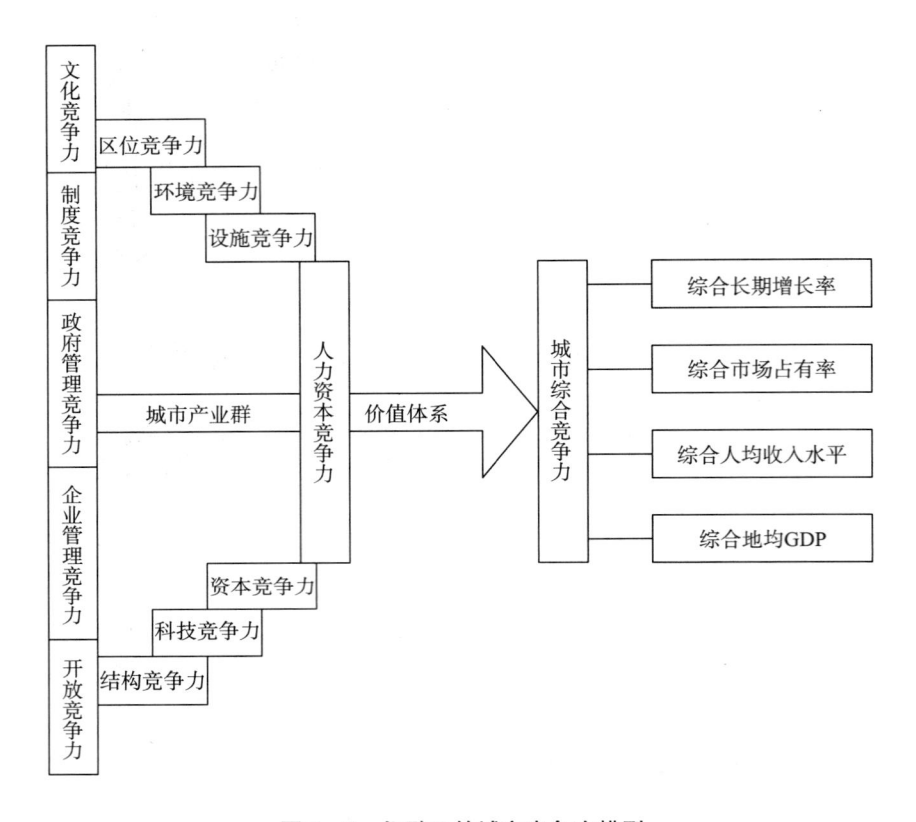

图 5-3　倪鹏飞的城市竞争力模型

济、社会、环境状况都不同，因此，其所决定的城市竞争力也是逐年变化的。评价的不是短时期的城市竞争力，而是一个时期内的综合竞争力。如果只考虑一年或几年，评价出来的结果就不准确，不能代表一个城市长期的发展趋势。而且城市竞争力的内涵也在不断地吸收新的内容，城市竞争力本身是一个动态开放的系统，所以，在建立城市竞争力评价模型时，要考虑这种动态性，收集不同年份的数据来进行评价。

（三）科学性原则

选取城市竞争力评价指标要以科学思想为指导，以事实为依据。根据城市竞争力理论选取出代表性指标，不能盲目地进行选择。在评价城市竞争力以及生态建设水平时，要运用统计、计量方法。从诸多统计指标中选出能够代表遵义城市竞争力的指标也是一门科学。城市竞争力理论有许多，涉及的面非常广。因此，对指标的取舍也必须用坚实的理论

第五章　贵州省生态文明建设与城市竞争力

与科学的方法做依据。这样，才能真实、直观、全面地反映实际情况。

三　遵义市城市竞争力模型及指标体系的构建

根据上述城市竞争力理论模型，本书将城市竞争力划分为经济竞争力系统、社会竞争力系统和生态建设竞争力系统三个子系统。从遵义市的实际情况出发，借鉴上述四种模型选取指标体系的方法，遵循城市竞争力指标体系构建的三大原则，下面选取36个指标来测度城市竞争力。具体指标如表5-1所示。

表5-1　　　　　　　　　城市竞争力指标构成

目标	一级指标	二级指标
城市竞争力	社会竞争力（11个）	Y1：年末总人口、Y2：人口自然增长率、Y3：城镇化率、Y4：高等教育在校生、Y5：全部单位从业人员人均工资、Y6：地方财政文教科卫事业费、Y7：移动电话用户、Y8：卫生机构床位数、Y9：卫生技术人员、Y10：公共电汽车数、Y11：城市出租汽车
	经济竞争力（16个）	Y12：第二产业占GDP比重、Y13：第三产业占GDP比重、Y14：肉类产量、Y15：农业产量、Y16：林业产值、Y17：粮食产量、Y18：工业总产值、Y19：人均生产总值、Y20：地区生产总值、Y21：国内旅游总收入、Y22：财政总收入、Y23：社会消费品零售总额、Y24：固定资产投资、Y25：海关进出口总额、Y26：城市居民人均可支配收入、Y27：居民储蓄存款余额
	生态建设竞争力（9个）	Y28：建成区绿化覆盖率、Y29："三废"综合利用产品产值、Y30：工业废水排放量、Y31：工业二氧化硫排放量、Y32：生活污水处理率、Y33：年末耕地总资源、Y34：居民家庭用水、Y35：城市环境基础设施建设投入、Y36：环保机构人员数

第二节　遵义市城市竞争力与城市生态建设现状分析

一　遵义市城市竞争力现状

遵义市是中国革命的历史转折点，因著名的遵义会议而被大家所熟知，随着我国改革开放程度的加深、市场机制的逐步完善，遵义市的经济水平也发生了巨大的变化。随着国家西部大开发和扩大内需战略深入实施，为一些革命老区带来了巨大的机遇，遵义市也受益匪浅。遵义市政府时刻铭记"要想富，先修路"这句话，加大了对道路建设的投资。遵义市交通越来越便利，一条条高速公路建成通车。公园、学校、医院等基本设施逐渐完善，城乡差距大的情况得到改善，人民生活水平大幅度提高。遵义市拥有丰富的文化和能源资源以及良好的生态环境。这些资源为遵义发展旅游业提供了得天独厚的条件。2010年，遵义市生产总值为908.76亿元，到2015年已经增加到2168.34亿元。五年翻了一倍多，净增1259.58亿元，年均净增251.92亿元。2015年，全社会固定资产投资3236.91亿元，财政总收入432.24亿元，人均生产总值35123元，第一、第二和第三产业的生产总值有了大幅度提高。近些年遵义市发展势头强劲，经济增速一直保持两位数的高速增长。"十二五"期间，遵义市年平均增速均高于全省、全国平均水平。2015年年末，由于道安高速公路建成通车，遵义市开始步入了"高速时代"，实现了一直以来梦想的县县通高速。县县通高速将带动沿线城镇、旅游景点、产业园区的发展，使其紧密联系在一起，形成一条经济发展线。交通基础设施条件的改善，不仅缩短了时空上的距离，也给遵义市的发展带来了巨大的机遇，使物流成本下降和城市生活品质提升。2015年，遵义市以增速14.6%位列中国城市GDP100强增速第一位。2015年，上海财经大学以及东海证券联合发布的"中国城市竞争力排行榜"中，遵义市排名第15位（见表5-2）。2015年，遵义市一批重点项目建成投产，规模以上工业增加值达929.69亿元，旅游业、服务业快速发展，国内旅游总收入达到546.7亿元。

表5-2　　　　　　　　　2015年全国城市竞争力排行榜

新排名	城市	排名
1	深圳市	1
2	福州市	4
3	西安市	20
4	广州市	2
5	南京市	13
6	连云港市	69
7	宁波市	5

续表

新排名	城市	排名
8	杭州市	3
9	珠海市	9
10	长春市	44
11	武汉市	22
12	桂林市	30
13	遵义市	15
14	成都市	10
15	厦门市	35
16	呼和浩特市	56
17	苏州市	7
18	佛山市	48
19	昆明市	84
20	大同市	45

资料来源：2015年中国城市竞争力排行榜。

二 遵义市城市生态建设现状

（一）人口

进入21世纪后，随着经济的快速发展，综合各方面因素的考虑，遵义市继续保持为贵州省仅次于贵阳市的第二大城市。近年来，遵义市虽然取得了长足发展，但是，其中也存在许多问题。一方面，遵义市虽然地域面积较为辽阔，但是，由于各方面因素的干扰，近几年来遵义市的常住人口却有所下降，从2008年最多的751.62万人下降为2015年的619.21万人。另一方面，遵义市的城镇化率在逐年上升，由2000年的22.98%上升为2015年的46.46%，并且有逐年上升的趋势。城镇化率的提高，意味着遵义市城镇人口的增加。城镇人口规模的扩大对遵义市的发展有两个方面的影响。其一，人口数量的增加为城市的生产生活提供了大量劳动力，其中不乏一些高科技人才，这样，城市的生产力水平也随之升高，城市内需自然扩大。其二，城镇人口的增加也给遵义市带来了各种问题。大量的农村人口进入城市，改变了城市的人口结构，加大了对能源、土地以及各种娱乐休闲设施的需求。人口的增加使交通变得越来越拥挤,加大了对自然资源的消耗程度,增加社会治安管理压力,同时也会引起一些环境问题。

如表5-3所示,从人口方面来看,2000年,遵义市年末常住人口为713.94万人,在之后十余年的发展过程中,虽然中间有小的波动但是总体而言呈下降趋势,并于2015年达到619.21万人;城镇居住人口在进入21世纪以后,一直呈现出稳步上升的趋势,从2000年的164.06万人增加至2015年的287.68万人,增加了123.62万人,增幅达75.35%。与此同时,城镇化率也随着城镇人口的增加而不断攀升,从2000年的22.98%发展至2015年的46.46%,增加了约24个百分点,可以看出,近些年遵义市人口和城镇化率方面确实取得了很大进步,对于加快工业化、城镇化以及全市的经济发展有很大的促进作用。

表5-3　　　　2000—2015年遵义市年末常住人口及城镇人口

年份	年末常住人口(万人)	城镇化率(%)	城镇人口(万人)
2000	713.94	22.98	164.06
2001	722.08	23.94	172.87
2002	728.25	24.94	181.63
2003	733.80	25.99	190.71
2004	739.68	27.08	200.31
2005	743.28	28.21	209.68
2006	745.84	29.31	218.61
2007	749.68	30.31	227.23
2008	751.62	31.14	234.09
2009	627.37	33.11	207.72
2010	613.29	35.98	220.66
2011	610	37.40	226.65
2012	611.70	39.48	243.83
2013	614.25	41.3	253.69
2014	615.49	43.26	264.27
2015	619.21	46.46	287.68

资料来源:2001—2016年《遵义市统计年鉴》。

(二) 水资源与水环境

遵义市 2015 年平均降水量约 948.8 毫米，较往年平均数减少 11.9%，水资源总量约 148.2 亿立方米，年径流深 481.8 毫米，遵义市大小水库共计 957 座，全年总供水量 21.29 亿立方米，虽然较上年减少了 0.21 亿立方米，但是，全市的供水与用水量基本持平。在水质方面，评价水功能区共 24 个，达标 22 个，达标率九成以上。由上述的统计数据可以清晰地看到，遵义市由于其江河水库均属于上江流域的上游地段，得天独厚的自然地理优势使遵义市的水资源较为丰富，由于地处上游，地势高，经济发展较为落后，因此，水资源受到的污染相对较少。随着经济发展的深入推进，遵义市的水资源逐渐出现紧缺的现状，其利用方式不合理的问题也渐渐暴露出来。首先，储量透支使遵义市已经成为全国 40 个严重缺水的城市，遵义市的年降水量和河流的淡水资源储量由于现今自然环境的变化和工业企业的发展正在逐步减少，而遵义市由于产业的发展处在上升期，发展方式的落后，在某种程度上需要大量的水资源做支撑，但是在原本缺乏的水资源总量上，其利用效率又极其低下，最终致使水资源供应不足。其次，遵义市水源供给存在季节性断层。雨季的水资源丰富，倘若遭遇干旱天气，滴雨不下，则会出现停产的现象。除此之外，工业企业对河流城区地段的污染不仅影响下游地区的用水，对人民的生活也会造成极大的困扰。例如，湘江在贵州省境内的总体水质良好，出境断面基本达标，但是，由于在遵义市城区中心河段遭到了污染，所以，对全市的生产生活造成了极大的损伤。

如表 5-4 所示，本书选取代表水资源发展状况的 4 个指标，这 4 个指标从时间序列方面而言，从 2005 年起，生活污水排放量和工业废水排放量都在随年份的增加波动上升。其中，生活污水排放量从 2005 年的 4767 万吨增长至 2015 年的 5198 万吨，工业污水排放量则在十年间从 4.50 万吨/日增长至 6.98 万吨/日；再看六价铬化合物和化学需氧量的具体情况，从表 5-4 可见，两者同时呈现出总体下降的趋势。

(三) 空气质量

就全国来说，遵义市空气质量排名比较靠前，但是，也存在大气污染的现象。

如表 5-5 所示，从遵义市 2001—2015 年工业废气排放量、二氧化硫排放量和工业烟尘排放量可以看出近几年遵义市空气质量变化趋势。2001

表 5-4   2005—2015 年遵义市工业废水年排放情况

年份	生活污水排放量（万吨）	工业废水排放量（万吨/日）	六价铬化合物（公斤/日）	化学需氧量（公斤/日）
2005	4767.00	4.50	0.0300	4276.27
2006	4302.00	4.60	0.0300	5376.93
2007	4218.00	3.61	0.1500	6026.56
2008	4144.00	4.51	0.5200	6485.26
2009	4235.66	5.56	0.1400	6854.88
2010	4260.29	6.04	0.0000	10474.00
2011	4796.80	6.33	0.0761	45589.00
2012	4358.80	7.68	0.0174	36648.00
2013	4828.85	7.02	0.0081	24151.30
2014	4850.40	7.61	0.0071	25645.00
2015	5198.00	6.98	0.0017	26123.00

资料来源：2006—2016 年《遵义市水资源公报》。

年，遵义市工业废气排放量约为 15968 万立方米/日。截至 2015 年，排放量增长为 41772 万立方米/日，十五年间增长的日排放量超过 25000 万立方米，增长率超过 150%，增长速度迅猛；二氧化硫排放量相对而言稳定一些，从 2001 年的 5.33 万吨/年的排放量至今，增长的步伐比较缓慢，十五年间只在 2006 年达到了峰值 13.74 万吨，总体势头保持得比较好，这与遵义市这些年对二氧化硫年排放量的重视与加大治理力度分不开。此外，遵义市政府对工业粉尘排放的处理也取得了较为喜人的成绩。2001 年，遵义市工业粉尘排放量达到 14.68 万吨，随后因为惩处力度的加大，环境保护机制的逐渐完善，在这期间，粉尘排放处理虽然有一些波动，但对于整体下降的趋势而言并无大碍。2015 年，遵义市的工业粉尘排放量达到了 1.15 万吨/年，相对于 2001 年，取得了巨大的进步。2017 年 2 月，贵州省环保厅发布了 1 月全省城市环境空气质量排名情况，遵义市以 4.49 排名最后一位。这次排名是按照《环境空气质量标准》的要求来进行的，该标准中包含 6 项指标。

表 5–5　　　　　　　2001—2015 年遵义市空气质量情况

年份	工业废气排放量 （万立方米/日）	二氧化硫排放量 （万吨/年）	工业烟（粉）尘排放量 （万吨/年）
2001	15968.56	5.33	14.68
2002	17787.81	7.24	14.5
2003	11974.00	6.83	17.02
2004	15079.00	6.81	2.7
2005	14502.12	6.09	2.35
2006	47453.64	13.74	2.17
2007	28494.46	8.56	2.31
2008	23780.44	7.32	2.82
2009	25375.16	4.87	2.64
2010	27020.00	6.68	1.33
2011	41765.00	7.91	6.28
2012	93554.00	8.57	0.93
2013	39139.00	9.39	1.21
2014	48065.00	9.65	3.20
2015	41772.00	7.49	1.15

资料来源：2002—2016 年《遵义市统计年鉴》。

（四）城市交通

交通状况是衡量城市竞争力强弱的一个重要指标，在许多国家的城市崛起过程中都离不开交通建设的贡献与支持，交通设施的建设和完善不仅对其他基础设施建设有带动作用，而且在经济的协调发展方面的作用也很重要。一个发展状况良好的城市一定是以坚实完备的交通构架作为依托，而城市的轨道交通设计从小的方面来说关乎市民的日常出行，从整个地区的角度而言，则具有带动本市与周边城市经济带的辐射效应，并且良好的城市轨道交通可以为本市与其他地区搭建经济贸易往来的桥梁，同时为招商引资提供极大的便利。遵义市地处云贵高原地段，为喀斯特地貌；市内众多山体环绕，地面较为陡峭，在市中心有主次干道、支小路（宽度在 3 米以上的道路）共计 232 条，长 162.93 千米，面积 373.17 万平方米，有人行天桥 21 座。近些年来，遵义市的经济发展水平逐渐升高，经济总量稳步升高，人民生活水平也得到了很大的改善。因此，市内的各类现代化基础设施如雨后春笋般围绕着市中心建立起来，居民私家车数量近几年的发展势头也非常凶猛，但是，市内交通堵塞和基础交通设施不能适应日益发展的经济水平，也和城市居民日益增长的需求产生了激烈的矛盾。由于本身的经济基础薄弱，城市轨道交通的建设存在许多不科学不完善之处，加之长期疏于管理，狭窄而拥挤的街道，执行不严的交通法规为人口较集中的市中心雪上加霜。据相关数据统计，建成区拥有社会公共停车泊位17587个，被占用、挪用社会公共停车场停车泊位达6994个。此外，城市车位与居民的需求不匹配，滥用车位的现象导致了交通低效率的现状。遵义市目前正处于城市转型的关键时期，城市的发展离不开交通，而良好的交通更是一个城市不断增强自身经济实力和综合竞争力的重要依托和基础。因此，遵义市政府应当在城市交通建设上多下功夫，加大资金等多种相关要素的投入，请教相关专家和学习周边交通设施建设较为成功的城市的先进经验，尽可能地将全市的轨道交通规划向合理与规范的方向更新与引导，增强城市竞争力，构建城市发展的美好蓝图。

第三节　遵义市城市竞争力评价和城市生态建设评价

一　数据来源与处理

笔者结合所选的题目和地域，以遵义市的实际情况为前提，参考和引用了2002—2016年《遵义市统计年鉴》和2002—2016年《遵义市水资源公报》中的部分数据，并通过和借助Excel和SPSS软件对数据进行科学的计算和分析处理。

二　研究方法介绍

因子分析法是指从研究指标相关矩阵内部的依赖关系出发，把一些信息重叠、具有错综复杂关系的变量归结为少数几个不相关的综合因子的一种多元统计分析方法（韩宝燕，2013）。

因子分析模型描述如下：

$$x = \begin{cases} x_1 = a_{11}F_1 + a_{12}F_2 + \cdots + a_{1m}F_m \\ x_2 = a_{21}F_1 + a_{22}F_2 + \cdots + a_{2m}F_m \\ \cdots \quad \cdots \quad \cdots \quad \cdots \quad \cdots \\ x_p = a_{p1}F_1 + a_{p2}F_2 + \cdots + a_{pm}F_m \end{cases} \quad (5-1)$$

式中，X_1，X_2，…，X_p 为 p 个原有变量，是均值为 0、标准差为 1 的标准化变量，F_1，F_2，…，F_m，为 m 个因子变量，m 小于 p，表示为矩阵形式：$X = AF + e$。式中，F 为因子变量或公共因子，A 为因子载荷矩阵，如果 X_i 把变量看成 m 维因子空间中的一个向量，则 a_{ij} 为 x_i 在坐标轴 F_j 上的投影。

因子分析一般有以下五个基本步骤：

第一步：将原始数据标准化；

第二步：确定待分析的原有若干变量是否适合因子分析；

第三步：构造因子变量；

第四步：利用旋转使因子变量更具有可解释性；

第五步：计算因子变量的得分。

三 研究结果与评价

(一) 遵义市城市竞争力评价

主要是通过 2003—2016 年《遵义市统计年鉴》和 2003—2016 年《遵义市水资源公报》来收集所需的数据。选取社会竞争力、经济竞争力和生态建设竞争力等 36 项指标测度城市竞争力。本书研究需要的所有各项指标数据，整理成表 5-6。

城市竞争力评价步骤为：

第一步：由于城市竞争力各项指标的量纲不同，所以，要对这些指标进行无量纲化处理，对样本数据进行标准化，设有 n 个样品，P 个指标，得到的原始资料矩阵：

$$Y = \begin{cases} y_{11} & y_{12} & \cdots & y_{1p} \\ y_{21} & y_{22} & \cdots & y_{2p} \\ \cdots & \cdots & \cdots & \cdots \\ y_{n1} & y_{n2} & \cdots & y_{np} \end{cases} \quad (5-2)$$

对数据矩阵 Y 做标准化处理，即对每一个指标分量做标准化变换，变换公式为：

表 5-6　2002—2015 年遵义市城市竞争力各项指标数据统计

指标	2002年	2003年	2004年	2005年	2006年	2007年	2008年	2009年	2010年	2011年	2012年	2013年	2014年	2015年
Y_1	704.85	713.49	723.01	725.54	732.34	739.4	744.02	750.87	764.16	771.94	771.43	778.46	787.03	793.35
Y_2	9.2	8.9	7.6	6.9	5.6	5.1	5.1	5.5	5.5	5.3	5.1	4.99	4.9	5.07
Y_3	24.94	25.99	27.08	28.21	29.31	30.31	31.14	33.31	35.98	37.4	39.48	41.3	43.6	46.46
Y_4	1.26	1.36	1.64	1.36	1.69	3.3	3.73	3.48	4.98	4.73	5.32	5.85	5.84	6.7
Y_5	9799	10534	12714	15490	17274	20839	24567	28170	31335	37684	43056	48376	54864	63778
Y_6	12.11	13.48	16.05	19.43	24.48	34.5	46.79	48.32	49.66	51.281	60.7	63.56	67.79	70.72
Y_7	436428	625965	920004	969520	1444509	1512700	2151929	2541363	3408405	4180178	4417079	5157361	4976091	5482267
Y_8	10576	9987	9919	9934	10339	11873	13996	16324	17932	20710	23290	29428	34453	36760
Y_9	10546	11098	10721	10660	11024	14077	15149	16131	18125	20179	23188	28159	31411	35386
Y_{10}	242	482	488	612	612	619	637	683	748	509	603	623	1220	1421
Y_{11}	1180	1031	1052	2381	2450	2592	2593	3470	2818	1177	3127	3328	4074	4762
Y_{12}	36.7	34.3	37	39.4	43.7	46.4	47.8	40	41.8	44	46	47	45.9	44.8
Y_{13}	32.1	36.9	35.7	35.2	35.3	35.8	34.3	44.2	42.8	42.5	40.7	39.9	39.8	39.1
Y_{14}	42.89	46.62	53.4	60.41	65.19	35.64	38.49	41.95	43.68	43.73	45.82	48.11	48.99	50.65
Y_{15}	83.95	76.65	88.66	93.16	88.82	100.99	117.56	128.23	151.77	152.05	186.15	206.87	292.25	353.68
Y_{16}	4.32	7.42	6.41	6.41	5.73	6.31	7.22	7.41	9.35	12.23	14.8	17.27	21.62	26.37
Y_{17}	280.07	304.25	320.71	321.65	272.97	330.18	341.97	339.85	333.99	227.12	276.22	259.8	291.55	302.49
Y_{18}	208.86	267.14	280.09	361.78	461.59	494.01	672.52	724.17	908.78	1281.08	1351.36	1481.37	1589.25	1975.91

第五章　贵州省生态文明建设与城市竞争力 | 181

续表

指标	2002年	2003年	2004年	2005年	2006年	2007年	2008年	2009年	2010年	2011年	2012年	2013年	2014年	2015年
Y_{19}	3331	3816	4465	5733	6929	8596	10813	12256	14650	18335	22296	25852	30484	35123
Y_{20}	242.89	280.18	328.93	388.59	466.81	568.1	700.49	777.64	908.76	1121.46	1361.93	1584.67	1874.36	2168.34
Y_{21}	4.5	6.02	8.24	15.1	47.83	55.2	81.56	110.37	140.56	240.5	311.65	358.69	444.43	546.7
Y_{22}	30.45	38.87	48	60.11	72.23	88.59	102.67	115.03	141.3	202.2	288.33	356.56	412.66	432.24
Y_{23}	82.63	93.26	108.18	122.24	140.26	165.46	203.52	244.24	290.25	350.62	409.87	470.37	533.4	639.93
Y_{24}	106	130.09	160.83	194.01	216.77	259.8	315.96	376.07	551.84	813.62	1306.48	1761.84	2552.73	3236.91
Y_{25}	3.45	4.41	5.93	4.89	7.18	11.49	12.91	12.98	13.31	15.94	19.28	22.99	28.06	90.56
Y_{26}	5863	6546	7256	8207	8943	11340	12525	13806	15279	17426	19748	20504	22728	24997
Y_{27}	137.2	164.56	196.51	234.87	276.03	321.34	405.93	485.72	601.1	744.5	936.49	950.24	996.72	999.48
Y_{28}	40.3	41.9	42.43	42.33	42.95	43.56	43.25	45.94	43.68	43.92	42.12	40.6	41.8	44.1
Y_{29}	8790	10119	15782	18730	22031	23912	27490	29531	30187	31270	35629	35908	36772	38963
Y_{30}	7.01	4.9	4.9	4.5	4.6	3.61	4.51	5.56	6.04	7.25	7.68	7.02	7.61	6.98
Y_{31}	7.24	6.83	6.81	6.09	13.74	8.56	7.32	4.87	6.68	8.41	8.57	9.39	9.65	7.49
Y_{32}	29.4	33.2	33.2	66.7	66	38.19	44.39	52.54	55.76	66.69	80.97	82.6	98.1	98.12
Y_{33}	39.25	39.23	39.18	26.1	26.08	26.07	26.1	26.05	26.03	26.01	26.02	26.12	25.99	25.78
Y_{34}	5876	5992	6311	6733	7634	8620	9221	10129	11763	10271	11012	10763	11026	10274
Y_{35}	4.33	4.54	8.75	10.97	13.64	16.24	19.39	20.44	22.42	26.01	28.43	23.62	35.2	39.57
Y_{36}	267	314	288	341	341	351	439	353	398	513	528	596	682	690

资料来源：2003—2016年《遵义市统计年鉴》。

$$X_{ij} = \frac{Y_{ij} - \overline{Y}_i}{S_j} \tag{5-3}$$

式中，样本均值：$\overline{Y}_i = \frac{1}{n} \sum_{k=1}^{n} Y_{ki}$ （$i = 1, 2, \cdots, n$；$j = 1, 2, \cdots, p$）

$$\tag{5-4}$$

样本标准差：$S_i = \sqrt{\frac{1}{n-1} \sum_{k=1}^{n} (Y_{ki} - \overline{Y}_i)}$ $\tag{5-5}$

遵义市城市竞争力指标原始数据基本统计信息描述如表 5-7 所示。

表 5-7　遵义市城市竞争力指标原始数据基本统计信息描述

指标	n	最小值	最大值	均值	标准差
Y_1	14	704.85	793.35	749.992	28.231
Y_2	14	4.9	9.2	6.054	1.485
Y_3	14	24.94	46.46	33.894	6.895
Y_4	14	1.26	6.7	3.674	2.018
Y_5	14	9799	63778	29891.429	17327.307
Y_6	14	12.11	70.72	41.348	21.048
Y_7	14	436428	5482267	2730271.357	1829004.174
Y_8	14	9919	36760	18251.500	9415.389
Y_9	14	10546	35386	18275.286	8328.294
Y_{10}	14	242	1421	678.500	299.542
Y_{11}	14	1031	4762	2573.929	1157.567
Y_{12}	14	34.3	47.8	42.486	4.331
Y_{13}	14	32.1	44.2	38.164	3.634
Y_{14}	14	35.64	65.19	47.541	8.006
Y_{15}	14	76.65	353.68	151.485	83.503
Y_{16}	14	4.32	26.37	10.919	6.699
Y_{17}	14	227.12	341.97	300.201	34.001
Y_{18}	14	208.86	1975.91	861.279	574.491
Y_{19}	14	3331	35123	14477.071	10423.446
Y_{20}	14	242.89	2168.34	912.368	622.860
Y_{21}	14	4.5	546.7	169.382	180.307
Y_{22}	14	30.45	432.24	170.660	142.959
Y_{23}	14	82.63	639.93	275.302	179.671

续表

指标	n	最小值	最大值	均值	标准差
Y_{24}	14	106	3236.91	855.925	998.553
Y_{25}	14	3.45	90.56	18.099	22.090
Y_{26}	14	5863	24997	13940.571	6333.384
Y_{27}	14	137.2	999.48	532.192	333.123
Y_{28}	14	40.6	45.94	42.777	1.470
Y_{29}	14	8790	38963	26079.571	9847.405
Y_{30}	14	3.61	7.68	5.974	1.370
Y_{31}	14	4.87	13.74	7.975	2.106
Y_{32}	14	29.4	98.12	60.419	23.443
Y_{33}	14	25.78	39.25	28.858	5.616
Y_{34}	14	5876	11763	8973.214	2087.231
Y_{35}	14	4.33	39.57	19.539	10.688
Y_{36}	14	267	690	435.786	142.502

第二步：确定因子。求出它的特征根和它的单位特征向量，写出因子载荷矩阵 A。遵义市城市竞争力指标特征根与方差贡献率如表 5-8 所示。

表 5-8　　遵义市城市竞争力指标特征根与方差贡献率

成分	初始特征值			提取平方和载入			旋转平方和载入		
	合计	方差百分比（%）	累计百分比（%）	合计	方差百分比（%）	累计百分比（%）	合计	方差百分比（%）	累计百分比（%）
1	26.73	74.25	74.25	26.73	74.25	74.25	21.71	60.32	60.32
2	3.05	8.46	82.71	3.05	8.46	82.71	6.02	16.73	77.05
3	2.05	5.69	88.40	2.05	5.69	88.40	2.74	7.61	84.66
4	1.82	5.06	93.46	1.82	5.06	93.46	2.52	6.99	91.64
5	1.04	2.89	96.35	1.04	2.89	96.35	1.70	4.71	96.35
6	0.52	1.44	97.79	—	—	—	—	—	—
7	0.27	0.74	98.53	—	—	—	—	—	—

续表

成分	初始特征值 合计	初始特征值 方差百分比（%）	初始特征值 累计百分比（%）	提取平方和载入 合计	提取平方和载入 方差百分比（%）	提取平方和载入 累计百分比（%）	旋转平方和载入 合计	旋转平方和载入 方差百分比（%）	旋转平方和载入 累计百分比（%）
8	0.19	0.54	99.07	—	—	—	—	—	—
9	0.12	0.33	99.40	—	—	—	—	—	—
10	0.11	0.31	99.71	—	—	—	—	—	—
11	0.07	0.19	99.89	—	—	—	—	—	—
12	0.02	0.06	99.95	—	—	—	—	—	—
13	0.02	0.05	100.00	—	—	—	—	—	—
14	1.0E−15	3.0E−15	100.00	—	—	—	—	—	—
15	7.5E−16	2.1E−15	100.00	—	—	—	—	—	—
16	6.9E−16	1.9E−15	100.00	—	—	—	—	—	—
17	6.3E−16	1.7E−15	100.00	—	—	—	—	—	—
18	5.0E−16	1.4E−15	100.00	—	—	—	—	—	—
19	3.6E−16	1.0E−15	100.00	—	—	—	—	—	—
20	2.9E−16	8.2E−16	100.00	—	—	—	—	—	—
21	1.9E−16	5.4E−16	100.00	—	—	—	—	—	—
22	1.8E−16	5.0E−16	100.00	—	—	—	—	—	—
23	1.6E−16	4.3E−16	100.00	—	—	—	—	—	—
24	6.2E−17	1.7E−16	100.00	—	—	—	—	—	—
25	1.7E−17	4.9E−17	100.00	—	—	—	—	—	—
26	−6.9E−18	−1.9E−17	100.00	—	—	—	—	—	—
27	−5.4E−17	−1.5E−16	100.00	—	—	—	—	—	—
28	−1.7E−16	−4.8E−16	100.00	—	—	—	—	—	—
29	−2.1E−16	−6.0E−16	100.00	—	—	—	—	—	—
30	−2.5E−16	−7.0E−16	100.00	—	—	—	—	—	—
31	−3.5E−16	−9.7E−16	100.00	—	—	—	—	—	—
32	−3.7E−16	−1.0E−15	100.00	—	—	—	—	—	—
33	−4.5E−16	−1.2E−15	100.00	—	—	—	—	—	—
34	−4.9E−16	−1.4E−15	100.00	—	—	—	—	—	—
35	−6.5E−16	−1.8E−15	100.00	—	—	—	—	—	—
36	−9.6E−16	−2.7E−15	100.00	—	—	—	—	—	—

根据特征值大于 1，结合碎石图（见图 5-4），笔者选取 5 个公共因子，分别是 F_1、F_2、F_3、F_4 和 F_5。

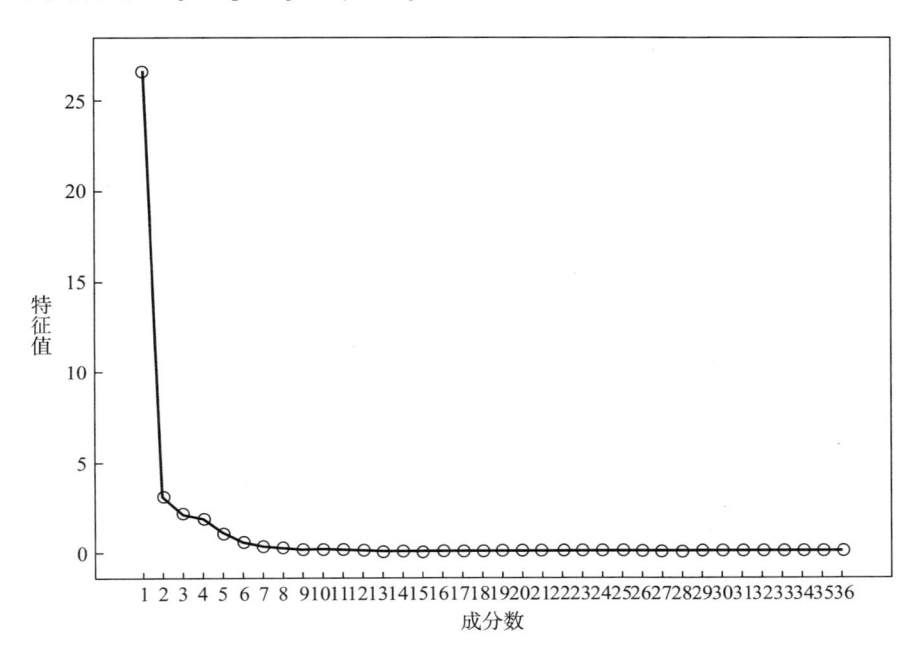

图 5-4　遵义市城市竞争力指标结果碎石图

第三步：因子旋转。因子旋转就是当原有的变量变成少数的几个因子之后，利用因子旋转的方法使所选择的因子更具有可解释性。因子载荷矩阵如表 5-9 所示。

表 5-9　遵义市城市竞争力指标初始因子载荷矩阵和旋转后的因子载荷矩阵

指标	成分矩阵[a]					旋转成分矩阵[a]				
	成分					成分				
	1	2	3	4	5	1	2	3	4	5
Y_1	0.980	-0.123	-0.052	-0.089	0.057	0.805	0.465	0.330	0.116	-0.065
Y_2	-0.752	0.516	0.385	-0.064	0.058	-0.416	-0.857	-0.270	0.091	0.012
Y_3	0.997	0.009	0.012	-0.037	0.037	0.887	0.365	0.246	0.127	-0.033
Y_4	0.963	-0.125	0.035	-0.169	-0.107	0.812	0.434	0.250	0.105	-0.249

续表

指标	成分矩阵[a]					旋转成分矩阵[a]				
	成分					成分				
	1	2	3	4	5	1	2	3	4	5
Y_5	0.997	0.046	0.044	-0.011	-0.006	0.914	0.335	0.192	0.112	-0.044
Y_6	0.965	-0.198	-0.021	-0.127	-0.068	0.780	0.506	0.289	0.066	-0.198
Y_7	0.979	0.011	-0.048	-0.172	0.042	0.831	0.389	0.287	0.243	-0.090
Y_8	0.971	0.182	0.115	-0.003	-0.038	0.955	0.212	0.107	0.146	-0.047
Y_9	0.978	0.145	0.116	0.011	-0.071	0.954	0.243	0.096	0.112	-0.069
Y_{10}	0.802	-0.060	0.233	0.498	0.040	0.846	0.199	0.074	-0.385	0.208
Y_{11}	0.817	-0.234	0.069	0.379	-0.061	0.745	0.431	0.102	-0.340	0.086
Y_{12}	0.693	-0.312	-0.496	0.041	-0.401	0.402	0.891	-0.105	0.050	-0.130
Y_{13}	0.597	-0.380	0.115	-0.426	0.510	0.365	0.196	0.867	0.121	-0.134
Y_{14}	-0.071	0.420	-0.350	0.567	0.559	0.007	-0.109	-0.073	0.092	0.955
Y_{15}	0.948	0.166	0.201	0.163	-0.029	0.981	0.157	0.067	-0.013	0.027
Y_{16}	0.940	0.260	0.160	0.109	-0.006	0.979	0.125	0.051	0.097	0.050
Y_{17}	-0.281	-0.610	0.479	0.415	-0.202	-0.200	-0.053	0.002	-0.898	-0.213
Y_{18}	0.990	0.080	0.015	-0.068	0.024	0.898	0.324	0.214	0.185	-0.041
Y_{19}	0.993	0.103	0.054	0.003	-0.022	0.932	0.301	0.148	0.128	-0.032
Y_{20}	0.992	0.105	0.060	0.019	-0.027	0.937	0.298	0.138	0.115	-0.027
Y_{21}	0.978	0.187	0.067	0.014	-0.012	0.949	0.240	0.110	0.163	0.000
Y_{22}	0.973	0.199	0.021	0.010	-0.052	0.935	0.275	0.067	0.189	-0.005
Y_{23}	0.992	0.098	0.072	-0.011	0.003	0.932	0.284	0.177	0.129	-0.034
Y_{24}	0.930	0.272	0.157	0.177	-0.048	0.985	0.132	-0.014	0.055	0.072
Y_{25}	0.780	0.117	0.328	0.353	-0.019	0.887	0.036	0.012	-0.241	0.095
Y_{26}	0.996	-0.028	0.014	-0.074	-0.014	0.873	0.393	0.240	0.123	-0.098
Y_{27}	0.977	0.047	-0.049	-0.174	0.016	0.841	0.377	0.250	0.262	-0.096
Y_{28}	0.160	-0.789	0.183	0.130	0.385	-0.027	0.257	0.677	-0.567	0.013
Y_{29}	0.946	-0.269	-0.139	-0.050	0.024	0.713	0.600	0.338	0.039	-0.068
Y_{30}	0.667	0.457	0.090	-0.475	0.120	0.672	-0.102	0.206	0.611	-0.153
Y_{31}	0.188	0.296	-0.826	0.217	-0.051	0.032	0.529	-0.360	0.429	0.510
Y_{32}	0.898	0.163	-0.200	0.197	0.204	0.804	0.366	0.152	0.171	0.346
Y_{33}	-0.646	0.542	0.424	-0.139	-0.061	-0.307	-0.830	-0.314	0.134	-0.118

续表

指标	成分矩阵[a]					旋转成分矩阵[a]				
	成分					成分				
	1	2	3	4	5	1	2	3	4	5
Y_{34}	0.844	-0.393	-0.105	-0.277	0.029	0.562	0.587	0.472	0.090	-0.253
Y_{35}	0.976	-0.136	0.007	0.034	0.023	0.837	0.444	0.272	-0.004	-0.035
Y_{36}	0.969	0.147	-0.028	0.025	-0.090	0.905	0.346	0.049	0.168	-0.014

从表 5-9 中很容易看出，主因子 F_1 在 Y_1——年末总人口、Y_5——全部单位从业人员人均工资、Y_8——卫生机构床位数、Y_9——卫生技术人员、Y_{15}——农业产量、Y_{16}——林业产值、Y_{19}——人均生产总值、Y_{20}——地区生产总值、Y_{21}——国内旅游总收入、Y_{22}——财政总收入、Y_{23}——社会消费品零售总额、Y_{24}——固定资产投资、Y_{36}——环保机构人员数等上有较高的载荷。所以 F_1 主要体现城市经济实力和人民生活。

主因子 F_2 在 Y_2——人口自然增长率、Y_6——地方财政文教科卫事业费、Y_{11}——城市出租汽车、Y_{12}——第二产业占 GDP 比重、Y_{29}——"三废"综合利用产品产值、Y_{31}——工业二氧化硫排放量、Y_{33}——年末耕地总资源、Y_{34}——居民家庭用水等上有较高的载荷。所以 F_2 主要体现城市公共事业投入和生态环境保护。

主因子 F_3 在 Y_1——年末总人口、Y_{13}——第三产业占 GDP 比重、Y_{28}——建成区绿化覆盖率、Y_{29}——三废综合利用产品产值、Y_{31}——工业二氧化硫排放量、Y_{33}——年末耕地总资源、Y_{34}——居民家庭用水等上有较高的载荷。所以 F_3 主要体现城市生态环境宜居性。

主因子 F_4 在 Y_{10}——公共电汽车数、Y_{11}——城市出租汽车、Y_{17}——粮食产量、Y_{28}——建成区绿化覆盖率、Y_{30}——工业废水排放量、Y_{31}——工业二氧化硫排放量等上有较高的载荷。所以 F_4 主要体现城市交通以及环境质量。

主因子 F_5 在 Y_4——高等教育在校生、Y_{10}——公共电汽车数、Y_{14}——肉类产量、Y_{31}——工业二氧化硫排放量、Y_{32}——生活污水处理率、Y_{34}——居民家庭用水等上有较高的载荷。所以 F_5 主要体现城市居民生活质量。

第四步：用原指标的线性组合来求各因子得分，然后求综合得分（见表5–10）。

表5–10　遵义市城市竞争力指标成分得分系数矩阵

指标	成分				
	1	2	3	4	5
Y_1	0.003	0.037	0.082	0.030	-0.001
Y_2	0.074	-0.250	0.000	0.036	-0.014
Y_3	0.031	-0.002	0.042	0.020	0.006
Y_4	0.017	0.044	-0.011	0.021	-0.140
Y_5	0.044	-0.008	0.002	0.006	-0.012
Y_6	0.003	0.068	0.015	0.009	-0.099
Y_7	0.009	0.013	0.068	0.083	-0.026
Y_8	0.069	-0.048	-0.038	0.009	-0.029
Y_9	0.068	-0.033	-0.059	-0.007	-0.047
Y_{10}	0.097	-0.052	-0.041	-0.236	0.145
Y_{11}	0.051	0.056	-0.075	-0.199	0.060
Y_{12}	-0.057	0.336	-0.282	-0.001	-0.153
Y_{13}	-0.061	-0.104	0.528	0.111	0.088
Y_{14}	0.004	-0.071	0.187	0.017	0.627
Y_{15}	0.093	-0.072	-0.057	-0.072	0.016
Y_{16}	0.090	-0.082	-0.047	-0.023	0.028
Y_{17}	0.052	-0.002	-0.100	-0.396	-0.121
Y_{18}	0.036	-0.013	0.028	0.042	-0.006
Y_{19}	0.052	-0.016	-0.021	0.007	-0.014
Y_{20}	0.055	-0.017	-0.027	0.000	-0.012
Y_{21}	0.062	-0.038	-0.028	0.017	0.002
Y_{22}	0.058	-0.014	-0.062	0.027	-0.013
Y_{23}	0.052	-0.028	0.003	0.010	-0.008
Y_{24}	0.098	-0.070	-0.094	-0.049	0.028
Y_{25}	0.118	-0.107	-0.073	-0.178	0.059
Y_{26}	0.027	0.015	0.019	0.020	-0.040
Y_{27}	0.014	0.013	0.044	0.088	-0.038
Y_{28}	-0.050	-0.015	0.388	-0.196	0.159

续表

指标	成分				
	1	2	3	4	5
Y_{29}	-0.020	0.101	0.066	0.005	-0.004
Y_{30}	0.032	-0.145	0.127	0.251	-0.071
Y_{31}	-0.070	0.257	-0.194	0.163	0.232
Y_{32}	0.021	0.010	0.070	0.031	0.239
Y_{33}	0.085	-0.239	-0.070	0.046	-0.113
Y_{34}	-0.050	0.100	0.138	0.055	-0.097
Y_{35}	0.022	0.031	0.039	-0.033	0.010
Y_{36}	0.049	0.022	-0.088	0.019	-0.025

根据表 5-10 中的因子得分系数和原始变量的标准化值，可以计算出各个观测值的各因子的得分数。本书研究中旋转后的因子得分模型表达式如下：

$$F_1 = 0.003 \times X_1 + 0.074 \times X_2 + 0.031 \times X_3 + \cdots + 0.049 \times X_{36}$$
$$F_2 = 0.037 \times X_1 - 0.250 \times X_2 - 0.002 \times X_3 + \cdots + 0.022 \times X_{36}$$
$$F_3 = 0.082 \times X_1 + 0.000 \times X_2 + 0.042 \times X_3 + \cdots - 0.088 \times X_{36}$$
$$F_4 = 0.030 \times X_1 + 0.036 \times X_2 + 0.020 \times X_3 + \cdots + 0.019 \times X_{36}$$
$$F_5 = -0.001 \times X_1 - 0.014 \times X_2 + 0.006 \times X_3 + \cdots - 0.025 \times X_{36}$$

遵义市城市竞争力综合得分以各公共因子的方差贡献率为权重，由各因子的线性组合得到综合评价指标模型：

$$F = (w_1 F_1 + w_2 F_2 + \cdots + w_m F_m)/(w_1 + w_2 + \cdots + w_m)$$

此处，w_i 为旋转前或旋转后因子的方差贡献率：

$$F = (60.316 \times F_1 + 16.732 \times F_2 + 7.609 \times F_3 + 6.987 \times F_4 + 4.708 \times F_5)/(60.316 + 16.732 + 7.609 + 6.987 + 4.708)$$

各因子和遵义市城市竞争力综合得分如表 5-11 所示。

表 5-11　　　　各因子和遵义市城市竞争力综合得分

年份	F_1	F_2	F_3	F_4	F_5	F
2002	-0.56116	-1.56431	-1.34887	0.917805	-0.84802	-0.70434
2003	-0.51987	-1.7563	-0.21843	0.02744	-0.0806	-0.64963

续表

年份	F_1	F_2	F_3	F_4	F_5	F
2004	-0.56163	-1.26044	-0.18872	-0.28014	0.288218	-0.5916
2005	-0.61254	-0.37021	-0.05131	-0.76745	1.366399	-0.44068
2006	-1.03519	1.161051	-0.47175	0.363618	2.56794	-0.33181
2007	-0.77343	1.244505	-0.92979	-1.0584	-0.99371	-0.46678
2008	-0.48909	1.202015	-1.04607	-1.04699	-1.21211	-0.31519
2009	-0.39473	-0.16345	2.135415	-1.16695	-0.35708	-0.20892
2010	-0.18386	0.216874	1.303652	-0.39975	-0.57506	-0.03157
2011	-0.18745	0.328802	1.439512	1.709838	-0.20619	0.167347
2012	0.41513	0.584732	0.347225	1.068557	-0.40613	0.446474
2013	0.779541	0.704944	-0.48612	1.369341	-0.33053	0.655165
2014	1.575988	0.327928	-0.45056	0.2658	0.239377	1.038899
2015	2.512692	-0.50534	-0.16834	-1.27326	0.636636	1.410664

（二）遵义市城市生态建设评价

本书的城市生态建设由表5-12所示的指标构成。

表5-12　　　　　　　　　生态建设竞争力

一级指标	二级指标
生态建设竞争力	Y_{28}：建成区绿化覆盖率、Y_{29}："三废"综合利用产品产值、Y_{30}：工业废水排放量、Y_{31}：工业二氧化硫排放量、Y_{32}：生活污水处理率、Y_{33}：年末耕地总资源、Y_{34}：居民家庭用水、Y_{35}：城市环境基础设施建设投入、Y_{36}：环保机构人员数

城市生态竞争力评价步骤为：

第一步：确定因子。由于已对所需数据进行标准化处理，所以直接确定因子。

由表5-13可知，可选三个主成分F_1、F_2和F_3。

第二步：因子旋转。当原有的变量变成少数的几个因子之后，利用因子旋转的方法使所选择的因子更具有可解释性。因子载荷矩阵和因子得分如表5-14所示。

第五章 贵州省生态文明建设与城市竞争力

表 5-13　遵义市生态建设主成分特征根与方差贡献率

成分	初始特征值 合计	初始特征值 方差百分比（%）	初始特征值 累计百分比（%）	提取平方和载入 合计	提取平方和载入 方差百分比（%）	提取平方和载入 累计百分比（%）	旋转平方和载入 合计	旋转平方和载入 方差百分比（%）	旋转平方和载入 累计百分比（%）
1	5.503	61.143	61.143	5.503	61.143	61.143	5.142	57.132	57.132
2	1.612	17.906	79.049	1.612	17.906	79.049	1.781	19.785	76.917
3	1.054	11.706	90.755	1.054	11.706	90.755	1.246	13.839	90.755
4	0.309	3.434	94.189	—	—	—	—	—	—
5	0.284	3.158	97.347	—	—	—	—	—	—
6	0.165	1.835	99.182	—	—	—	—	—	—
7	0.042	0.468	99.650	—	—	—	—	—	—
8	0.016	0.181	99.831	—	—	—	—	—	—
9	0.015	0.169	100.000	—	—	—	—	—	—

表 5-14　生态建设初始因子载荷矩阵、旋转后的因子载荷矩阵和因子得分

指标	成分矩阵a 成分 1	成分矩阵a 成分 2	成分矩阵a 成分 3	旋转成分矩阵a 成分 1	旋转成分矩阵a 成分 2	旋转成分矩阵a 成分 3	成分得分系数矩阵 成分 1	成分得分系数矩阵 成分 2	成分得分系数矩阵 成分 3
Y_{28}	0.245	-0.904	-0.002	0.081	0.896	-0.261	-0.053	0.531	-0.179
Y_{29}	0.979	-0.122	0.006	0.918	0.342	0.119	0.159	0.110	-0.001
Y_{30}	0.617	0.530	0.470	0.792	-0.483	-0.152	0.269	-0.409	-0.283
Y_{31}	0.249	0.450	-0.817	0.120	-0.119	0.951	-0.093	-0.021	0.820
Y_{32}	0.904	0.227	-0.086	0.883	0.029	0.310	0.162	-0.068	0.151
Y_{33}	-0.782	0.384	0.361	-0.598	-0.646	-0.338	-0.015	-0.355	-0.261
Y_{34}	0.904	-0.192	0.099	0.855	0.362	-0.002	0.159	0.122	-0.099
Y_{35}	0.973	-0.052	0.094	0.944	0.250	0.061	0.185	0.045	-0.064
Y_{36}	0.922	0.238	0.093	0.944	-0.030	0.150	0.206	-0.123	-0.004

确定三个公因子 f_1、f_2 和 f_3。

主因子 f1 在 Y_{29}——"三废"综合利用产品产值、Y_{32}——生活污水处理率、Y_{34}——居民家庭用水、Y_{35}——城市环境基础设施建设投入、

Y_{36}——环保机构人员数等变量上具有较高的载荷。所以主因子 f_1 主要体现环境保护。

主因子 f_2 在 Y_{28}——建成区绿化覆盖率、Y_{33}——年末耕地总资源等变量上具有较高的载荷。所以主因子 f_2 主要体现城市绿化。

主因子 f_3 在 Y_{31}——工业二氧化硫排放量上具有较高的载荷。所以主因子 f_3 主要体现城市空气状况。

第三步：用原指标的线性组合来求各因子得分，然后求综合得分。根据因子得分系数表和原始变量的标准化值，可以计算出各个观测值的各因子的得分数。本书研究中旋转后的因子得分模型表达式如下：

$$f_1 = -0.053 \times X_{28} + 0.159 \times X_{29} + 0.269 \times X_{30} + \cdots + 0.206 \times X_{36}$$
$$f_2 = 0.531 \times X_{28} + 0.110 \times X_{29} - 0.409 \times X_{30} + \cdots - 0.123 \times X_{36}$$
$$f_3 = -0.179 \times X_{28} - 0.001 \times X_{29} - 0.283 \times X_{30} + \cdots - 0.004 \times X_{36}$$

遵义市城市生态建设综合得分以各因子的方差贡献率为权重，由各因子的线性组合得到综合评价指标函数：

$$f = (w_1 f_1 + w_2 f_2 + \cdots + w_m f_m)/(w_1 + w_2 + \cdots + w_m)$$

此处 wi 为旋转前或旋转后因子的方差贡献率：

$$f = (57.132 \times f_1 + 19.785 \times f_2 + 13.839 \times f_3)/(57.132 + 19.785 + 13.839)$$

遵义市城市竞争力指标各因子和城市生态建设综合得分如表 5-15 所示。

表 5-15　遵义市城市竞争力指标各因子和城市生态建设综合得分

年份	f_1	f_2	f_3	f
2002	-0.93892	-2.05555	-0.63766	-1.13641
2003	-1.26371	-0.87122	-0.53882	-1.06761
2004	-1.13077	-0.55413	-0.64896	-0.93159
2005	-0.71379	0.286227	-0.04532	-0.39385
2006	-0.89236	0.509447	2.774063	-0.02769
2007	-0.9053	1.238047	0.646456	-0.20142
2008	-0.33456	0.861718	0.003972	-0.02215
2009	-0.06425	1.67781	-1.48751	0.098499
2010	0.287479	0.764475	-0.67521	0.244668

续表

年份	f₁	f₂	f₃	f
2011	0.64708	0.283071	-0.16385	0.444069
2012	1.077722	-0.44962	0.070321	0.591143
2013	0.978114	-0.911	0.75597	0.532409
2014	1.505264	-0.69366	0.610742	0.889493
2015	1.460929	0.35172	-0.36143	0.941236

第四节 遵义市城市竞争力与城市生态建设关系模型构建

一 模型构建

把上面因子分析法算出的遵义市城市竞争力指数和城市生态建设指数结合起来,建立遵义市城市竞争力与城市生态建设模型。把城市生态建设作为自变量 x,城市竞争力作为因变量 y。通过线性回归找出两者之间的关系(见表 5-16)。

表 5-16　　遵义市城市竞争力与城市生态建设模型

年份	城市生态建设 (x)	城市竞争力 (y)
2002	-1.13641	-0.70434
2003	-1.06761	-0.64963
2004	-0.93159	-0.5916
2005	-0.39385	-0.44068
2006	-0.02769	-0.33181
2007	-0.20142	-0.46678
2008	-0.02215	-0.31519
2009	0.098499	-0.20892
2010	0.244668	-0.03157
2011	0.444069	0.167347
2012	0.591143	0.446474
2013	0.532409	0.655165
2014	0.889493	1.038899
2015	0.941236	1.410664

使用 SPSS 进行曲线估计回归分析，可得到遵义市城市竞争力与城市生态建设关系曲线模拟函数（见图 5-5）以及模拟汇总表（见表 5-17）。

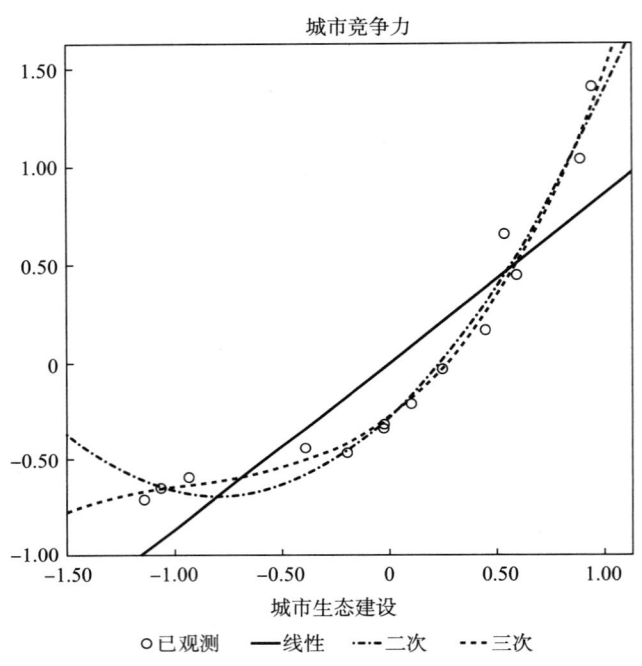

图 5-5　遵义市城市竞争力与城市生态建设关系曲线模拟函数

表 5-17　　　　遵义市城市竞争力与城市生态建设关系模拟汇总

方程	模拟汇总				
	R^2	F	自由度1	自由度2	显著性（双尾）
线性	0.799	47.598	1	12	0.000
二次	0.974	207.451	2	11	0.000
三次	0.979	158.013	3	10	0.000

在模拟汇总表中，R^2 是相关系数的平方，又称判定系数，用来判定该多元回归的拟合程度；调整后的 R^2 是调整后的判定系数。R^2 的值接近1，意味着拟合度高。

经过对比分析，三次函数的拟合程度最高，与观测值误差最小。所以，本书选择三次函数为遵义市城市竞争力与生态环境的数学模型，遵义市城市竞争力用 Y 表示；遵义生态环境用 X 表示。即模型为：$Y = b_0 + b_1X + b_2X_2 + b_3X_3$。

接下来，对三次函数进行方差分析，得到方差分析表 5-18 以及回归系数表 5-19。

由表 5-18 可知，F 值为 158.013，显著性概率为 0，远远小于 0.05，表明回归极显著。

表 5-18　遵义市城市竞争力与城市生态建设关系三次函数方差分析

模型	平方和	自由度	均方	F	显著性（双尾）
回归	5.543	3	1.848	158.013	0.000
残差	0.117	10	0.012		
总计	5.660	13			

表 5-19　遵义市城市竞争力与城市生态建设关系三次函数回归系数

模型	非标准化系数 B	标准误差	标准系数 试用	t	显著性（双尾）
（常量）	-0.275	0.042		-6.554	0.000
X_1	0.820	0.139	0.850	5.890	0.000
X_2	0.701	0.078	0.490	8.989	0.000
X_3	0.248	0.157	0.242	1.582	0.145

将表 5-19 中的系数代入方程可得：$Y = -0.275 + 0.820X_1 + 0.701X_2 + 0.248X_3$。

上述方程就是遵义市城市竞争力与城市生态建设之间的关系。接下来，对模型结果进行评价。

二　模型评价结果及分析

（一）遵义市城市竞争力评价结果分析

遵义市城市竞争力水平随年份的变化情况如图 5-6 所示。

从图 5-6 可以看出，遵义市城市竞争力的变化经历了三个阶段。第一个阶段是 2002—2006 年，这一阶段遵义市城市竞争力保持缓慢稳定的增长。第二个阶段是 2007—2010 年，在经历了 2006 年遵义市城市竞争

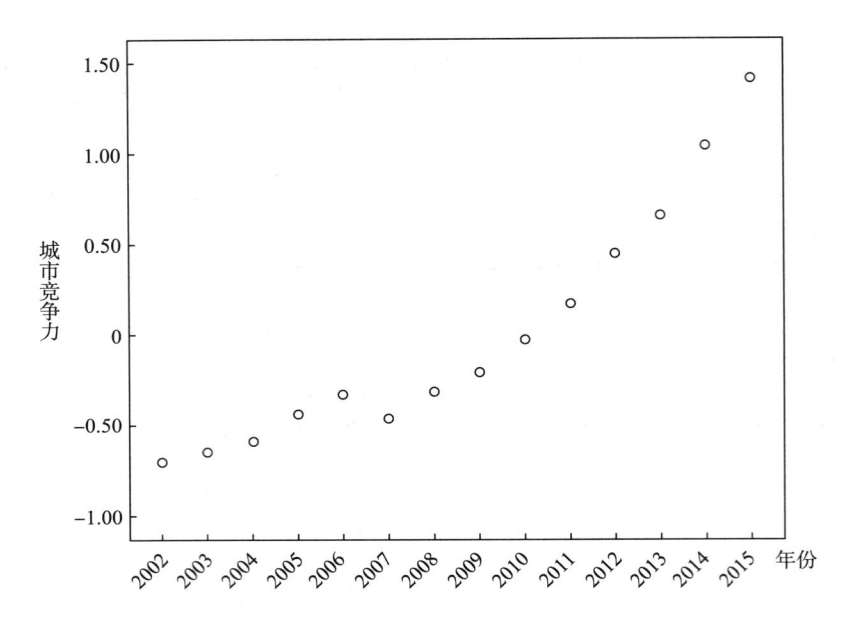

图 5-6　遵义市城市竞争力散点图

力下降之后，2007—2010 年遵义市城市竞争力持续增长。这是由于"十一五"期间经济的快速发展，使遵义市的基础设施有了明显改善，城镇化、工业化的进程加快，城市竞争力得到了巨大提高。第三个阶段是 2011—2015 年，这五年中，遵义市城市竞争力增长幅度大于其他年份。2014 年之后，遵义市的城市竞争力有了巨大增长。遵义市发展势头强劲，经济增速一直保持两位数的高速增长。年平均增速均高于贵州省、全国的平均水平。由统计数据可知，这些年份遵义市的全部单位从业人员人均工资、移动电话用户、公共电汽车数、财政总收入、地区生产总值、固定资产投资、居民储蓄存款余额、社会消费品零售总额指标有大幅度的增量，这些指标大都在遵义市城市竞争力的主因子上有较大载荷。"十二五"期间，遵义市政府全力落实国家一系列的政策方针，遵义市的发展取得了巨大成就。这段时间遵义市地区生产总值年均增长 15% 左右，明显高于贵州省以及全国的水平，完成了五年翻一番的任务。人均生产总值是"十一五"时期的两倍多。城乡区域的协调性得到了明显提高，城乡居民的收入差距逐渐减小，容纳 200 万人的中心城区框架基本建成，城市竞争力显著增强。遵义市县县通高速的目标得到了实现，这大大缩短了居民出行的时间，交通拥堵情况相比以前也得到了有效缓解，地区之间的贸易往来更加便利。对遵义市这样一个旅游城市来说，交通的便利将吸引更多的外来游客，游客的到来带动了当地住宿、餐饮业的发展，增加了当地居民的收入。科教文卫方面，科研机构不断增加，科研人员中硕士、博士比重上升，一大批高等人才加入。创新能力大幅度提升，小学、初中、高中以及高等院校数量增加，扩大了教职工队伍，教学质量不断提高，增加了教育投入，完善了教育体制。学校招生规模扩大，上学人数增加。引进了一大批先进医疗设备，医疗卫生条件得到了明显的改善。医疗保障覆盖人口逐步扩大，医疗卫生机构数逐年增加。贫困县和贫困人数减少，农村脱贫人口达到111万。扶贫效果显著，就业队伍不断扩大。

（二）遵义市城市生态建设评价结果分析

遵义市城市生态建设水平随年份的变化情况如图5－7所示。

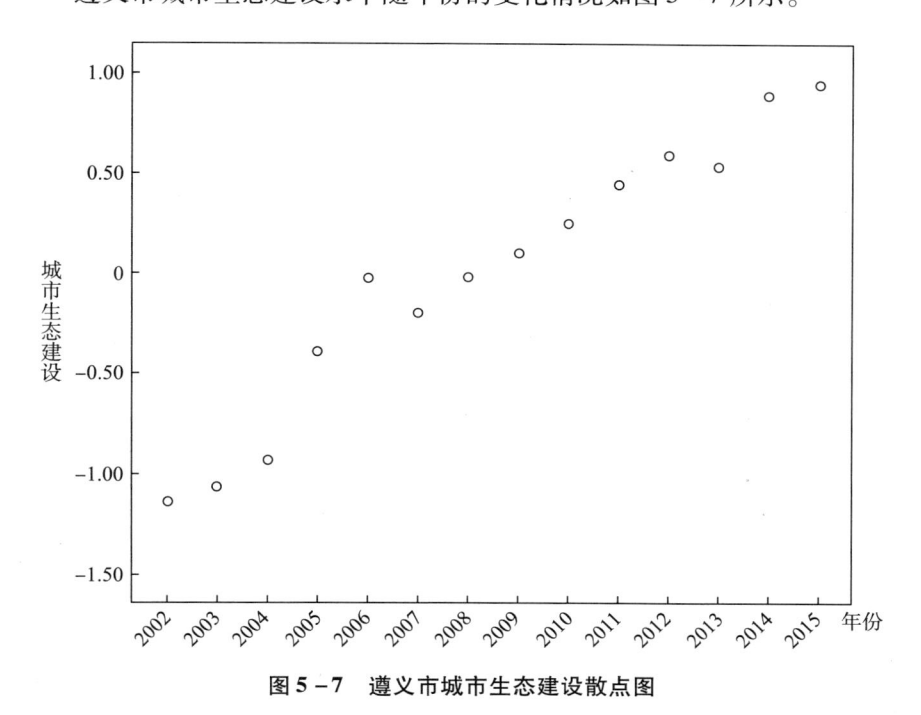

图5－7 遵义市城市生态建设散点图

遵义市城市生态建设水平在2002—2015年除部分年份下降外，大体上呈现的是增长趋势。在2004—2006年增长速度最快。这是由于在这几年遵义市建成区绿化覆盖率、年末耕地总资源指标数值较高并且工业废水排放量、工业二氧化硫排放量指标数值较低。而且这些指标大都在遵义市城市生态建设的主因子上有较大载荷，所以导致这两年遵义市城市生态环境比较好。2007 年之后，生态环境建设力度有所减弱。2008 年之后，生态建设水平基本保持上升趋势。政府在生态建设方面投入大量资金，生态建设效果显著，资源利用效率提高，人居环境大幅度改善，生态文明体制机制基本完善。绿色食品和无公害食品在农产品总量中的比重逐渐上升，并达到了 62.6%。超额完成省政府下达的二氧化硫、臭氧、可吸入颗粒物以及一氧化碳等污染物的减排目标任务以及节能减排目标。单位生产总值二氧化碳排放量下降率控制在省下达的目标范围内。污染物年平均值浓度达到二级标准。遵义市大力实施退耕还林工程，加大植树造林，森林覆盖率从 2008 年的 48.56% 提高到 2015 年的 55.18%。城市供水水源地水质达标率达到 95%，城乡生活垃圾无害化处理率 58%，城镇污水集中处理率 72%。从这些数据可以看出，遵义市政府已经把生态环境建设作为城市发展的重点。

（三）遵义市城市竞争力与城市生态建设模型分析

根据遵义市城市竞争力与城市生态环境模型（见图 5-8）可以看出，遵义市城市竞争力随着城市生态环境的提高而提高的。生态环境质量的提高极大地增强了遵义市的城市竞争力，并从多个方面为其经济社会进步提供助力。

城市竞争力的提高由多方面因素引起，当地产业发展水平的提升是其中的重要因素。遵义市是历史文化名城，漫漫长征路的转折点，是我国颇具革命意义的红色旅游城市，但是，由于本地缺少便捷的基础设施，也没有完善的交通道路体系，近些年来旅游业发展得十分缓慢。生态环境的建设强调的是将本地的经济发展与生态环境相结合，提高环境的自然承载力，打造人与自然和谐相处的美好蓝图。生态环境应当从旅游景点的周边环境做起，做好硬件设施，给国内外的旅客最舒适的原生态享受，做好宣传工作，提升本地区人民群众对本地文化的认同感和归属感，以当地的环境历史资源做依托，创造品牌效应。在这一系列举措之下，遵义市旅游环境的改善势必吸引更多的游客和前来投资的企业，周边的相关产业也可顺势而起。这样，既可以扩大本市的影响力，发挥品牌效应；又可以增加当地的经济总收入并且还能够解决当地居民的就业问题，从而增强了当地的经济综合实力,带动整体经济的发展与提高。

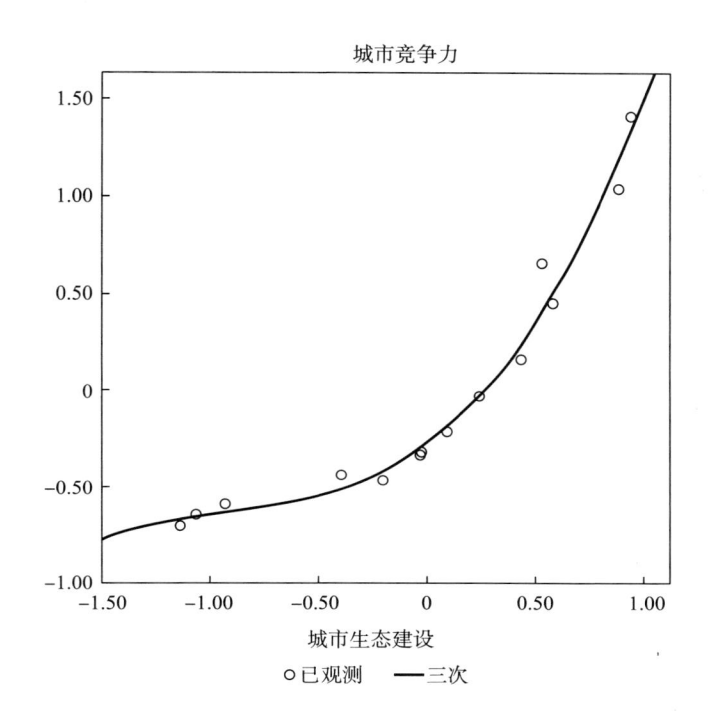

图 5-8 遵义市城市竞争力与城市生态建设模型

此外,生态环境建设不仅适合遵义市的具体实情,并能够保持经济的持续发展。遵义市夏季凉爽,是一个宜居城市,对于遵义市的生态打造,无疑是将本市的优势条件最大化的有效途径。随着人民生活水平的日益提高,对居住环境以及相关的配套措施的要求也越来越高,打造宜居城市,良好的生态环境不仅可以给前来居住的居民留下良好的印象,同时还能够扩大自己的品牌效应,延伸相关产业链,从而促进本地区总体经济发展水平的提高。一个良好的生态环境可以提高城市的竞争力,增强城市的经济实力;反过来,城市经济的良好发展同样可以使生态环境获益匪浅。

在人类历史的进程中,先破坏后治理的发展方式不胜枚举,如果一个地区经济发展水平层次较高,那么对生活质量的要求也会提高,经济的发展带动的是人民对美好生活的向往,而良好的周边环境可以带给人民极大的满足感。因此，在经济发展到一定程度，人民的环保意识自然会提高，这也是有利于生态环境保护的。

上述观点很好地解释了遵义市城市竞争力与生态建设的关系，模型的图形与实际情况比较吻合。城市生态建设的提高对城市竞争力的提高有很大的促进作用，两者呈正相关关系。这个结论与目前大多数城市竞争力与城市生态建设关系的研究结果相符。

第五节　以城市生态建设提高遵义市城市竞争力的对策建议

一　提高全民生态意识

居民是现代城市生活的主体，无论是在城市基础设施的构建和发展还是在人民日常生活之中，居民扮演了十分重要的角色。遵义市政府应当加大对城市居民的思想宣传教育，使广大市民认识到自己是这个美丽城市的一部分，并使之意识到自身作为一名当代市民所应当具备的责任感和使命感，鼓励其身体力行，为城市多方面的发展贡献出自己的力量，由此带动城市竞争力的提高。

在加强推进城市现代化进程的过程中，遵义市的案例提醒贵州应当时刻秉承建设资源节约型和环境友好型社会的理念，加大环境保护的宣传力度，拓宽宣传渠道，充分利用报纸、电视、广播、网络等媒体，开展多类型的生态文明教育以及宣传活动，并且实时对城市生态环境建设的进展状况进行公开，以此来提高人民的法制观念以及环保意识，加强企业以及居民对城市生态环境建设对城市竞争力提升的认知。目前，我国中西部地区城市的生态建设和水平尚处于初级阶段，树立自觉的生态环境保护意识是提高我国城市生态整体水平的关键。

城市居民作为现代城市经济发展的重要推动力，既促进GDP总量增长，又作为消费者拉动城市经济需求。城市如同人体，生活在其中的人就像细胞一样在人体中繁衍生活着，消费者作为拉动城市经济增长的重要力量，有不可忽视的作用，不论是环境保护还是基础设施建设，发动群众的力量必能取得事半功倍的效果。政府可以开展绿色校园、绿色企业、绿色单位的评比活动，在与广大社会各阶层互动中宣扬绿色理念，颁发奖励，实行优惠，促进绿色循环经济的积极推进落实。对于居民，可以建立生态文明社区的评比，选出生态环境保护良好、居民环保意识强烈的社区给予奖励。

二 增大区域环境整改强度

贵州省在环境保护和污染治理方面的生态建设还存在很多不足，借鉴遵义市的成功经验，贵州省的其他城市政府应该根据各自城市生态功能区划，结合各个城市经济社会发展强度和潜力等因素，开展城乡环境和生态系统现状调查分析，编制城乡环境保护规划。按照各个区域的自然承载能力以及生态环境状况来确定其合理的治理方式与措施。制定退耕还林、还草、水土保持、天然林保护、防止石漠化等专项规划。通过城市规划，实施森林植被保护、小流域治理、退耕还林、石漠化治理等生态工程，基本遏制其恶化趋势，有效地带动了生态建设全面健康发展。对造成生态破坏的资源开发活动开展科学的评估与调查。在农村生活方面，要把农村生活污水、垃圾、畜禽养殖污染作为重点综合治理。先进的技术对于治理城市水、大气、固体废弃物污染卓有成效。这些技术的开发与推广有利于解决遵义市的工业污染问题，提高城市污染综合防治能力。同时，在引进人才方面，应当加大支持力度，进行有效引导，提高治理污染的分析检测和评估水准。同时，实验条件、环境管理和环境科研设备要达到国家规定的标准化建设要求，培养高素质、高水平的生态建设团队。

三 增强生态环境监管力度

地方政府应提高各级环保管理人员、执法人员的整体素质，确保其可以熟悉地运用环境法律法规，建设出一支职业能力与道德素养兼具的执法队伍。目前，遵义市的环境监管工作主要由环保部门承担，环境监管效果不佳，在生态建设的复杂形势下，地方环保部门显得势单力薄。因此，需要建立各部门共同监管的格局，确定不同部门的职能范围和工作权限。监管机制的质量和水平是政府机关加大对污染严重企业惩处力度的前提，部门内部的监管应当保持权责分明，分工明确，坚持监管工作目标明确、过程清晰、成果有效的原则。

首先，监管目标应当是确定和明确的。监管目标关乎监管工作和监管程序的执行，一个清晰有效的监管目标，不仅能够快速地建立起相对应的监管体系，还能够使监管内部的人员具备一致的工作方向，对于快速高效制定对高污染高排放企业的惩处依据有十分重要的意义。

其次，监管工作的执行应当权责分明，有效分工，避免出现机构重叠和低效无能的办事情况。对于重污染企业的管制和处罚，其具体工作应当交由有关的环保部门具体实施，但是，现在的惩处过程中依旧有部分政府其他不相关部门的身影，这对于监管的实施力度和实施方式都有重大的影响。因此，部门之间应当做好分工和合作，做好符合各自职能的权衡，扬长避短，通力合作解决问题，优先考虑效率，对不存在关联的地方进行有效隔离。

再次，环境工程建设应当双管齐下，既注重外部企业的联系，也重视内部员工的监管工作。有效的监管离不开执行部门内部人员之间的通力合作，每一位工作人员在系统内部都有不可替代的作用，稍有疏忽就可能影响到环境保护的全局。因此，政府及相关部门可以加大对内部工作人员和管理人员的问责机制建设，对工作失职和推卸责任的工作人员，视其行为严重程度予以处罚；对表现良好的工作人员，给予适当奖励。

最后，监管必须与创新相结合，创新监管手段是监管工作得以持续进行的保障。政府的传统监管手段较为单一，方式方法跟不上时代的潮流，造成效率低下等现象，因此，监管手段及时更新并有效执行至关重要。

环境保护工程的推进需要资金支持和政府拨款。各地政府应当利用国家的优惠政策和自身优势，扩大金融市场的规模，完善金融市场竞争体系，吸引外资，为本市提供多渠道的资金供应，而所引进的资金主要应当投入两个方面：其一，人力管理方面的经费。环境管理，人员的招揽与分配尤为重要，环保队伍的壮大与积极性的激发都离不开政府资金的支持，只要资金进行了有效投入，环境的改善也就指日可待。其二，基础设施的费用投入。市政府对于本市环保相关的基础设施建设不可忽视，良好的基础设施建设有利于提高整个市域的环境治理水平，使整个城市朝着健康环保可持续的发展方向稳步前进。

四 发展低碳经济

城市政府应加强对公众的引导，鼓励其采取节能、低碳、环保健康的生活方式。通过环保宣传，提升居民的节水节电意识，形成垃圾的回收利用意识，提高可再生能源在居民日常生活中使用能源资源的比例。

鼓励节能灯、节能型汽车等节能产品的使用，逐步减少一次性筷子、饭盒、塑料袋等产品的使用。具体来说，政府部门可以制定日用家电和一些家用设施的基本能耗准入门槛，大力扶持和鼓励节能环保类产品进入市场，优化市场结构，带动居民环保消费、生态消费，实现整个城市消费系统的转型升级。

此外，在推动城市绿化的过程中，不仅需要广大市民的参与与支持，同时广大中小企业也不容忽视。在近些年的城市发展中，随着城市面积随时间推移而逐步扩大，城市中原有的大多中小企业的布局被打乱，发展至今，中小企业的分散凌乱问题一直困扰着遵义市的经济发展，加之大多数企业的发展时间不长，深度广度均有所欠缺，生产效率同样不容乐观。因此，广大的中小企业是城市发展的问题所在。

为了促进城乡的经济与环境协调发展，走出一条生产效率高、技术结构好、环境污染少的健康可持续发展道路，需要大力拓宽融资渠道，积极培育节能环保产业和高端装备制造业以及其他的低碳环保产业，投入资金以改造大中小企业的节能环保系统，提升污水废气和固体废弃物的处理率，建设环保企业的发展路径，壮大各类企业在环境保护方面的力量，推动城市环境建设的进程。积极发展服务业、先进制造业、生物质能、环保机械、高新技术产业以及资源综合利用等新能源装备制造产业，有序推进清洁能源开发，减少能源依赖，推动城市公交车、出租汽车主要燃料向清洁能源转化。

五 推广生态农业

城市应该把建设优美环境、保护生态作为目标，建立多种类型的生态农业试点，大力发展生态农业、生态旅游。推动农业与观光旅游、农村生活体验、新农村建设的协调发展。完善绿色有机无公害产品的认证机制，规范其生产过程。推广高效、安全的病虫害防治和疫情防控技术的使用，扩大生态农业的标准化种植规模，加快制定重点农产品的品质认定合格标准。

政府应该加大对现代山地特色农业的补助，抓好农产品品牌、品种、品质建设，使其创建自身品牌和特色。以展销会和大众媒体为平台，加大对本市特色农产品的宣传力度，形成品牌效应，形成城市特色产业体系，创新发展的路径。政府应积极帮助农民做好商标认证工作，进一步扩大遵义市生态农产品的品牌数量。

大力推进农村对风能、太阳能、沼气等清洁能源的使用，优化农村生活、生产方式，促进农业的可持续发展。加大对农民生态农业知识的教育以及宣传，帮助其实现规模化、专业化生产。促进农村优势产业的集聚并进一步优化农村产业格局，提高土地资源利用效率。

第六章 贵州省新型城镇化与城乡居民收入差距

第一节 贵州省城乡居民收入差距现状与成因

一 贵州省城乡居民收入差距现状

（一）贵州省城乡收入差距的特征

从图6-1可以看出，贵州省城镇居民和农村居民收入在逐年增长。20世纪80年代初开始，我国大力促进城镇化发展，城乡收入差距在初期相差不大，随着城镇化的深入，城镇经济迅速发展，城镇居民收入在2016年增长到2674元，相比20世纪80年代初期增长约80倍。农村居民的人均纯收入也从1980年的161元增长到了2016年的8090元，是1980年的50倍。从数据的分析和曲线图上可以直观地看出，城镇居民人均可支配收入曲线斜率越来越大，增长速度远大于农村居民收入，使在同一年份两条曲线上点之间的距离越来越大，城乡居民收入之间的差距越来越显著（范丽美，2016）。

从表6-1中可以看出，2016年贵州省居民不同组别的居民收入从低到高收入绝对差距不断加大，差距明显。从5个组别的城镇和农村居民收入比值来看，低收入户的城乡收入比要远高于高收入户，从人口的占比角度来看，城镇和农村的人口占比最多的是中低收入户和中等收入户，这两个群体的城乡居民之间的收入比分别为3.40和3.55，城乡中低收入户和中等收入户的差距过大是造成城乡居民收入差距问题的主要原因（范丽美，2016）。2016年，贵州省农村低收入户的人均收入仅为2531元，比国家的贫困线还要低将近500元，对这个组别的人群需要引起关注，以提高他们的生活水平，使他们的生活可以得到最基本的保障。

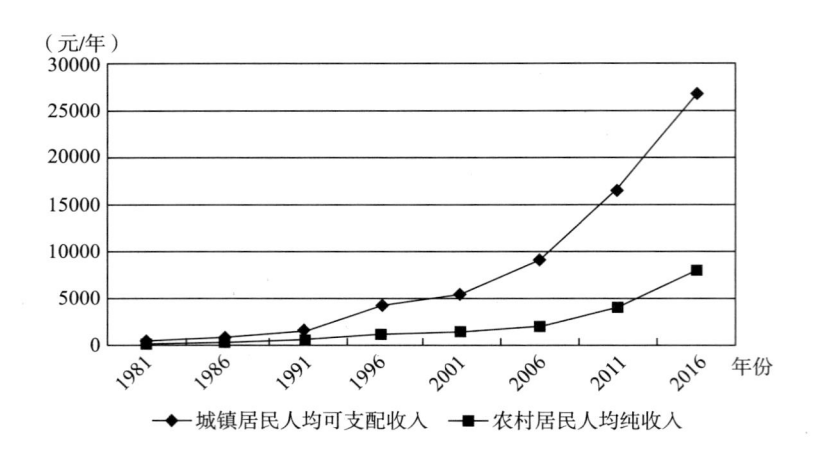

图 6-1 贵州省 1981—2016 年城乡居民实际人均收入

资料来源：1982—2017 年《贵州统计年鉴》。

表 6-1　　　　　　　　2016 年贵州省不同收入组的城乡居民收入

组别	城镇居民人均可支配收入（元）	农村居民人均纯收入（元）	城乡居民收入比
低收入户	9550	2531	3.77
中低收入户	17395	5105	3.40
中等收入户	24619	6930	3.55
中高收入户	32640	9245	3.53
高收入户	49621	15841	3.13

资料来源：《贵州统计年鉴（2017）》。

(二) 贵州省城乡居民收入差距的纵向比较

图 6-2 反映了贵州省在从 1980 年开始的 37 年间城乡居民收入差距变化情况。从图中可以看出，37 年来，贵州省城乡居民收入差距在变化中一共出现了 3 次转折，从初期的持续上升在 1993 年短期下降后，1996—2008 年又开始扩大并达到最大值，随后开始缩小（黄祖辉，2007）。

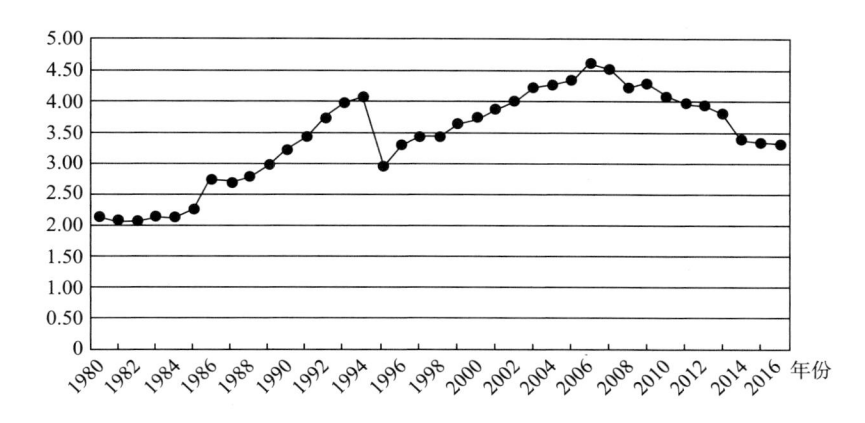

图 6-2　1980—2016 年贵州省城乡居民收入差距

资料来源：根据历年《贵州统计年鉴》整理而得。

第一阶段，在从 1980 年开始的 5 年间基本上维持在一个水平上，没有明显的扩大和缩小现象。其原因在于这一时期我国处于改革开放初期，在农村实行家庭联产承包责任制，由于该制度在农村的实施使我国农民的劳动生产效率大大提高，并且在这一时期我国重视农业的发展，国家对农产品的价格和产量都实行保护制度，使我国农民在这一时期收入有稳定的增长，农业收入增加，农民个人收入也因此提高。此外，加大对乡镇企业的扶持，增大了农民的工资收入。同时，在这一时期，国家在城镇重点放在对国有企业改革，提高国有企业积极性，从而提高生产效率。同时国家实行多种所有制经济共同发展，私营企业焕发生机，给城镇带来更多就业机会，缓解就业压力，提高了城镇居民收入。在 1980—1985 年的 5 年间，城乡居民收入分别增长了 19.8% 和 17.5%，增长速度相差不多。从整体而言，1980—1985 年，贵州城乡居民收入差距波动较为平缓，城乡之间未出现较大差距。

第二阶段，1986 年城乡居民收入差距开始持续扩大，在 1994 年城乡居民收入比达到了 4.06。这个时期，由于迅速提升的粮食产量以及缺少销售渠道，粮食出现了供大于求的现象，大量粮食滞留在农民手中，以往的收入增长方式在此时受到了阻碍。与此同时，改革开放经历了初期，此时城市开始蓬勃发展，政府简政放权，大力发展市场经济，国家发展的重心转移到城市，试图通过城镇化带动经济的快速发展。各种城市偏向政策使城市经济发展的步伐更快，企业得到了充分发展，大量农村剩余劳动力开始向城镇转移，寻求就业机会，但由于户籍制度限制和各项社会保障的缺失，导致农村居民在城市中无法找到稳定的工作，不能在城市中立足，影响了农村居民收入的增长，在1986年后的8年间，只增长了483元，而在这一时期伴随着城镇化的发展，城镇居民收入快速提升，增长了2372元。

第三阶段，1994—1998年，城乡居民收入差距的变化出现转折，出现短暂的缩小。在城镇发展的"瓶颈"期，为改变城镇经济发展方式，大力推行国有企业、政府机构的改革，从国有经济改革开始抓起，进一步推进社会主义市场经济体制改革。改革的动荡影响了国有企业的发展和国有经济的增长放缓，大量裁员导致城镇出现了大批的失业人员。1997年亚洲金融危机的爆发对我国的经济发展造成一定的冲击，从对经济增长的影响来看，对城市经济发展的影响远大于农村地区，城镇经济发展进一步放缓。与此同时，户籍制度限制的放松使农村剩余劳动力向城镇流动更加自由，使农村居民在从事农业劳动获得收入的同时来到城镇就业为农村居民提供了一定的工资性收入，工资性收入的增加使农村居民收入水平普遍上涨。综合上述分析，在1994—1998年这一时间段内，城镇居民个人人均收入水平在一定程度上有所放缓，增长趋于平稳，而相对而言，农村居民在此时期内收入由于收入来源多元而快速提高，是贵州省城乡居民收入差距短暂缩小的原因。

第四阶段，1999—2008年，从1999年开始，贵州省城乡居民收入差距逐年大幅度提高，一直保持在3.5以上的不合理水平，在2006年甚至达到了1980年以来的最高点4.593，出现这一现象主要因有以下两个方面。

首先，度过了此前社会主义市场经济体制改革的阵痛期，社会主义市场经济在这一时期焕发光彩，此时市场的作用得到了发挥，政府干预逐渐减少，而国有企业在此时期也对企业发展方式进行了改革，改革成为政企分离的发展模式，重新具有了发展活力与竞争力。政府干预的减少，使市场经济来主导资源的配置，城市的基础更好、发展机会更多，使各项资源纷纷向城镇企业聚集，城市企业发展迅速却挤占了乡镇企业的市场，乡镇企业在市场经济中丧失竞争力，大部分企业倒闭。城市得到更多资源，经济必然得到更快的发展，贵州省城镇居民收入随之迅速提升。

其次,政府关注"三农"问题,制定了一系列政策取消农业税来促进农业发展,提升农村居民收入,但政府转移支付更加偏向城市而造成收入分配不公,城镇居民享有了更加丰富的社会保障制度,丰富的社会保障制度使城镇居民在日常生活中相关方面的支出相应减少,实际上,从一个侧面增加了城镇居民的收入,农村居民并不能得到同等的待遇。并且农村居民的文化水平普遍较低,在城镇中只能从事低端的收入较低的工作,虽然实现了向城镇的转移,但对农村居民收入的增长却贡献有限。

(三)贵州省城乡居民收入差距的横向比较

图 6-3 反映了 1980—2016 年贵州省城乡居民收入差距与全国城乡居民收入差距比较情况。

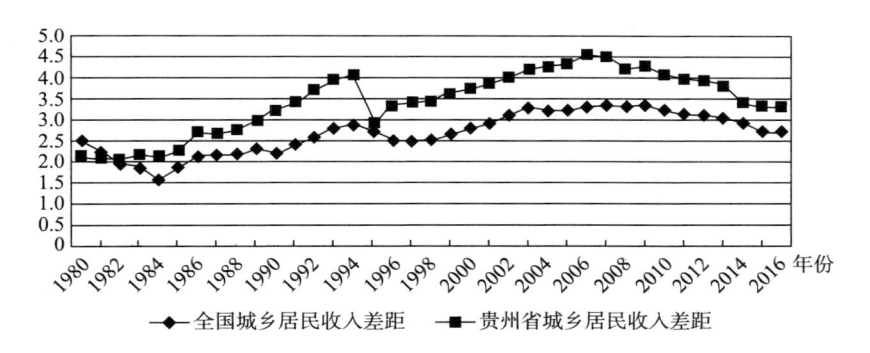

图 6-3　贵州省城乡居民收入差距与全国城乡居民收入差距比较情况

资料来源:历年《中国统计年鉴》和《贵州统计年鉴》。

将贵州省城乡居民收入差距水平与全国水平进行对比,可以对贵州省各个年份的城乡居民收入差距的水平有一个清晰的了解。全国的数据代表了国家平均水平,从图 6-3 中可以看出,两者的整体变化趋势大体相同。但与全国发展水平相比,贵州省居民收入差距变动更加剧烈,在 1982 年贵州省城乡收入差距平均在全国水平之上,并与全国平均水平差距显著。在 2006 年达到 4.593 的历史最高点,此时的城乡收入差距处在一个极度危险的状态,贵州省城乡居民收入比始终在 3 以上,在某些年份甚至接近或超过 4,理论上讲,问题已经十分严重。贵州省地处我国西南地区,从经济水平发展来看,属于我国欠发达省份之一。由于我国地域辽阔,国内各省份之间、各地区之间同样存在不同程度的差异。在东北地区选择辽宁省和吉林省,东部地区选择山东省和江苏省,中部地区选择湖南省和湖北省,西部地区选择云南省和四川省。将贵州省城乡居民收入差距同这些地区的省份进行比较,可以直观地了解到贵州省目前的城乡居民收入差距所处的状况,与其他省份之间的差距。在与我国的四个地区的省份相比(见图6-4),从曲线的整体走势来看,各省份城乡居民收入差距在2000年后的16年里波动情况大致相同,但从曲线高低位置可以看出,同一地区的省份城乡居民收入差距相差并不明显,有些甚至基本相似。将贵州省的城乡居民收入差距与其他地区进行比较,在每个年份都要显著高于其他省份。与同一地区的省份比较可以发现,贵州省和云南省的情况大致相同,城乡居民收入差距都较大,四川省由于地处盆地,并且在城镇化的发展中坚持以成都为中心来带动周边地区的经济发展,使四川省的城乡发展和贵州省相比差距较小,始终维持在一个合理的水平。与我国的其他省份进行比较可以清楚地看到,贵州省城乡居民收入差距的问题相对严重,这个问题始终存在。贵州省在我国的各

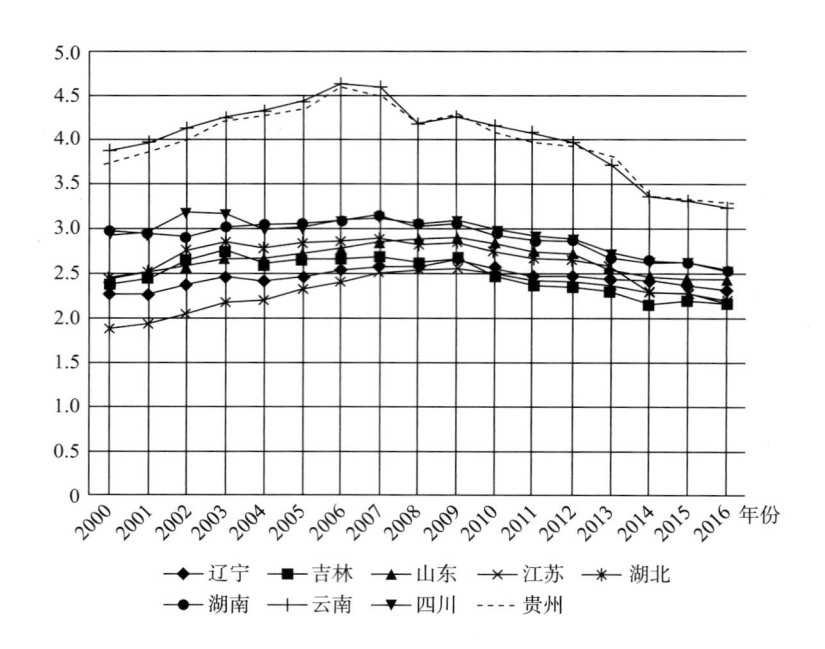

图6-4 贵州省与其他省份城乡居民收入差距比较

资料来源:历年各省份统计年鉴。

省份中，该问题显得更加突出。从比较中可以发现，东部地区的城乡居民收入差距最小，中部与东北地区次之，西部城市居民收入最大，尤其是属于欠发达地区的贵州省和云南省。东部是我国改革开放的前沿，也是我国经济发展水平最高的地区，城乡居民收入自然高于别的地区，同时东部地区也是城乡居民收入差距最小的地区。中部地区和东北地区经济发展也普遍好于西部地区。从对比中可以得出结论，经济发展水平较高、城镇化发展更快的地区，城乡居民收入差距就较小。

二 贵州省城乡居民收入差距的区域差异

贵州省分为9个市（州），分别为贵阳市、六盘水市、遵义市、安顺市、毕节市、铜仁市、黔西南州、黔东南州、黔南州。收集各市（州）2008—2016年各年份的城乡居民收入，通过城乡居民收入比来反映各市（州）的城乡居民收入差距状况（见表6-2）。以收入比2.5作为界线，收入比每增加0.5的数值作为标准，将城乡居民收入差距分为不同程度的四个类别。第一类：城乡居民收入比大于3.5，说明城乡居民收入差距最为严重；第二类：比值在3—3.5之间，说明存在重大风险；第三类：城乡居民收入比值在2.5—3之间，说明相对合理，处于基本安全状态；第四类：城乡收入比小于2.5，说明城乡居民收入差距处于一个正常状态，差距较为合理。

表6-2 贵州省9个市（州）城乡居民收入比

地区	2008年	2009年	2010年	2011年	2012年	2013年	2014年	2015年	2016年
贵阳市	2.18	2.83	2.78	2.63	2.57	2.44	2.31	2.29	2.26
六盘水市	2.72	4.25	3.87	3.69	3.62	3.31	3.12	3.10	3.05
遵义市	2.55	3.77	3.63	3.34	3.26	2.99	2.72	2.70	2.67
安顺市	3.11	4.28	4.11	3.73	3.66	3.34	3.15	3.10	3.06
毕节市	3.35	4.47	4.27	4.07	3.97	3.52	3.41	3.33	3.27
铜仁市	2.64	3.52	3.41	3.46	3.40	3.40	3.24	3.24	3.21
黔西南州	3.68	5.12	4.62	4.36	4.21	3.70	3.36	3.31	3.25
黔东南州	3.26	4.59	4.44	4.16	4.07	3.67	3.42	3.38	3.31
黔南州	3.22	4.14	3.93	3.67	3.55	3.21	2.99	2.97	2.95

资料来源：根据历年《贵州统计年鉴》整理而得。

根据贵州省各市（州）2008—2016 年的城乡收入差距状况，利用层次聚类分析法将贵州省城乡居民收入差距整理为表 6-3。从表 6-3 可以看出：2008—2016 年，只有贵阳市的城乡居民收入差距一直维持在一个相对合理的区间，从 2013 年开始维持在第四类。遵义市和黔南州两个地区在近几年城镇居民与农村居民的收入比才达到第三类，2013 年以前一直在第一类和第二类。六盘水市、安顺市、毕节市、铜仁市、黔西南州、黔东南州的城乡居民收入比差距在 2013 年之前基本上都处于第一类，2013 年以后均处在第二类，并有多年的比值在 4 以上，处在一个较危险的水平，贵州省 6 个市（州）的城乡居民收入差距比值常年处于不合理的区间，存在重大风险。贵州省的 9 个市（州）中贵阳市目前处于第四类，城乡居民收入差距较为合理。然而，其中有 6 个市（州）到目前为止，城乡居民收入差距仍然处于第二类，城乡收入差距处于不合理区间。

表 6-3　　　　　　　　贵州省城乡收入差距层次聚类分析

地区	2008 年	2009 年	2010 年	2011 年	2012 年	2013 年	2014 年	2015 年	2016 年
贵阳市	4	3	3	3	3	4	4	4	4
六盘水市	3	1	1	1	1	2	2	2	2
遵义市	3	1	1	2	2	3	3	3	3
安顺市	2	1	1	1	1	2	2	2	2
毕节市	2	1	1	1	1	1	2	2	2
铜仁市	3	1	2	1	2	2	2	2	2
黔西南州	1	1	1	1	1	1	2	2	2
黔东南州	2	1	1	1	1	1	2	2	2
黔南州	2	1	1	1	1	2	3	3	3

三　贵州省城乡居民收入差距成因

（一）农村产业附加值低

在城镇化和经济发展的过程中必然会伴随着产业结构的调整，进而影响到城乡居民收入差距。李亮（2014）研究了产业结构对城乡居民收入差距产生的影响，研究发现，在产业转型升级的过程中，第一产业的结构变动对城乡居民收入的影响较为显著，通过第一产业的结构变化来缩小城乡居民收入差距的效果要明显好于第二、第三产业的结构变化。

在城镇化的进程中，贵州省产业结构也不断发展变化，第一、第二、第三产业比重从2000年的27.3%：39.00%：33.7%变化到2016年15.8%：39.5%：44.7%，总体上看，第一产业比重下降明显，第二、第三产业比重逐年上升。产业结构的变化必然会使各产业需要的劳动力数量发生变化，从而引起就业人口的变动，从2000年的69.9%：11.9%：18.2%变化到2016年的59.7%：16.2%：24.1%。第一产业的产值比重下降明显，但是，就业比重却没有得到相应的调整，第二产业的产值比重增加不多，就业人数的比重却增加十分明显。农业部门比重的下降明显小于就业人数的比重下降，说明城镇化与产业结构的升级并不同步，工业化过程超过了城镇化，造成就业结构的变化滞后并且农村剩余劳动力的流动受到阻碍，非农产业的布局不合理。在劳动生产率方面，农业部门与非农业部门也存在比较大的差异，农村依然依靠粗放型的发展模式。产业结构的升级主要集中在城镇地区，给城镇地区创造了更多的就业机会，而由于城镇化滞后于工业化，农村剩余劳动力并不能顺利地向城镇转移，造成了农村劳动效率的降低，产业结构的优化和升级主要提高了城镇居民的收入。

（二）财政支农力度不够

贵州省在财政对农业支出方面的投入逐年增长，单从数额来看增长显著。2000年仅为16.04亿元，到2016年该项数额已经增长到了635.79亿元，但财政支农比重仅从7.96%提高到了14.4%，仅仅提升了6.44个百分点（见图6-5）。相比较发达国家的财政支农比例，贵州省财政支出对"三农"的投入力度小，农业发展并未得到财政的有力支持，远不能满足城乡共同发展的目标。并且，财政支农的许多资金被用于生态环境的保护与建设、水利河道的治理、退耕还林等资金需求较大的项目，给农民带来的效益并不明显，并不能有效地增加农民的收入。这种具有城市偏向性的财政支出，在推动了城镇化进程的同时却制约了农村经济的发展，使农村居民收入的有效增长不足。

（三）公共服务不均

贵州省的城镇和农村在基础设施、社会保障和教育水平三个方面，两者存在较大的差距，贵州省城乡发展不均衡是造成城乡居民收入差距过大的最显著的因素。贵州省的农村基础设施明显落后，贵州省是欠发达的多民族地区的代表，这种欠发达的现象在农村方面更加突出。至2018年，

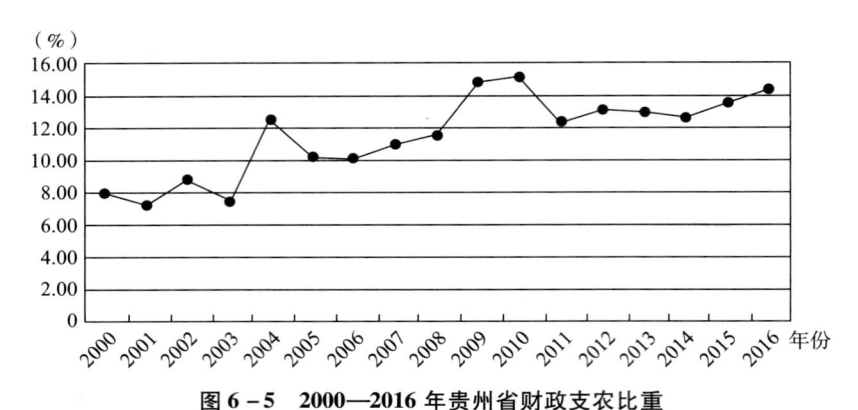

图 6-5 2000—2016 年贵州省财政支农比重

资料来源：根据各年《贵州统计年鉴》整理而得。

一些偏远地区的农村仍未通公路，或虽然有了公路但道路质量却不能得到保障，这必将增加当地的农产品收购的成本，物流成本的提升，必然减少农民通过农产品所得到的收入。交通等基础设施的不健全，不能为企业的发展提供便利，不利于吸引企业去农村地区投资建厂，产业聚集效应无法形成，从而使当地的就业机会较少，农村居民无法通过在当地就业获得工资收入。当地现有的企业受到发展条件的限制，生产上还是走粗放型的发展道路，不能有效地促进当地经济的发展。基础设施的薄弱限制了农村经济的发展，城乡居民收入差距的现状也无法得到有效的改善。城乡社会保障制度上存在的差异也会直接对城乡居民收入状况产生影响。社会保障制度上的差异性主要体现在以下三个方面：第一，城乡居民缴纳方式上的差异，城镇居民的社会保险的缴纳具有强制性，而农村居民都是根据自身情况和需要自行缴纳的。第二，城镇居民多数以在企业或单位工作为主，企业和单位必须为员工缴纳各类的社会保险，这就为城镇居民提供了有效的社会保障。而农村居民大多以务农为主，在社会保障上就会有所欠缺。第三，虽然为解决农村居民的看病难题，政府也采取了相应的措施，但是，农村居民看病还是自费比例较大，农村医疗设施和医疗环境和城镇也存在较大的差距。由于农民难以像城镇居民一样获得基本的社会保障，城乡在社会保障上差距十分明显，导致农民生活水平难以得到实质性提升，城乡居民收入差距也因此越来越大。人力资本理论认为（舒尔茨，1990），人的素质的提升会使经济得到发展，通过估算经济增长的动力当中，有 33% 来源于教育。教育可以提高人的素质进而影响到收入分配，具有更高教育的人，一般工资和收入水平也相应较高。从贵州省的教育资源分配来看，优质的教育资源大多集中在城市，农村在基础教育方面，人口多于城镇，教师数量却较少。贵州省的农村居民的平均受教育年限为 7.28 年，都未达到国家九年义务教育的标准，与城镇居民相比差距明显。受到收入和对教育的重视程度两方面因素的影响，农村居民对下一代的教育和文化的重视程度不高，在教育文化娱乐支出方面，农村居民与城镇居民相差了 3.95 倍，造成了农村人力资本的积累与城镇也有较大的差距。贵州省农村和城镇的基础教育资源分配不均，再加上人力资本积累的差距，共同导致农村居民在受教育程度上和城镇居民差距明显，从而不能有效降低城乡居民收入差距（陈斌开，2010）。

（四）农村收入来源有限

表 6-4 反映了 2006—2015 年贵州省农村居民的收入构成和变动情况。从工资性收入和家庭经营收入两个方面进行比较发现，贵州省农村居民的两项收入之和从 2006 年的 1827 元提高至 2015 年的 5776 元，十年间增长了 2.16 倍，在此期间，贵州省城镇居民的工资和家庭经营收入已经达到了 18190 元的水平，虽然农村和城镇居民的两项收入都在提高，但最终两者的差距却在拉大，到 2015 年，城乡居民在这两项的收入差距已经达到近 7000 元。2015 年家庭经营收入中第一产业占 72%，受限于贵州省的自然环境，农业经营分散，农业无法实现产业化的生产，对农村居民的收入增长上贡献有限。2015 年，家庭经营收入的比重从 2006 年的 56% 下降到 39%，占比下降的同时，从收入的增长幅度来看，农民收入的增加越来越依靠工资性收入的增长，但增长的速度和绝对数与城镇居民相比仍处于不利地位，这就造成了农村居民在通过劳动而取得收入的初次分配上处于劣势。贵州省近年来逐渐改变了只注重城市发展的战略，对农村的经济发展和农民生活水平提高的支持力度也在加大，农村居民的转移性收入从 2006 年的 119 元提升到 2015 年的 1527 元，增长了 11.8 倍，但城镇居民的转移性收入 2015 年已经达到 4695 元比农村居民高出 3168 元，从而造成二次分配不利于农村居民。从以上分析看出，无论是通过劳动取得的初次收入分配，还是由政府的调控而得到转移性收入的二次分配都不利于农村居民。

表 6-4　　2006—2015 年贵州省农村居民人均纯收入及其构成

年份	全年纯收入（元）	工资性收入（元）	家庭经营收入（元） 第一产业	第二产业	第三产业	转移性收入（元）	财政性收入（元）
2006	1984	715	906	39	167	119	36
2007	2373	846	1116	45	158	160	46
2008	2797	1002	1246	51	214	218	63
2009	3005	1074	1233	60	243	311	82
2010	3472	1303	1396	50	259	344	117
2011	4145	1714	1501	58	421	392	60
2012	4753	1978	1687	73	490	455	72
2013	5434	2573	1820	96	440	427	78
2014	6671	2521	1978	97	569	1436	71
2015	7387	2897	2077	159	643	1527	84

资料来源：根据 2007—2016 年《贵州统计年鉴》整理而得。

第二节　新型城镇化对贵州省城乡居民收入差距影响实证分析

以上通过理论分析和比较分析了贵州省城乡居民收入差距的相关影响因素，由于规范分析不能反映各影响因素的具体过程，所以，需要对这种关系进行定量分析来检验。本节运用计量经济学分析方法来分析各变量对缩小贵州省城乡居民收入差距的作用，具体采用 Eviews 8.0 进行分析（马慧慧，2013）。

一　变量选取与数据来源

（一）变量和数据的选取原则

1. 可获得性原则

模型选取的变量都经过了理论分析的论证对城乡居民收入差距具有影响，并且可以收集到所选取变量需要的全部数据，数据缺乏的变量都采用与其含义相近数据可得的变量替代。

2. 有效性原则

本书选取数据贴合贵州省经济实际且尽可能地选取 2017 年的数据进

行分析，从而保证了实证分析的有效性和真实性，得出的结果更加可靠和具有说服力。

3. 真实性原则

数据选取经过真实有效的途径进行分析，数据均取自《中国统计年鉴》和《贵州统计年鉴》，通过数据来源的权威性得到的真实数据，才能得到可靠的结论。

（二）选取的变量及其含义

通过对模型研究的变量分析，结合分析得出影响贵州省经济收入差距的因素，得出的解释变量为贵州省新型城镇化水平、人力资本水平、政府行为和经济发展水平。被解释变量即贵州省城乡居民收入差距指标（Y）：本书选用泰尔指数作为衡量指标。计算得出的数值越大，说明那一年的城乡居民收入差距问题就越严重。其计算公式为：

$$Y = \sum_{j=1}^{2} \left(\frac{s_{jt}}{s_t}\right) \ln\left[\left(\frac{s_{jt}}{s_t}\right) \bigg/ \left(\frac{x_{jt}}{x_t}\right)\right] \quad (6-1)$$

式中，j 表示城镇（$j=1$）或农村（$j=2$），s_{jt} 表示第 t 年城镇或农村人均收入，x_{jt} 表示第 t 年城镇或农村的人口数，s_t 表示第 t 年全体居民人均收入，x_t 表示第 t 年的总人口数。

根据公式（6-1）计算得出贵州省 1980—2016 年的每一年泰尔指数的具体数值，其趋势如图 6-6 所示，从图中看出，其变化与理论分析得出的理论部分相吻合，各地方城乡经济差距及居民收入差距呈现出倒"U"形变化趋势。

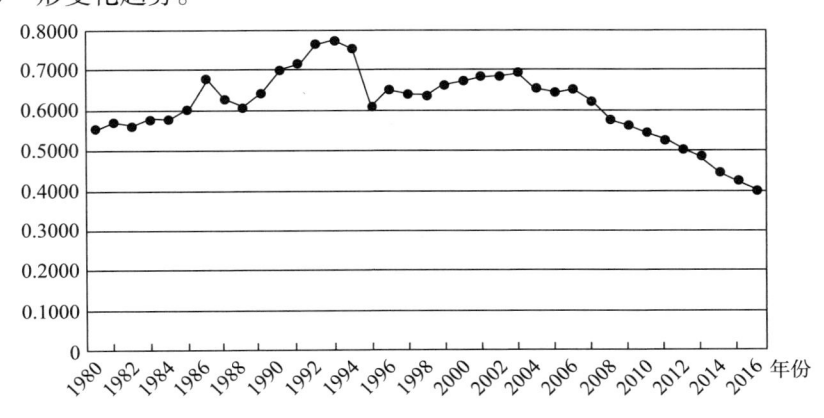

图 6-6 贵州省城乡居民收入差距泰尔指数趋势

资料来源：历年《贵州统计年鉴》并运用 Excel 软件计算整理而得。

(1) 新型城镇化水平（X_1）：笔者借鉴何萍、倪萍（2013）的模型思路，从人口就业、经济发展、基础设施、人居环境和居民生活质量五方面选取将近 23 个指标构建经济指标评价体系（见表 6－5），并运用熵权法测算 1980—2016 年贵州省新型城镇化发展水平，建立模型进行研究分析。

表 6－5　　　　贵州省新型城镇化水平评价指标体系

一级指标（权重）	二级指标	指标属性	权重
人口就业（0.2350）	城镇人口占总人口比重	正向指标	0.0477
	第二产业从业人员比重	正向指标	0.0599
	第三产业从业人员比重	正向指标	0.0536
	城镇登记失业率	逆向指标	0.0708
	城市人口密度	正向指标	0.0030
经济发展（0.1578）	人均 GDP	正向指标	0.0220
	第三产业占 GDP 比重	正向指标	0.0441
	城镇居民人均可支配收入	正向指标	0.0380
	农村居民人均纯收入	正向指标	0.0374
	财政总收入	正向指标	0.0163
基础设施（0.1770）	用水普及率	正向指标	0.0473
	燃气普及率	正向指标	0.0259
	人均城镇道路面积	正向指标	0.0626
	城市排水管道长度	正向指标	0.0412
人居环境（0.1873）	人均公共绿地面积	正向指标	0.0691
	建成区绿化覆盖率	正向指标	0.0492
	生活垃圾无害化处理率	正向指标	0.0207
	工业废水排放达标率	正向指标	0.0482
居民生活质量（0.2429）	居民消费水平	正向指标	0.0418
	每千人口拥有医生数	正向指标	0.0650
	年末公共交通运营数	正向指标	0.0537
	城镇居民人均居住面积	正向指标	0.0352
	公共体育场地	正向指标	0.0474

资料来源：权重数据用 Excel 计算整理得出。

①对原始数据进行无纲量化处理。对于正向指标的处理，其计算公式为：

$$U_{tj} = \frac{x_{tj} - \min(x_{tj})}{\max(x_{tj}) - \min(x_{tj})} \quad (6-2)$$

对于逆向指标的处理，其计算公式为：

$$U_{tj} = \frac{\max(x_{tj}) - x_{tj}}{\max(x_{tj}) - \min(x_{tj})} \quad (6-3)$$

式中，t 为年份，j 为第 j 个指标。

②确定熵值，其计算公式为：

$$e_j = -1/\ln(n) \times \sum_{t=1}^{n} U_{tj} \times \ln(U_{tj}) \quad (6-4)$$

式中，n 为指标的个数。

③指标权重的确定，其计算公式为：

$$w_j = \frac{1 - e_j}{\sum_{j=1}^{n}(1 - e_j)} \quad (6-5)$$

④综合指数法测算新型城镇化水平，其计算公式为：

$$S = \sum_{j=1}^{n} w_j U_{tj} \quad (6-6)$$

式中，S 为综合评价指标指数。

经熵权法计算出权重，由综合指数法计算出 1980—2016 年贵州省新型城镇化水平由 0.0743 提高到 0.9663，基本上每年的新型城镇化水平逐渐上升，2008 年后有显著的提高，评价结果符合新型城镇化进程的现实情况。

（2）人力资本水平（X_2）：该指标为贵州省大专以上受教育人口占总人口比重。一个地区人力资本水平的高低对该地区的经济发展起着决定性作用，但是，对一个地区的城乡居民收入差距的影响还需要进行验证。在分析的过程中使用人力资本水平数值的对数形式作为衡量指标。

（3）政府行为（X_3）：政府的作用对新型城镇化的发展和一个地区的经济发展都起至关重要的作用，政府通过财政支出的调节，利用财政政策影响经济发展。采用当年政府的财政支出与 GDP 的比值来衡量政府行为的影响程度，数值越大说明政府的财政支出对经济的影响程度越大。在计量分析的过程中，采用各数据的对数形式作为衡量该变量的指标。

（4）经济发展水平（X₄）：理论上说，经济发展初期会拉大城乡居民收入差距，当经济发展水平达到一定程度后就会促进城乡协调发展。采用贵州省人均 GDP 的对数形式来表示经济发展水平指标，并利用计量分析具体探究经济发展水平对贵州省城乡居民收入差距的影响。

表 6 - 6　　　　　　　　各变量的描述性统计

变量	样本数	均值	最大值	最小值	标准差	备注
Y	37	0.6120	0.7722	0.3986	0.0892	城乡居民收入差距
X₁	37	0.3845	0.9663	0.0743	0.2184	新型城镇化水平
X₂	37	0.8040	2.1748	-0.5447	0.7983	人力资本水平
X₃	37	3.1186	3.6943	2.5962	0.3319	政府行为
X₄	37	7.7863	10.4081	5.3891	1.4906	经济发展水平

（三）数据来源说明

笔者在收集各变量数据时，人力资本水平和新型城镇化指标体系中的有些指标数据只从 1980 年开始，所以，变量数据从 1980 年开始收集，基于 1980—2016 年贵州省新型城镇化对于城乡收入差距间相互关系建立模型，提取 37 年间的时间序列数据进行分析，所收集和使用的数据均来自 1980—2016 年《贵州统计年鉴》。

（四）实证方法

理论上说，新型城镇化通过多个方面影响城乡居民收入差距，并且两者之前存在必然的逻辑联系。一般线性回归很难解释两者之间的内在联系。因此，在计量模型分析上，采用非线性非平稳的计量方法，要使回归有意义，时间序列数据必须平稳。首先，采用单根检验的方法对各变量的平稳性进行分析，若变量的序列是平稳的则可建立相关模型进行分析。其次，在该模型的基础上检验各变量和城乡居民收入差距之间的格兰杰因果关系。最后，通过脉冲相应函数和方差分解的方法，探究出各变量对城乡居民收入差距是否会产生影响，以及产生怎样的影响。

二　模型构建与实证结果

（一）单位根检验

根据经验经济时间序列大多是非平稳的序列，不平稳的序列在后续的实证过程中会造成伪回归的现象，在建立协整检验的方程之前，必须保证各变量是平稳序列，根据检验结果可以得出相应阶数，并进行协整检验得出相应的回归方程。采取 ADF 检验法，对变量的时间序列数据进行单位根检验，以考察其平稳性。变量的 ADF 检验结果如表 6-7 所示。

表 6-7　　　　　　　　变量的 ADF 检验结果

变量	检验类型(C, T, L)	5%临界值	ADF 检验值	平稳性检验结果
Y	(C, 0, 0) -2.945842	1.136773	0.9971	非平稳
D(Y)	(C, 0, 0) -2.948404	-4.919002	0.0003	平稳
X_1	(C, 0, 0) -2.945842	2.803513	1.0000	非平稳
D(X_1)	(C, 0, 0) -3.544284	-5.916234	0.0001	平稳
X_2	(C, 0, 0) -2.945842	-0.136625	0.9376	非平稳
D(X_2)	(C, 0, 0) -2.948404	-4.569727	0.0008	平稳
X_3	(C, 0, 0) -2.948404	-0.359656	0.9053	非平稳
D(X_3)	(C, 0, 0) -2.948404	-4.727942	0.0005	平稳
X_4	(C, 0, 0) -2.948404	0.219611	0.9701	非平稳
D(X_4)	(C, 0, 0) -2.948404	-3.338279	0.0206	平稳

注：D 表示变量的一阶差分序列，检验类型（C, T, L）分别表示截距项、趋势项和滞后期数，均为5%的显著性水平。

从 ADF 检验结果可以看出，贵州省城乡居民收入差距、新型城镇化水平、人力资本水平、政府行为和经济发展水平各变量的原始数据在5%的显著性水平下，ADF 检验值大于临界值，P 值均大于0.05，可以判断出这些原始变量均为非平稳序列。进而需判断各变量进行一阶差分后的结果，根据上表的结论，在进行一阶差分后，各变量的 P 值均小于0.05，实验结果表明，各变量为平稳变量，需要进一步进行一阶差分后的协整检验。

（二）协整检验

协整检验通常采用的检验方法有两种：首先，检验两个变量之间的协整关系，所采用的检验方法是格兰杰因果检验。其次，要判断多变量之间的协整关系可以使用约翰森协整检验法。本书存在5个变量，所以选择约翰森检验（高铁梅，2009）。利用贵州省城乡居民收入差距（Y）、新型城镇化水平（X_1）、人力资本水平（X_2）、政府行为（X_3）和经济发展水平（X_4）五个变量建立 VAR 模型，通过检验 AIC 和 SC 的数值对所要选取的滞后阶数进行分析，结果显示，在滞后1阶时两者均出现了最小值，所以选择滞后阶数为1，表6-8为迹统计量和最大特征根统计量的约翰森协整检验结果。

表6-8 协整检验结果

原假设	迹统计量	特征根	5%临界值	P值
0个协整向量*	92.43555	0.638517	69.81889	0.0003
至少1个协整向量*	56.82161	0.548491	47.85613	0.0058
至少2个协整向量	28.99103	0.401359	29.79707	0.0617
至少3个协整向量	11.03278	0.226308	15.49471	0.2095
至少4个协整向量	2.052446	0.056955	3.841466	0.1520

注：*表示在5%的显著性水平下拒绝原假设。

表6-9 最大特征根检验

原假设	最大特征根计量	特征根	5%临界值	P值
0个协整向量*	35.61393	0.638517	33.87687	0.0307
至少1个协整向量*	27.83058	0.548491	27.58434	0.0465
至少2个协整向量	17.95825	0.401359	21.13162	0.1314
至少3个协整向量	8.980334	0.226308	14.26460	0.2878
至少4个协整向量	2.052446	0.056955	3.841466	0.1520

注：*表示在5%的显著性水平下拒绝原假设。

结果表明，在5%的显著性水平下，根据迹统计量的结果和最大特征根的结果进行判断，在0个协整向量和至少1个协整向量下，P值均小于0.05。所以，可以判断出至少存在两个协整关系，通过协整检验所得出的标准协整系数如表6-10所示。

表6-10 标准的协整系数

Y	X_1	X_2	X_3	X_4
1.000000	0.577363 (0.35897)	0.463906 (0.17189)	0.101906 (0.09816)	-0.378664 (0.11065)

注：表中括号内数字为各系数的标准差。

由表 6 - 10 的各变量协整系数可得协整模型为：

$$Y = -0.577363X_1 - 0.463906X_2 - 0.101906X_3 + 0.378664X_4 \quad (6-7)$$

协整模型表示的是在长期均衡状态下各变量对城乡居民收入差距的影响，从上述的方程中可以看出，新型城镇化水平提高，政府行为以及人力资本水平的提高都可以在缩小城乡经济发展差距当中起到作用，而经济发展水平的提高则会扩大城乡居民收入差距，各变量之前的系数可以表示每个变量的数值提高1%时，城乡居民收入差距会变化的幅度。

（三）VEC 矢量误差修正分析

在上述通过协整关系建立的协整方程的基础上加入一个误差项，建立 VEC 模型。VEC 模型的表达式如式（6 - 8）所示：

$$\delta Z t = \alpha ECM_{t-1} + A1\delta Z_{t-1} + A2\delta Z_{t-2} + \cdots + Ap\delta Z_{t-p} + \varepsilon t \quad (6-8)$$

式中，ECM 表示所加入的误差项，通过协整方程计算得出。ECM 前面的系数用来反映各变量从当前发生变化在消除非均衡误差后得到长期均衡关系的速度。

建立 VEC 模型的前提条件是各变量的序列之间存在协整关系，当各变量通过协整检验时，表明存在协整关系才满足 VEC 模型建立的条件。建立的 VEC 模型是含有 1 个误差修正项的 ECM 模型，协整方程数量为 2，协整向量不含有截距和趋势项。其表达式如（6 - 9）所示：

$$CointEQ_1 = Y + 0.577363X_1 + 0.463906X_2 + 0.101906X_3 -$$
$$0.378664X_4 + 1.440949 \quad (6-9)$$

VEC 模型的解释变量是各个因变量的滞后项，这与 VAR 模型结构完全相同，只是 VEC 模型在差分变量组成的 VAR 模型中加入了误差修正项 $CointEQ_1$。估计的 VEC 模型可以写成式（6 - 10）。

$$\delta Z = \begin{bmatrix} 0.12 \\ -0.13 \\ -0.06 \\ -0.08 \\ 0.15 \end{bmatrix} CointEQ_{t-1} + \begin{bmatrix} -0.37 & -0.08 & -0.13 \\ 0.05 & -0.19 & 0.07 \\ -0.16 & -0.42 & 0.24 \\ -0.44 & -0.13 & -0.41 \\ -0.18 & 0.56 & 0.02 \end{bmatrix} \delta Z_{t-1} + \cdots +$$
$$\delta Z_{t-4} + \varepsilon t \quad (6-10)$$

$$\delta Z = \begin{bmatrix} D(Y) \\ D(X_1) \\ D(X_2) \\ D(X_3) \\ D(X_4) \end{bmatrix} \qquad (6-11)$$

以上建立的误差修正模型中，误差项之前的系数从上往下看，第一个为 0.12，其表示在其他变量不变的情况下，Y 在 t 期的变化 {D [Y (-1)]} = Y - Y (-1) 会增加前一期 12% 的非均衡误差。第二个系数 -0.13 表示在其他变量不变的情况下，X_1 在 t 期发生变化，与前一期相比较可以消除 13% 的非均衡误差。第三个系数 -0.06 表示在其他变量不变的情况下，X_2 可以减少之前 6% 的误差。第四个系数 -0.08 表示其他变量不变的情况下，X_3 在第 t 期可以消除前一期 8% 的非均衡误差。第五个系数 0.15 表示在其他变量不变的情况下，X_4 会增加前一期 15% 的非均衡误差。

（四）格兰杰因果检验

格兰杰因果检验用来判断某一变量是否会对其他变量产生影响，通常观察两者检验的 P 值并进行分析，当 P 值小于 0.05 时，说明拒绝原假设，即存在格兰杰因果关系。

协整检验结果表明，贵州省城乡居民收入差距和新型城镇化水平、人力资本水平、政府行为、经济发展水平四个影响因素之间存在至少 2 个协整关系，从而建立了 VEC 模型，可以使用格兰杰因果检验来探究贵州省城乡居民收入差距分别与四个解释变量之间存在的影响关系，检验结果如表 6-11 所示。

表 6-11　　　　　　　　X_1 与 Y 的格兰杰因果关系检验

因果关系假定	滞后期数	样本数	F 统计量	P 值	结果
X_1 不是 Y 的格兰杰原因	1	36	7.37003	0.0105	拒绝
Y 不是 X_1 的格兰杰原因	1	36	3.48658	0.0708	接受
X_1 不是 Y 的格兰杰原因	2	35	3.65687	0.0379	拒绝
Y 不是 X_1 的格兰杰原因	2	35	1.53709	0.2315	接受
X_1 不是 Y 的格兰杰原因	3	34	3.12791	0.0421	拒绝
Y 不是 X_1 的格兰杰原因	3	34	1.40999	0.2614	接受

续表

因果关系假定	滞后期数	样本数	F统计量	P值	结果
X_1 不是 Y 的格兰杰原因	4	33	2.51865	0.0678	接受
Y 不是 X_1 的格兰杰原因	4	33	0.97001	0.4421	接受

结果表明，人力资本水平确实在影响城乡经济发展差距上发挥相应的作用，人力资本指标与被解释变量存在格兰杰因果关系。

从表 6-11 的检验结果中可以看出，在滞后期从第 1 期到第 3 期，关于 X_1 不是 Y 的格兰杰因果原因的检验中，P 值分别为 0.0105、0.0379、0.0421，结果表明，在此情况下，从第 4 期开始 P 值大于 0.05，接受原假设。在 Y 不是 X_1 的格兰杰原因的假设中，P 值始终大于 0.05。以上分析可以看出，只有在第 1 期至第 3 期时，新型城镇化水平是城乡居民收入差距的格兰杰原因。

从表 6-12 的检验结果中可以看出，在滞后期从第 1 期到第 3 期，关于 X_2 不是 Y 的格兰杰因果原因的检验中，P 值分别为 0.0063、0.0311、0.0435，此时表明，人力资本水平确实在影响城乡经济发展差距上起到相应的作用。但从第 4 期开始 P 值大于 0.05，接受原假设。在 Y 不是 X_1 的格兰杰原因的假设中，P 值始终大于 0.05。以上分析可以看出，只有在第 1 期至第 3 期时，人力资本水平对城乡居民收入差距产生影响。

表 6-12 X_2 与 Y 的格兰杰因果关系检验

因果关系假定	滞后期数	样本数	F统计量	P值	结果
X_2 不是 Y 的格兰杰原因	1	36	8.49798	0.0063	拒绝
Y 不是 X_2 的格兰杰原因	1	36	0.23915	0.6281	接受
X_2 不是 Y 的格兰杰原因	2	35	3.90325	0.0311	拒绝
Y 不是 X_2 的格兰杰原因	2	35	0.13838	0.8713	接受
X_2 不是 Y 的格兰杰原因	3	34	3.09541	0.0435	拒绝
Y 不是 X_2 的格兰杰原因	3	34	0.27670	0.8417	接受
X_2 不是 Y 的格兰杰原因	4	33	1.99633	0.1273	接受
Y 不是 X_2 的格兰杰原因	4	33	0.26623	0.8967	接受

从表 6-13 的检验结果中可以看出，在滞后期从第 1 期到第 2 期，关

于 X_3 不是 Y 的格兰杰原因的检验中,P 值分别为 0.0288、0.0432,此时表明,政府行为确实在影响城乡经济发展差距上起到了相应的作用,政府行为的力度是被解释变量的恩格尔—格兰杰原因。但第 3 期 P 值大于 0.05,接受原假设。从 Y 不是 X_1 的格兰杰原因的假设中,P 值始终大于 0.05。以上分析可以看出,只有在第 1 期至第 2 期时,政府行为是城乡居民收入差距的格兰杰原因。

表 6-13　　　　　　　　X_3 与 Y 的格兰杰因果关系检验

因果关系假定	滞后期数	样本数	F 统计量	P 值	结果
X_3 不是 Y 的格兰杰原因	1	36	5.22297	0.0288	拒绝
Y 不是 X_3 的格兰杰原因	1	36	0.39928	0.5318	接受
X_3 不是 Y 的格兰杰原因	2	35	3.49632	0.0432	拒绝
Y 不是 X_3 的格兰杰原因	2	35	1.91181	0.1654	接受
X_3 不是 Y 的格兰杰原因	3	34	2.54410	0.0771	接受
Y 不是 X_3 的格兰杰原因	3	34	2.34586	0.0951	接受
X_3 不是 Y 的格兰杰原因	4	33	2.01036	0.1251	接受
Y 不是 X_3 的格兰杰原因	4	33	2.60524	0.0612	接受

从表 6-14 的检验结果中可以看出,在滞后期从第 1 期到第 4 期,关于 X_4 不是 Y 的格兰杰原因的检验中,P 值分别为 0.007、0.0068、0.0086、0.0050,此时,经济发展水平与城乡居民收入差距存在格兰杰因果关系,其变动会对城乡居民收入差距产生影响,但从第 4 期开始 P 值大于 0.05,接受原假设。从 Y 不是 X_1 的格兰杰原因的假设中,P 值始终大于 0.05。以上分析可以看出,在 1—4 期时,经济发展水平都会对城乡居民收入差距产生影响。

表 6-14　　　　　　　　X_4 与 Y 的格兰杰因果关系检验

因果关系假定	滞后期数	样本数	F 统计量	P 值	结果
X_4 不是 Y 的格兰杰原因	1	36	8.25802	0.0070	拒绝
Y 不是 X_4 的格兰杰原因	1	36	0.67432	0.4174	接受
X_4 不是 Y 的格兰杰原因	2	35	5.92290	0.0068	拒绝
Y 不是 X_4 的格兰杰原因	2	35	0.68445	0.5121	接受

续表

因果关系假定	滞后期数	样本数	F统计量	P值	结果
X_4 不是 Y 的格兰杰原因	3	34	4.76817	0.0086	拒绝
Y 不是 X_4 的格兰杰原因	3	34	2.12142	0.1209	接受
X_4 不是 Y 的格兰杰原因	4	33	4.88358	0.0050	拒绝
Y 不是 X_4 的格兰杰原因	4	33	1.88096	0.1465	接受

(五) 脉冲响应函数

从上述的分析中只能得出在模型处于长期均衡状态下各解释变量对城乡居民收入差距产生的影响。通过使用脉冲响应函数，将影响的作用分为10期，通过脉冲响应函数图，可以清晰地反映出各个变量对城乡居民收入差距影响的整个动态过程。

从第1期到第10期的脉冲响应图6-7中可以分析得出，新型城镇化给予一个正向冲击后，其对贵州省城乡居民收入差距的影响具有滞后期，随后影响逐渐扩大，最终函数曲线趋于平稳，说明从长期来看，新型城镇化有助于缩小城乡居民收入差距，且影响程度相对平稳。

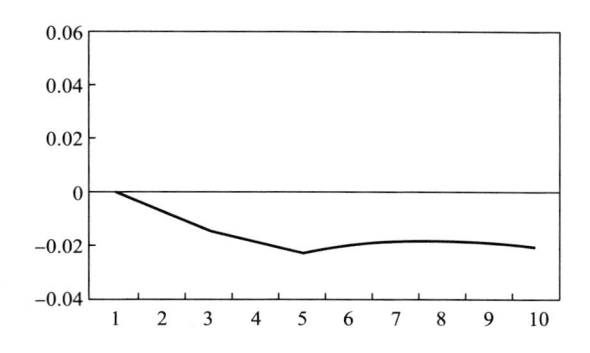

图6-7 贵州省城乡居民收入差距对新型城镇化的脉冲响应

从图6-8可以看出，人力资本水平变化给予一个正向的冲击，首先都会出现一个滞后期，随后对缩小城乡居民收入差距的作用持续扩大，从长期来看，影响程度保持平稳，对缩小城乡居民收入差距具有稳定持续的促进作用。

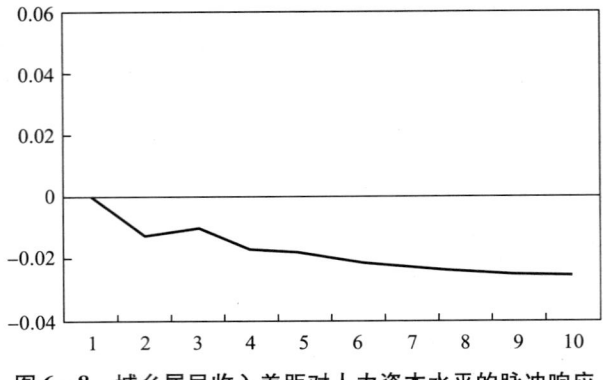

图 6-8 城乡居民收入差距对人力资本水平的脉冲响应

从图 6-9 可以看出,在 1 期的影响滞后期后,政府行为的正向冲击在 1—3 期后不利于缩小城乡居民收入差距,从第 4 期开始转变为负向冲击,并且影响扩大,从长期来看,影响虽然有所减弱,但对缩小城乡居民收入差距具有长期的促进作用。

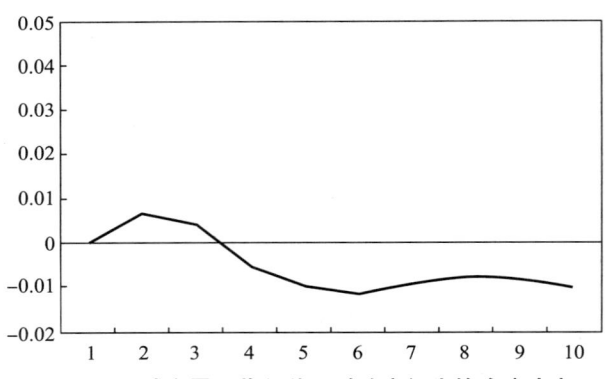

图 6-9 城乡居民收入差距对政府行为的脉冲响应

从图 6-10 可以看出,整条曲线都是位于横轴上方,说明经济发展水平在 1 期的滞后期后,作用先增大后降低,在第 8 期降至 0 后又开始上升,从长期来看,会持续扩大城乡居民收入差距。

(六) 方差分解

脉冲响应函数反映的是各个变量在不同阶段会对城乡居民收入差距产生怎样的影响,是对影响的动态过程的一个分析。从方差分解的结果可以看出在被解释变量发生变化时各解释变量对其变化的影响贡献度分别是多少。方差分解就是将 VAR 模型内的被解释变量变动的方差分解到各解释变量上。

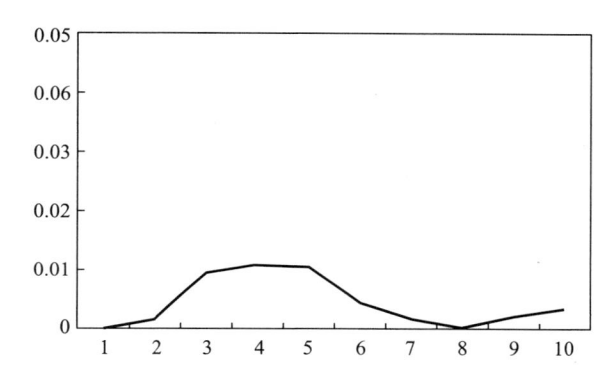

图 6-10　贵州省城乡居民收入差距对经济发展水平的脉冲响应

从表 6-15 方差分解结果可以看出，城乡居民收入差距对自身变化的影响程度逐渐下降，到第 10 期时只有 67.21%。新型城镇化水平在第 2 期开始显现，在第 3—5 期有较大幅度的上升，随后平稳上升，第 6 期的贡献度最大为 13.68%。人力资本水平和政府行为两项指标对被解释变量变化的影响程度较小。经济发展水平对城乡居民收入差距变动的贡献率从第 2 期的 5.49%，一直增加到了最后的 16.04%。通过方差分解城乡居民收入差距的变化，最终 67% 左右是由于自身的影响发生变化来解释，其余部分 12.57% 左右由新型城镇化水平解释 3% 左右，由人力资本水平来解释，2.8% 左右由政府行为来解释，16% 左右由经济发展水平来解释。

表 6-15　　　　贵州省城乡收入差距 VAR 模型方差分解结果

时期	标准差	Y	X_1	X_2	X_3	X_4
1	0.038444	100.0000	0.000000	0.000000	0.000000	0.000000
2	0.054623	90.96269	1.991937	0.067511	1.485225	5.492635
3	0.067404	84.58790	6.027247	2.015043	1.336176	6.033630
4	0.079224	76.44284	9.756961	3.289296	1.434119	9.076753
5	0.092649	70.43216	13.05677	3.682657	2.177166	10.65125

续表

时期	标准差	Y	X_1	X_2	X_3	X_4
6	0.105558	68.21260	13.68385	2.973850	2.849324	12.28038
7	0.118617	67.92541	13.31195	2.371072	2.873966	13.51760
8	0.131133	68.12290	12.76776	1.940095	2.712834	14.45641
9	0.142761	67.88280	12.50796	1.654308	2.627973	15.32696
10	0.153537	67.21109	12.56509	1.473189	2.712206	16.03841

资料来源：由 Eviews 8.0 软件输出结果整理而得。

三 实证结果分析

从上述的结果分析可以看出，4个影响因素都会对城乡居民收入差距产生影响，其中，新型城镇化水平、人力资本水平和政府行为从长期来看都有利于缩小城乡居民收入差距，但是，经济发展水平会扩大差距。从影响程度上看，政府行为和人力资本水平的贡献度相对较低，相比较而言，新型城镇化水平在更大程度上对城乡经济发展差距产生影响，影响更为深刻。

新型城镇化水平：通过建立5个一级指标和23个二级指标构成的新型城镇化指标体系，再通过熵权法对贵州省新型城镇化水平进行测算。新型城镇化是从经济、民生、城乡基础设施、社会保障等多个维度出发，对传统城镇化中出现的问题进行改善，更加注重城乡协调发展的重要性。新型城镇化在促进农村剩余劳动力转移时，更加注重转移人口的民生问题，通过建立城乡统一的社会保障制度等方式，从各方面加速新型城镇化的进程，真正实现农村剩余劳动力的自由转移，提高转移群众城镇生活的能力和生活质量，同时也缓解了农村原有的突出矛盾。进一步改善农村原有的条件，使留在农村的农村居民具有更好的农业经营条件，新型城镇化也进一步加大了对农村地区的基础设施建设，城乡发展更加均衡，农村经济也可以迅速发展，可以促进农村居民收入的大幅上涨。

人力资本水平：人力资源水平主要通过大专以上受教育人群在贵州省人口当中所占比重来确定，根据上文计量模型的分析，人力资本水平提高有助于缩小贵州省城乡居民收入差距。现实中，只是改变命运，农村家庭的孩子通过读书考上大学，进入城市接受高等教育，从而实现了从农村向城市的转移，这部分群体在改善了自身的生活条件的同时，也帮助了农村的亲人，通过他们为纽带，实现了城市和农村的互动作用，在一定范围内提高了农村居民生活质量，同时，在缩小城乡经济差距基础上促进农村居民生活质量的提高。

政府行为：政府的大部分财政支出用于城市发展，城市对财政政策的要求主观能动性更为强烈，采取财政政策，更容易向城市偏移，必然造成城乡居民收入差距扩大。新型城镇化的发展强调可持续发展，为实现发展的可持续就必须缩小不断拉大的城乡差距，保证城乡一体化发展目标得以实现，城市偏向的政策会逐渐得到改变，政府更加注重农村的发展，改变以往不均衡的发展状况。

经济发展水平：随着人均GDP的增长，通过研究发现，经济发展不仅不能改善贵州省城乡居民收入差距的问题，反而会使差距进一步扩大。这是因为城市在经济发展方面各方面都比农村更有优势，根据经济学的"马太效应"，由于城市对比农村更容易吸收和发挥出政策、资源效应，这种比较优势则更容易吸引更多资源在城市进行投资。农村面临着经济发展越来越慢的趋势，虽然经济发展水平得到了提升，但是，大多数GDP由城市创造。

第三节　新型城镇化背景下缩小贵州省城乡居民收入差距的政策建议

一　推进体制机制创新，加快新型城镇化建设

新型城镇化改变了以往城镇化的发展方式，更加注重人口的城镇化，只有使农村剩余劳动力真正实现了从农村居民向城市居民的身份转变，从而使他们在城市中得到一份稳定的工作，如此才能增加贵州农村居民获得收入的渠道，从源头上解决城乡居民收入来源不平等的矛盾。只有使农村劳动力可以自由地向城镇转移，才能使城乡二元结构得以瓦解，才能使农村居民和城镇居民享有同等的机会。而就目前来看，现有的户籍制度和土地产权制度是阻碍农村劳动力转移的重要因素。因此，只有这两项机制可以得到改革和创新，才可能在源头上抑制城乡居民收入差距不断拉大的趋势，改善农村经济发展面貌。

现有的户籍制度，农村剩余劳动力不能在城市和农村之间自由地流

动,对于农村居民想要在城镇寻求就业机会而言是一种阻碍。虽然贵州省在户籍登记制度上将城镇居民和农村居民都登记为居民户口,但是并未在本质上改变原有的户籍制度,农村居民要想拥有城镇户籍阻碍依然较大,农村居民在城市落户仍然较难。要改变这一现象,首先,需要对现有的户籍制度进行改革,让户籍制度成为人口登记的一种方式,而不再成为劳动力自由流动的阻碍,采用按居民居住地登记的户籍制度。目前,贵州省从农村流动到城市中的外来务工人员众多,要想完成户籍制度改革并不是一蹴而就的事情,需要一定的时间,采取渐进式的改革方式。逐渐放宽落户的条件,使农民在进入城镇之后可以在身份上、思想上都得到转变,实现真正的人口城镇化,不仅要使农民在城市有归属感,更要他们可以和城镇居民一样具有幸福感和满足感。其次,改革城乡二元户籍制度不仅仅是改变现有的人口户籍的登记制度,更重要的是淡化和消除户口上附加的各种社会保障和福利,使户口间不存在价值的差异。目前,拥有城镇户口就拥有了农村户口所不具备的各种社会保障制度。要推进户籍制度改革,就必须使户口和其附加的价值相分离,只有通过城乡统筹,由政府引导社会保障各有关部门共同行动,在城镇居民和农村居民间推行无差别对待的社会保障制度,使社会福利不再因为户籍的不同而存在差异。由此才能真正地实现城乡户口和户口价值的剥离,才能在新型城镇化进程中实现城乡可持续协调发展。

在解决户籍制度改革的同时,土地产权制度同样是影响农村剩余劳动力转移的因素。很多农村居民虽然已经来到城镇务工,但土地对他们来说依然非常重要,他们始终不愿意放弃土地。改变这一现状,首先要改变农民以往在土地流转过程中的被动地位,政府首先应该制定和完善土地产权制度,出台相关的土地流转办法,应以市场为导向,使农民有权自由在市场上对其土地产权进行出售、转让、入股等,充分重视农民的财产权利。政府要明确交易流程和相关机制,签订有效的土地流转合同,并可对农民进行适当的补偿,避免以往政府干预的形式,维护农民的利益,保证了农民的土地收益。通过对土地制度的改革,使留在农村务农的农村居民可以实现农业的产业化发展,提高生产效率和土地利用率,从而提高农村居民的收入,使农村向城镇转移的剩余劳动力真正从土地上解放出来,使农村原有劳动力和剩余劳动力的收入水平都能得到相应提高,通过转变劳动结构发展模式来激发城乡经济生活发展活力

(苏素, 2011)。

二 增加教育投入,提高人力资本水平

教育事业是关系缩小城乡收入差距和提高未来城市及农村人口基本素养的关键所在。政府关注教育水平,增加教育投入不仅关系到城乡之间人口自由流动,更是为将来的城乡教育一体化铺平了道路。因此,从长远来看,应加大农村教育投入。从现实情况来看,由于农村家庭薄弱的经济基础造成农村子女不能公平地得到应有的教育资源,使其在今后更加难以适应城市的生活,也没有能够改变其经济基础的能力。

首先,增加农村教育的财政支出力度,积极引导和吸引城市中的教育资本和教育事业在农村开展,推进农村的学前基础教育,使无法得到最基本教育的孩子得到受教育的机会,落实九年义务教育。在教育设施方面,政府应重视农村教育设施薄弱的问题,可以通过重新建设农村的教学楼、校舍等校园设施,翻新旧教学楼,增加农村学校的数量,使农村的孩子不用去城镇上学,一样可以享受到和城镇孩子相同的教育资源。从教育质量上,在现有的教学质量基础上,鼓励输送更多的合格教育人才,建立双向对接通道,让有志于支教的年轻人可以深入农村,了解农村现实情况并加以改善。

其次,对农村的青少年进行符合其实际情况的培训,让农村剩余劳动力拥有一技之长,改善和优化适合农民受教育人群的教育模式,使其在今后的发展中可以适应城市的发展需要并且凭借自身的技术在城市得到工作。对留在农村的居民可以更好地运用现代化的农业技术,并依靠先进的技术发展理念,增强农村居民的创业能力,从而提高农业生产效率。同时,解决农村的剩余劳动力问题,使流动人口在农村和城市之间自由流动而不因自身能力而受到限制,使农村的负担减轻,带动农村经济发展。

最后,政府在城市人力资本市场处于饱和时,而农村人才市场却极度匮乏,政府应及时鼓励城市和农村的学成人才深入农村创业,并给予相应的资金和住房补贴(苏素, 2011)。这样,既可以将城市的科技人才带到农村,农村急需人才的现状又可以得到极大的缓解。科技型农村建设可以使农民的生活得到改善,收入得到增长,提高劳动生产效率,使农村经济更快速地发展。

三 减少城市偏向的财政支出，实现城乡基本服务均等化

城镇化发展过程中，为了完成经济快速发展的目标，政府的财政支出大多用于城镇建设和城镇地区基础设施的完善，导致城乡经济发展差距不断拉大。政府必须改变这种偏向性的财政支出，优化支出结构，实现新型城镇化过程中城乡协调发展的目标。淡化以往一味地追求GDP增长的方式，调控资源配置向乡村倾斜，增加"三农"投入，建立农村扶持激励制度。贵州省应在城镇和乡村建立统一的社会保障制度，不再实行差别对待。农村没有强制性的社会保险，贵州省政府可以按照个人缴纳辅以政府补贴的方式来实现贵州省农村养老保险的全覆盖。健全贵州省农村最低生活保障和救助制度，并增加投入，使农村居民同样享有医疗和住房的基本保障。

在基础建设方面，道路条件的改善对贵州省经济的持续增长十分重要。贵州省的人口中农民占了很大部分，他们多数生活在交通不便利的山区，要想缩小城乡差距，政府对于农村基础设施建设必须加以重视，在道路方面，采取积极有效的行政策略，有步骤、有规划地完善农村道路基础，使农村农民真正享受到交通改善对于其生活的改善、收入的提高带来的变化。只有道路条件改善了，农产品的交通运输才能更加快捷、更好更及时地将农产品运往周边城镇，对当地农产品销量的增加具有促进作用。

此外，加强农村地区水电、邮政、电信等基础设施，为农村在产业发展上提供条件，对产业聚集产业化的形成提供有利条件。农村地区的产业集聚可以为农村居民提供大量的工作机会，增加农村居民的工资性收入，为农村居民提供更好的居住和生活条件，使其真正在新型城镇化的进程中实现城乡一体化发展。

四 合理布局城镇，优化产业结构

根据新型城镇化发展的要求，应转变以往以大城市为核心的发展模式，贵州省应在现有的基础上继续推进小城镇发展，发挥小城镇的纽带作用，促进城乡居民收入差距的降低。贵州省的茅台镇、大龙镇、者相镇、青岩镇都是小城镇的主要代表，贵州省在促进城乡协调发展上应充分发挥小城镇的优势。

第一，小城镇既靠近城市也靠近农村，在交通和其他基础设施方面比农村更有优势，与城市相比，拥有较低的成本，小城镇与农产品产地

更近，农村剩余劳动力的就业也更加方便，在人力成本和生产成本上都极具优势。所以，贵州省应利用小城镇的带动周边农村的发展，利用小城镇的优势为农村居民的生活质量的改善和收入水平的提高创造有利条件。

第二，小城镇在城市产业的承接上具有比较优势。贵州省在优化产业结构过程中必然是产业技术的不断创新和生产效率的不断提高，使劳动密集型向技术密集型转变。这时，小城镇正好利用劳动力和土地资源的比较优势承接城市的产业转移，形成产业在大城市、小城镇和农村空间发展上各具特色的垂直化的分工体系。通过小城镇的承接，原有的产业获得了更低的发展成本和更好的发展空间，带动了农村地区的经济发展和剩余劳动力的就业。一个地区只有拥有了相关产业，经济的发展才有核心。对于农村地区而言，小城镇的产业发展和升级改造更有利于带动农村地区的经济发展，小城镇的发展也可以更好地完成承接大城市产业转移。小城镇作为大城市和农村经济发展的纽带，对新型城镇化的可持续发展、农村居民就业机会的增加、生活质量的提高都具有不可替代的带动性作用，使在小城镇的联动作用影响下，大城市和农村经济不再相互隔绝，实现经济的全面发展（邓韬，2016）。

第三，贵州省农村应该因地制宜，积极推动当地特色产业发展，贵州省各地区应及早发现自身的产业优势，建立自身经济发展模式，以多样化产业带动农业进步。贵州省作为喀斯特地貌的代表地区，山地资源成为贵州省区别于别的省份的一个独特优势，发展山地农业和山地旅游，将两者作为品牌来发展，有助于促进贵州省经济的增长。例如，毕节地区，从农业来看，紧紧围绕着油菜籽、马铃薯的加工，应将其作为原材料，提升产品价值，促进山地绿色食品的发展。在山地旅游方面，有洪家渡、九洞天，加上织金溶洞、百里杜鹃和草海湿地众多旅游资源，应发挥旅游业的带动作用，将其打造成具有名牌效应的产业。黔西南州的山地旅游和乡村旅游资源同样丰富，马岭河峡谷、双乳峰、万峰林等应充分挖掘自然资源、民族文化和历史文化之间的多元联系，打造独特的旅游产品和具有品牌效应的旅游产业。贵州省大多数地区都种植茶叶和辣椒，如果能将分散的农民集中起来，形成产业化发展，以此可以促进贵州省农业从粗放式的发展模式得到转型和结构调整，对贵州省农村经济发展具有促进作用。

五 发挥政府宏观调控职能，统筹城乡发展

在新型城镇化的发展中，城乡发展的统一和协调，政府的作用和市场的作用是相辅相成的，两者是一种互补的关系，缺一不可。政府在其中应保持着宏观调控的职能，政府对城乡的统筹发展具有规划功能、调节功能和引导功能。

政府的规划可以有效地协调城乡发展。城乡在自然条件、生产力水平、劳动力的数量和质量上都存在差异，并且城乡在制度和体制上也相去甚远，在城乡的社会经济发展中必须发挥政府的组织和领导者作用，在错综复杂的局面中做出理性选择（邓韬，2016）。只有政府，才能站在全局的角度进行考虑，做出科学合理的规划，规划得越好，目标越明确，就可以大大降低城乡统筹的成本，加快新型城镇化和城乡一体化的进程。政府在起规划作用的同时还需发挥好调节功能，调节好城乡在经济发展中出现的产业发展不协调和城乡二元结构。做出战略结构的调整，不再一味地依靠市场调节，为了确保长期目标的实现，引导和协调城乡产业协调发展是政府管理经济的必要职能。政府的调节作用不仅包括经济还应包括文化、教育、卫生尤其是资金投入的调节。没有政府的规划和调节，城乡统筹发展不可能顺利进行。

如何使资源要素在贵州省城乡之间得以合理分配是解决城乡问题的关键。前文分析发现，贵州省的农村居民在初次分配和再分配两个环节均处在不利地位，是城乡居民收入差距的重要原因之一。在这样的情况下，政府应该发挥其宏观调控的职能，加大对农村地区的投入力度，统筹城乡之间的关系，改变原有的收入分配占比，扩宽农村居民的收入来源，农村居民的工资性收入在初次分配中的比重也相应地增加。政府应当采取适合贵州省经济发展的产业和人才方面的优惠政策，并鼓励有发展特色的第二、第三产业企业发展，同时提高农业发展水平，使农民通过自己的劳动，可以增加相应的生产经营性收入。在农村居民的转移性收入方面，贵州省政府要加大对农业的扶持力度，增加对农村的财政支出，使农民可以通过务农得到更多的收入。

政府的规划为城乡发展确定了目标，在目标实现的过程中，政府应发挥好调节功能，并引导资源在城乡之间的合理流动和配置，通过政府的宏观调控手段，更好地实现城乡同处发展，实现缩小城乡居民收入差距的最终目标。

第七章 基于产业支撑的贵州省城乡一体化

第一节 贵州省城乡一体化进程评价

改革开放对我国经济的快速发展有决定性的推动作用,随着各种社会关系的不断改革和变化(陆学艺,2011),"三农"问题、城乡二元结构等社会矛盾逐渐突出。党中央及时发现这种不和谐的现象,并在党的十六大报告中着重提出了"统筹城乡经济社会发展,建设现代农业,发展农村经济,增加农民收入,全面建设小康社会"的重大战略部署。紧接着,党的十六届五中全会明确提出了以工促农、以城带乡的基本政策。习近平总书记立足当前社会主要矛盾指出,统筹城乡是贯彻落实科学发展观的根本方法。总之,自党的十六大以来,中央政府在统筹城乡发展,缩小城乡差距、工农差距、地区差距,解决"三农"问题等工作上做出了坚持不懈的努力(曾万明,2011)。城乡融合就是充分发挥城市与农村之间的相互带动作用,缩小城乡差距,建立起和谐的工农关系。

一 贵州省城乡一体化建设成果

(一)城镇体系基本完备

城乡一体化最直观的表现就是农村居民居住和部分生产条件能够基本等同于一般城镇水平,那么就需要尽快完善城镇体系,改善农村环境,尽可能地将其纳入城镇体系。新中国成立初期,贵州省初具规模的城市只有贵阳市1个,另外可查的小、中型乡镇有160个,到1992年,贵州已经完成了行政区域规划,初步形成了一定规模的城市体系,其中包括大、中、小城市共10个,有像贵阳、六盘水、遵义的人口密集的大型都市以及集聚人口较少的小城市,包括铜仁、安顺、赤水、都匀、凯里、兴义和清镇市,另外有87个县级单位和653个建制镇,而且新建城市也在不断扩建。与此同时，城镇地区的基础设施也逐渐得到改善。

表 7-1 列举了 1996—2014 年贵州省城市主要基础设施建设情况，可以看出，这 20 年里贵州省城市建设取得了可喜的成绩。城区面积不断拓展，建成速度逐年增长，其中包括多数村落就地城镇化；城市供水和供气管道是城市居民基本生活公共设施，通过政府资金的大力支持，为保证居民生活便利，随着城区面积的逐年增加，管道铺设也及时到位。除此之外，公路建设是关乎区域经济发展的必要设施，是利国利民的工程，道路的通畅便利才能加强与外界的沟通、联系。从表 7-1 可以看出，贵州的公路建设发展速度尤为显著；城市建设初期，由于忽视了绿色经济的重要性，人均城市绿化面积出现了短暂的萎缩，但随着对环境重视程度越来越高，人均城市绿化面积渐渐回升，城市环境逐渐恢复蓝天白云。城市建设使贵州居民的生活更加便利，第一、第二、第三产业的生产条件也得到了改善，为推动贵州省产业发展和产业结构的改善创造了良好的条件。

表 7-1　　　　1996—2014 年贵州省城市主要基础设施建设情况

年份	年度城区建成面积（平方千米）	供气管道长度（千米）	供水管道长度（千米）	公路长度（千米）	人均绿化面积（平方米）
1996	229.33	493	2722	1472	5.5
1997	261.15	513	2620	1536	5.4
1998	283.55	886	2669	1553	7.6
1999	284.95	1017	2690	1601	7.6
2000	291.65	1121	2904	1682	8.2
2001	627.02	1275	4632	2716	3.0
2002	617.58	1453	4553	2772	4.0
2003	661.17	1489	4801	2922	4.5
2004	656.02	1549	5108	3268	4.5
2005	706.19	1931	5313	3518	5.3
2006	706.20	2653	6802	3474	4.3
2007	792.40	2850	7401	3772	4.2
2008	812.30	2925	7720	3836	4.4

续表

年份	年度城区建成面积（平方千米）	供气管道长度（千米）	供水管道长度（千米）	公路长度（千米）	人均绿化面积（平方米）
2009	821.60	3051	8706	3933	4.7
2010	883.56	3208	9376	4081	5.3
2011	972.99	3264	11108	4487	5.5
2012	1121.68	3597	11630	4875	6.7
2013	1315.86	4066	12579	5787	8.0
2014	1371.15	4484	13608	6325	8.7

从城镇人口数量来看，1990年之前，贵州省城镇化率一直在10%左右，城镇人口数量增加缓慢。1990—2005年，城镇人口数量变化大，处于波动调整期。2005年以后，贵州省城镇化持续稳定发展，2009年贵州省城镇人口首次突破30%，特别是近几年来，贵州省城镇人口大幅度增加。据贵州省统计局统计，2015年，贵州省常住人口城镇化率已达42.01%，基本实现半数人口城镇化，相较于"十二五"计划目标（40%）超出2.01个百分点，贵州省2015年年末统计省内常住人口3529.5万，其中，城镇人口1482.74万，相较于2010年年末增加约306.49万；农村人口2046.76万，比2010年年末减少255.99万。

贵州省城镇人口的增加得益于贵州省城乡经济实力的明显提高，具有贵州特色的乡镇企业开始发展并逐渐壮大（魏媛，2014）。在加速农村工业化进程中，初步打破了城乡分割的体制，吸收了大量的农村剩余劳动力就业，同时，还带动了县域经济和周围地区的经济发展，分散的村落居民在此逐渐集聚，贵州省的小城镇建设是贵州就地城镇化的成功案例。

（二）农村居民收入显著增长

城乡一体化发展的核心就是促进农民创收，只有有效地提高农民收入，才能切实扩大国内消费规模，繁荣我国的市场经济，加快社会主义市场经济结构的调整。改革开放初期，农村家庭联产承包经营责任制的确立和推行，极大地解放和发展了农村生产力，农副产品价格的提高，是我国农民收入大幅度增长的直接因素（成清华，2016）。随着经济全球化趋势和我国加入世界贸易组织，为适应经济市场化，我国产业政策和产业结构不断调整。在这一宏观背景之下，党中央在原有的基础上加大了对农业和农村基础设施的资金投入，以促进我国农村和农业发展，同时在政策上也给予大力支持。比如，实施农村税费制度改革，减免农业税，等等。随着贵州农村经济改革的不断深入，农村产业结构也开始逐渐调整，在农村大力发展特色农业，贵州省的农业和农村经济获得较快发展，农民收入逐年增长。2007—2016年增速达到两位数，略高于城镇，特别是2014年，贵州省城乡居民收入年均增长率分别为9.10%和22.76%，农村高出城镇13.66个百分点（不考虑城乡消费价格指数差距）。

从表7-2可以看出，改革开放初期，由于其基数小，贵州省农村居民人均可支配收入增长速度尤其高，随后开始下降，1990—2005年出现低速增长，然而，21世纪以来，农村居民家庭人均年收入持续大幅度增长，且大体上增长速度逐年提高，到2014年，贵州省农村居民的人均年收入为6671元，是1985年的263.78倍。

表7-2　　　　　　　　贵州省历年城乡人均年收入情况

年份	农村常住居民 人均可支配收入（元）	同比增长率（%）	城镇常住居民 人均可支配收入（元）	同比增长率（%）	城乡人均收入比
1985	25	62.14	57	23.50	1.61
1990	435	1.08	1217	26.62	3.23
1995	1087	40.33	3427	22.08	2.62
2000	1374	1.69	5122	3.81	3.93
2005	1877	9.03	8147	11.27	4.34
2006	1985	5.75	9117	11.91	4.59
2007	2374	19.6	10678	17.12	4.50
2008	2797	17.82	11759	10.12	4.20
2009	3005	7.44	12863	9.39	4.28
2010	3472	15.54	14143	9.95	4.07
2011	4145	19.38	16495	16.63	3.98
2012	4753	14.67	18701	13.37	3.93
2013	5434	14.33	20667	10.52	3.80
2014	6671	22.76	22548	9.10	3.38

资料来源：历年《贵州统计年鉴》。

1985年，城镇居民人均可支配收入为57.26元；到2014年，增加到22548元，如不考虑通货膨胀因素，35年间贵州省城镇居民的人均可支配收入增加了392.78倍，说明贵州省城镇居民人均年收入在改革开放后有了大幅度的增长。贵州省经济建设初具规模，为城乡一元经济结构建设提供了物质基础。

改革开放以来，贵州省城乡居民消费支出和内容发生了很大的变化。以恩格尔系数为例，由图7-1可以看出，改革开放初期，贵州省城乡家庭的恩格尔系数都达到了80%以上，随着贵州省经济规模的增长，城乡居民收入显著提高，城乡家庭的恩格尔系数都呈下降趋势，特别是在1985—1990年，由于基数小，下降速度最快。到21世纪，下降趋势不再明显，城镇家庭的恩格尔系数基本维持在40%左右。2010年开始，城镇家庭的恩格尔系数已经降到40%以下，这是由于城镇居民消费水平的明显提高，以及服务业的多元化发展促使消费的多样化。相对于城镇家庭来说，农村家庭的恩格尔系数在20世纪90年代明显高于城镇家庭，下降速度也一直低于城镇家庭；而21世纪以来，农村家庭恩格尔系数下降速度比城镇家庭快；到2014年，城乡居民家庭的恩格尔系数逐渐趋于接近，城乡居民生活质量差距逐渐缩小。

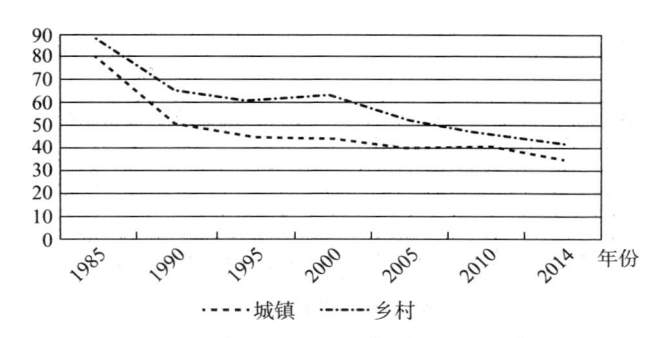

图7-1 贵州省城乡居民家庭恩格尔系数变动趋势

（三）户籍制度改革持续推进

2015年5月22日，贵州省政府颁布《关于进一步推进户籍制度改革的实施意见》，要求户籍改革在2015年年底全面铺开，且提出"2020年前，努力促进300万农业人口和其他常住人口落户城镇"。此次户籍制度改革要求实施城乡统一的户口登记制度，为农业转移人口提供城镇基本服务，同时又保障农业转移人口的原有合法权益，如宅基地使用权以及原有的土地承包经营权等。另外，对于贫困户来说，其迁移到城镇之后，仍然可以享受扶贫政策，大大地消除了农民的后顾之忧。

户籍制度改革，对于城乡一体化建设意义重大。首先，户籍制度改革有利于农民创收。大量的贵州省农业人口落户城镇，农业人口转而进入生产力更加高效的工业或服务业领域，相对于原来依赖农业劳作获得收入来说，其收入显著增加。对于整个社会来说，劳动力由低效率部门向高效率部门转移同样是一种资源优化配置，由此可以加快贵州省打造人力资源强省。其次，户籍制度改革使农业人口向城镇居民转变，与城镇居民同等享受城镇基本公共服务，是农业居民的合法权利之一，有必要受到规范和保护。贵州省的农村居民落户城镇之后，会逐渐融入城市文化，从而促进文化上的贵州省城乡一体化建设。最后，户籍制度改革，合理引导农业人口流入城镇体系，农民市民化之后，其消费倾向和消费结构都会发生显著的变化。农村居民常常满足于自给自足，边际消费倾向低下，在消费结构中，轻工业产品消费所占比重较大。这样，对于整个社会发展非常不利，因为购买力不足会导致生产过剩，工业发展萎缩。然而，贵州农民市民化之后，由于住房需求或汽车等工业品需求就会大幅度上升，增加社会购买力，为工业发展提供后续动力，从而推动社会经济发展，为城乡一体化建设提供资金保障。

二 贵州省城乡一体化建设的短板

随着经济全球化发展，国内市场与国际市场环境正在发生巨大的变化，面对这样的局势，贵州省农村经济和农业生产方式的改革与调整还没有及时到位，农村经济发展依靠单一的农业劳作的形势依然没有发生根本改变，农产品技术含量低，产业链短，农民增收困难重重。落后的农村经济拉大了城乡发展差距，不仅影响社会和谐发展，也制约着贵州省整体现代化进程。基于自然地理条件、农业耕作条件、生态环境条件和人口环境条件的压力，贵州省城乡一体化发展显现出明显的西部区域特征。

第一，边缘性。由于贵州省地处我国西部边缘地带，经济基础薄弱，基础设施不足，教育和思想观念落后，特别是由于地区远离市场中心，城乡之间辐射带动效应弱。根据马太效应原理，贵州省的经济发展和思想观念的边缘化特征体现得更加明显（单晓刚，2011）。

第二,约束性。城乡一体化推进离不开产业的发展,然而,经济发展总是伴随着对自然环境的改造和破坏(吴明红,2012)。贵州省的生态环境十分脆弱,依赖资源和能源开发的贵州省工业发展一直受到生态环境和资源缺乏的约束,又不可避免地对生态环境造成破坏,形成恶性循环。粗放型产业如今进入"瓶颈",城乡融合发展不免受到影响。

第三,内生动力不足。同西部其他区域一样,贵州省经济发展主要由外力推动,国家投资是其发展的主要原因。除此之外,贵州省城镇的形成,除少数是由市场经济发育形成,其他大多数都是由政府对行政区域安排设定,其形成和发展基本上属于外生性、嵌入性,由于缺乏内生性力量,贵州省大多数城镇空有其表,实际功能单一,一旦停止外部力量的供给,贵州省的城乡发展就会趋于滞后,难以维持其发展。

(一)城市规模小、各市(州)发展不均衡

从人口城镇化率来看,到2014年年底,贵州省的人口城镇化率为40.01%,城镇常住人口占贵州省总人口的40.01%,同全国平均水平的54.77%相比,仍有不小的差距。

根据国际惯例,城市规模的衡量指标有城市人口数量和城市占地面积两种,在我国的研究中,通常将人口数量作为划分城市规模的决定性指标。然而,由于统计口径不清晰,导致我国目前尚无正确反映城市规模的统计标准,比较公认的城市规模分类中的标准为:按市区非农业人口数量为基准,20万人以下的为小型城市,20万—50万人为中等城市,50万—100万人为大城市,100万人以上为特大城市。以上述标准来看,贵州省100万人以上的特大城市只有贵阳一个。根据统计,2015年,贵州省的总人口已经达到3508.04万人,目前贵州省的城市建设规模不令人满意。另外,就城镇的经济辐射能力来看,由于自身因素,贵州省地形不仅起伏大,而且喀斯特广泛发育,省内地形多见各种高原、丘陵、丘原、台地、盆地,几乎没有平原存在,这样的地形导致省内水土资源分布不均衡,城镇所处偏僻、县域之间相距普遍遥远,城镇辐射和向心力弱。

另外,贵州省城市功能除贵阳较为健全外,其他市(州)只有少数工业产业集聚。贵阳市是贵州省的政治、文化、经济和交通中心,具有较强的向心力,吸引人口集聚和投资集中;毕节市、六盘水市、黔西南州以煤及煤化工产业为主要产业支撑;遵义和铜仁地区以烟酒茶等轻工产业集聚。其他地区产业发展较为落后，城市体系也不够健全，且城市之间由于距离遥远，产业和市场集中度差，对周边地区经济的辐射能力不足，同时吸收农村剩余生产力也十分有限。

总之，贵州省的城镇建设尚有发展空间。城市规模小，城市体系不健全，城市带动地区经济社会发展的能力不足。贵州省城镇化建设起点低，要迎头追上我国中东部地区仍然需要下大力气。

（二）居民收入低，城乡居民差距较大

城乡居民收入差距是衡量城乡经济发展是否协调的重要体现，也是反映我国产业结构之间是否存在矛盾的重要指标。由于人口对农产品的刚性需求，广大的农村市场始终不能成为新的消费增长点。

贵州省地形多为峡谷和高山，地形起伏，耕地机械化、现代化发展困难重重；而较为平坦的高原地区，虽然有耕地集中连片，但是，水量尚有不足，因此，贵州省的农业发展局限性很强。另外，农业自然属性有分散性和产品需求刚性，使贵州省的农业生产效率远远低于工业和第三产业。由表7-2可以看出，在不考虑城乡消费水平指数差距的情况下，从横向比较来看，贵州省农村居民的人均收入与城镇居民相比还是比较低的。而且，贵州省城乡居民收入差距也在不断变化。1985—2010年，城镇居民的收入增长速度远高于农村，差距逐渐拉大，最高时城镇居民收入是农村居民的4倍以上。这个时期属于工业化建设初期，由于对工业的政策保护而对农产品的价格和市场进行制约，形成工农产品"剪刀差"，双重因素促使农民收入和农业效益螺旋式下跌，因此，在这个时期，贵州省城乡居民收入以及城乡总体经济发展差距逐渐扩大。随着矛盾的逐渐突出，政府开始关注"三农"问题，并积极寻找应对之策，如减免农业税、对农民实施直接补贴等，这些政策如及时雨一样给老百姓真正的实惠，农民收入明显增加，从2010年开始，政策逐渐开始收效，但是，由于缺乏技术创新等内生动力，至2014年，贵州省城乡居民人均可支配收入差距仍然不容忽视，形势没有发生根本性的转变。

而且，农村居民仅仅依靠农业发展致富、改善农村现状不太可能实现，因为农民靠天吃饭的现状依然无法改变，再加上农产品刚性需求的特点。所以，要改变贵州农村居民现状，唯一的出路就是城乡一体化建设，寻求农村工业或第三产业发展。

城乡收入不平衡孕育着各种社会隐患（杨刘杰，2014）。首先，居民收入差距扩大会影响消费规模的增长。随着城乡不同阶层的收入差距的逐渐拉大，同时消费品价格的不断上涨，以及各种医疗、教育、住房等硬性消费日益昂贵，中低收入者的消费欲望难以有效释放，消费作为拉动经济的"三驾马车"之一，收入差距的扩大自然也成为影响经济可持续发展的一大障碍。其次，城乡居民收入不平衡会导致农村家庭对子女的教育投资不足，阻碍了人才的创造和培养，使农村经济在产业发展的后备人才提供中出现短板。最后，城乡居民收入不平衡还严重影响了社会的稳定和谐，阻碍了"五个统筹"和全面小康的实现（尚卫平，2002）。

（三）产业发展落后，城乡产业之间联系少

贵州省独特的地理环境给这里的三次产业的发展带来了不小的考验，再加上贵州省生态环境极为脆弱，水土流失、石漠化问题尤为严重，极易遭到自然灾害。贵州省贫困问题十分严重，贫困地区约占全省的65%，城乡产业发展缺乏资金和资源支持。贵州省的特殊地理环境，就发展工业和服务业而言，道路建设成本高，道路建设难度和成本是平原地区的数倍。

从表7-3可以看出，2000—2014年，与我国平均水平相比，贵州省三次产业发展均明显落后于全国水平。对于第一产业，从差距的规模来看，贵州省与国家平均水平之间的差距有40%—45%之大。从差距的发展趋势来看，2000—2004年，贵州省第一产业水平相对于全国平均水平的差距逐年拉大，但是，2005年之后，差距有逐渐缩小的趋势，然而，这种趋势十分微弱，甚至平均每年减少仅在1%左右。对于第二产业和第三产业，贵州省与全国平均水平的差距虽然在逐年缩小，但其差距规模不可小觑，进入21世纪开始，贵州省的第二、第三产业与全国平均水平的差距居然均达到70%左右，经过十多年的发展，差距仍然在40%以上，赶超任务仍然艰巨。

表7-3　　　　贵州省GDP以及三次产业产值与全国水平比较

年份	GDP（亿元）		第一产业产值（亿元）		第二产业产值（亿元）		第三产业产值（亿元）	
	贵州省	全国	贵州省	全国	贵州省	全国	贵州省	全国
2000	2759	7902	722.10	1161.11	1041.61	3576.21	978.56	3135.01
2001	3000	8670	722.41	1214.57	1141.29	3859.84	1119.75	3565.64

续表

年份	GDP（亿元） 贵州省	GDP（亿元） 全国	第一产业产值（亿元） 贵州省	第一产业产值（亿元） 全国	第二产业产值（亿元） 贵州省	第二产业产值（亿元） 全国	第三产业产值（亿元） 贵州省	第三产业产值（亿元） 全国
2002	3257	9450	732.55	1260.27	1255.99	4174.63	1251.85	3985.04
2003	3701	10600	771.88	1313.06	1471.37	4807.11	1442.71	4447.65
2004	4317	12400	856.88	1607.98	1745.78	5656.66	1695.31	5099.15
2005	5052	14259	971.82	1667.50	2216.17	6663.35	2117.80	5886.15
2006	6305	16602	1035.39	1773.55	2622.06	7848.24	2681.25	6936.59
2007	7878	20337	1229.02	2102.72	3096.89	9471.46	3614.92	8710.50
2008	9855	23912	1499.42	2465.85	3809.87	11151.78	4594.94	10233.80
2009	10971	25963	1555.75	2559.31	4174.78	11828.41	5331.61	11511.81
2010	13119	30567	1796.58	2934.92	5174.07	14080.36	6257.75	13479.16
2011	16413	36018	2093.46	3425.49	6325.54	16579.98	8017.56	15926.07
2012	19710	39544	2560.02	3758.58	7685.25	17739.54	9422.36	17948.51
2013	23151	43320	2850.96	4065.62	9354.75	18873.10	10884.95	20275.07
2014	26437	46629	3650.04	4264.90	10996.00	19868.44	11768.68	22374.16

第二节 贵州省城乡综合关联度实证分析

本节实证分析贵州省各市（州）城乡综合关联性高低，以对贵州省城乡一体化建设的成果进行更加可靠的了解。城乡产业生产要素和产品之间存在普遍的自我循环，双方充分利用对方资源，并发挥自己的优势，形成分工协作的产业互动局面。由此可以看出，提高城乡综合关联度实际上就是缩小城乡发展差距，促进城乡结构向一元转化。通过城乡生产要素的有序流动，建立一个统一的生产和消费中心，实现资源优化配置，特别是将工业技术应用到农村产业中，以带动农村经济发展，推动农村发展并向城市转变。

一 指标体系选择

在贵州省特殊的自然环境、历史积累和多民族聚居等发展背景下，贵州省工农产业在地理位置上分布十分分散，工业和生产、生活服务部门大多集中在城市，农业生产集中在偏远的农村地区。城乡之间不但距离远，而且交通不便，很难实现互动，而且贵州省城乡之间的不协调不仅表现在经济上，还表现在社会和文化的巨大差异上。

首先考虑到目标的可测性和数据的可获得性，在分析贵州省城乡社会和文化差异时采用定量分析可能不太切合实际，因此，仅在城乡产业发展之间的关联度分析中采取定量分析方法。为了使评价的结果能综合体现贵州省城乡产业、经济发展的协调性高低，在选取指标时需要遵循以下两个原则。

（1）指标的选取要有代表性和全面性，能够反映出贵州省城乡经济和产业联系主要特征和互动情况。

（2）选取的指标应具有可测性和可比性。指标体系中的各个指标应相互独立，才能有效避免信息重复。

根据以上原则，选择的指标体系如表7-4所示。

表7-4　　　　　　　　城乡关联度实证分析指标体系

目标层	子目标指标层	功能层	指标层
城乡产业关联度	空间联系	自然基础	人均耕地面积（亩/人）
			人均水资源（立方米/人）
		城镇体系	区市县密度（个/平方千米）
			城镇化率（%）
	功能联系	经济联系	地区人均生产总值（元/人）
			人均社会消费品零售额（元/人）
			城乡收入比
			农业支出占财政支出比重（%）

二　分析方法

这里主要采用主成分分析法，将分析结果进行标准化处理之后，按照各个主成分的标准分得分高低进行排序，即可得最后评价结果，分析结果的高低综合反映了城乡产业关联情况。函数用线性加权和表示为：

$$Y_i = W_1 X_{i1} + W_1 X_{i2} + \cdots + W_n X_{in} = \sum_{j=1}^{n} W_j X_{ij} \qquad (7-1)$$

式中，$\sum_{j=1}^{n} W_j = 1$ 时 W_j 为第 j 个指标的权重；X_{ij} 为第 i 地区第 j 个指标值。

三 实证分析过程及结果

首先查阅 2015 年有关统计年鉴，得出实证分析所需指标体系的相关初始数据，如表 7-5 所示。

表 7-5　　　　　　贵州省各市（州）相关初始数据

地区	人均耕地面积（公顷/人）	人均水资源（立方米/人）	区市县密度（个/万平方千米）	城镇化率	地区人均生产总值（元/人）	人均社会消费品零售额（元/人）	城乡收入比	农业支出占财政支出比重
贵阳市	0.062	1275	12.4	0.49	55019	2087.62	2.3	0.08
六盘水市	0.089	2169	4.9	0.23	36228	907.01	3.1	0.15
遵义市	0.212	3469	4.6	0.17	30484	926.74	2.7	0.14
安顺市	0.123	2882	6.5	0.15	22569	603.83	3.2	0.15
毕节市	0.179	2193	3	0.07	19369	411.82	3.4	0.13
铜仁市	0.196	4744	5.6	0.13	20826	475.18	3.2	0.17
黔西南州	0.157	4133	4.8	0.1	23821	611.3	3.4	0.18
黔东南州	0.171	5988	4.6	0.12	20161	659.07	3.4	0.15
黔南州	0.176	6087	5.4	0.14	24791	6060.43	3	0.17

（一）数据的正向化处理

除了城乡收入比一列属于适度指标即越接近 1 越好，其他数列都属于正向指标，即指标值越大评价越好，因此，在综合评价时，为了保持统一性，要对城乡收入比一列进行正向化处理。在实际案例中，为了保持指标值的分布规律，对城乡收入比进行正向化处理如下：

$$x'_{ij} = \max_{1 \leq i \leq n} |x_{ij} - 1| - |x_{ij} - 1| \qquad (7-2)$$

正向化处理之后，指标值接近最佳值 1 时，指标值变大；远离最佳值 1 时，指标值变小。将城乡收入比这项指标正向化处理之后，可得变换后的指标值（见表 7-6）。

（二）标准化处理

由于所研究的问题涉及多个样本和指标，不同的样本和指标之间存在不同的量纲，因此，无法直接进行比较。为了解决这个问题，需要对

表7-6　　　　　　　贵州省城乡收入比正向化处理结果

地区	城乡收入比	正向化指标值
贵阳市	2.3	1.1
六盘水市	3.1	0.3
遵义市	2.7	0.7
安顺市	3.2	0.2
毕节市	3.4	0.0
铜仁市	3.2	0.2
黔西南州	3.4	0.0
黔东南州	3.4	0.0
黔南州	3.0	0.4

原始数据进行标准化处理。标准化处理的原则就是将多列样本和指标转化为无量纲数据，为了保留各个指标变异程度上的差异，使标准化后的数据仍然能够准确地反映原始数据所表达的信息，最大限度地保证综合评价与原始数据评价结果的一致性，谨慎地采取以下标准化方法。

$$x'_{ki} = \frac{x_{ki}}{\overline{x_i}} \quad (7-3)$$

式中，$\overline{x_i}$ 为 x_i 数列的均值，标准化之后，指标数列的方差为：

$$\begin{aligned}\mathrm{var}(x'_k) &= E[(x_k-1)^2] \\ &= \frac{\mathrm{var}(x_k)}{\overline{x_k}^2} = \left(\frac{\delta_k}{\overline{x_k}}\right)^2\end{aligned} \quad (7-4)$$

为了能够更准确地反映城乡关联度与上述所选取的指标之间的联系，同时也为了消除指标之间可能存在的多重共线性问题，即数据所提供的信息发生重叠，使分析更加简洁方便，这里利用 Eviews 和 SPSS 进行主成分分析，将指标矩阵进行降维，分解成互不相关的几个少数综合性指标来反映城乡关联发展水平及其内部结构。主成分分析结果如表7-7所示。

表7-7　　　　　一致指标组主成分分析结果（特征向量）

指标	主成分1	主成分2	主成分3	主成分4	主成分5	主成分6	主成分7	主成分8
人均耕地面积	-0.3430	0.1430	0.7680	0.0730	0.0890	0.1620	0.4630	0.1320
人均水资源	-0.2980	0.5090	-0.0340	0.5860	-0.2260	-0.4580	-0.1740	-0.1260

续表

指标	主成分1	主成分2	主成分3	主成分4	主成分5	主成分6	主成分7	主成分8
区市县密度	0.3910	0.1620	-0.1160	0.5130	-0.1730	0.6520	0.2160	-0.2060
城镇化率	0.4270	0.0900	-0.0240	0.2130	0.0610	-0.2080	0.1170	0.8380
地区人均生产总值	0.4210	0.0620	-0.0400	-0.0110	0.3620	-0.4750	0.5220	-0.4360
人均社会消费品	0.0470	0.7670	-0.1650	-0.5650	-0.1620	0.1260	0.1330	0.0570
城乡收入比	0.3740	0.2580	0.4620	-0.0100	0.3940	0.0780	-0.6350	-0.1240
特征值	5.2840	1.4480	0.5700	0.3530	0.2140	0.1070	0.0200	0.0030
贡献率	0.6605	0.1810	0.0713	0.0441	0.0268	0.0134	0.0025	0.0004
累计贡献率	0.6605	0.8416	0.9128	0.9569	0.9837	0.9971	0.9996	1.0000

由表7-7可以看出，主成分1的累计贡献率为66.05%，已经能够较好地反映8个指标的总体变动情况，从主成分4开始，主成分的特征值开始明显变小，且前3个主成分的贡献率已经超过90%，因此，前3个就可以很好地概括城乡关联的大部分信息。可以只取前3个主成分。

根据SPSS软件因子分析结果，可以得出主成分的载荷矩阵以及特征值矩阵表7-8，因此，可以得到能够很好地反映城乡各关联度的几个因素分别是区市县密度（X_3）、城镇化率（X_4）、地区人均生产总值（X_5）以及城乡收入比（X_7）。

表7-8　　　　　　　　　　主成分的载荷矩阵及特征值

指标	载荷矩阵			特征值矩阵		
	主成分1	主成分2	主成分3	主成分1	主成分2	主成分3
人均耕地面积（X_1）	-0.790	0.172	0.580	-0.340	0.140	0.770
人均水资源（X_2）	-0.684	0.613	-0.026	-0.300	0.510	-0.030
区市县密度（X_3）	0.899	0.195	-0.088	0.390	0.160	-0.120
城镇化率（X_4）	0.982	0.108	-0.018	0.430	0.090	-0.020
地区人均生产总值（X_5）	0.967	0.075	-0.003	0.420	0.060	0.001
人均社会消费品零售额（X_6）	0.109	0.923	-0.125	0.050	0.770	-0.170
城乡收入比（X_7）	0.860	0.311	0.349	0.370	0.260	0.460
农业支出占财政支出比重（X_8）	-0.856	0.195	-0.296	-0.370	0.160	-0.390

为了计算并衡量贵州省各市（州）城乡系统之间的协调程度，可以将所选择的3个主成分的贡献率作为其权重，则贵州省城乡关联度的主成分得分表达式如下：

$$F = \sum_i^n W_i F_i, \ i = 1, 2, 3, 即 F = 0.6605 F_1 + 0.181 F_2 + 0.0713 F_3$$

(7-5)

将得分结果进行统一变换后，得出贵州省各市（州）的城乡关联程度的综合评价值，如表7-9所示，其数值越高，则该地区的城乡协调情况越好。

表7-9　　　　贵州省各市（州）城乡协调发展得分及排序

地区	F_1	排序	F_2	排序	F_3	排序	F	排序	城镇化率	排序
贵阳市	3.738	1	3.055	2	1.100	2	3.100	1	0.49	1
六盘水市	1.050	2	1.613	6	0.228	7	1.002	4	0.23	2
遵义市	0.902	3	2.180	3	1.450	1	1.093	3	0.17	3
安顺市	0.501	4	1.473	8	0.263	5	0.616	5	0.15	4
毕节市	-0.233	8	0.997	9	0.426	4	0.057	9	0.07	9
铜仁市	-0.006	6	1.713	5	0.602	3	0.349	6	0.13	6
黔西南州	-0.201	7	1.484	7	0.101	9	0.143	7	0.10	8
黔东南州	-0.326	9	1.746	4	0.232	6	0.117	8	0.12	7
黔南州	0.426	5	5.089	1	0.108	8	1.210	2	0.14	5

由表7-9可以看出：

首先，整体来看，贵州省除贵阳市城乡关联度即协调程度勉强较高以外，其他地区城乡之间明显缺乏广泛的联系，协调发展能力很弱，且呈从中心向外逐渐减弱规律分布：远离省经济中心和政治中心的周围地区（毕节、铜仁、黔东南州、黔西南州）城乡关联水平处于极度劣势的局面。同时，根据城镇化率，说明城乡关联度水平与城乡一体化建设有相当高的一致性。城乡关联水平排名第一的贵阳市对周围地区的经济建设和产业结构的优化演进有明显的带动作用；分布在贵州省边缘地区的各市（州），由于远离经济中心，多以自然经济为主，产业结构低层次，产业质量水平低，城乡产业关联水平低，城乡经济之间缺乏联系，城乡一体化建设还有很长的路要走。这说明地区良好的经济结构以及城乡产业高度关联性有益于消除二元经济，推动城乡一体化发展。

其次，需要观察各市（州）城乡一体化水平与三次产业结构之间的逻辑性。与全国平均水平相比，贵州省经济发展水平还有所欠缺，工业化水平落后，城乡产业之间关联度低。三次产业之间的联动可以充分有效地利用资源，打造循环经济。通过第二产业的技术支持和第三产业的优势，加长农产品产业链，推动农业现代化发展；同时，农村产业规模集聚，农民收入的显著提高，有利于扩大内需，将优势延伸到第二、第三产业。因此，理论上说，三次产业结构的优化演进，以及三次产业之间增强联系，可以有效地提高贵州经济发展，促进城乡一体化建设。

然而，根据现实资料来看，贵州省的农村建设和农业发展主要依赖中央政府的支持；大量的工业产业与相关生产和生活服务相对集中在城市中；工农业生产联系几乎被自然隔断，很难形成以工促农的良性协调发展，目前三次产业结构的畸形状态就是证明。农民收入主要依赖于农业生产，收入来源单一，难以实现很大的提高，城乡协调发展还有很长的路要走。

上述只是理论方面的推论，在下一节主要用数据分析贵州省各市（州）三次产业结构的现状，根据本节结果观察产业结构与城乡关联度之间存在怎样的内在联系，从而推断三次产业结构优化演进是否可以有效地推动城乡一体化发展。

第三节 贵州省城乡产业发展与城乡一体化

一 贵州省城乡产业与产业结构演进

区域产业结构是决定其经济功能的内在因素，城市经济功能的辐射与带动能力主要体现在全省人均生产总值、工业化水平、产业结构、科技进步贡献率等方面。区域经济结构由低级向高级演进过程中势必会影响区域的就业结构以及地域空间的变化，即城乡一体化发展路径（陈心颖，2012）。根据产业结构理论，产业结构由低级向高级转化有以下三个方面。

（1）产业重工业化。即第二产业中相对于轻工业来说，重工业比重不断上升。在工业化阶段，重工业比重在一定范围内持续上升是产业结构向高级方向演进的重要外在表现。

（2）产品加工深度化。即产业链延长，产品的技术含量高。这是产业发展的客观趋势，不仅可以提高资源利用率，以应对资源匮乏的劣势；而且有利于提高产品的竞争水平，获得更多产品附加值。

（3）产业结构软化。即产业结构中第三产业比重不断提高，逐渐成为区域经济发展支柱产业。实际经验证明，第三产业在促进就业、提高居民收入和生活水平方面有巨大的潜力和优势。

（一）贵州省历年产业结构概况

通过查阅历年统计年鉴，得出历年贵州省生产总值概况，包括三次产业具体产值及其所占比重，如表7-10和图7-2所示，接下来分析贵州省改革开放以来的产业发展及产业结构演变情况。

表7-10　　　　　1980—2014年贵州省产业结构演变情况

年份	第一产业 生产总值（亿元）	比重（%）	第二产业 生产总值（亿元）	比重（%）	第三产业 生产总值（亿元）	比重（%）	全省生产总值（亿元）
1980	24.86	41.3	24.17	40.1	11.23	18.6	60.26
1985	50.45	40.7	50.18	40.5	23.30	18.8	123.93
1990	100.10	39.3	93.22	36.6	61.55	24.1	254.87
1995	227.06	36.0	234.10	37.2	168.91	26.8	630.07
2000	271.20	26.3	391.20	38.0	367.52	35.7	328.73
2005	368.94	18.4	821.16	40.9	815.32	40.7	2005.42
2006	382.06	16.3	967.54	41.4	989.38	42.3	2282.00
2007	446.38	15.5	1124.79	39.0	1312.94	45.5	2884.11
2008	539.19	15.1	1370.03	38.5	1652.34	46.4	3561.56
2009	550.27	14.1	1476.62	37.7	1885.79	48.2	3912.68
2010	625.03	13.6	1800.06	39.1	2177.07	47.3	4602.16
2011	726.22	12.7	2194.33	38.5	2781.29	48.8	5701.84
2012	891.91	13.0	2677.54	39.1	3282.75	47.9	6852.20
2013	998.47	12.3	3276.24	40.5	3812.15	47.2	8086.86
2014	1280.45	13.8	3857.44	41.6	4128.50	44.6	9266.39

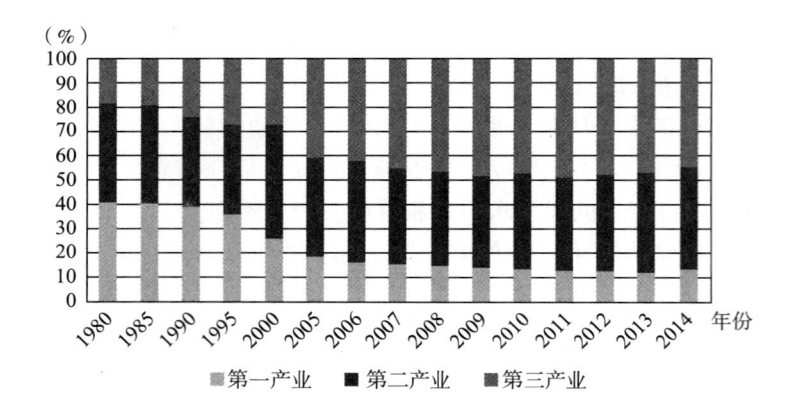

254 | 贵州经济、产业及城乡发展态势

图 7-2　历年三次产业产值百分比堆积柱形图

图 7-2 显示，自改革开放到 1995 年左右，贵州省的三次产业发展都经历了一段快速增长时期，生产总值每五年翻了一番。在总体经济快速发展的同时，贵州省的产业结构也在不断优化演进：改革开放到 1995 年，农业发展势头最强的时期，也是第一产业产值比重最高的一个时期。1995—2005 年，随着农业对工业支持政策的不断深入，第一产业产值比重下滑较快，相对地，贵州省以工业为主的第二产业产值增长速度快，经济发展基本进入工业。同时还伴随着城镇化改革的逐渐推进，第三产业比重逐渐上升。2005 年发展至现在，贵州省的产业结构基本上形成了第二产业和第三产业平分秋色的格局。贵州省的第三产业产值增长速度最快，且根据图 7-2，可以直观地看出第三产业已经远远超过第一产业，成为可以与第二产业相媲美的贵州省支柱产业。因此，对比上述对产业结构变化可以初步得出：改革开放以来，贵州省经济不断发展，且产业结构正在由低级向高级实现逐渐优化。

然而，横向与全国平均水平相比较，贵州省的产业结构仍然有所欠缺。统计数据表明，2014 年，贵州省的第一产业比重过高，第二产业比重过低，说明贵州省的工业化发展水平比较落后，三次产业结构很不合理。同时，将贵州省三次产业的就业比重与全国比较来看，2014 年年末，贵州省第一产业就业比重为 61.3%，超出全国平均水平 31.8 个百分点；第二产业就业比重为 15.3%，比全国平均水平低 14.6 个百分点；第三产业就业比重为 23.4%，依旧远低于全国平均水平。

（二）贵州省三次产业对经济发展贡献水平变动情况

工业贡献率是指工业发展对贵州省国民经济增长的拉动力。贵州省工业贡献率一直维持在较高水平，除了 2008 年，20 年间工业对国民经济的贡献率在 30% 以上。贵州省工业发展在带动 GDP 增长中越来越起到举足轻重的作用，对全省经济增长的贡献越来越突出，是支撑贵州省经济增长的最大动力。另外，工业生产不仅需要资金、原材料、土地和劳动力等生产要素的投入，也需要交通、通信和金融服务等第三产业的支持。世界经济发展的经验表明，三次产业中，第三产业已经超过第一、第二产业，成为带动经济发展和人口就业的主导性产业。从表 7-3 可以看出，贵州省的第三产业对贵州省的国民经济贡献率已经占据主导地位。工业的发展也必定会带动相关第三产业的发展。第二产业和第三产业的发展提高了居民收入，拉动内需，对城乡一体化进程的影响是极为积极的。

从表 7-3 可以看到，相对于农业来讲，工业对贵州省的经济发展贡献为 40% 左右，服务业在 40% 以上。客观地说，这种产业演进是趋于高级化的。

表 7-11　　贵州省工业以及三次产业对经济发展的贡献率　　单位：%

年份	工业贡献率	第一产业贡献率	第二产业贡献率	第三产业贡献率
2000	—	—	—	—
2005	34.7	8.6	38.7	52.7
2006	37.9	6.6	42.8	50.6
2007	33.7	3.8	36.6	59.6
2008	27.0	9.2	29.2	61.6
2009	30.8	5.5	41.8	52.7
2010	41.6	5.0	51.1	43.9
2011	39.2	1.1	46.8	52.1
2012	38.7	7.6	49.6	42.8
2013	36.2	5.1	46.8	48.1
2014	35.4	6.4	47.7	45.9

然而，从横向来看，贵州省的产业发展现状还是不尽如人意的。目

前来说，贵州省农村人口在总居住人口中还占较大的比重，以农业为主的第一产业为农村人口收入的主要来源。对于城镇化发展，据2014年年末统计，贵州省农业人口为1.22亿，约占贵州省总劳动人口的63.85%，然而，从表7-11可以看出，20年间第一产业对贵州省国民经济贡献率还不到10%，有些年份还不到5%。从第一产业就业人口比重与产值对比可以看出，长期以来，贵州省农业生产综合效益差，农业产业发展具有弱质性和低效性本身是正常的，但这种状况有点不合情理。

（三）贵州省工业发展

改革开放以来，贵州省以工业为主的第二产业产值不论是增长规模还是增长速度都取得了十分可喜的成绩。从1980年的24.17亿元增长到2014年的3857.44亿元，贵州省基本上在工业化的道路上迈出了一大步。然而，位于西部欠发达地区的贵州省，工业基础差、起点低、规模小仍是现阶段的工业发展基本情况，与全国平均水平相比，贵州省的工业现代化水平差距仍然较大。

图7-3的数据表明：1980—2005年是贵州省工业发展增速最高的一个阶段，由图7-3可以看出，这个阶段同时也是贵州省工业结构变化的重要阶段，在此期间，重工业比重由60%左右提高到80%左右，且这个比重基本维持到现在。

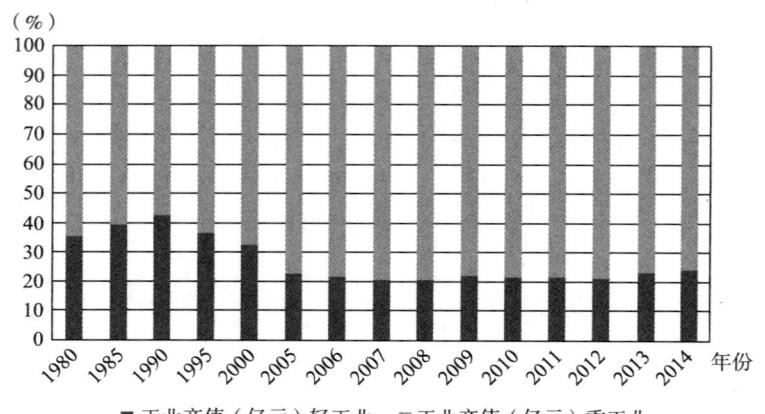

图7-3 贵州省轻、重工业百分比堆积柱形图

在毕节、遵义、黔西南州地区在建和已建的工业园区中，投资最大、项目最多的大多为煤电工业区和矿产品加工区，如纳雍县工业园区、织金煤磷电工业园区、遵义铝及铝加工工业园区等，重点发展煤化工、重金属及稀土化工、电力工业。重化工业的总体发展主要依靠能源、原材料等高比例投入，以牺牲环境为代价，换取低水平、低效益的工业发展。

贵州省的轻工业主要依靠农产品为原料的烟、酒、茶产业，轻工业的技术水平低，市场化程度不高；由于地域限制，产业集聚水平不高，难以形成规模优势和品牌效应。另外，轻工业产业创新能力不足，产品以烟、酒、茶为代表，难以满足现代消费者的多样化需求。

二　贵州省城乡三次产业结构与城乡一体化相关性

从现代地区经济发展规律来看，经济增长已经由依靠资本等生产要素实现增长转变到依靠结构升级上来。目前，地区之间的经济发展衡量的关键就是产业结构和城乡发展的协调水平，以及是否具有持续增长的潜力。地区产业结构现状及其向高级的演进能力决定了该地区在区际分工中的相对地位。本节通过对贵州省各市（州）的产业结构与城镇化率之间的数量关系分析，研究三次产业结构与城乡一体化之间是否存在逻辑关系和内在联系，进而为政府决策提供理论基础。

（一）贵州省产业结构与城乡一元化发展协整关系分析

1. 指标选取

利用 Eviews 实证研究贵州省产业结构与城乡一体化的协整关系，选取城镇化率 Y 代表城乡一体化发展状况，以三次产业的产值比重代表产业结构，分别以 X_1、X_2、X_3 表示。样本选取为 1980—2014 年的数据。

2. 平稳性检验

由于实证项目为时间序列，检验两个变量的协整关系之前，其时间序列需要通过平稳性检验，才能被采用。

首先对城镇化率序列进行平稳性分析。为了使数据之间间距缩小，选择取对数，对对数序列 $\log(Y)$ 进行 ADF 检验，得出检验值绝对值大于临界值绝对值，序列为不平稳序列。此时，对 $\log(Y)$ 取一阶差分，再进行一次平稳性检验，直到出现平稳序列为止。事实上，取完一阶差分之后，ADF 检验值绝对值大于 1% 置信水平临界值绝对值，且此时 P 值为 0.0001，具有高度统计学意义。结果证明：$\ln Y$ 的一阶差分序列为平稳序列。因此，$\ln Y$ 为一阶单整序列。然后，分别对 $\ln X_1$、$\ln X_2$、$\ln X_3$ 序列取一阶差分，结果证明，取一阶差分之后的 3 个序列都通过平稳性检验，属于一阶单整序列。

表 7-12　　　　　　　　各变量平稳性检验

序列	ADF 检验值	1% 临界值	P 值
lnY	-1.831133	-3.632900	0.3598
lnX$_1$	-0.587050	-3.639407	0.8606
lnX$_2$	1.347962	-3.632900	0.9984
lnX$_3$	-0.177912	-3.632900	0.9322
Dlny	-5.314191	-3.639407	0.0001
DlnX$_1$	-4.078279	-3.639407	0.0032
DlnX$_2$	-4.148052	-3.639407	0.0027
DlnX$_3$	-3.921715	-3.639407	0.0049

3. 格兰杰因果关系检验

由于上述 4 个序列同为一阶单整序列，可以进一步对其进行格兰杰因果关系检验。由于格兰杰检验结果对滞后期阶数十分敏感，因此，在进行格兰杰因果检验之前，首先要确定 VAR 模型滞后阶数 P 值为 2。在 5% 的显著性水平下，格兰杰因果检验结果如下：

贵州省 GDP 增长与第一产业发展不互为格兰杰原因；

贵州省 GDP 增长与第二产业发展不互为格兰杰原因；

贵州省 GDP 增长与第三产业发展不互为格兰杰原因；

第一产业增长与第二产业增长不互为格兰杰原因；

第一产业增长与第三产业增长不互为格兰杰原因；

第二产业增长与第三产业增长不互为格兰杰原因。

4. 协整分析

由于 4 个时间序列不互为格兰杰原因，且同为一阶单整序列，可以利用 Eviews 对 4 个序列进行协整分析。检验变量之间是否存在协整关系，就可以得出贵州省地区总体经济发展与三次产业结构是否存在长期协调关系。与时间序列方程相似，协整方程也可能含有截距和趋势项。据此，选择约翰森协整分析法较为合适。检验结果如表 7-13 所示。

表7-13　　　　贵州省GDP以及三次产业发展协整检验结果

假设的协整关系数	特征值	T统计量	0.05临界值	P值
0个协整关系	0.647365	80.85135	47.85613	0.0000
至少有1个协整关系	0.556782	46.45472	29.79707	0.0003
至少有2个协整关系	0.345647	19.60286	15.49471	0.0113
至少有3个协整关系	0.156266	5.607290	3.841466	0.0179

由表7-13分析结果可以看到，第一行T统计量=80.85135>47.85613，说明在95%的置信水平下拒绝原假设，即贵州省地区生产总值增长与三次产业结构之间存在协整关系。且第四行T统计量=5.607290>3.841466，说明3个序列中至少存在3个协整关系。结果表明，城乡一体化发展与三次产业发展存在长期的稳定关系。

（二）三次产业结构变动与城乡一体化进程

历史经验证明，城乡一体化是经济发展和人口素质提高的最终实现和必然结果，其影响因素也是不胜枚举。笔者认为，起决定性的因素是生产要素的流动和集聚，即产业结构的整合以及产业关联度的提高。这些因素可以最终转化为经济水平的提高和人民收入的增长，而这两者正是城乡一体化发展的外在表现。然而，更关心的是，在贵州省这个特定的区域内，不同产业中哪类产业在缩小区域城乡差距，推动一元经济发展中更具有影响力。基于此，可以利用Eviews对各个影响因子进行回归分析，进一步深化分析三次产业结构演变与城乡一体化发展的内在联系。

初始数据来自1979—2014年《贵州统计年鉴》的统计数据，包括历年来贵州省城镇化率（Y）、三次产业产值（X_1，X_2，X_3）和就业情况（X_4，X_5，X_6），以及地区人均GDP（G）。

回归模型为：$\ln Y = \beta \ln X_i + c$　　　　　　　　　　　　　（7-6）

表7-14　　　　各影响因素与贵州城镇化率回归的相关参数

年份	城镇化率	人均GDP	第一产业就业比重	第二产业就业比重	第三产业就业比重	第一产业产值比重	第二产业产值比重	第三产业产值比重
1979	19.07	9.1	82.39	9.96	7.65	30.28	53.73	16.00
1980	19.56	2.7	82.88	9.19	7.92	32.64	49.87	17.49

续表

年份	城镇化率	人均GDP	第一产业就业比重	第二产业就业比重	第三产业就业比重	第一产业产值比重	第二产业产值比重	第三产业产值比重
1981	18.69	4.7	82.79	8.90	8.31	35.28	46.92	17.80
1982	18.86	13.8	82.00	9.07	8.93	36.65	46.34	17.01
1983	18.99	11.2	82.17	8.91	8.92	33.59	48.90	17.50
1984	29.13	18.6	80.74	9.50	9.76	32.76	50.96	16.28
1985	29.71	6.7	76.27	13.93	9.80	30.36	51.99	17.65
1986	30.06	4.3	76.15	14.25	9.60	29.48	49.02	21.50
1987	32.64	9.3	77.68	12.57	9.75	28.92	49.13	21.95
1988	30.42	6.2	78.10	12.38	9.53	30.30	48.56	21.14
1989	31.54	3.1	78.22	10.39	11.40	28.38	49.31	22.31
1990	33.16	2.1	78.24	10.24	11.52	28.39	49.39	22.22
1991	37.36	6.2	78.14	10.45	11.41	28.52	49.46	22.02
1992	67.13	8.6	78.15	9.97	11.88	25.81	51.24	22.96
1993	68.21	8.8	77.23	9.61	13.15	23.06	51.30	25.64
1994	68.56	6.9	74.66	9.95	15.39	25.69	50.56	23.75
1995	68.66	5.9	72.50	14.80	12.70	36.00	37.20	26.80
1996	69.12	7.4	69.30	15.60	15.10	35.60	36.10	28.20
1997	69.44	7.5	69.6	14.30	16.10	34.30	37.00	28.70
1998	69.44	6.9	70.40	13.00	16.60	31.50	38.70	29.80
1999	68.46	7.3	70.90	11.00	18.10	29.30	38.20	32.40
2000	23.87	7.0	69.90	11.90	18.20	27.30	39.00	33.70
2001	23.96	7.5	81.80	6.50	11.70	25.30	38.70	36.00
2002	24.29	7.9	80.60	6.40	14.20	23.70	40.10	36.20
2003	24.77	9.1	77.90	5.60	16.50	22.00	42.70	35.30
2004	26.28	10.4	76.50	5.70	17.80	21.00	44.90	34.10
2005	26.87	17.9	75.20	6.50	18.30	18.40	40.90	40.70
2006	27.46	13.1	73.10	8.40	18.50	16.30	41.40	42.30
2007	28.24	16.4	71.70	9.40	18.90	15.50	39.00	45.50
2008	29.11	12.8	71.10	9.50	19.40	15.10	38.50	46.40
2009	29.89	12.9	70.00	9.90	20.10	14.10	37.70	48.20
2010	33.81	14.7	68.30	11.50	20.20	13.60	39.10	47.30

续表

年份	城镇化率	人均GDP	第一产业就业比重	第二产业就业比重	第三产业就业比重	第一产业产值比重	第二产业产值比重	第三产业产值比重
2011	34.96	16.1	66.60	12.00	21.30	12.70	38.50	48.80
2012	36.41	13.5	65.10	13.00	21.80	13.00	39.10	47.90
2013	37.83	11.9	63.30	14.20	22.50	12.30	40.50	47.20
2014	40.01	10.4	61.30	15.30	23.40	13.80	41.60	44.60

依次对上述7个时间序列和城镇化率序列进行相关性分析，得出相关系数矩阵如表7-15所示。

表7-15　　　　　　　　回归参数及其显著性检验

变量	回归系数β	T-β	常量c	T-c	拟合优度R	F值	序号
第一产业就业比重	-1.171239	-2.468673	14.16827	3.996964	0.209618	9.017166	①
第二产业就业比重	0.782322	3.354497	1.701321	3.107578	0.248663	11.25265	②
第三产业就业比重	0.440968	2.153954	2.366491	4.362642	0.120072	4.639518	③
第一产业产值比重	0.058596	0.280341	3.339539	5.001188	0.002306	0.078591	④
第二产业产值比重	-0.839402	-1.482128	6.696417	3.128424	0.060688	2.196704	⑤
第三产业产值比重	0.178576	0.915993	2.926361	4.44632	0.024083	0.839044	⑥
人均GDP	-0.057441	-0.401942	3.647884	11.66626	0.004729	0.161558	⑦

利用F值进行回归显著性检验，查表得知$F_{0.05}(33,33)$的值在1.75—1.77之间，说明序号为①②③⑤的回归具有统计学意义。由表7-15可以进一步得出如下两个结论。

1. 贵州省人口在三次产业中就业分布变动同城镇化率之间存在一定的关联度

城镇化率与第一产业就业比重之间呈负相关关系，与第二、第三产业就业比重呈正相关关系，这与之前的理论分析结果是一致的。由表7-14可以看出，虽然随着第一产业就业比重呈现逐年下降的趋势，而贵州省的城镇人口比重却在逐渐上升，但是，2000年开始，第一产业就业比重有所回升，这一变化明显干扰了城镇化进程；2000—2016年，城镇人口比重始终没有超过20世纪90年代的水平。伴随着第一产业就业比重的快速提高，第二、第三产业就业比重则有所回落，特别是第二产业就业比重回落明显，这表明在贵州省这个特定区域中，第二、第三产业是城乡一体化发展的重要支撑。

2. 贵州省产业结构变动与城乡一元结构建设的关系相对于就业结构来说有所变化

贵州省城镇化率与第二产业产值的提高呈负相关关系。由表7-14可以看出，从改革开放以来，贵州省城镇化率在逐年上升，在此过程中，第一产业和第三产业产值比重逐渐下降，第三产业产值比重有明显的上升。这说明，贵州省第三产业的发展对城镇化的支撑作用是一直稳定存在的；第二产业产值比重虽然大体上也是呈上升趋势的，但是，对贵州省城镇化发展的作用，数据分析显示，两者之间呈负相关关系，这与第二产业就业与城镇化率正相关关联有所不同，这表明贵州省的工业化发展中出现了一定的偏差。另外，贵州省内60%以上的人口从事第一产业，但第一产业产值比重目前只有10%左右，因此可以说，第一产业的低产也是阻碍贵州城乡一体化进程的重要原因。

三　工业发展、就业与城乡一体化

改革开放初期，家庭联产承包责任制为基础的农村经济体制改革后，农村生产力得到解放，农民生产的积极性大大提高，使以农业为主的第一产业产值增长速度一直保持高水平。从1995年开始，第一产业发展速度开始明显下降，虽然有不少历史和现实因素导致农业与非农业生产率之间存在相当大的差距。比如，新中国成立之后，农业和非农产业之间的"剪刀差"，以及统计口径误差等因素。但主要原因在于贵州省的农业发展依然以落后生产方式为主，并没有根本发生改变，农业发展依然面临着地理环境和技术落后的巨大障碍，这对农民收入提高有根本性的制约作用。与此同时，第二、第三产业产值依然保持着较高的速度增长。由于三次产业的发展差距，贵州省城乡发展差距逐渐拉大。21世纪以来，第三产业增长速度远远高于第一产业和第二产业，第二产业的增长速度也远远超过第一产业，说明贵州省的工业发展取得了一定的进步，工业经济规模不断扩大，加上第三产业的超速发展，不仅有效地推进了贵州省的经济发展，而且带动和影响着整体的经济发展格局，贵州省的产业结构逐渐向高级方向演进。

但是，贵州省城乡二元结构的存在导致劳动力转移困难。2014年年末，贵州省第三产业就业占全省就业人口的 23.4%，大约比全国平均水平低 17.2 个百分点。将三次产业产值比重与就业比重结合来看，不难看出，贵州省城乡差距拉大的问题所在：贵州省的第二、第三产业发展主要依靠外生动力，外力拉动忽略了整体协调性，也忽略了整体人口收入的提高，只关注省工业产值的提高。因此，大量的工业和服务业仅仅集中在某一地区，造成区域发展差距逐渐拉大，特别是城乡之间。贵州省目前还是一个农业大省，大部分人口都以农业为生，农业生产效率也一直处于全国平均以下水平，严重制约了贵州省的经济协调发展。因此，为提高贵州省整体人口的收入水平，缩小城乡发展差距，提高农业生产效率无疑是十分必要的。要想尽一切办法，尽快进一步解放农村生产力，以工业反哺农业，提高工农业关联度，使农业发展向产业化、现代化转变。有效地提高农民收入，并加大投资来改善农村生产和生活基础设施，缩小城乡生活水平的差距，推动城乡一体化发展。

目前，贵州省工业企业的平均单位产品能耗值居高不下，工业依赖能源、原材料的消耗去实现工业的快速增长终究难以为继。另外，这种工业发展模式的弊端还表现为产业链短，产业对周边经济的辐射宽度窄，城市与农村产业链条关系天然隔断，以及对其他产业的带动能力弱。这些缺点阻碍了农村经济与城市经济交流。城乡产业之间的相互对接与融合是否通畅直接关系着城乡关系的发展是走向"一元化"还是"二元化"。对城乡一元化发展起到促进作用较大的是传统工业产业，它能够很好地克服重化工业在带动城乡经济和谐发展方面的弱点，如纺织业和手工业等劳动力密集型产业，资金、设备、技术等生产要素进入门槛低，辐射范围广。然而，可以看到，贵州重化工业之外的传统工业产业，其产业结构升级缓慢，产品技术含量低，而且也不能够适应高速发展的社会经济的要求，在带动区域经济发展中支撑力不足（吕景春，2011）。

推进城乡一体化建设，关键是要为农村剩余劳动力提供就业机会，使农业人口向非农转移，实现农村的生产方式转变，以提高农村居民收入。在城镇化过程中，随着人口的增长，受土地边际收益递减规律和水资源的约束，单纯依靠农业改善农村经济、提高农民收入的效果非常有限，在很大程度上依赖于气候等不可控因素和刚性的农产品价格等因素。然而，在贵州省城镇人口不断增加的同时，城镇登记失业人口也在不断增加。据统计，至 2015 年年末，贵州省城镇登记失业人口 12.18 万，城镇登记失业率为 3.63%。然而，这个数据只是已知登记在册的数据，还有许多未知的没有统计在内，已经逼近"高压线"，按照社会学的统计方法，真实的失业率至少会翻一番，城镇失业人口中包括大量进城务工的农村人口，他们的生活水平和生活质量令人担忧。人口城镇化率的快速增长与失业率高居不下，说明目前贵州省的三次产业结构极不合理，农村人口获得非农收入空间非常有限；同时城乡产业发展和地区产业发展也存在不协调现象。一方面，贵州省的工业结构以重化工业为主，主要以能源、原材料等国家限制发展的工业项目为主，能源消耗大，附加值低，产业链条短，贵州省传统产业与特色产业的潜力发掘不够。资本对劳动力的排斥作用，导致贵州省工业容纳就业空间小。另一方面，贵州省第三产业产值比重虽然比较高，但是，大多数属于传统服务业，新型服务产业落后，知识技术密集性低，生产性服务业规模小、发展滞后。工业和生产性服务业发展程度低，对周围郊区、乡村的经济辐射和带动能力不足，严重制约了周围地区居民，特别是农村居民的收入水平的提高，造成了贵州省低收入、高消费的畸形消费模式。解决好贵州省的三次产业结构协调性问题是目前贵州省城乡一体化建设中亟待解决的问题之一。

理论上说，城乡一体化的推进必须以产业结构演进为基础，以就业岗位增加为前提，这样，才能保证农村人口向城镇流动和转移后的生活质量稳步提升。根据贵州省自身发展状态，在推进城乡一体化发展过程中，要以"农村城镇化"作为优先发展对象，这是有效推进城乡发展一体化水平的战略重点和突破口。其中，"农村城镇化"是指发展农村经济，促进农村人口向县域范围内城镇的集中，其根本就是促进乡村产业发展。总之，无论是出于对现实问题的合理解释，还是出于对经济结构和经济增长方式转变的客观要求，以产业发展和产业支撑体系的构建都是消除"双二元结构"、促进城乡统筹和谐发展的核心和关键，是根本出路。

总体来说，经过改革开放 40 年的发展，贵州省的城乡经济和城乡居民收入结构发生了巨大变化和增长，人民生活水平有了显著提高。但是，城乡经济发展差距和居民收入差距并没有随着经济的高速发展而缩小，反而扩大趋势仍然明显，已经背离了当初的政策初衷。显然，贵州省目前的整体经济水平与全国平均水平相比还存在很大的差距，城乡分配失衡状况的持续以及城乡二元结构固化将在很大程度上制约着贵州省社会经济的进一步发展，也是影响社会稳定的重要因素。

第四节　贵州省支撑城乡一体化的产业选择

以产业支撑的贵州省城乡一体化建设关键是要根据区域现实情况和发展水平，选择并培育出能够有力支撑城乡协调发展的产业体系。本节从贵州省各市（州）主导产业的选择出发，研究培育出与其相适应的配套产业体系，从而优化产业结构，促进城乡协调发展。

对于如何在某一特定区域选择合适的主导产业，国外的经济学家首先进行了探索，并取得丰硕的成果，为我国的区域协调发展提供了理论指导和实践经验。然而，我国在借鉴国外区域主导产业选择理论的基础上，又增添了与我国国情相适应的其他具有可操作性的基准，如"平稳发展基准"和"协调发展基准"等。前面粗略地就三次产业发展及就业情况，对贵州省的主导产业进行了初步探讨，为了能够更加精细、明确地考察贵州省各市（州）中与城乡协调发展关联度较高，且有一定发展潜力的具体产业类型，需进一步分析。这样，才能有效地推进城乡一体化建设，提高区域产业竞争力。

一　从不同侧重点选取主导产业

（一）以综合优势选择工业主导产业

1. 指标的选择

目前工业化仍然是城乡一体化发展的核心动力。在贵州省，目前工业作为经济发展的重要支撑，依然是推动贵州城乡一元结构建设、缩小城乡发展差距不可忽视的力量。在对贵州省各区域主导工业产业选择的实证研究中，需要考虑主导产业的产业规模优势、市场优势和盈利水平，按照经验权重，将三者进行加权平均，就可以得出具体类型产业的综合优势系数。

（1）工业产业规模优势。工业产业规模是产业实力的外在表现，只有该类型产业具有一定的规模，才能产生规模效应，从而带动区域整体经济的发展。在实证分析中，可以利用产业规模优势系数来表示，即贵州省某一行业的增加值比重同比全国水平的比值。

（2）盈利水平优势。高盈利水平是产业能够长期可持续发展的根本条件。产业盈利水平的高低可以用盈利水平系数来表示，即贵州省某一行业的资产利润率同比全国平均资产利润率的比值。

（3）分布密度优势。在贵州省内，某一特定行业中企业单位面积分布密度可以代表该行业在贵州省的发展概况，也是衡量该行业竞争力强弱的标准之一。企业分布密度可以用企业分布密度系数表示，即贵州省某一行业的单位面积企业单位数同比全国同行业平均单位面积企业单位数的比值。

2. 实证分析过程及结果

通过查找统计年鉴中规模以上工业行业，得到的行业类型一共有36类。分别收集到上述所选择的指标所涉及的数据，并得出贵州省该36类工业行业规模优势系数、盈利水平系数和分布密度系数。根据经验，将依次赋予三个系数的权重为3、4、3，最终得到了36类工业行业的综合优势系数，如表7-16所示。

表7-16 贵州省不同工业行业的综合优势实证分析结果

行业类别	规模优势系数	盈利水平系数	分布密度系数	综合优势系数	行业类别	规模优势系数	盈利水平系数	分布密度系数	综合优势系数
采矿业									
煤炭开采和洗选业	1.4487	0.7703	7.0746	2.8651	有色金属矿采选业	0.0744	0.9435	1.1494	0.7445
黑色金属矿采选业	0.0719	0.7230	0.7043	0.5220	非金属矿采选业	0.8088	2.0138	1.2903	1.4353
制造业									
农副食品加工业	0.2803	0.7887	0.5425	0.5623	橡胶制品业	1.4259	0.4647	0.2670	0.6938
食品制造业	0.6685	2.1144	0.6187	1.2319	塑料制品业	0.4068	0.3193	0.2722	0.3314
饮料制造业	11.4747	2.0997	2.0349	4.8928	非金属矿物制品业	0.9740	0.2160	0.9387	0.6602
烟草制品业	23.5177	1.3202	2.2092	8.2461	黑色金属冶炼及压延加工业	0.7025	0.0829	1.4711	0.6852
纺织业	0.0656	-0.2850	0.0380	-0.0829	有色金属冶炼及压延加工业	0.9543	0.6450	0.8297	0.7932
纺织服装、服饰业	0.1057	0.3867	0.0603	0.2045	金属制品业	0.3794	0.1879	0.1677	0.2393

续表

行业类别	规模优势系数	盈利水平系数	分布密度系数	综合优势系数	行业类别	规模优势系数	盈利水平系数	分布密度系数	综合优势系数
皮革、毛皮、羽毛及其制品和制鞋业	0.0025	0.4272	0.0269	0.1797	通信设备、计算机及其他电子设备制造业	0.1533	0.7731	0.1103	0.3883
木材加工及木、竹、藤、棕、草制品业	0.6798	0.5150	0.5654	0.5795	专用设备制造业	0.2213	0.4663	0.1923	0.3106
家具制造业	0.2768	2.9793	0.1025	1.3055	交通运输设备制造业	0.5422	0.1420	0.2977	0.3088
造纸及纸制品业	0.3633	0.6194	0.4160	0.4816	电气机械及器材制造业	0.1283	0.6449	0.1764	0.3494
印刷业和记录媒介的复制	2.8614	1.3731	0.4027	1.5285	通用设备制造业	0.4296	0.8019	0.2022	0.5103
文教体育用品制造业	0.6697	0.5654	0.0546	0.4435	工艺品及其他制造业	1.6421	0.2159	0.1339	0.6191
石油加工、炼焦及核燃料加工业	0.2002	2.0665	0.9662	1.1765	仪器仪表及文化、办公用机械制造业	0.3185	0.7223	0.1958	0.4432
化学原料及化学制品制造业	0.9652	0.4921	0.5305	0.6456	废弃资源和废旧材料回收加工业	0.2754	0.0764	0.2024	0.1739
医药制造业	2.0940	1.0813	0.9839	1.3559					
电力、燃气及水的生产和供应业									
电力、热力的生产和供应业	1.0923	0.2870	1.9584	1.0300	水的生产和供应业	2.9925	0.1134	2.6940	1.7513
燃气生产和供应业	0.0524	0.1938	0.4982	0.2427					

从表 7-16 可以看出，总体来说，综合优势大于等于 1 的行业有 11 类，即与全国同行业相比，贵州省处于"综合比较优势"的行业有 11 类，特别是煤炭开采和洗选业、饮料制造业和烟草制品业三类工业的综合比较优势系数均超过 2，即相对于全国平均水平来说，其发展优势更为

突出。三者综合优势的突出主要得益于其庞大的规模优势，但是可以看到，贵州省的工业产业普遍盈利水平较低，这是贵州省工业发展的短板，需要给予重视。我们再根据表7-16的数据进行更加细化分析，可以得出以下三个结论。

（1）贵州省重工业优势明显，特别以产业链简单的采掘工业为主，煤炭开采和洗选业以及非金属矿采选业综合优势超过全国平均水平，这与贵州省的现实情况相符。然而，一方面，贵州省的矿产资源虽然丰富，但依靠其作为主导产业带动经济发展只能解一时之急，并不能成为长久的发展良策；另一方面，采矿业的需求收入弹性低，其发展潜力会受到一定的影响。

（2）贵州省的制造业发展水平不够理想。31类制造行业中，只有饮料制造业和烟草制品业两类行业发展势头较好，其他行业无论是产业规模还是在盈利水平上都有很大的欠缺，特别是纺织业和皮革、毛皮、羽毛及其制品和制鞋业的劣势更为明显。然而，处于综合优势前两位的都属于传统制造业，而且由于制造业的需求收入弹性高，发展潜力巨大，特别是通信设备、计算机及其他电子设备制造业和电气机械及器材制造业这些高新技术产业，其创新能力就是其发展潜力，未来的发展不可估量。因此，贵州省可以从其制造产业中选取适合的主导产业，以带动城乡一体化发展。

（3）贵州省高技术产业和新兴产业具有较大的增长空间。以通信设备、计算机及其他电子设备制造业为代表的高新技术产业，其规模优势系数仅为0.1533，综合优势系数为0.3883，处于极度劣势地位。规模优势在一定程度上决定了该行业的竞争实力，规模优势系数0.1533的水平说明贵州高新技术产业的竞争实力十分薄弱；综合优势不足我国同行业平均水平的1/2。同时，仪器仪表及文化、办公用机械制造业，交通运输设备制造业，化学原料及化学制品制造业这些技术需求较高的行业的综合发展水平与全国平均发展水平也有一定距离。高新技术产业和新兴产业是现阶段实现经济超越发展的先决条件，但是，在贵州省这类产业的发展还有较大的增长空间，需要政府和各界给予相当的重视。

（二）以吸纳就业能力选择的主导产业

由上一节分析可知，推进城乡一体化建设，关键就是要为农村剩余劳动力提供就业机会，使农业人口向非农业转移，实现农村的生产方式的转变，提高农村居民收入。那么，在选择区域主导产业时，也需要研究该产业是否具有较高的吸收就业人口的能力，即该产业的劳动密集程度高低。将贵州省各工业行业的劳动力密集程度与全国平均水平相比较就可以得出该行业的吸纳就业能力优势系数。我们可以选择万元产值就业人口代表产业的劳动密集程度，得出贵州省各工业行业吸纳就业能力，如表7-17所示。

表7-17　　　贵州省各工业行业的吸纳就业能力优势系数

行业	万元产值就业人数（全国）	位次	万元产值就业人数（贵州省）	位次	吸纳就业能力优势系数	行业	万元产值就业人数（全国）	位次	万元产值就业人数（贵州省）	位次	吸纳就业能力优势系数
采矿业											
煤炭开采和洗选业	0.0180	9	0.0271	10	1.5046	有色金属矿采选业	0.0106	27	0.0173	18	1.6363
黑色金属矿采选业	0.0082	29	0.0274	7	3.3225	非金属矿采选业	0.0139	15	0.0106	33	0.7630
制造业											
农副食品加工业	0.0082	30	0.0097	38	1.1844	医药制造业	0.0120	24	0.0111	34	0.9304
食品制造业	0.0126	20	0.0137	23	1.0860	橡胶制品业	0.0128	19	0.0123	28	0.9628
饮料制造业	0.0116	26	0.0113	32	0.9812	塑料制品业	0.0163	11	0.0184	20	1.1296
烟草制品业	0.0029	37	0.0054	39	1.8592	非金属矿物制品业	0.0129	17	0.0219	18	1.7029
纺织业	0.0180	8	0.0508	6	2.8165	黑色金属冶炼及压延加工业	0.0053	36	0.0112	33	2.1182
纺织服装、鞋、帽制造业	0.0282	5	0.0699	2	2.4761	有色金属冶炼及压延加工业	0.0054	34	0.0123	27	2.2967
皮革、毛皮、羽毛（绒）及其制造业	0.0291	4	0.0256	12	0.8813	金属制品业	0.0133	16	0.0285	9	2.1375

续表

行业	万元产值就业人数（全国）	位次	万元产值就业人数（贵州省）	位次	吸纳就业能力优势系数	行业	万元产值就业人数（全国）	位次	万元产值就业人数（贵州省）	位次	吸纳就业能力优势系数
制造业											
木材加工及木、竹、藤、棕、草制品业	0.0143	14	0.0236	15	1.6481	通用设备制造业	0.0121	23	0.0235	16	1.9484
家具制造业	0.0209	6	0.0130	24	0.6233	专用设备制造业	0.0124	21	0.0237	14	1.9138
造纸及纸制品业	0.0121	22	0.0115	31	0.9466	交通运输设备制造业	0.0092	28	0.0305	8	3.3343
印刷业和记录媒介的复制	0.0184	7	0.0194	19	1.0545	电气机械及器材制造业	0.0117	25	0.0119	30	1.0202
文教体育用品制造业	0.0343	1	0.0611	4	1.7782	工艺品及其他制造业	0.0173	10	0.0241	13	1.3954
石油加工、炼焦及核燃料加工业	0.0026	38	0.0121	29	4.6457	仪器仪表及文化、办公用机械制造业	0.0163	12	0.0233	17	1.4272
化学原料及化学制品制造业	0.0075	31	0.0126	26	1.6826	通信设备、计算机及其他电子设备制造业	0.0128	18	0.0164	22	1.2783
废弃资源和废旧材料回收加工业	0.0060	33	0.0097	37	1.6340						

续表

行业	万元产值就业人数（全国）	位次	万元产值就业人数（贵州省）	位次	吸纳就业能力优势系数	行业	万元产值就业人数（全国）	位次	万元产值就业人数（贵州省）	位次	吸纳就业能力优势系数
电力、燃气及水的生产和供应业											
电力、热力的生产和供应业	0.0053	35	0.0110	35	2.0575	水的生产和供应业	0.0311	3	0.0563	5	1.8102
燃气生产和供应业	0.0063	32	0.0126	25	1.9926						
服务业											
建筑业	0.0147	13	0.0343	7	2.3289	住宿和餐饮业	0.0343	2	0.0675	3	1.9672
批发与零售业	0.0018	39	0.6052	1	336.9478						

资料来源：根据《中国统计年鉴（2014）》《贵州统计年鉴（2014）》数据计算。

由数据分析可以得出：进入21世纪以后，贵州省的工业发展步伐虽然较快，然而，三次产业结构演进速度有所放慢，三次产业的就业结构也没有发生太大的变化。根据2014年的数据，基本上可以了解贵州省各行业的就业现状。由表7-17可以看出，贵州省的大部分工业行业中的就业密集程度都超过了全国平均水平，一方面是由贵州省人口密度相对较高造成的，另一方面也有贵州省产业产值相对较低的原因。

分行业细化来看，2014年，贵州省工业和服务业行业吸纳就业能力优势系数排在前三位的分别是批发与零售业，纺织服装、鞋、帽制造业，住宿和餐饮业，其中，批发与零售业和住宿和餐饮业都属于服务业，可见服务业在产生就业岗位中的超能力。

另外，重工业中，煤炭开采和洗选业与黑色金属矿采选业吸纳就业能力优势系数排位中也获得了前十名的较好名次，说明重工业属性不一定就属于低吸纳就业能力的行业。

对于轻工业行业来说，纺织服装、鞋、帽制造业，文教体育用品制造业和纺织业这种技术含量低的制造业也是贵州省典型的劳动密集型产业。然而,贵州省这三类产业的综合劣势十分突出,相反,贵州省具有特殊规模优势的行业如烟草制品业却在创造就业岗位能力上有显著的不足。

二 主导产业的选择

根据以上分析,在考虑城乡关联度基础上,综合贵州省工业行业的综合优势和吸纳就业能力优势之后,可以选取以下几类产业重点发展,在推动贵州省整体经济又快又好的发展态势下,又能够兼顾城乡协调发展,加快城乡一元经济结构进程。

(一)煤炭开采和深加工

煤炭是贵州省的优势能源之一,长期以来,煤炭开采和加工产业的发展,为促进贵州省的工业化和经济发展发挥了十分重要的作用。然而,一方面,由于贵州省的地理环境偏僻和市场规模小;另一方面,贵州省对煤炭的深加工技术达不到预期要求,导致贵州省的煤炭利用以煤炭开采和简单加工为主,产业链短且不成熟,产品技术含量低,该行业的发展潜力长期没有得到深层次的挖掘。

未来能源仍然是工业化的基础,掌握能源就是掌握了21世纪工业化发展的钥匙。不论制造业、服务业还在军事上,煤炭以及煤炭加工产品的需求都有广阔的市场。而且,在贵州省,煤炭开采和加工产业无论是在综合发展评价上,还是在吸纳就业人口的能力上优势都十分突出。因此,贵州省的煤炭开采和洗选业,对支撑其他相关产业的发展,推动区域城乡一体化建设,带动整体地区经济水平的提高来说是一个关键性产业。

往日煤炭开采和加工行业的发展经历了一段辉煌的历史,但是,国内经济新常态环境下,以前以牺牲环境和浪费能源为特征的煤炭开采和粗加工,如今已经走到了尽头。不仅生态环境遭到破坏,人民生存受到威胁,而且随着各地过度开采,煤炭资源越来越稀缺。目前,摆在贵州省煤炭及其加工产业面前唯一的出路就是提高产品的技术含量,尽可能地延长产业链;加强与其他产业的联系,充分提高能源利用率,这些都需要开拓思维,不断创新。

(二)冶金工业

金属矿产资源也是贵州省的优势能源之一。随着工业化和城镇化深入发展,钢铁和其他矿产资源的需求也是只增不减,特别是钢材市场,由于与房地产业密切相关,其对经济的发展的促进作用可见一斑。而且根据上述分析,金属矿采选业,特别是黑色金属矿采选业在创造就业岗位能力上排位靠前,优势明显。有色金属和黑色金属冶炼及压延加工业在创造就业中相较于贵州其他行业来说排名靠后,但是,相较于全国平均水平来说,还是稍微具有优势。同时,贵州省在金属开采和加工、冶炼行业的发展水平虽然还有所欠缺,但劣势不是特别突出,由表7-17可以看出,冶金工业的主要缺陷在于缺乏规模优势。

由于矿产开采产业的特殊性,需要靠近矿产富集地区,无法以人的意志为转移。未来,贵州省在发展冶金工业的路径选择上可以以提高产业规模为主。首先,可以扶持发展龙头产业,促进相关产业在周围集聚,以提高规模效应。其次,可以通过技术进步,提高金属冶炼产量和产品质量,既可以支持房地产和基础设施建设,也可以增加企业产值,提高企业效益,弥补自身盈利水平的不足。最后,未来贵州在发展冶金工业时,要十分重视省外和国外市场,采取外向战略,以中亚市场为目标。

(三)烟草和酿酒工业

烟草和酿酒工业在制造业中属于贵州省的代表性产业,尤其是贵州茅台的品牌更是家喻户晓。可见贵州省的烟草和酿酒工业在制造业中的霸主地位。然而,两者的不足之处在于吸纳就业能力的欠缺,但是,相对于全国平均水平来说,还略占优势。另外,由于烟草和酿酒工业的原料都属于轻工产品,两者与农业和农村经济发展有不可分割的联系,因此,烟草和酿酒工业的发展在带动农村经济发展、缩小城乡发展差距方面有无与伦比的优势,可以成为支撑城乡一体化发展的主导产业。

今后贵州省的烟草和酿酒工业作为促进经济发展、支撑城乡一体化发展的主导产业,还要注意补充自身发展的短板,通过加强与其他产业的联系、延长产业链来扩大就业。另外,品牌的营销和品牌效应的挖掘不能止步于当前,而要继续以产品质量为核心,提升产品品牌效应,扩大国内市场占有率,积极开发国际市场。这样,才能扩大需求,释放烟草和酿酒工业拉动农村经济提高方面的潜力。

(四)服务业

由上一节数据可以看到,贵州省第三产业的发展速度在三次产业中居于首位,特别是进入21世纪以后,第三产业产值已经追上第二产业,与第二产业并列成为贵州省的支柱产业。服务业不但在拉动经济发展方面表现突出，而且在扩大就业方面也有超强的优势，由表7-17可以看出，首先，贵州省批发和零售业万元产值就业人数为0.6052，在创造就业岗位能力方面居于首位。其次，住宿和餐饮业万元产值就业人数全国为0.0343，居第二位；贵州省为0.0675，居第三位。最后，基础性服务业发展是旅游业发展的基础，当今旅游业大行其道，贵州省也在积极发展旅游产业，争当旅游文明省份，连同旅游业在内的服务业在提供就业方面的优势使其成为推动城乡一体化发展不可或缺的动力源泉。

然而，还应该看到，贵州省的第三产业中劳动力密集型行业基本都集中在传统服务业部门，大多服务产品创新能力不足，有的停留在物物交换的初级阶段，第三产业发展质量不高。未来贵州省发展第三产业需要在追求发展速度的基础上，更要提高发展质量，形成具有可持续发展能力的产业体系。不断调整产业结构，适应市场的多元化需求；创新发展，赋予服务产品更多的科技含量，提高产品附加值；注重品牌效应，以人为本，以服务质量换口碑，积极拓展国内和国际市场。

（五）信息科技产业

近年来，由于贵州省在发展大数据方面有得天独厚的优势，大数据及相关产业发展风生水起。2015年，贵州省以改革、开放、创新为基本政策，引进了一批重大项目，首要就是以围绕大数据为引领的电子信息产业。2016年，李克强总理出席"贵阳2016年数博会"，更是将贵州省的大数据产业推向高潮。2016年前三个季度，贵州省依靠大数据吸引的重大投资项目就有297个，总额达到1253.94亿元。2017年、2018年数博会连续在贵阳召开。

当今社会是移动互联网社会，电子信息产业已经成为重要的增长极，各种"互联网+"产业层出不穷，贵州省更要抓紧历史机遇，把大数据产业做大做强，利用数据流吸引资金流，是贵州省经济发展实现"弯道超车"的路径之一。

另外，贵州省电子信息、计算机、通信产业在吸纳就业能力方面相较于我国平均水平有一定的优势。虽然综合发展水平还有所欠缺，但是，这仅仅是电子信息产业在贵州省的起步，未来贵州省在电子信息产业中的巨大潜力只要不断地开发和挖掘，一定能够成为贵州省拉动整体经济发展、推动城乡一体化进程的中坚力量。

第五节　促进贵州省城乡一体化进程的建议

一　因地适宜，培育主导产业体系以推进城镇化

实现城乡一体化的核心动力始终是产业的发展。实现以产业为支撑的贵州省城乡一体化发展，需要在考虑自身的优势产业的基础上，通过延长产业链，提高产业的关联度，发挥增长极的核心作用，吸引相关产业集聚，培育、壮大产业体系。

在现实中，受到自然环境和政策等各种因素的影响，贵州省各个区域的优势产业各不相同。例如，贵阳是我国大数据产业中心、苗族聚集区，盛产中草药，医药制造业发达；遵义以烟草制造业和酿酒产业而闻名；安顺是贵州省的重工业集聚地。然而，要兼顾城乡一体化发展的总体目标，还需要大力培育与优势产业相关的产业。强化产业之间的关联度，将城市产业和农村产业紧密地联系起来，为城乡一元结构建设和深化发展提供坚实的产业基础。

从实际情况出发，选择在综合发展和创造就业岗位上优势突出的产业，通过政府资金支持、政策倾斜以及人才引进等各种措施的实施，推动主导产业优先发展。同时，坚持走产业多元化发展道路，充分利用主导产业增长极的核心优势，并以市场为导向，发展一批关联性紧密且对周边经济辐射能力强的产业，形成与优势产业相适应的区域化、专业化和规模化的产业体系，带动周边区域发展。在培育产业体系时，要坚持农村产业与城市产业并重，从统筹全局出发，合理规划，优化产业布局，促进区域资源、人口等生产要素的自由流动，为农村经济发展积极创造条件，这也是城乡一体化的重要内涵之一。

二　科技创新，实现产业现代化以促进城镇化

贵州省几乎所有的大中城市都处于喀斯特地貌环境中，受到"喀斯特"环境的制约，贵州省的生态环境十分脆弱。工业化初期，一味地追求经济发展速度，而采取依靠资源和廉价劳动力、以牺牲环境为代价的粗放型发展模式，这个时期的工业发展带来了严重的后果（翟玲玲，2009）。首先，矿产资源和能源过度开采及简单加工，造成资源的浪费。仅用了短短几十年时间，贵州省的矿产资源和能源的蕴藏量已经被

占用、消耗了近五成，矿产资源的过度开采，导致煤矿和非金属矿山周围的土地占用、破坏十分严重，特别是矿山集中的六盘水和毕节地区。其次，生态环境也因为粗放型发展模式而遭到破坏。水资源污染、空气污染、酸雨等，环境问题不仅影响到居民的生活质量提高，而且已经成为相关产业发展的"拦路虎"，特别是旅游业为主的服务业。当前贵州省的产业发展和城镇化发展面临着严峻的土地占用、水资源不足、矿产资源和能源约束等一系列环境问题，想要摆脱这些问题，只有走与资源、环境相协调的可持续发展道路。

走可持续发展道路就是要统筹兼顾，既要速度又要质量，即推进产业现代化发展，从根本上转换经济增长方式。推进产业现代化发展，首先是推动传统产业转型升级。招商引"智"，加大科研资金投入，培养全社会企业的技术创新意识，以技术创新降低企业成本，提高能源利用率。快速培育出一批战略性新兴产业，农业与工业加强互促，鼓励发展规模种养业，把农林副产品作为工业后备资源，加快发展农产品精深加工产业，提高产业发展质量。其次是优化产业布局。推进以工业园和科技园为代表的产业平台建设，明确区域特色和优势产业，以其为增长极，促进其他相关产业在区域中的集聚，扩大规模效应，变外部成本为内部成本，同时区域产业分工协作也有利于驱动创新，用"互联网+"延长产业链，推动产业现代化进程。区域产业集聚可以统筹乡村产业和城市产业，促进区域内包括劳动力在内的经济要素的自由流动，加快区域经济一元结构的形成，进而推动以人为本的城乡一体化发展。再次是严把产品质量关，建立健全产品质量标准化体系。产品质量是赢得市场认可的关键，只有在严格遵守产品质量检验标准的基础上，努力提高产品附加值，才能赢得消费者信赖，从而逐渐扩大产品市场占有率，提升产业发展质量。提高产品附加值就是带动相关产业的发展。产业之间的协调发展、相辅相成正是城乡一体化发展的一个重要方面。最后是提高政府调控能力。完善工业园区和科技园区的产业考核体系，尽快建立健全利税考评机制，强化市县领导班子、各工业园区和市直有关部门的考核评价，完善倒逼机制和激励机制，以促进产业现代化发展。

三 深化改革，增强产业关联性以推动城镇化

三次产业的发展对于城乡一体化发展具有基础性的作用。三次产业之间以及同一产业内部不同行业之间以产品或技术为纽带的关联性不断

加强是产业发展的新趋势。然而，在对贵州省城乡关联度分析和三次产业协整分析时，发现贵州省三次产业发展的关联度较弱。由于各种自然环境因素和技术条件的约束，贵州省三次产业的发展联动性不足，工业对农业的反哺作用不突出，农业生产仍以人工劳作为主；农业和工业的产业链短，产品加工层次较低，总体产业发展单一化，产业波及效果差，与服务业的最终消费和资本形成关联甚少。

增强产业关联性需要贵州省整个经济社会的全面深化改革。首先，三次产业要进行结构转换和升级，协调发展。只有三次产业的发展在质量稳步提高的基础上逐步缩小差距，才能实现以产业产品为另一产业原料的产业联动发展。其次，通过产品或者技术共享，使两个或两个以上的产业融为一体，形成新产业继续发展，即产业融合。目前，最热的"互联网＋"就是产业融合的典型代表。产业融合可以促使资源更广泛地优化配置，化外部投资为内部投资，化外部成本为内部成本，可以催生一些以人为本的新兴产业，使产业体系更加多元化，同时也促进区域产业转型升级，提高产业发展质量。贵州省是大数据产业中心，依靠"互联网＋"带动传统产业与高新技术产业的相互融合以及特色主导产业与相关产业的融合是加强城乡联系和三次产业联系的一条捷径。再次，尽快完善基础设施建设。目前贵州省产业发展依赖的基础设施的供求矛盾仍很突出，远远不能满足产业发展的需求。特别是在农村地区，基础设施欠缺已经成为影响农村产业发展、市场扩大和消费需求增长的重要因素。另外，基础设施建设在吸纳就业能力方面也具有一定的优势，而且由于技术含量不高，因此，能够带动农村剩余劳动力快速转移，从而在一定程度上有助于农村居民增收，提高农民消费能力，促进农村经济发展。最后，加快政府规制改革。降低市场准入门槛，开放关联产业所涉及的各个产业市场是加快产业融合的必要前提。受我国计划经济的影响，电信、运输、邮政等产业一直处于政府直接规制和保护之下，民间资本和外国资本难以进入。要推进产业融合，必须打破行业壁垒，促使其与其他行业创新合作。

第八章　贵州省经济、产业及城乡发展趋势

前面对贵州省区域经济差异与协调发展、气候变化与贵州省农业可持续发展、贵州省农业与旅游业融合发展、贵州省城市竞争力与生态建设（以遵义为例）、贵州省新型城镇化与缩小城乡居民收入差距以及基于产业支撑的贵州省城乡一体化进行了深入的探索。本章将在前面章节研究的基础上，选取贵州省经济、产业及城乡发展的核心指标（如 GDP、三次产业增加值以及城乡居民收入），运用时间序列计量模型，进行近期发展趋势预测。

第一节　经济发展趋势

本节选取最能集中反映经济发展状况的贵州省地区生产总值（GDP）及人均 GDP，基于历年统计数据，运用 Eviews 软件，构建自回归单整移动平均（ARIMA）模型，进行未来五年增长态势预测。

一　GDP

（一）历年增长情况

国内生产总值是一个国家或地区经济发展水平的集中体现。贵州省 1978—2015 年 GDP 增长情况如图 8-1 所示。

从图 8-1 可知，贵州省地区生产总值自 1978 年以来一直保持增长态势，其中，2005 年左右增长逐渐加快，近年来增长尤为明显。

（二）未来增长态势

ARIMA 模型主要用于时间序列变量的宏观趋势短期预测。该方法的优点是不需要考虑变量的影响因素，而以时间作为自变量、预测指标作为因变量；该方法的缺点是预测时段不能太长，越短信度越高。对经济增长而言，运用 ARIMA 模型预测的时段一般为 5 年（与通常的"五年计

划"吻合)。对于贵州省的 GDP,预测的逻辑步骤如下:首先,检验 1978—2010 年统计数据的时间序列平稳性,直至建立平稳序列;其次,构建 ARMA(1,2)模型、ARMA(1,1)模型、AR(1)模型、MA(2)模型和 MA(1)模型,根据赤池信息准则(AIC),选择最佳者构建 ARIMA 模型并进行残差检验,拟合 2011—2015 年贵州省 GDP,检验拟合效度;最后,运用 ARIMA 模型预测分析 2016—2020 年贵州省 GDP。

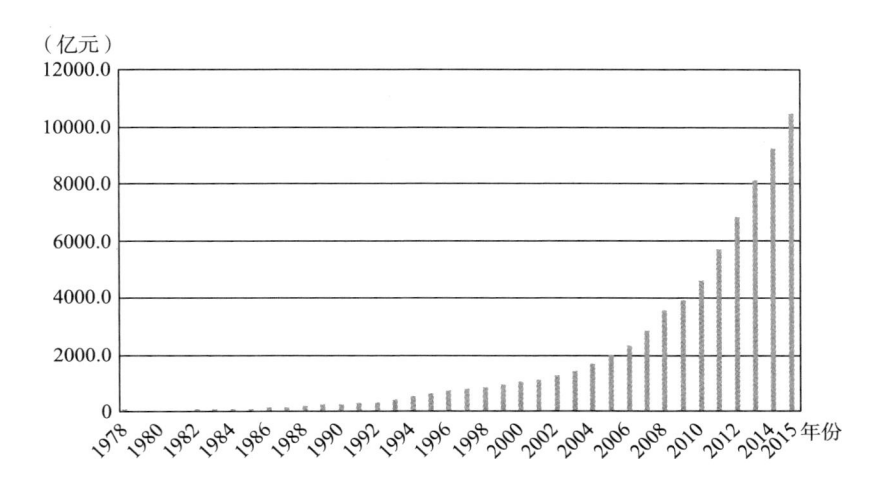

图 8-1　贵州省 1978—2015 年 GDP 增长形势

1. 贵州省 1978—2010 年 GDP 时间序列平稳性检验

为了消除异方差,对贵州省 GDP 取对数(记为 lngdp)并进行时间序列平稳性检验。检验结果表明,贵州省 GDP 对数值时间序列非平稳、一阶差分(记为 Dlngdp)序列平稳(见表 8-1)。

表 8-1　贵州省 GDP 的 lngdp 和 Dlngdp 的 ADF 单位根检验

序列	t 统计量	检验临界值 1%	检验临界值 5%	检验临界值 10%	平稳性	概率
lngdp	-2.284022	-4.284580	-3.562882	-3.215267	不平稳	0.4297
Dlngdp	-3.969662	-3.661661	-2.960411	-2.619160	平稳	0.0047

因此,基于 Dlngdp 建立贵州省 2010—2015 年 GDP 拟合基础模型。

2. 贵州省 2010—2015 年 GDP 拟合基础模型的构建及选择

拟合贵州省 2010—2015 年 GDP 的五种基础模型特征值，如表 8 - 2 所示。

表 8 - 2　　贵州省 2010—2015 年 GDP 五种拟合模型的 AIC（赤池信息准则）值和概率

模型	AIC 值	概率(F 统计量)
ARMA(1, 2)	-3.104514	0.287877
ARMA(1, 1)	-3.196208	0.100399
AR(1)	-3.190633	0.101458
MA(2)	-3.165546	0.213131
MA(1)	-3.227497	0.076876

如表 8 - 2 所示，五种基础模型中，MA(1) 模型的 AIC 值最低。因此，基于 MA(1) 模型，构建 ARIMA 拟合模型。

3. 贵州省 2010—2015 年 GDP 拟合模型构建及残差检验

拟合贵州省 2010—2015 年 GDP 的 ARIMA 模型回归结果，如表 8 - 3 所示。

表 8 - 3　　贵州省 2010—2015 年 GDP 的 ARIMA 模型回归结果

变量	系数	标准差	t 统计量	概率
C	0.144228	0.011143	12.94295	0.0000
MA(1)	0.356487	0.175281	2.033796	0.0509
R^2	0.100631	因变量均值	0.143522	
调整的 R^2	0.070652	因变量标准差	0.048496	
回归标准差	0.046751	赤池信息准则值	-3.227497	
残差平方和	0.065570	施瓦茨准则值	-3.135889	
对数似然值	53.63995	H—Q 信息准则值	-3.197132	
F 统计量	3.356721	DW 统计值	2.010437	
概率（F 统计量）	0.076876			
AR 根倒数	-0.36			

拟合贵州省 2010—2015 年 GDP 的 ARIMA 模型残差检验结果，如表 8-4 所示。

表 8-4　　贵州省 2010—2015 年 GDP 的 ARIMA 模型残差检验结果

序列	t 统计量	检验临界值 1%	检验临界值 5%	检验临界值 10%	平稳性	概率
残差/e	-10.22478	-3.661661	-2.960411	-2.619160	平稳	0.0000

如表 8-4 所示，贵州省 2010—2015 年 GDP 的 ARIMA 模型残差的 t 统计量低于所有水平临界值，表明模型的残差序列平稳。因此，ARIMA 模型可以用于拟合贵州省 2010—2015 年的 GDP。

4. 贵州省 2011—2015 年 GDP 拟合效度检验

运用 ARIMA 模型拟合的贵州省 2011—2015 年 GDP 拟合值与实际值如表 8-5 所示。

表 8-5　　贵州省 2011—2015 年 GDP 拟合值与实际值　　单位：亿元

年份	实际值	拟合值	差值（%）
2011	5702	5467	-4.12
2012	6852	6316	-7.83
2013	8087	7295	-9.79
2014	9266	8427	-9.06
2015	10503	9735	-7.31

如表 8-5 所示，2011—2015 年，贵州省 GDP 拟合值比实际值低 4.12%—9.79%，拟合效度较高（差值小于 10%）。因此，ARIMA 模型可以用于预测 2016—2020 年贵州省 GDP。

5. 贵州省 2016—2020 年 GDP 预测分析

预测贵州省 2016—2020 年 GDP 时，应基于 1978—2015 年统计数据构建 ARIMA 模型。具体步骤如下：

首先，1978—2015 年，贵州省 GDP 时间序列的 ADF 单位根检验表明，其对数值的一阶差分序列平稳（t 统计量为 -4.133368、1% 临界值

为 -3.626784);其次,根据 AIC,选择 MA(1)基础模型构建 ARIMA 模型[五种模型的 AIC 值分别为 ARMA(1,2)为 -3.229794、ARMA(1,1)为 -3.308585、AR(1)为 -3.284105、MA(2)为 -3.282653 和 MA(1)为 -3.335687];对 ARIMA 模型残差的 ADF 单位根检验表明,模型残差序列平稳(t 统计量为 -5.998802、1%临界值为 -3.626784);最后,运用 ARIMA 模型预测,2016—2020 年贵州省 GDP 预测值如表 8-6 所示。

表 8-6　　基于 ARIMA 模型的贵州省 2016—2020 年 GDP 预测值

单位:亿元

年份	2016	2017	2018	2019	2020
GDP	12260	14194	16432	19023	22024

基于 2011—2015 年拟合效度,2016—2020 年,贵州省 GDP 预测值具有相应信度。贵州省 1978—2020 年 GDP 增长态势如图 8-2 所示。

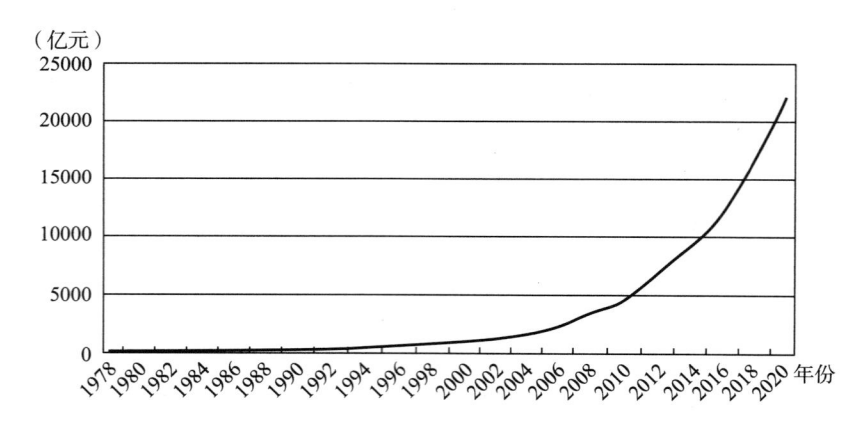

图 8-2　贵州省 1978—2020 年 GDP 增长态势

由图 8-2 可知,2020 年前贵州省 GDP 将保持较高的增长速度。

二　人均 GDP

现在,从人均 GDP 角度进一步分析贵州省经济发展态势。同样,基于历年统计值预测未来趋势。

(一)历年增长情况

贵州省 1978—2015 年人均 GDP 增长趋势如图 8-3 所示。

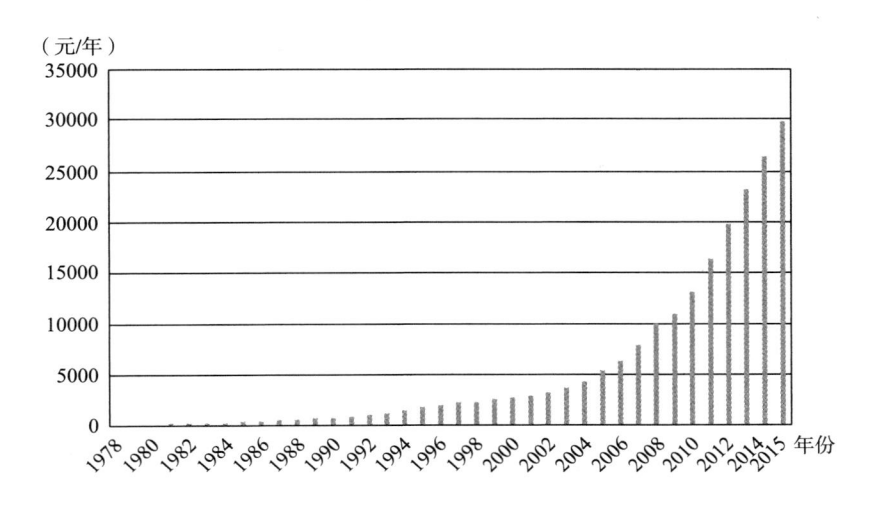

图 8-3 贵州省 1978—2015 年人均 GDP 增长趋势

从图 8-3 可知,贵州省人均 GDP 自 1978 年以来一直保持增长态势(与图 8-1 趋势大体一致,表明人口增长与 GDP 增长基本同步),其中 2010 年左右增长逐渐加快,近年来增长尤为明显。

(二)未来增长态势

同理,运用 ARIMA 模型对贵州省 1978—2020 年人均 GDP 进行拟合、预测分析。结果如下:

1. 贵州省 2011—2015 年人均 GDP 拟合

1978—2010 年,贵州省人均 GDP 时间序列的 ADF 单位根检验表明,其对数值的二阶差分序列才平稳(t 统计量为 -7.521912、1% 临界值为 -2.644302),即平稳性低于 1978—2010 年贵州省 GDP;根据 AIC,选择 MA(1)基础模型构建 ARIMA 模型[五种模型的 AIC 值分别是:ARMA(1,2)为 -2.961815、ARMA(1,1)为 -2.998194、AR(1)为 -3.065385、MA(2)为 -3.027075 和 MA(1)为 -3.084640];对 ARIMA 模型残差的 ADF 单位根检验表明,模型残差序列平稳(t 统计量为 -5.149342、1% 临界值为 -3.661661);运用 ARIMA 模型,2011—2015 年贵州省人均 GDP 拟合值低于实际值,相差分别为 -5.2%、-9.6%、-11.8%、-11.5% 和 -10.2%。拟合效度低于 2011—2015 年贵州省 GDP,但统计上可以接受,故可以运用 ARIMA 模型预测 2016—2020 年贵州省人均 GDP。

2. 贵州省2016—2020年人均GDP预测

1978—2015年贵州省人均GDP时间序列的ADF单位根检验表明，其对数值的一阶差分序列平稳（t统计量为 -3.701524、1%临界值为 -3.626784）；根据AIC，选择MA(1)基础模型构建ARIMA模型[五种模型的AIC值分别是：ARMA(1,2)为 -3.139378、ARMA(1,1)为 -3.121568、AR(1)为 -3.161616、MA(2)为 -3.137058和MA(1)为 -3.187390]；对ARIMA模型残差的ADF单位根检验表明，模型残差序列平稳（t统计量为 -5.686352、1%临界值为 -3.626784）；运用ARIMA模型预测，2016—2020年贵州省人均GDP预测值如表8-7所示。

表8-7　基于ARIMA模型的2016—2020年贵州省人均GDP预测值

单位：元/人

年份	2016	2017	2018	2019	2020
人均GDP	34500	39700	45600	52400	60200

基于2011—2015年拟合效度，2016—2020年贵州省人均GDP预测值具有相应信度。

从图8-4可知，2020年前贵州省人均GDP将保持较高的增长速度。然而，从数量来看，贵州省人均GDP目前还远低于全国平均水平。例如，2015年，贵州省人均GDP为29847元，占全国平均水平（50251元）的59.4%。

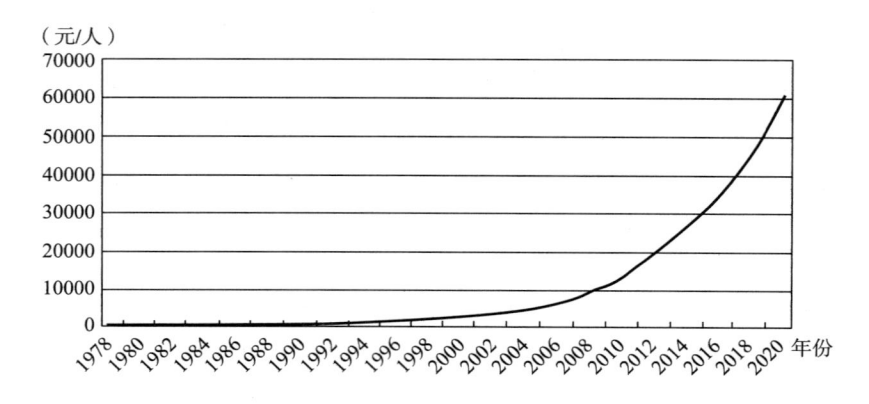

图8-4　贵州省1978—2020年人均GDP增长态势

第二节 产业发展趋势

本节选取三次产业历年增加值，集中反映贵州省第一、第二、第三产业发展态势。同样，基于1978—2015年统计数据，预测贵州省2020年前增长态势。

一 第一产业增加值

（一）历年增长情况

贵州省1978—2015年第一产业增加值增长态势如图8－5所示。

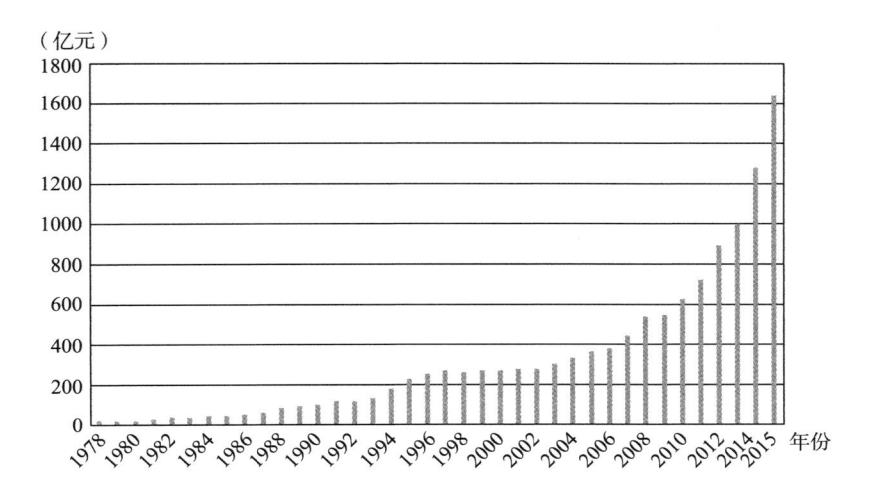

图8－5 贵州省1978—2015年第一产业增加值增长态势

从图8－5可知，1978年以来，贵州省第一产业增加值呈现出波动中增长态势，其中1996—2002年略有下降，但近年来增长较为明显。

（二）未来增长态势

同理，运用ARIMA模型对贵州省1978—2020年第一产业增加值进行拟合、预测分析。

1. 贵州省2011—2015年第一产业增加值拟合

1978—2010年，贵州省第一产业增加值时间序列的ADF单位根检验表明，其对数值的一阶差分序列平稳（t统计量为-4.347813、1%临界

值为 -3.661661)；根据 AIC，选择 MA(1)基础模型构建 ARIMA 模型[五种模型的 AIC 值分别是：ARMA(1,2)为 -2.029331、ARMA(1,1)为 -2.093789、AR(1)为 -2.119918、MA(2)为 -2.092808 和 MA(1)为 -2.138960]；对 ARIMA 模型残差的 ADF 单位根检验表明，模型残差序列平稳（t 统计量为 -5.752321、1% 临界值为 -3.661661）；运用 ARIMA 模型预测的 2011—2015 年贵州省第一产业增加值比实际值（增、减）分别为 +0.1%、-9.1%、-9.4%、-21.2% 和 -31.4%。拟合效度较低，即预测结果仅供参考。

2. 贵州省 2016—2020 年第一产业增加值预测

1978—2015 年，贵州省第一产业增加值时间序列的 ADF 单位根检验表明，其对数值的一阶差分序列平稳（t 统计量为 -4.191963、1% 临界值为 -3.626784）；根据 AIC，选择 MA(1)基础模型构建 ARIMA 模型[五种模型的 AIC 值分别是：ARMA(1,2)为 -2.024908、ARMA(1,1)为 -2.077515、AR(1)为 -2.109736、MA(2)为 -2.079239 和 MA(1)为 -2.131081]；对 ARIMA 模型残差的 ADF 单位根检验表明，模型残差序列平稳（t 统计量为 -5.983110、1% 临界值为 -3.626784）；运用 ARIMA 模型预测，2016—2020 年贵州省第一产业增加值预测值如表 8 -8 所示。

表 8 -8　　　　基于 ARIMA 模型的 2016—2020 年贵州省
第一产业增加值预测值　　　　单位：亿元

年份	2016	2017	2018	2019	2020
第一产业增加值	1949	2200	2483	2803	3164

1978—2020 年贵州省第一产业增加值增长态势如图 8 -6 所示。

从图 8 -6 可知，2020 年前贵州省第一产业增加值将保持较高增长势头。贵州省人均第一产业产值高于全国平均水平，主要源于第一产业中的农业在贵州经济中占据相对重要的地位。例如，2015 年贵州省人均第一产业增加值为 4663 元，是全国平均水平（4442 元）的 1.05 倍。

二　第二产业增加值

（一）历年增长情况

贵州省 1978—2015 年第二产业增加值增长趋势如图 8 -7 所示。

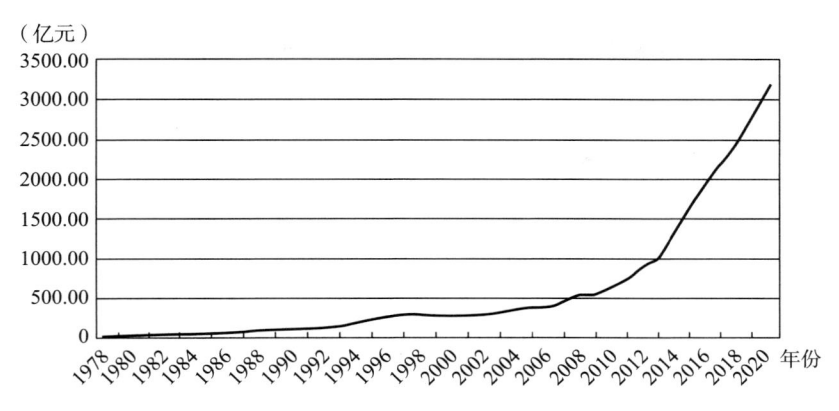

图 8-6 贵州省 1978—2020 年第一产业增加值增长态势

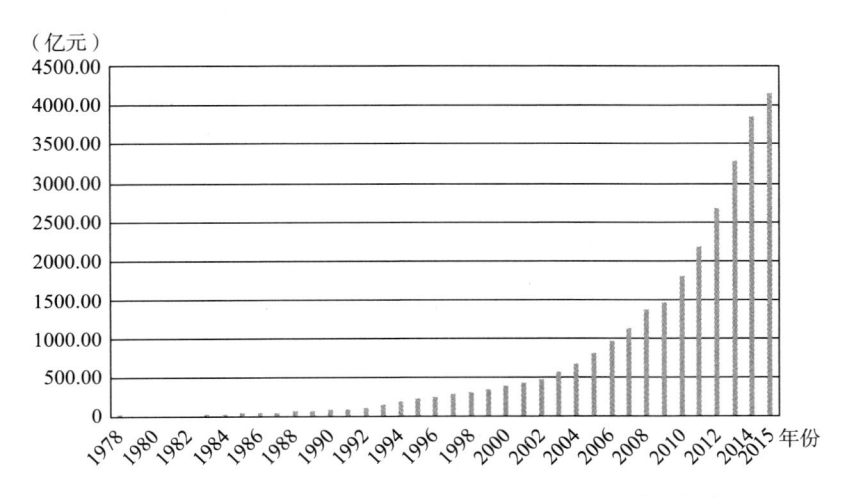

图 8-7 贵州省 1978—2015 年第二产业增加值增长趋势

从图 8-7 可知，1978 年以来，贵州省第二产业增加值几乎呈现出逐年上升态势，其中，2008 年左右开始快速增长。

（二）未来增长态势

运用 ARIMA 模型对贵州省 1978—2020 年第二产业增加值进行拟合、预测分析。

1. 贵州省 2011—2015 年第二产业增加值拟合

1978—2010 年贵州省第二产业增加值时间序列的 ADF 单位根检验表明，其对数值的一阶差分序列平稳（t 统计量为 -4.144961、1% 临界值

为 -3.661661）；根据 AIC，选择 ARMA(1，2)基础模型构建 ARIMA 模型〔五种模型的 AIC 值分别是：ARMA(1，2)为 -3.020948、ARMA(1，1)为 -2.750121、AR(1)为 -2.612878、MA(2)为 -2.963645 和 MA(1)为 -2.785130〕；对 ARIMA 模型残差的 ADF 单位根检验表明，模型残差序列平稳（t 统计量为 -4.562609、1% 临界值为 -3.670170）；运用 ARIMA 模型，2011—2015 年贵州省第二产业增加值拟合值低于实际值，相差分别为 -3.0%、-7.9%、-12.8%、-14.1% 和 -7.5%。拟合效度较高，故可以运用 ARIMA 模型预测 2016—2020 年贵州省第二产业增加值。

2. 贵州省 2016—2020 年第二产业增加值预测

1978—2015 年贵州省第二产业增加值时间序列的 ADF 单位根检验表明，其对数值的一阶差分序列平稳（t 统计量为 -4.241644、1% 临界值为 -3.626784）；根据 AIC，选择 ARMA(1，2)基础模型构建 ARIMA 模型〔五种模型的 AIC 值分别是：ARMA(1，2)为 -3.012979、ARMA(1，1)为 -2.784508、AR(1)为 -2.690474、MA(2)为 -2.815400 和 MA(1)为 -2.849113〕；对 ARIMA 模型残差的 ADF 单位根检验表明，模型残差序列平稳（t 统计量为 -3.642326、1% 临界值为 -3.639407）；基于 ARIMA 模型预测，2016—2020 年贵州省第二产业增加值预测值如表 8-9 所示。

表 8-9　　　　基于 ARIMA 模型的贵州省 2016—2020 年
第二产业增加值预测值　　　单位：亿元

年份	2016	2017	2018	2019	2020
第二产业增加值	4499	5217	6050	7016	8136

基于 2011—2015 年拟合效度，2016—2020 年贵州省第二产业增加值预测值具有相应信度。贵州省 1978—2020 年第二产业增加值增长态势如图 8-8 所示。

从图 8-8 可知，2020 年前贵州省第二产业增加值将保持较高增长势头。然而，贵州省人均第二产业产值目前还远低于全国总体水平，主要源于贵州工业（尤其现代制造业）基础薄弱、发展水平低。例如，2015 年贵州省人均第二产业增加值为 11787 元，只占全国平均水平（20587 元）的 57.3%。

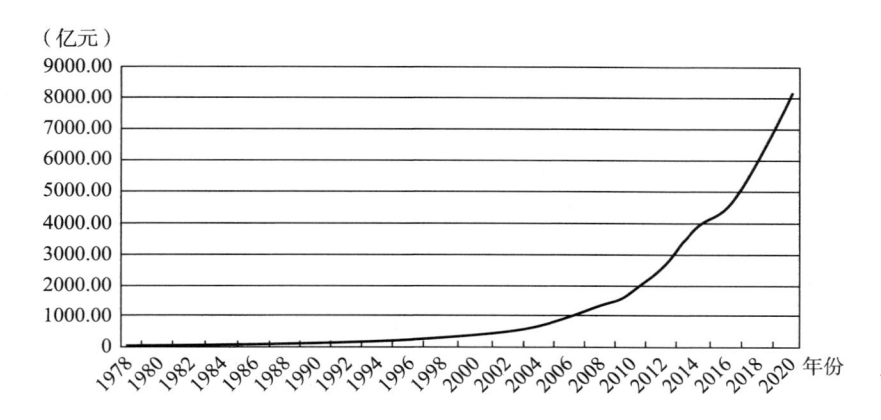

图 8-8　贵州省 1978—2020 年第二产业增加值增长态势

三　第三产业增加值

基于贵州省第三产业产值历年统计数据预测、分析 2020 年前增长态势。

（一）历年增长情况

贵州省 1978—2015 年第三产业增加值增长态势如图 8-9 所示。

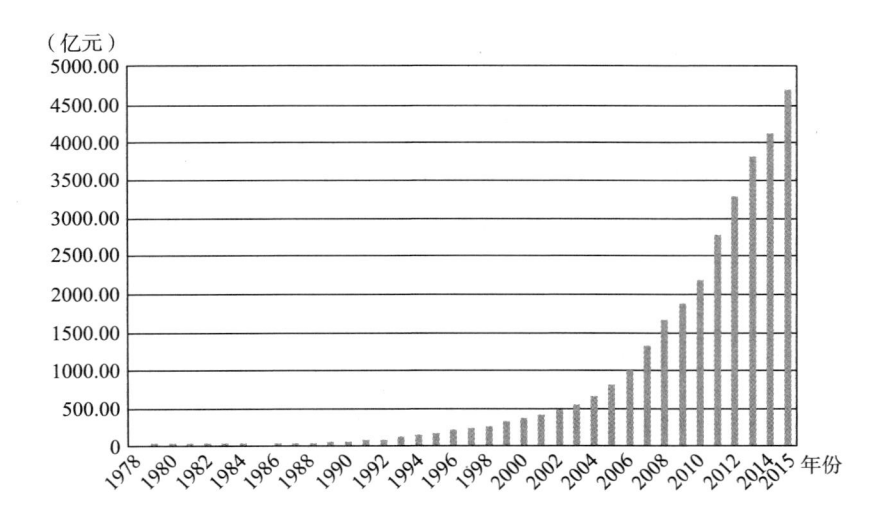

图 8-9　贵州省 1978—2015 年第三产业增加值增长态势

从图 8-9 可知，1978 年以来，贵州省第三产业增加值几乎呈现出逐年上升态势，其中 2007 年左右以后增长较快。

(二) 未来增长态势

运用 ARIMA 模型对贵州省 1978—2020 年第三产业增加值进行拟合、预测分析。

1. 贵州省 2011—2015 年第三产业增加值拟合

1978—2010 年贵州省第三产业增加值时间序列的 ADF 单位根检验表明,其对数值的一阶差分序列平稳(t 统计量为 -3.924507、1% 临界值为 -3.661661);根据 AIC,选择 MA(1)基础模型构建 ARIMA 模型[五种模型的 AIC 值分别是:ARMA(1,2)为 -2.994119、ARMA(1,1)为 -3.055637、AR(1)为 -3.114456、MA(2)为 -3.060138 和 MA(1)为 -3.119267];对 ARIMA 模型残差的 ADF 单位根检验表明,模型残差序列平稳(t 统计量为 -5.479352、1% 临界值为 -3.661661);运用 ARIMA 模型,2011—2015 年贵州省第三产业增加值拟合值比实际值(增、减)分别为 -8.8%、-8.1%、-6.0%、+3.2% 和 +7.5%。拟合效度较高,故可以运用 ARIMA 模型预测 2016—2020 年贵州省第三产业增加值。

2. 贵州省 2016—2020 年第三产业增加值预测

1978—2015 年贵州省第三产业增加值时间序列的 ADF 单位根检验表明,其对数值的一阶差分序列平稳(t 统计量为 -4.284579、1% 临界值为 -3.626784);根据 AIC,选择 MA(1)基础模型构建 ARIMA 模型[五种模型的 AIC 值分别是:ARMA(1,2)为 -2.986815、ARMA(1,1)为 -3.036963、AR(1)为 -3.084164、MA(2)为 -3.043545 和 MA(1)为 -3.094987];对 ARIMA 模型残差的 ADF 单位根检验表明,模型残差序列平稳(t 统计量为 -5.894873、1% 临界值为 -3.626784);运用 ARIMA 模型预测,2016—2020 年贵州省第三产业增加值预测值如表 8-10 所示。

表 8-10　　　基于 ARIMA 模型的贵州省 2016—2020 年
第三产业增加值预测值　　　单位:亿元

年份	2016	2017	2018	2019	2020
第三产业增加值	5492	6513	7724	9160	10864

基于 2011—2015 年拟合效度,2016—2020 年贵州省第三产业增加值预测值具有相应信度。贵州省 1978—2020 年第三产业增加值增长态势如图 8-10 所示。

(亿元)

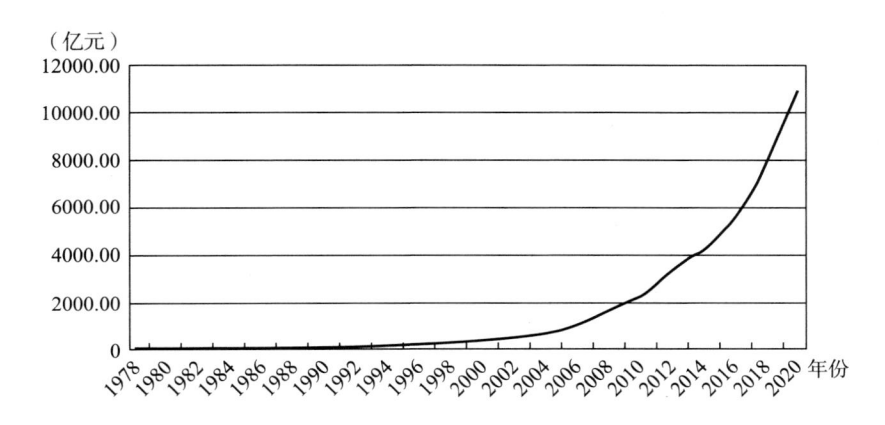

图 8-10　贵州省 1978—2020 年第三产业增加值增长态势

从图 8-10 可知，2020 年前贵州省第三产业增加值将保持较高增长势头。然而，目前贵州省第三产业发展水平还比较落后，还远低于全国水平，主要源于贵州省第三产业起步较晚、三次产业转型升级进程缓慢。例如，2015 年贵州省人均第三产业增加值为 13396 元，只占全国平均水平（25266 元）的 53.0%。但从发展潜力来看，贵州省在（生态）旅游及大数据等领域具有良好的比较优势。

第三节　城乡发展趋势

本节在第六章基础上选取城乡居民人均可支配收入，进一步分析贵州省城乡发展态势。

一　城镇居民可支配收入

运用 ARIMA 模型对贵州省 1978—2020 年城镇居民人均可支配收入进行拟合、预测分析。

（一）贵州省 2011—2015 年城镇居民人均可支配收入拟合

1978—2010 年贵州省城镇居民人均可支配收入时间序列的 ADF 单位根检验表明，其对数值的一阶差分序列平稳（t 统计量为 -5.627414、1% 临界值为 -3.661661）；根据 AIC，选择 MA(1) 基础模型构建 ARIMA

模型[五种模型的 AIC 值分别是：ARMA(1,2)为 -2.178287、ARMA(1,1)为 -2.201658、AR(1)为 -2.256878、MA(2)为 -2.230046 和 MA(1)为 -2.274216]；对 ARIMA 模型残差的 ADF 单位根检验表明，模型残差序列平稳（t 统计量为 -5.434695、1% 临界值为 -3.661661）；运用 ARIMA 模型，2011—2015 年贵州省城镇居民人均可支配收入拟合值分别比实际值（增、减） -2.6%、-2.7%、-0.2%、+3.6% 和 +7.7%，拟合效度较高。

（二）贵州省 2016—2020 年城镇居民人均可支配收入预测

1978—2015 年贵州省城镇居民人均可支配收入时间序列的 ADF 单位根检验表明，其对数值的一阶差分序列平稳（t 统计量为 -6.021035、1% 临界值为 -3.626784）；根据 AIC，选择 MA(1)基础模型构建 ARIMA 模型[五种模型的 AIC 值分别是：ARMA(1,2)为 -2.331861、ARMA(1,1)为 -2.350825、AR(1)为 -2.397429、MA(2)为 -2.371964 和 MA(1)为 -2.411274]；对 ARIMA 模型残差的 ADF 单位根检验表明，模型残差序列平稳（t 统计量为 -5.867354、1% 临界值为 -3.626784）；运用 ARIMA 模型预测，2016—2020 年贵州省城镇居民人均可支配收入预测值如表 8-11 所示。

表 8-11　　　　基于 ARIMA 模型的贵州省 2016—2020 年
城镇居民人均可支配收入预测值　　　　单位：元/年

年份	2016	2017	2018	2019	2020
城镇居民人均可支配收入	27900	31500	35600	40300	45500

基于 2011—2015 年拟合效度，2016—2020 年贵州省城镇居民人均可支配收入预测值具有相应信度。

贵州省 1978—2020 年城镇居民人均可支配收入增长态势如图 8-11 所示。

从图 8-11 可知，2020 年前贵州省城镇居民人均可支配收入将保持较高增长势头。然而，目前贵州省城镇居民人均可支配收入与全国水平还存在不小差距。例如，2015 年贵州省城镇居民人均可支配收入为 24580 元，只占全国平均水平（31195 元）的 78.8%。

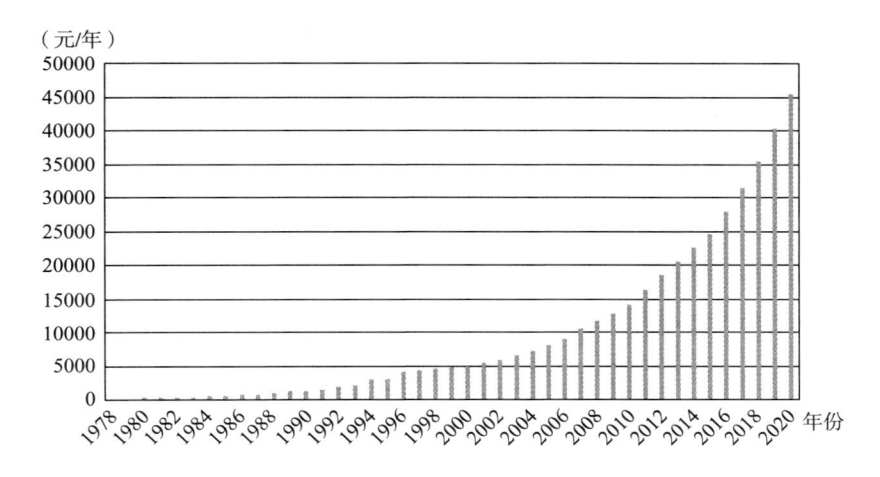

图 8-11　贵州省 1978—2020 年城镇居民人均可支配收入增长态势

二　农村居民可支配收入

运用 ARIMA 模型对贵州省 1978—2020 年农村居民人均可支配收入进行拟合、预测分析。

（一）贵州省 2011—2015 年农村居民人均可支配收入拟合

1978—2010 年贵州省农村居民人均可支配收入时间序列的 ADF 单位根检验表明，其对数值的二阶差分序列才平稳（t 统计量为 -6.665960、1% 临界值为 -2.647120）；根据 AIC，选择 ARMA（1，2）基础模型构建 ARIMA 模型［五种模型的 AIC 值分别是：ARMA（1，2）为 -2.715439、ARMA（1，1）为 -2.602452、AR（1）为 -2.275061、MA（2）为 -2.614813 和 MA（1）为 -2.675432］；对 ARIMA 模型残差的 ADF 单位根检验表明，模型残差序列平稳（t 统计量为 -4.352888、1% 临界值为 -3.670170）；运用 ARIMA 模型，2011—2015 年贵州省农村居民人均可支配收入拟合值低于实际值，相差分别为 -4.7%、-8.4%、-11.8%、-20.8% 和 -21.3%。拟合效度较低，运用 ARIMA 模型预测 2016—2020 年贵州省农村居民人均可支配收入，其结果仅供参考。

（二）贵州省 2016—2020 年农村居民人均可支配收入预测

1978—2015 年贵州省农村居民人均可支配收入时间序列的 ADF 单位根检验表明，其对数值的一阶差分序列平稳（t 统计量为 -3.704251、1% 临界值为 -3.646342）；根据 AIC，选择 ARMA（1，2）基础模型构建

ARIMA 模型[五种模型的 AIC 值分别是：ARMA（1，2）为 -2.727543、ARMA（1，1）为 -2.653968、AR（1）为 -2.366896、MA（2）为 -2.665098 和 MA（1）为 -2.718954]；对 ARIMA 模型残差的 ADF 单位根检验表明，模型残差序列平稳（t 统计量为 -4.919858、1% 临界值为 -3.632900）；运用 ARIMA 模型预测，贵州省 2016—2020 年农村居民人均可支配收入预测值如表 8 -12 所示。

表 8 -12　　　基于 ARIMA 模型的贵州省 2016—2020 年
农村居民人均可支配收入预测值　　　单位：元/年

年份	2016	2017	2018	2019	2020
农村居民人均可支配收入	7273	8048	8904	9852	10901

基于 2011—2015 年拟合效度，2016—2020 年贵州省农村居民人均可支配收入预测值具有相应信度。

贵州省 1978—2020 年农村居民人均可支配收入增长态势如图 8 -12 所示。

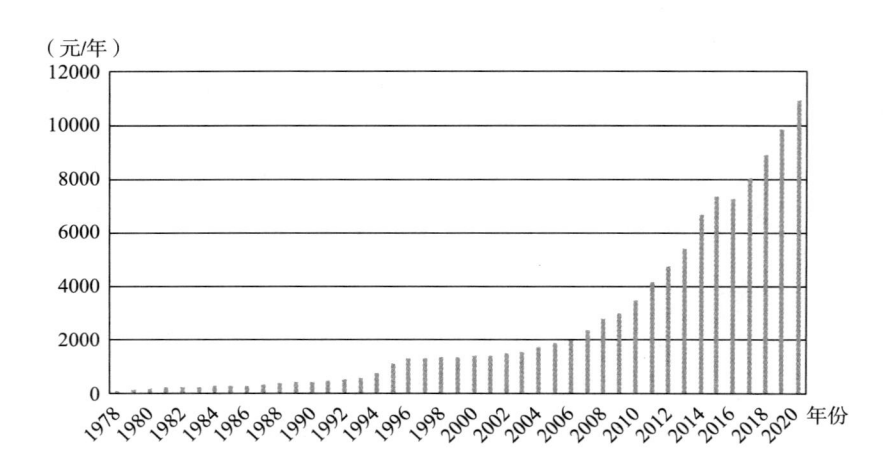

图 8 -12　贵州省 1978—2020 年农村居民人均可支配收入增长态势

从图 8 -12 可知，2020 年前贵州省农村居民人均可支配收入在小幅波动中保持增长势头，尤其近年来增长明显。然而，与城镇居民收入相比，贵州农村居民人均可支配收入更低于全国水平。例如，2015年贵州省农村居民人均可支配收入为7387元，只占全国平均水平（11422元）的64.7%。

三 城乡居民可支配收入差距

基于以上贵州省城乡居民人均可支配收入的预测，贵州省1978—2020年城乡居民人均可支配收入比增长态势如图8-13所示。

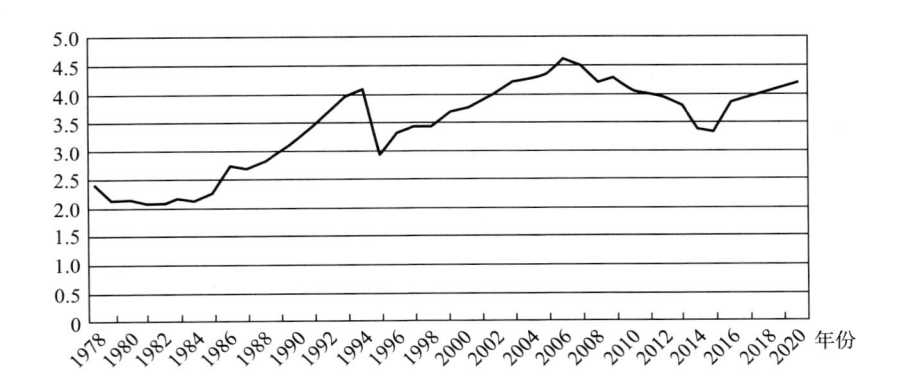

图8-13 贵州省1978—2020年城乡居民人均可支配收入比增长态势

从图8-13可知，2020年前贵州省城乡居民人均可支配收入差距保持波动中扩大势头。而且，贵州省城乡居民收入差距比全国更大。例如，2015年贵州省城乡居民人均可支配收入比为3.3，高于全国平均水平（2.7）。也就是说，贵州省城乡一体化建设任务更艰巨。

第四节 研究结论与建议

一 研究结论

本章研究表明，贵州省经济发展程度远低于全国平均水平，其中主要源于第一产业在地区经济中比重较大，第二产业和第三产业欠发达；贵州省城乡发展远低于全国平均水平，尤其农村居民人均可支配收入较低；贵州省城乡居民收入比值高于全国平均水平，而且差距保持扩大势头。相比全国许多省份，贵州省城乡一体化建设任务尤为艰巨。

二 建议

基于研究结果,笔者从贵州省经济、产业及城乡发展三个方面提出以下建议:

(一)缩小区域经济差异,促进区域协调发展

贵州省市(州)间经济差异大于市(州)内部,区域发展失衡是贵州省经济协调低的主要表现。因此,缩小落后地区与全省平均水平的差距是实现贵州区域经济协调、可持续发展的关键。欠发达地区的经济追赶重点在于基础设施建设和人才战略。贵州省的山区特点决定基础设施建设的核心是交通网络。四通八达的运输网络是实现与外界互联互通的先决条件,"水、陆、空"三位一体的立体交通体系是与外部实现无缝对接的平台基础。应根据地区特点和资源状况,发挥优势、补缺短板,科学规划,加快建设全省高效、快捷的交通、通信网络。人才战略是区域经济发展的核心,结构合理、运行高效的管理体系,富有远见、心怀民众的地方领导,奋发进取、攻坚克难的人民群众,是区域发展取得成功的保障。党政领导是核心,广大民众是基础,廉政制度是保障。区域发展中,应坚持党的群众路线,把人民满意作为经济发展的出发点和落脚点,作为评价干部业绩的最重要标准,作为检验工作成败的首要判据。

(二)大力发展第三产业,助推产业转型升级

三次产业中,第一产业在贵州省经济中的比重高于全国平均水平,而喀斯特山区地貌严重限制了第一产业中农业的机械化、规模化和产业化发展,阻碍了农业生产效率的提高。贵州省矿产业在全国具有比较优势,具有相应的开发利用潜力,核心在于保护与开发相结合,实现不可更新资源可持续规划利用,实现经济增长与生态保护的有机统一。贵州省工业总体较落后,尤其是现代制造业,要改变现状还面临诸多挑战和困难。因此,贵州省产业升级的主要出路在于大力发展第三产业。贵州省第三产业目前发展水平虽然还比较落后,但具有很好的发展潜力,因为第三产业的发展对自然资源、基础条件的依赖相对较小,可以实现后发赶超。在中央和国家政策的扶持下,在发达地区的支援和帮扶下,在地方各级政府的领导下,全省上下已达成做大做强第三产业的共识,并在大力推进。其中的旅游业尤为突出,如"多彩贵州"品牌的打造,旅游业在贵州省各地蓬勃发展,呈现出到处是景点、到处是游客的欣欣向荣的局面。应保持对"多彩贵州"旅游的助推力度,努力完善旅游配套

服务体系建设。加大生态旅游及环保旅游宣传力度,提高全民健康旅游意识。此外,贵州省具有发展"大数据"的气候资源优势,应努力用好、用足国家相关扶持政策,加大人才引进力度,加大商家投资宣传力度,营造良好的营商环境,抢抓机遇,加快"数谷贵州"建设。第三产业中,"旅游"和"大数据"是贵州能够实现"弯道超车"、后发赶超的两个重要载体,应努力打造"多彩贵州"和"数谷贵州"这两张名片。

(三)缩小城乡差距,实现城乡一体化建设

城乡差距是制约贵州省实现"全面小康"的重要障碍。贵州省的城乡居民收入差异高于全国平均水平,尤其少数民族聚集区的农民收入较低。加大对农村地区的扶贫力度,努力缩小城乡差距,是实现区域经济健康发展的内在要求。其中,加大对教育事业的投资是提高人力资本回报的关键所在。所以,应加大对农村地区教育扶持的倾斜度,提高农民的科学文化素质,帮助他们摆脱封闭、狭隘、陈旧观念的束缚,增强他们自主创业、振兴乡村的热情和能力。

总之,区域经济协调发展、产业转型升级与城乡一体化建设,相互融合、三位一体,形成有机统一的区域生态经济体系,是实现贵州经济全面、健康、可持续发展的根本目标。

参考文献

［德］阿尔弗雷德·韦伯：《工业区位论》，李刚剑等译，商务印书馆 1997 年版。

安虎森：《区域经济学通论》，经济科学出版社 2004 年版。

敖荣军：《中国地区经济差距及其演化的产业变动因素》，《长江流域资源与环境》2007 年第 4 期。

蔡建明：《中国城市化发展动力及发展战略研究》，《地理科学进展》1997 年第 1 期。

曹芳东：《1990 年以来江苏省区域经济差异时空格局演化及其成因分析》，《经济地理》2011 年第 6 期。

曹力维：《成都市区域经济差异与区域经济协调发展研究》，硕士学位论文，西南财经大学，2007 年。

曾珊：《马克思恩格斯"城乡融合"思想视域下的当代中国城乡协调发展研究》，硕士学位论文，赣南师范学院，2012 年。

曾万明：《我国统筹城乡经济发展的理论与实践》，硕士学位论文，西南财经大学，2011 年。

陈斌开、张鹏飞：《政府教育投入、人力资本投资与中国城乡收入差距》，《管理世界》2010 年第 1 期。

陈斌开：《发展战略、城市化与中国城乡收入差距》，《中国社会科学》2013 年第 4 期。

陈洁：《益阳市旅游业与农业融合度评价研究》，硕士学位论文，湘潭大学，2014 年。

陈俊红：《北京市乡村旅游产业融合度测算及影响因素分析》，《湖北农业科学》2016 年第 9 期。

陈立俊、王克强：《中国城市化发展与产业结构关系的实证分析》，《中国人口·资源与环境》2010 年第 S1 期。

陈利、朱喜钢：《云南省区域经济差异时空演变特征》，《经济地理》2014年第8期。

陈民伟：《区域主导产业选择基准和评价模型构建》，《福建师大福清分校学报》2009年第6期。

陈培钦：《中国高投资下的资本回报率研究》，硕士学位论文，华中科技大学，2013年。

陈心颖：《产业结构、就业结构与经济转型升级——福建省的观察数据》，《福建论坛》（人文社会科学版）2012年第5期。

陈修颖：《1990年以来浙江沿海区域差异及其成因分析》，《地理科学》2009年第2期。

陈兆波、董文、霍治国：《中国农业应对气候变化关键技术研究进展及发展方向》，《中国农业科学》2013年第15期。

陈卓：《中国工业化、城市化与农业现代化互动与融合关系的理论与实证研究》，博士学位论文，湖南农业大学，2014年。

成清华：《我国农业现代化发展水平评价及问题研究》，《农业部管理干部学院学报》2016年第2期。

程志宏、马健：《产业融合模式及产业政策研究》，《江苏科技信息》2009年第3期。

褚素萍：《我国农村城镇化发展及其动力机制分析》，《农业经济》2005年第5期。

崔振东：《日本农业的六次产业化及启示》，《农业经济》2010年第12期。

单晓刚：《交通条件支撑下的贵州特色城镇化发展格局》，《贵阳学院学报》（自然科学版）2011年第4期。

单卓然：《新型城镇化概念内涵、目标内容、规划策略及认知误区解析》，《城市规划学刊》2013年第2期。

邓韬、张明斗：《新型城镇化的可持续发展及调控政策研究》，《宏观经济研究》2016年第2期。

董君、刘云、唐衡：《北京区域经济发展中特色民俗村的规划设计》，《中国农学通报》2011年第20期。

董秋婷、李茂松、刘江：《近50年东北地区春玉米干旱的时空演变特征》，《自然灾害学报》2011年第4期。

杜永红：《资源枯竭型城市经济转型战略模式的研究》，《现代城市研究》2012年第4期。

段海波：《刍议农业产业融合机制和农业产业化》，《改革与战略》2014年第5期。

范丽美：《贵州省城乡居民收入差异研究》，《中国农业资源与区划》2016年第2期。

干启明、梁君思、王小元：《论加快城镇化发展对解决"三农"问题的重要意义》，《经济与社会发展》2008年第12期。

高汝熹、罗明义：《城市圈域经济论》，云南大学出版社1998年版。

葛雷：《地方财政金融、城市化与城乡收入差距实证》，《中国人口·资源与环境》2015年第9期。

管卫华、林振山、顾朝林：《中国区域经济发展差异及其原因的多尺度分析》，《经济研究》2006年第7期。

郭彬、张世英、郭焱：《城市竞争力理论及评价方法研究》，《石家庄经济学院学报》2005年第4期。

郭熙保：《发展经济学经典论著选》，中国经济出版社1998年版。

韩宝燕：《因子分析的数学模型及其发展评价》，《科技信息》2013年第11期。

韩其恒：《二元经济下的中国城乡收入差距的动态演化研究》，《金融研究》2011年第8期。

韩学键、元野、王晓博：《基于DEA的资源型城市竞争力评价研究》，《中国软科学》2013年第6期。

韩永庄：《试分析气候变化对我国农业气象灾害与病虫害的影响》，《农家科技旬刊》2015年第4期。

何立胜：《产业融合与产业转型》，《河南师范大学学报》（哲学社会科学版）2005年第4期。

何萍、倪萍：《中国城镇化质量研究》，《经济研究》2013年第6期。

何为、刘昌义、刘杰：《气候变化和适应对中国粮食产量的影响——基于省级面板模型的实证研究》，《中国人口·资源与环境》2015年第11期。

何燕：《宜城市气候变化对农业发展的影响及应对途径》，《农业与技术》2015年第17期。

贺建林、李慢：《城镇化扩大内需的机理分析》，《理论与改革》2009 年第 5 期。
胡宝娣：《社会保障支出对城乡居民收入差距影响的实证分析》，《江西财经大学学报》2011 年第 2 期。
胡序威：《论城镇化的概念内涵和规律性》，《城市与区域规划研究》2008 年第 2 期。
胡永佳：《产业融合的经济学分析》，中国经济出版社 2008 年版。
黄晓霞：《新型城镇化与传统城镇化异同分析》，《经济管理者》2016 年第 3 期。
黄祖辉：《转型期中国居民收入差距问题》，浙江大学出版社 2007 年版。
季任钧、景普秋：《"三农"问题的症结及其解决途径》，《理论与现代化》2004 年第 2 期。
贾东奇、强连红：《黑河市近 50 年气候变化和主要自然灾害的演变》，《黑龙江气象》2014 年第 3 期。
江贤卿：《我国旅游房地产的产业融合模式研究》，硕士学位论文，厦门大学，2008 年。
姜爱林：《实现城镇化与工业化的协调发展》，《学习与探索》2003 年第 5 期。
姜长云：《推进农村三次产业融合发展要有新思路》，《宏观经济管理》2015 年第 7 期。
蒋兆恒、陶国芳：《气候变化对长白山地区农业发展的影响——以通化市为例》，《农业与技术》2013 年第 12 期。
矫江、许显斌、卞景阳：《气候变暖对黑龙江省水稻生产影响及对策研究》，《自然灾害学报》2008 年第 3 期。
［日］今村奈良臣：《把第六次产业的创造作为 21 世纪农业化新产业》，《月刊地域制作》1996 年第 1 期。
金经元：《霍华德的理论及其贡献》，《国外城市规划》1990 年第 1 期。
［韩］金泰坤、许珠宁：《农业的六次产业化和创造附加价值的方案》，韩国农村经济研究院，2011 年。
金颖、韩正茂、王凤：《气候变化对水文水资源影响的研究进展》，《黑龙江科学》2014 年第 5 期。
景普秋、张复明：《城乡一体化研究的进展与动态》，《城市规划》2003

年第 6 期。

孔庆彪：《近年来气候变化对嫩江县农业发展的影响及对策》，《新农村》2013 年第 8 期。

赖欢：《宣威市旅游业与现代农业融合发展模式研究》，硕士学位论文，云南财经大学，2016 年。

赖惠彬：《基于博弈论的城市竞争力评价体系研究》，硕士学位论文，广东工业大学，2007 年。

［韩］李炳午：《韩国的农业 6 次产业化战略》，第二届中韩农村发展国际论坛论文集，2013 年。

李超、高迎新：《气候变化对我国农业气象灾害与病虫害的影响》，《农业工程》2016 年第 2 期。

李成悦、王腾、周勇：《湖北省区域经济格局时空演化及其影响因素分析》，《国土与自然资源研究》2014 年第 2 期。

李广东、方创琳：《中国区域经济增长差异研究进展与展望》，《地理科学进展》2013 年第 7 期。

李红柳、杨志：《天津市环境竞争力比较及对策研究》，《北方环境》2011 年第 9 期。

李蕾、张丽莹、云兴福：《满洲里市旅游休闲观光农业园区景点建设的探讨》，《内蒙古农业大学学报》（社会科学版）2015 年第 1 期。

李伶俐：《财政分权、城市化与城乡收入差距》，《农业技术科技》2013 年第 12 期。

李敏：《物流产业融合研究》，博士学位论文，长安大学，2011 年。

李楠、罗松华：《新型城镇化：质量反思与路径选择》，《求索》2014 年第 5 期。

李楠：《气候变化对太原市农业发展的影响及对策》，《安徽农业科学》2014 年第 34 期。

李睿：《资源配置差异对城乡收入差距影响的实证研究》，《西安财经学院学报》2014 年第 3 期。

李涛、陶卓民、刘锐、何海真、吴娇、程姗姗、王泽云：《江苏省农业旅游发展演化研究》，《自然资源学报》2015 年第 8 期。

李细归、吴清、刘大均：《武汉城市圈农业旅游目的地空间分布及影响因素》，《热带地理》2014 年第 3 期。

李佐军:《新型城镇化强调尊重市场》,《南方周刊》2013年第3期。

厉无畏:《产业融合与产业创新》,《上海管理科学》2002年第4期。

梁琦、黄利春:《马克思的地域分工理论、产业集聚与城乡协调发展战略》,《经济前沿》2009年第10期。

梁强:《产业融合背景下我国电子竞技产业成长路径分析》,《天津体育学院学报》2010年第4期。

梁伟军:《农业与相关产业融合发展研究》,博士学位论文,华中农业大学,2010年。

梁文凤:《城镇化、财政支农与城乡收入差距的相关性研究》,《内蒙古社会科学》2013年第34期。

林而达:《气候变化危险水平与可持续发展的适应能力建设》,《气候变化研究进展》2005年第1期。

林芳兰:《新型城镇化进程中民生改善问题研究》,《科学社会主义》2014年第4期。

林海丽、乔海程:《产业融合视角下英国旅游业与农业互动发展的实证研究》,《世界农业》2017年第3期。

林茜:《产业融合背景下农业旅游发展新模式》,《农业经济》2015年第9期。

林巍:《对我国城乡一体化协调发展程度的测评及运行机制的构建》,硕士学位论文,河北大学,2006年。

刘清春、王铮:《中国区域经济差异形成的三次地理要素》,《地理研究》2009年第3期。

刘树成、张晓晶:《中国经济持续高增长的特点和地区间经济差异的缩小》,《经济研究》2007年第10期。

刘素贞:《四川省区域经济差异与协调发展研究》,硕士学位论文,西南交通大学,2010年。

刘湘:《我国东中西部城乡一体化发展比较研究》,硕士学位论文,华中师范大学,2013年。

刘星、刘晓维、阮兆兰:《气候变化对农业气象灾害与病虫害的影响研究》,《农业与技术》2015年第2期。

刘学良:《中国收入差距的分解:1995—2006》,《经济科学》2008年第3期。

刘耀彬：《城市化与城市生态环境关系研究综述与评价》，《中国人口·资源与环境》2005 年第 3 期。

［美］刘易斯：《二元经济论》，施炜等译，北京经济学院出版社 1989 年版。

龙翠婷：《农村人力资本外溢与中国城乡居民收入差距关系的实证分析》，《经济经纬》2012 年第 3 期。

龙奋杰：《基于资源可达性的贵州省新型城镇化模式研究》，《城市经济》2016 年第 3 期。

鲁凤：《中国区域经济差异的空间统计分析》，硕士学位论文，华东师范大学，2004 年。

陆学艺：《城乡一体化的社会结构分析与实现路径》，《南京农业大学学报》（社会科学版）2011 年第 2 期。

陆益龙：《多元城镇化道路与中国农村发展》，《创新》2010 年第 1 期。

罗恒：《山西省区域经济差异及协调发展研究》，硕士学位论文，山西财经大学，2010 年。

吕景春、胡钧浪：《城镇化与扩大内需的作用机理——兼谈我国农村城镇化的基本路径》，《中国流通经济》2011 年第 8 期。

吕炜：《城镇化、市民化与城乡收入差距》，《金融贸易经济》2013 年第 12 期。

马绰欣：《基于面板分位回归方法的我国金融发展对城乡收入差距影响分析》，《数理统计与管理》2017 年第 36 期。

马慧慧：《Eviews 统计分析与应用》，电子工业出版社 2013 年版。

马吉宏、任虹、张小云：《气候变化对摩洛哥农业的影响及其适应策略》，《安徽农业科学》2015 年第 7 期。

马健：《产业融合理论研究评述》，《经济学动态》2002 年第 5 期。

马健：《产业融合论》，南京大学出版社 2006 年版。

马永欢：《科学理解新型城镇化推进城乡一体化发展》，《城市发展研究》2013 年第 7 期。

［美］迈克尔·波特：《国家竞争优势》，华夏出版社 2002 年版。

孟骞：《中原经济区区域经济协调发展路径研究》，硕士学位论文，河南大学，2014 年。

孟露露：《一二三产业融合视角下发展现代农业》，《农业经济》2017 年第 5 期。

倪鹏飞：《中国城市竞争力理论研究与实证分析》，中国经济出版社 2001 年版。

宁越敏、唐礼智：《城市竞争力的概念和指标体系》，《现代城市研究》2001 年第 3 期。

宁越敏：《从劳动分工到城市形态（一）——评艾伦·斯科特的区位论》，《城市问题》1995 年第 2 期。

欧阳金琼：《城镇化对缩小城乡收入差距的影响》，《城市问题》2014 年第 6 期。

欧阳志刚：《中国城乡一体化的推进是否阻滞了城乡收入差距的扩大》，《世界经济》2014 年第 2 期。

潘根兴、高民、胡国华：《气候变化对中国农业生产的影响》，《农业环境科学学报》2011 年第 9 期。

潘建：《探索生态文明建设之路努力实现跨越式发展》，《贵阳市委党校学报》2012 年第 4 期。

［法］佩鲁：《新发展观》，张宁、丰子义译，华夏出版社 1987 年版。

彭明唱：《经济新常态下推进新型城镇化建设的路径——基于江苏省苏北地区典型调研》，《改革与战略》2015 年第 8 期。

彭妮、姚永鹏：《西部农村工业化和城镇化耦合发展的制度建设》，《贵州农业科学》2010 年第 3 期。

彭秀健、麦音华：《论户籍制度改革对城乡居民收入差距的影响》，《劳动经济研究》2013 年第 1 期。

祁黄雄：《区域观光农业规划设计的技术方法与实践》，《国土开发与整治》1998 年第 1 期。

钱凤魁、王文涛、刘燕华：《农业领域应对气候变化的适应措施与对策》，《中国人口·资源与环境》2014 年第 5 期。

钱纳里：《发展的格局》，中国财政经济出版社 1989 年版。

塞茨：《资源、农业与食品经济学》，中国人民大学出版社 2005 年版。

尚卫平：《我国城市居民可支配收入不平等程度研究——以江苏省为例》，《中国软科学》2002 年第 8 期。

沈克宁：《赖特故乡的建筑和广亩城》，《华中建筑》1994 年第 3 期。

司马宁、吴亚伟：《浅议城市生态建设的原则和思路》，《山西建筑》2007

年第 7 期。

斯坦利·杰文斯：《政治经济学理论》，商务印书馆 2011 年版。

宋建新：《农业气候变化脆弱性及治理研究进展》，《生态经济》2016 年第 10 期。

苏素：《中国城乡收入差距问题研究》，《经济问题探索》2011 年第 5 期。

田东林、孙光彩：《曲靖市农业产业结构的灰色关联度分析》，《云南农业大学学报》（社会科学版）2016 年第 4 期。

覃成林：《中国区域经济差异研究》，中国经济出版社 1997 年版。

覃成林：《中国省际经济趋同的定量分析》，《地理学与国土研究》2002 年第 4 期。

谭明交：《农村一二三产业融合发展：理论与实证研究》，博士学位论文，华中农业大学，2016 年。

唐慧：《新疆旅游产业和文化产业融合发展研究》，硕士学位论文，新疆大学，2017 年。

田美玲、方世明：《汉江流域中心城市竞争力的评价及时空演变》，《统计与决策》2016 年第 5 期。

田晓霞、刘俊梅、闫敏：《基于产业融合度的新疆农业与旅游业融合发展研究》，《安徽农业科学》2013 年第 8 期。

童潼轩、文叶飞：《"农旅融合""创新驱动"齐力共舞——铜仁市积极打造现代高效农业园区"升级版"》，《当代贵州》2014 年第 24 期。

万道侠、杨冬梅：《中国区域经济差异的测度及预测》，《广西财经学院学报》2014 年第 2 期。

王爱君：《城市竞争力的微观分析》，《生产力研究》2004 年第 1 期。

王博宇：《新型城镇化指标体系构建》，《江西社会科学》2013 年第 8 期。

王丹：《气候变化对中国粮食安全的影响与对策研究》，硕士学位论文，华中农业大学，2009 年。

王德刚：《农业旅游和旅游农业》，《旅游科学》1998 年第 4 期。

王发曾：《中原经济区的新型城镇化之路》，《地理经济》2010 年第 12 期。

王海波：《陕西省区域经济差异与协调发展研究》，硕士学位论文，西北大学，2008 年。

王宏哲：《生态型城市评价指标体系构建的探讨》，《中国环境管理》2003

年第 6 期。

唐晓慧、林年丰、姜玲玲：《吉林省城市生态建设现状评价及对比分析》，《吉林大学学报》（社会科学版）2004 年第 12 期。

王慧：《经济新常态下辽宁旅游产业关联带动效应提升研究》，《社会科学家》2016 年第 1 期。

王建康、谷国锋：《福建省区域经济差异的空间格局演变及影响因素》，《地域研究与开发》2015 年第 6 期。

王坤：《区域经济发展差异的文献综述》，《江苏社会科学》2011 年第 5 期。

王丽娟：《贵州城乡收入差距研究》，《时代金融》2015 年第 10 期。

王琳：《天津市环境竞争力研究》，硕士学位论文，南开大学，2008 年。

王如松：《系统化、自然化、经济化、人性化——城市人居环境规划方法的生态转型》，《城市环境与城市生态》2001 年第 6 期。

王少剑：《广东省区域经济差异的多尺度与多机制研究》，《地理科学》2014 年第 9 期。

王世峰、李进军、刘婧：《乡村城市化背景下生态旅游与农业生产的融合发展》，《商业时代》2013 年第 11 期。

王涛：《亚当·斯密与〈国富论〉》，《统计与咨询》2014 年第 2 期。

王昕坤：《产业融合——农业产业化的新内涵》，《农业现代化研究》2007 年第 3 期。

魏后凯：《我国城镇化战略调整思路》，《中国经贸导刊》2011 年第 7 期。

魏后凯：《现代区域经济学》，经济管理出版社 2006 年版。

魏后凯：《中国地区经济增长及其收敛性》，《中国工业经济》1997 年第 3 期。

魏媛、吴长勇、徐筑燕、周家春：《贵州省工业化、城镇化与农村经济协调发展研究》，《湖北农业科学》2014 年第 4 期。

吴明红、张欣：《经济发展与环境保护关系研究——基于天津市的面板数据》，《求是学刊》2012 年第 3 期。

吴晓忠：《城镇化水平及其对城乡收入差距的影响研究》，《内蒙古大学学报》2014 年第 9 期。

席晓丽：《产业融合视角下的现代农业发展研究》，硕士学位论文，福建师范大学，2008 年。

夏璐:《重庆市区域经济差异与协调发展研究》,硕士学位论文,重庆大学,2007年。
肖风劲、张海东、王春乙:《气候变化对我国农业的可能影响及适应性对策》,《自然灾害学报》2006年第6期。
肖璇:《都市农业:应对气候变化的弹性发展之路》,2014(第九届)城市发展与规划大会,2014年。
谢立勇、郭明顺、刘恩财:《农业适应气候变化的行动与展望》,《农业经济》2009年第12期。
徐建华:《计量地理学》,高等教育出版社2005年版。
许朗、刘金金:《气候变化与中国农业发展问题的研究》,《浙江农业学报》2013年第1期。
许月卿、贾秀丽:《近20年来中国区域经济发展差异的测定与评价》,《经济地理》2005年第5期。
颜俊:《基于模糊综合评判法的城乡一体化评价研究——以苏州为例》,《经济师》2015年第1期。
杨德才:《论人力资本二元性对城乡收入差距的影响》,《当代经济研究》2012年第10期。
杨笛、熊伟、许吟隆:《气候变化对非洲水资源和农业的影响》,《中国农业气象》2016年第3期。
杨开忠:《中国区域经济差异变动研究》,《经济研究》1994年第12期。
杨刘杰:《我国农村居民收入对消费影响的实证研究》,硕士学位论文,辽宁大学,2014年。
杨彤、王能民:《环境保护与城市竞争力关系研究综述》,《青岛科技大学学报》(社会科学版)2008年第2期。
杨曦:《四川省旅游业与农业融合发展程度评估研究》,《乡村科技》2017年第30期。
姚耀军:《金融发展、城市化与城乡收入差距》,《中国农村观察》2015年第2期。
叶宋忠:《体育产业与养老产业的互动机制与融合过程》,《西安体育学院学报》2017年第4期。
叶依广:《区域经济学》,中国广播电视出版社1991年版。
于刃刚:《产业融合论》,人民出版社2006年版。

于刃刚:《三次产业分类与产业融合趋势》,《经济研究参考》1997年第25期。

于涛方、顾朝林:《论城市竞争与竞争力的基本理论》,《城市规划汇刊》2004年第11期。

于涛方、李那:《论城市竞争的空间效应》,《规划师》2003年第9期。

于涛方:《国外城市竞争力研究综述》,《国际城市规划》2004年第1期。

喻金田、赵军:《中部地区城市群主要城市竞争力评价及比较》,《商业时代》2011年第1期。

袁锋军、杜跃平、康卫星:《陕西产业结构与就业结构关系的实证分析》,《西安石油大学学报》(社会科学版)2007年第3期。

翟冬平:《苏锡常城市竞争力评价与比较研究》,《城市发展研究》2011年第9期。

翟玲玲:《西部民族地区生态文明建设法制保障体系构建研究》,硕士学位论文,西北民族大学,2009年。

张慈、易灿辉:《产业融合:我国产业发展的新视角》,《商业时代》2009年第23期。

张虹冕、赵今明:《安徽省应对气候变化农业科技发展战略研究》,《环境科学与管理》2015年第11期。

张强、韩兰英、郝小翠:《气候变化对中国农业旱灾损失率的影响及其南北区域差异性》,《气象学报》2015年第6期。

张伟、张宏业:《生态城市建设评价指标体系构建的新方法——组合式动态评价法》,《生态学报》2014年第3期。

张卫建:《气候智慧型农业将成为农业发展新方向》,《中国农村科技》2014年第4期。

张文建、陈琳:《产业融合框架下的农业旅游新内涵与新形态》,《旅游论坛》2009年第5期。

张文建:《农业旅游:产业融合与城乡互动》,《旅游学刊》2011年第10期。

张向荣、王春娟、雷雯:《气候变化对宝鸡市主要农业生产的影响研究》,《陕西农业科学》2016年第1期。

张新民:《应对气候变化与农业可持续发展》,《经济导刊》2011年第3期。

张永贵:《投资新领域城郊休闲农业》,《中国投资与建设》1998 年第 6 期。

张玉娜、徐长春、李卫红:《开都河流域气候变化特征及其对径流的影响》,《中国水土保持科学》2014 年第 1 期。

张园园:《基于产业融合理论的山区旅游农业发展研究》,硕士学位论文,郑州大学,2017 年。

张占斌、张孝德:《中国新型城镇化建设研究》,河北人民出版社 2013 年版。

张占仓:《中国新型城镇化的理论困惑与创新方向》,《管理学刊》2014 年第 1 期。

赵行姝:《减缓气候变化与可持续发展并非"零和博弈"》,《气候变化研究进展》2006 年第 1 期。

赵慧、潘志华、韩国琳:《气候变化背景下武川主要作物生产水足迹变化分析》,《中国农业气象》2015 年第 4 期。

赵君、肖洪安:《农村城市化动力机制和战略思路探讨》,《农业现代化研究》2004 年第 1 期。

赵煦:《英国城市化的核心动力:工业革命与工业化》,《兰州学刊》2008 年第 2 期。

赵彦云、甄峰:《2002 年中国国际竞争力评价报告》,《经济理论与经济管理》2003 年第 3 期。

赵宗博、毛俊:《论经济关系和谐与构建和谐社会》,《技术经济与管理研究》2008 年第 4 期。

郑盛华、覃志豪、张文博:《松嫩平原干旱变化特征及其对气候变化的响应》,《中国农业气象》2015 年第 5 期。

郑鑫:《高速城镇化背景下的统筹城乡发展战略——以河南省为例》,《北方经济》2008 年第 7 期。

[日]植草益:《信息通讯业的产业融合》,《中国工业经济》2001 年第 2 期。

钟秀明:《推进城市化的动力机制研究》,《山西财经大学学报》2004 年第 4 期。

周德群、樊群、钟卫东:《城市竞争力:一个系统分析框架及其应用——淮海经济区城市竞争力的测度与分析》,《经济地理》2005 年第

1 期。

周广胜:《气候变化对中国农业生产影响研究展望》,《气象与环境科学》2015 年第 1 期。

周曙东、周文魁、朱红根:《气候变化对农业的影响及应对措施》,《南京农业大学学报》(社会科学版) 2010 年第 1 期。

周文魁:《气候变化对中国粮食生产的影响及应对策略》,硕士学位论文,南京农业大学,2012 年。

周一星:《"desakota"一词的由来和含义》,《城市问题》1993 年第 5 期。

周振华:《信息化与产业融合》,上海人民出版社 2003 年版。

宗彪:《基于生态经济的我国城市竞争力研究》,硕士学位论文,山东大学,2012 年。

[日] 佐藤正之:《異業種とパートナーシップが6次産業化を成功に導く》,《知的資産創造》2012 年第 7 期。

Adrian Deville, Stephen Wearing and Matthew McDonald, "Tourism and Willing Workers on Organic Farms: A Collision of Two Spaces in Sustainable Agriculture", *Journal of Cleaner Production*, No. 11, 2016, pp. 421–429.

Akita, T. and Miyata, S., "The Bi-dimensional Decomposition of Regional Inequality Based on the Weighted Coefficient of Variation", *Letters in Spatial and Resource Sciences*, No. 3, 2010.

Albrecht, "The Educational Income Gap and Overall Income Inequality", *Sociological Spectrum*, No. 29, 2009, pp. 519–547.

Alex Koutsouris, Isabella Gidarakou, Foteini Grava and Anastasios Michailidis, "The Phantom of (agri) Tourism and Agriculture Symbiosis? A Greek Case Study", *Tourism Management Perspectives*, No. 12, 2014, pp. 94–103.

Anbumozhi, V., "Mainstreaming the Adaptations and Reducing the Vulnerability of the Poor Due to Climate Change", *SSRN Electronic Journal*, No. 3, 2011, pp. 62–65.

Barro, R. J. and Sala-i-Martin, X., *Economic Growth*, MA: MIT Press, 2004.

Chen, J. and Fleisher, B., "Regional Income Inequality and Economic

Growth in China", *Journal of Comparative Economies*, No. 22, 1996, pp. 141 – 164.

Cline, H., "Higher Water Use Efficiency Needed Production", *Western Farm*, No. 5, 2007, pp. 40 – 44.

Cohen, S., Ianetz, A. and Stanhill, G., "Evaporative Climate Changes at Bet Dagan, Israel, 1964 – 1998", *Agricultural & Forest Meteorology*, No. 2, 2002, pp. 83 – 91.

Color, R., "Convergence Inferences from Theoretical Models", *Economic Journal*. No. 3, 1996, pp. 363 – 389.

Davies, E. T. and Gilbert, D. C., "A Case Study of the Development of Farm Tourism in Wales", *Tourism Management*, No. 2, 1992.

Easterling, W. and Apps, M., "Assessing the Consequences of Climate Change for Food and Forest Resources: A View from the IPCC", *Climatic Change*, No. 1, 2005, pp. 165 – 189.

FAO, "Indicators for Sustainable Development of Marine Capture Fisheries", *British Journal of Surgery*, No. 10, 1997, pp. 560 – 571.

Gambardella, A. and Torrisi, S., "Does Technological Convergence Imply Convergence in Markets? Evidence from the Electronics Industry", *Research Policy*, 2004, 27 (5): 445 – 463.

Georgopoulou, E., Mirasgedis, S., Sarafidis, Y. et al., "Climate Change Impacts and Adaptation Options for the Greek Agriculture in 2021 – 2050: A Monetary Assessment", *Climate Risk Management*, No. 5, 2017, pp. 61 – 64.

Graham Busby and Samantha Rendle, "The Transition from Tourism on Farms to Farm Tourism", *Tourism Management*, No. 6, 2000.

Hacklin, F., Marxt, C. and Fahrni, F., "Evolutionary Perspective on Convergence: Inducing a Stage Model of Inter – industry Innovation", *International Journal of Technology Management*, No. 3, 2010, pp. 220 – 249.

Harmsen, E. W., Miller, N. L., Schlegel, N. J. et al., "Seasonal Climate Change Impacts on Evapotranspiration, Precipitation Deficit and Crop Yield in Puerto Rico", *Agricultural Water Management*, No. 7, 2009, pp. 1085 – 1095.

Harris, J. M. and Kennedy, S., "Carrying Capacity in Agriculture: Global and Regional Issues", *Ecological Economics*, No. 3, 1999, pp. 443 – 461.

Henderson, A., "Aspects of Rural – urban Transformation of Countries", *Journal of Economic Geography*, No. 4, 2005, pp. 23 – 42.

Hermans, D., "The Encounter of Agriculture and Tourism: A Catalan Case", *Annals of Tourism Research*, No. 3, 1981, pp. 462 – 479.

Hugh Latimer, "Developing – island Economies – tourism v Agriculture", *Tourism Management*, No. 1, 1985, pp. 32 – 42.

Johannes M. Penning and Phanish Puranam, "Market Convergence & Firm Strategy: New Jorgenson", The Development of a Dual Economy, *Economic Journal*, No. 7, 1961, pp. 309 – 334.

Kanbur, R. and Venables, A. J., *Spatial Inequality and Development*, Oxford: Oxford University Press, 2005.

Kaswanto, "Land Suitability for Agrotourism Through Agriculture, Tourism, Beautification and Amenity (ATBA) Method", *Procedia Environmental Sciences*, No. 24, 2015, pp. 35 – 38.

Ketsomboon, B. and von der Dellen, K., "Climate Vulnerability and Capacity Analysis Report South of Thailand", *CARE Deutschland – Luxemburg*, No. 2, 2013, pp. 397 – 399.

Kuznets, "Economic Growth an Income Inequality", *America Economics*, No. 1, 1955, pp. 1 – 28.

Lei, D. T., "Industry Evolution and Competence Development: The Imperatives of Technological Convergence", *International Journal of Technology Management*, No. 7, 2000, pp. 699 – 738.

Lieffering, M., Newton, P. C. D., Vibart, R. et al., "Exploring Climate Change Impacts and Adaptations of Extensive Pastoral Agriculture Systems by Combining Biophysical Simulation and Farm System Models", *Agricultural Systems*, No. 9, 2016, pp. 77 – 86.

Linda, C., Fox, M. and Bowen, R. L., "Does Tourism Destroy Agriculture?", *Annals of Tourism Research*, No. 1, 1995, pp. 210 – 213.

Long Gen Ying, "China's Changing Regional Disparities during the Reform

Period", *Economic Geography*, No. 1, 1999, pp. 59 – 70.

Lucas, "Life Earnings and Rural – urban Transformation of Countries", *Journal of Political Economy*, No. 9, 2004, pp. 197 – 221.

Mallari, Ezra C. A., "Climate Change Vulnerability Assessment in the Agriculture Sector: Typhoon Santi Experience", *Proceeds – Social and Behavioral Sciences*, No. 9, 2016, pp. 440 – 451.

Manisha Pillay and Christian M. Rogerson, "Agriculture – tourism Linkages and Pro – poor Impacts: The Accommodation Sector of Urban Coastal KwaZulu – Natal, South Africa", *Applied Geography*, No. 1, 2013, pp. 49 – 58.

Martha, A., Garcia – Murillo and MaeInnes, I., "FCC Organizational Structure and Michael Lipton: Urban Bias Revisited", *The Journal of Development Studies*, No. 2, 1984, pp. 78 – 82.

Nathan Rosenberg, "Technological Change in the Machine Tool Industry, 1840 – 1910", *The Journal of Economic History*, No. 4, 1963, p. 23.

Oki, T. and Kanae, S., "Global Hydrological Cycles and World Water Resources", *Science*, No. 10, 2006, pp. 68 – 72.

Paul Benneworth and Gert – Jan Hospers, "Urban Competitiveness in the Knowledge Economy: Universities as New Planning Animateur", *Progress in Planning*, No. 6, 2007.

Rebecca Torres, "Linkages between Tourism and Agriculture in Mexico", *Annals of Tourism Research*, No. 3, 2003, pp. 546 – 566.

Reinsborough, M. J., "A Ricardian Model of Climate Change in Canada", *Canadian Journal of Economics*, No. 1, 2003, pp. 21 – 40.

Ringius, L., Downing, T. E., Hulme, M. et al., "Climate Change in Africa: Issues and Challenges in Agriculture and Water for Sustainable Development", *Chemical Reviews*, No. 3, 1996, pp. 1692 – 1744.

Robinson, T., "Trade and the diffusion of the Industrial Revolution", *American Economic Journal*, No. 1, 2009, pp. 1 – 25.

Roderick, M. L. and Farquhar, G. D., "The Cause of Decreased Pan Evaporation over the Past 50 Years", *Science*, No. 5597, 2002, pp. 1410 – 1411.

Rolos, R., Rossiana, N., Sambo, L. and von der Dellen, K., "Climate

Vulnerability and Capacity Analysis of Four Districts in South Sulawesi, Indonesia", *CARE International Indonesia*, No. 12, 2012, pp. 80 – 89.

Rosenzweig, C. and Hillel, D., *Climate Change and the Global Harvest: Potential Impacts on the Greenhouse Effect on Agriculture*, New York: Oxford University Press, 1995, pp. 453 – 455.

Rozelle, S., "Rural Industrialization and Increasing Inequality: Emerging Patterns in China's Reforming Economy", *Journal of Comparative Economics*, No. 19, 1994, pp. 362 – 391.

Sala, O. E., Chapin, F. I. S., Armesto, J. J., Sala, O. E. et al., "Global Biodiversity Scenarios for the Year 2100", *Science*, No. 5459, 2000, pp. 1770 – 1774.

Schmidhuber, J. and Tubiello, F. N., "Global Food Security under Climate Change", *Proceedings of the National Academy of Sciences*, No. 50, 2007, pp. 19703 – 19708.

Seghieri, J., Vescovo, A., Padel, K. et al., "Relationships between Climate, Soil Moisture and Phenology of the Woody Cover in Two Sites Located along the West African Latitudinal Gradient", *Journal of Hydrology*, No. 1, 2009, pp. 78 – 89.

Steven Poelhelcke, "Urban Grow and Uninsured Rural Risk: Booming Towns in Bust Times", *Journal of Development Economics*, No. 3, 2011, pp. 461 – 475.

Stieglitz, N., "Industry Dynamics and Types of Market Convergence", Danish Research Unit for Industrial Dynamics (DRUID) Summer Conference, 2002, pp. 1 – 41.

Sylvette Puissant and Claude Lacour, "Mid – sized French Cities and Their Niche Competitiveness", *Cities*, No. 6, 2011.

Tianlun Jian, Sachs, Jeffrey D. and Andrew, M., "Warner Trends in Regional Inequality in China", *Economic Review*, No. 1, 1996, pp. 1 – 21.

Todaro, M., "Model of Labor Migration and Urban Unemployment in Less Developed Countries", *Journal of Development Economics*, No. 1, 1996, p. 59.

Tsionas, E. G., "Another Look at Regional Convergence in Greece", *Region-

al Studies, No. 6, 2002, pp. 603 – 609.

Tsui, C., "China's Regional Inequality", *Journal of comparative Economics*, No. 15, 1991, pp. 1 – 21.

UNDP, *The Real Wealth of Nations: Pathways to Human Development – Human Development Report* 2010, Social Science Electronic Publishing, 2010, pp. 244 – 247.

William Terry, "Solving Labor Problems and Building Capacity in Sustainable Agriculture Through Volunteer Tourism", *Annals of Tourism Research*, No. 49, 2014, pp. 94 – 107.

致　　谢

本书是集体智慧的结晶、共同的劳动成果，主要内容由笔者指导的贵州财经大学区域经济学专业、贵州大学农林经济管理专业和农村与区域发展专业2017—2018届硕士生参与完成。本书的写作分工是：第一章为蔡承智等；第二章为莫洪兰、蔡承智；第三章为王增新、蔡承智；第四章为顾雪君、蔡承智；第五章为王芳、蔡承智；第六章为杨春晓、蔡承智；第七章为吴琼媛、蔡承智；第八章为蔡承智、梁颖。他们对本书的贡献是显而易见的，必须在此提及！不仅感谢他们对本书的贡献，感谢他们的愉快"合作"，而且怀念与他们相处的时光。

本书还得到我的妻子——贵州大学公共管理学院教师梁颖主持的2017年贵州省科技计划项目"贵州山地高效农业与旅游融合发展研究"（黔科合基础〔2016〕1527-1号）的支持，她不仅参与了我对以上硕士生学位论文的指导，而且参与了本书的结构设计与内容把关。在我们身边，是我儿子蔡文驰"默默无闻"的"理解"与支持；其他需要感谢的同事、亲友，限于篇幅，不再一一列举。

最后，要感谢贵州财经大学（经济学院）对本书出版提供的资助、中国社会科学出版社责任编辑的宝贵建议，没有如此条件，该书内容难以"著作"形式与读者见面。

由于笔者知识、视野局限，书中难免欠缺，还望读者海涵、批评指正！

作者

2018年6月于贵阳